Anna-Lisa Müller
Green Creative City

Für Günter Warsewa –

vielen Dank für die Einladung ins IAW; ich freue mich auf weiteren Austausch!

Herzlich,

Anna-Lisa Müller

7/2014

Wissensprod. als Kompensation f.
                                    Industrie
[=> Brügg[isierung] / oder prod. DL ?

=> Häfen wichtig f. Selbstbewusstsein
    + Auswanderung

=) Kreativität als Referent + Leitbild ?

=> triple helix : Bildg / Politik / Unternehm
    ↳ Absicht + Prod. orientiert

    ↳

=> Creative Motor : im Norden ?
    ↳ lokalspezif. Maritimal ?

=> Signature von Planern => Signatur
                          (" der Stadt °

=) Multiethizität (=) Kreativität
    ↳ Modernität
=> was ist typisch "Hafenstadt" ?

Anna-Lisa Müller

Green Creative City

UVK Verlagsgesellschaft Konstanz · München

Diese Arbeit wurde im Jahr 2012 unter dem ursprünglichen Titel »Green Creative Cities. Zur Gestaltung eines Stadttypus des 21. Jahrhunderts« von der Universität Bielefeld als Dissertation angenommen.

Bibliografische Information der Deutschen Nationalbibliothek
Die Deutsche Nationalbibliothek verzeichnet diese Publikation in der Deutschen Nationalbibliografie; detaillierte bibliografische Daten sind im Internet über http://dnb.d-nb.de abrufbar.

ISBN 978-3-86764-454-9

Das Werk einschließlich aller seiner Teile ist urheberrechtlich geschützt.
Jede Verwertung außerhalb der engen Grenzen des Urheberrechtsgesetzes ist ohne Zustimmung des Verlages unzulässig und strafbar.
Das gilt insbesondere für Vervielfältigungen, Übersetzungen, Mikroverfilmungen und die Einspeicherung und Verarbeitung in elektronischen Systemen.

© UVK Verlagsgesellschaft mbH, Konstanz und München 2013
Einbandgestaltung: Susanne Fuellhaas, Konstanz
Printed in Germany

UVK Verlagsgesellschaft mbH
Schützenstr. 24 · D-78462 Konstanz
Tel.: 07531-9053-0 · Fax: 07531-9053-98
www.uvk.de

Inhaltsverzeichnis

Abbildungsverzeichnis 11

Tabellenverzeichnis 13

1 Hinführung zum Thema **15**

1.1 Veränderungen der Gesellschaft – Veränderungen der Stadt 16

1.2 Dublin und Göteborg: lokale Beispiele globaler Transformationen 19

1.3 *Green Creative Cities*: Materialisierung einer programmatischen Stadtplanung 21

2 Städte als Thema der Soziologie **23**

2.1 Die Stadt als Ort von Ökonomie, Kultur und Sozialem 24

2.1.1 Die Bedeutung von Ökonomie für die Großstadt 26

2.1.1 Kultur und Stadt 30

2.1.3 Spiegelung sozialer Verhältnisse in der Stadt 41

2.2 Exkurs: Auswirkungen des demographischen Wandels 44

2.3 Die Eigenlogik der Städte als neue stadtsoziologische Perspektive 48

3 Die Stadt als Ort gesellschaftlicher Veränderungen **51**

3.1 Postindustrialismus: strukturelle Veränderungen der Gesellschaften 51

3.1.1 Veränderungen der ökonomischen Strukturen 52

3.1.2 Auswirkungen des Umbruchs auf die sozialen Strukturen 58

3.2 Kultur und Ökonomie: der Weg zur Kreativwirtschaft 61

3.3 Die Entstehung der *creative class* 65

3.4	Exkurs: Kreativität in der Gesellschaft	72
3.4.1	Position 1: Kreativität als genuin menschliche Fähigkeit	73
3.4.2	Position 2: Kreativität als spezifische Form des Handelns	75
3.4.3	Position 3: Kreativität als gesellschaftliche Anforderung	78
4	**Die *creative cities* entstehen**	**83**
4.1	Die ungehörten Anfänge: Kreativität als Zukunft der Großstadt	83
4.2	*Creative centers* statt *Nerdistan*	85
4.3	Kreativ sind die StadtplanerInnen	91
4.4	Die kreative Stadt: alternative Ansätze	93
4.4.1	Die kreative Stadt als Ort der Technologieparks	93
4.4.2	Die Ästhetisierung der Stadt	95
4.4.3	Reaktionen auf die und Konzeptionalisierung der *creative cities*	98
4.4.4	Selbst- und Fremdzuschreibungen eines Attributs	99
5	**Begriffliches Handwerkszeug zur Untersuchung von Städten**	**101**
5.1	Raum – Ort – Stadt	101
5.1.1	Der Raum aus soziologischer Perspektive	102
5.1.2	Konzepte des Ortes	114
5.1.3	Die Stadt: mehr als ein gebauter Ort der Gesellschaft?	116
5.2	Die Materialität der Stadt	119
5.2.1	Materialität als zentrales Element des städtischen Raums	119
5.2.2	Architektur als materielle Gestalt der Städte	121
5.2.3	Ornamente und *graffiti*	124
5.2.4	Die Beziehung der Materialität zur Trias Stadt – Raum – Ort	126
5.3	Steuerung und Planung einer Stadt	128
5.3.1	Steuerungs- und Planungstheorien in der Soziologie	129
5.3.2	Die Planung einer Stadt	132

5.3.3	Stadtplanung und Stadtentwicklung	136
5.4	Der Begriff der Kreativität	137
6	**Methoden**	**139**
6.1	Methoden-Mix für ein komplexes Phänomen	139
6.2	Die Forschungsfragen	141
6.3	Qualitative Interviews	142
6.3.1	Die Rolle der Interviewten als ExpertInnen	143
6.3.2	Konzeption und Durchführung der Interviews	144
6.3.3	Reflexion der Auswahl der InterviewpartnerInnen	147
6.3.4	Die Auswertung der Interviews	148
6.4	Teilnehmende Beobachtung in Städten	151
6.4.1	Die Rolle der Forscherin und die Dokumentation der Beobachtung	153
6.4.2	Die Auswertung der Feldnotizen	155
6.5	Die Erhebung und Verwendung visueller Daten	155
6.5.1	Fotografien als visuelle Form der Beobachtung	157
6.5.2	Die Auswertung visueller Daten	158
6.5.3	*Rephotographing* zur Analyse städtischen Wandels	160
6.6	Die Verwendung von Planungsdokumenten	161
6.6.1	Planungsdokumente als Ergebnisse eines Prozesses	161
6.6.2	Auswertung mittels qualitativer Dokumentenanalyse	162
6.7	Der Einbezug quantitativer Daten	163
6.8	Die Feldaufenthalte: Übersicht über die erhobenen Daten	164
7	**Die Fallbeispiele: Dublin und Göteborg**	**167**
7.1	Dublin – Hauptstadt des *Celtic Tiger*	168
7.1.1	Gesellschaftliche Besonderheiten	169
7.1.2	Geographische Besonderheiten	172
7.1.3	Die politisch-administrative Organisation der Stadt	174

7.1.4	Die Auswahl der untersuchten Stadtteile	175
7.2	Göteborg: Hafenstadt in Westschweden	182
7.2.1	Gesellschaftliche Besonderheiten	182
7.2.2	Geographische Besonderheiten	184
7.2.3	Die politisch-administrative Organisation der Stadt	186
7.2.4	Die Auswahl der untersuchten Stadtteile	189
7.3	Dublin und Göteborg als Untersuchungsbeispiele	197
7.3.1	Die Städte im Vergleich	197
7.3.2	Die Effekte der Wirtschaftskrise	198
8	**Kreativität und Nachhaltigkeit als Leitbilder der Städte**	**201**
8.1	Kreativität in der Stadtplanung: doppelt konnotiert	202
8.1.1	„Creativity as arts and culture"	205
8.1.2	„Creativity as innovation"	208
8.1.3	Exkurs: Die Unterscheidung von Kreativität und Kultur	213
8.2	Nachhaltigkeit in der Stadtplanung: ein Paradigmenwechsel	216
8.2.1	Die Verwendung des Nachhaltigkeitskonzeptes in den Städten	217
8.2.2	Exkurs: Die drei Dimensionen der Nachhaltigkeit	220
8.3	Die Bedeutung des Lokalen und Globalen für städtische Leitbilder	223
8.3.1	Globale Einflüsse auf die Stadtplanung	223
8.3.2	Im Spannungsfeld lokaler Kontexte und globaler Entwicklungen	227
8.3.3	Glokalisierung und Stadtplanung	230
8.3.4	Ideen auf Reisen	231
8.4	Stadtplanung als Aufführung	236
8.4.1	Die Ausrichtung nach innen: Nachhaltigkeit	239
8.4.2	Die Ausrichtung nach außen: Kreativität	240
8.4.3	Die *Green Creatives*	241

9	**Die kreative Stadt: Materialisierung der Leitbilder**	**243**
9.1	Materialität als Spiegel gesellschaftlicher Entwicklungen	245
9.1.1	Die Architektur (in) der kreativen Stadt	249
9.1.2	Ornamente in der kreativen Stadt	255
9.1.3	Architektur und Ornamente als Reflexion der Planung	259
9.2	Gebautes als Ausdruck von Kreativität	260
9.2.1	*Creative Marker*: das Besondere der kreativen Stadt	272
9.2.2	Räume der Kreativität	287
9.3	Gebautes als Ausdruck von Nachhaltigkeit	291
9.4	Exkurs: Etablierte und Außenseiter	295
10	**Die Zeitlichkeit der Planung der kreativen Stadt**	**299**
10.1	Die Nutzung des Alten zur Gestaltung des Neuen	300
10.2	Vision der Zukunft: die Stadt als Ort der Wissensgesellschaft	308
10.2.1	Kreativität und Wissen: eine neue Koalition?	309
10.2.2	Reaktionen auf die Veränderungen der Zukunft	310
10.3	„The old will blend very well with the new."	313
11	**„Every city wants to be a creative city."**	**317**
11.1	Die Kopplung verschiedener Leitbilder	317
11.1.1	Kreativität vor Ort	318
11.1.2	Nachhaltigkeit vor Ort	322
11.2	Kreative Städte oder Städte der Kreativen?	325
11.2.1	Die kreative Stadt als Stadt der Planung	328
11.2.2	Die kreative Stadt als Stadt der Kreativen	337
11.2.3	Die *Green Creative Cities*	341
11.3	Kommunikation durch Materialität: die Sprache der kreativen Stadt	342
12	**Die *Green Creative City*: Stadttypus des 21. Jahrhunderts**	**345**
12.1	Globale Entwicklungen und lokale Strukturen	346

12.2	Die Integration der zeitlichen Dimension	347
12.3	Die Schaffung von Räumen in der *Green Creative City*	349
12.3.1	Die Rolle der Planung für die Raumkonstitution	349
12.3.2	Die Rolle der NutzerInnen für die Raumkonstitution	351
12.4	Stadtentwicklung im 21. Jahrhundert – ein Ausblick	356
12.4.1	Hafenstädte als paradigmatische Fälle der *Green Creative City*?	356
12.4.2	Die Bedeutung der NutzerInnen für Städte	358
Anhang		361
Danksagung		365
Literaturverzeichnis		367
Personen- und Sachregister		381

Abbildungsverzeichnis

Abbildung 1:	Darstellung von Daniel Bells *General Schema of Social Change* (Bell 1973, 117, Herv. ALM)	60
Abbildung 2:	Karte über die Lage Dublins und Göteborgs in Europa © *Diercke Weltatlas* 2003, Bearbeitung ALM	168
Abbildung 3:	Karte der Stadt Dublin mit ausgewählten Stadtteilen © *Visit Dublin*, Bearbeitung ALM	176
Abbildung 4:	Übersichtskarte der Stadt Göteborg mit ausgewählten Stadtteilen © *Hitta.se Kartor*, Bearbeitung ALM	190
Abbildung 5:	Der *Lindholmsplatsen* in *Norra Älvstranden*; dort ist der *Lindholmen Science Park* angesiedelt	192
Abbildung 6:	Eine umgenutzte Fabrikhalle in *Eriksberg*, die jetzt als Hotel und Theater dient.	193
Abbildung 7:	*Eriksberg*, von links nach rechts: der Kran als Relikt der Werftenindustrie, Wohnungsbau und Personenschifffahrt	194
Abbildung 8:	*The Famine Memorial*, *Custom House Square*, Dublin 2008	207
Abbildung 9:	Inneneinrichtung des *Digital Depot*, eines Teils des *Digital Hub* © *The Digital Hub Development Agency* 2007	210
Abbildung 10:	Café im *Digital Depot*, © *The Digital Hub Development Agency* 2007	211
Abbildung 11:	Veränderungen des städtischen Raums durch die Stadtplanung, angelehnt an Löws *Raumsoziologie* (2001)	244
Abbildung 12:	Verschiedene Raumkonstitutionen in einer Stadt	248
Abbildung 13:	Der *Grand Canal Square* in den *Dublin Docklands*	249
Abbildung 14:	Auftragsarbeit der *Freebird Records* an einer Hauswand, Ecke *Crown Alley/Cope St*, Dublin 2008	256
Abbildung 15:	Sieger des Wettbewerbs *Invoke Street Art* des *Temple Bar Cultural Trust*, Gestaltung eines Schaltkastens, *Eustace St*, Dublin 2008	257
Abbildung 16:	Gestaltung der Hausfassade, *Temple Ln South*, Dublin 2008	258
Abbildung 17:	Die Inneneinrichtung des *Digital Depot*, Dublin 2007 © *Digital Hub Development Agency*, vs. Außenansicht des *Digital Hub* in der *Thomas St*, Dublin 2008	263
Abbildung 18:	Zustand der Hausfassade, *Temple Ln South*, Dublin 1984 © *National Photographic Archive*	269
Abbildung 19:	Zustand der Hausfassade, *Temple Ln South*, Dublin 2008	270
Abbildung 20:	Fassaden der *Temple Ln South*, Dublin, im Vergleich 1984 vs. 2008	270

Abbildung 21:	Hauptgebäude des *Lindholmen Science Park*, *Lindholmsplatsen*, Göteborg 2009	274
Abbildung 22:	Das im Bau befindliche *National Conference Centre*, *North Wall Quay*, Dublin 2008	275
Abbildung 23:	Wohnhaus in der *Pearse St*, Dublin 2008	276
Abbildung 24:	Wohnhaus am *Sir John Rogerson's Quay*, Dublin 2008	277
Abbildung 25:	Gebäudearrangement in den *Docklands*, Dublin 2008	278
Abbildung 26:	Rückseite des *Lindholmen Science Park*, Göteborg 2009	281
Abbildung 27:	Wohnhäuser an der alten *Eriksberg*-Werft, Göteborg 2009	282
Abbildung 28:	Integration von Neuem und Altem in die Architektur, *Westmoreland St*, Dublin 2008	283
Abbildung 29:	Hölzerne Skulptur einer Eiderente vor dem *Lindholmen Science Park*, Göteborg 2009.	284
Abbildung 30:	Gebäude des *Dublin City Council* mit der *Christ Church Cathedral* im Hintergrund, Dublin 2008	285
Abbildung 31:	Teile der *Docklands* in Dublin in einer Archivaufnahme von 1988 © *Irish Architectural Archive*	302
Abbildung 32:	Derselbe Teil der *Docklands* in Dublin in einer Aufnahme von 2008.	303
Abbildung 33:	Vergleich der *Docklands* in Dublin, 1988 vs. 2008	303
Abbildung 34:	Die *Eriksberg*-Werft im nördlichen Hafengebiet Göteborgs in einer Archivaufnahme von 1963 © *Älvstranden Utveckling AB*.	304
Abbildung 35:	Erhaltene Strukturen der *Eriksberg*-Werftanlage, Göteborg 2009	305
Abbildung 36:	Vergleich der *Eriksberg*-Werftanlage, Göteborg, 1963 vs. 2009	305
Abbildung 37:	Landschaft des Leitbilds Kreativität in Dublin © *Visit Dublin*, Bearbeitung ALM	320
Abbildung 38:	Landschaft des Leitbilds Kreativität in Göteborg © *Hitta.se Kartor*, Beabeitung ALM	322
Abbildung 39:	Nutzung des *Älvrummet*, Göteborg 2009	353
Abbildung 40:	Nutzung des im Bau befindlichen *Grand Canal Square*, Dublin 2008	354

Tabellenverzeichnis

Tabelle 1: Gegenüberstellung der *core creative industries* und der Arbeitsfelder des *super-creative core* der *creative class* 66
Tabelle 2: Forschungsleitende Fragen und verwendete Methoden 142
Tabelle 3: Übersicht über die Feldaufenthalte (FA) und die während der Feldaufenthalte erhobenen Daten 165
Tabelle 4: Irland und Schweden im quantitativen Vergleich (Daten von 2006) 198
Tabelle 5: Dimensionen von Kreativität und ihre Verortung in den Städten 319
Tabelle 6: Die Bedeutung der Interviewkürzel 361
Tabelle 7: Übersicht über die in Dublin geführten Interviews 362
Tabelle 8: Übersicht über die in Göteborg geführten Interviews 364

1 Hinführung zum Thema

I think because everybody is claiming to be [a creative city], my idea is we define it for ourselves [...] and we live up to that reputation. (DCC2, Abs. 694ff.)

Über Städte zu forschen bedeutet, etwas zum Gegenstand der wissenschaftlichen Untersuchung zu machen, das die meisten Menschen kennen. Städte sind Phänomene, die nicht allein der sozialwissenschaftlichen Betrachtung zugänglich sind, sondern Alltägliches. In diesem Buch geht es um die stadtplanerische Gestaltung von Städten, die auf der Basis des Leitbildes der Kreativität Strategien entwickelt und darauf zielt, eine *creative city* zu konzipieren.

Eine kreative Stadt? Das klingt zunächst gut. Kreativität ist mit vielen positiven Konnotationen besetzt. Nicht nur ist es, ob als Laie oder mit wissenschaftlicher Expertise ausgestattet, einfach, sich unter Stadt oder Kreativität etwas vorzustellen. Aber was meint eine solche Bezeichnung? Welche Selbst- und Fremdverständnisse stehen hinter einer kreativen Stadt, und welche Wirkungen haben auf Kreativität ausgerichtete programmatische Planungsstrategien auf die stadträumliche Struktur, die Materialität, die Räume und die BewohnerInnen[1] einer Stadt? Und schließlich: Entsteht aus diesen Gestaltungsversuchen der politischen Stadtplanung ein spezifischer Stadttypus, der für das 21. Jahrhundert charakteristisch ist?

Im vorliegenden Buch werden die Lesenden auf eine zweifache Reise eingeladen: Der erste Teil führt sie durch soziologische Theorien, die das Verstehen und Erklären von urbanen und gesellschaftlichen Veränderungen des 20. und 21. Jahrhunderts zum Ziel haben. Der zweite Teil der Reise führt sie nach Irland und Schweden: Dublin und Göteborg sind die Fallbeispiele, anhand derer ich konkrete Strategien und Wirkungen einer Stadtplanung analysiere, die mit dem Leitbild der *creative city* arbeitet. Dieser gedanklichen Städtereise folgt schließlich die Darstellung meiner Ergebnisse. In den untersuchten Städten entsteht der Stadttypus der *Green Creative City*: Er zeichnet sich durch eine spezifische Gestaltung der Materialität durch die Stadtplanung aus und darauf aufbauend durch die

---

[1] Ich benutze in der vorliegenden Arbeit die Schreibweise mit Binnenversalie mit der Absicht, eine annähernd *gender*-gerechte Sprache zu verwenden. In einigen Fällen mag dies der Lesefreundlichkeit entgegen laufen, wofür ich mich entschuldige. Zudem gibt es verschiedene Worte, für die mir kein Ausdruck mit Binnenversalie bekannt ist; ich habe mich bemüht, ihren Gebrauch zu vermeiden.

Konstitution von Räumen der Kreativität und der Nachhaltigkeit. Das Leitbild Kreativität wird mit dem der Nachhaltigkeit kombiniert, und die Integration der städtischen Vergangenheit in die Konzeption einer Vision für ihre Zukunft stellt eine eigene Form der Zeitlichkeit der Planung der *Green Creative Cities* dar. Indem globale Diskurse und Gestaltungsformen als *traveling concepts* in den lokalen Kontext eingebettet werden, stellen *Green Creative Cities*[2] die Verortungen einer als Glokalisierung zu bezeichnenden Entwicklung dar – paradigmatisch am *Creative Marker* als neuartigem Gebäudetypus abzulesen. Dieser integriert global auffindliche Gestaltungsformen mit lokal spezifischen Bezügen und Ausformungen.

1.1 Veränderungen der Gesellschaft – Veränderungen der Stadt

Wie können Gesellschaften charakterisiert werden, in denen *Green Creative Cities* entstehen? Veränderungen in Gesellschaften vollziehen sich permanent, so dass latente Transformationsprozesse laufend stattfinden. Aus einer soziologischen Perspektive ist an einigen Punkten festzustellen, dass Kulminationspunkte erreicht sind, dass sich also bestimmte Veränderungen hin zu einer Gesellschaftsform vollzogen haben, die einen eindeutig identifizierbaren Unterschied zu vorangegangenen Gesellschaftsformen darstellt. Derart markante Differenzen implizieren, dass sich Formen des Arbeitens und Wohnens als zentrale Elemente des Lebens verändern. Dies hat wiederum Auswirkungen auf den Lebensraum Stadt – als Ort dieser Veränderungen.

Welches ist der gesellschaftliche Transformationsprozess, in dessen Kontext das Aufkommen der *Green Creative Cities* zu sehen ist? Er umfasst (1) die Veränderungen in den Beschäftigungssektoren innerhalb dieser Gesellschaften und (2) den Wandel von Lebensstilen, Normen und Anforderungen. Erstere führen dazu, dass eine größere Anzahl von Menschen in Bereichen arbeitet, die sich mit Dienstleistungen und Informationstechnologien beschäftigen – sogenannte Wissensgesellschaften entstehen (vgl. dazu Bell 1973; Drucker 1993). Teil dieser Gruppe sind diejenigen, die immer häufiger als ‚Kreative' bezeichnet werden: Beschäftigte in den Bereichen Werbung, Design oder Beratung, um nur einige zu

---

[2] In der vorliegenden Arbeit markiere ich englische Ausdrücke, indem ich sie klein und kursiv setze. Ausnahmen sind Eigennahmen und damit vergleichbare Ausdrücke wie *Chicago School* und *Urban Studies*. Eine weitere Ausnahme sind die von mir eingeführten Konzepte *Green Creative City*, *Green Creatives* und *Creative Marker*. In diesen drei Fällen verwende ich die Großschreibung mit Kursivierung, um ihren Charakter als von mir konzipierte Begriffe hervorzuheben.

nennen (vgl. etwa Koppetsch 2006a).[3] Zweitens konstatierte Richard Florida auf der Grundlage von sozialstatistischem Datenmaterial aus den USA das Aufkommen einer neuen, ökonomisch zunehmend bedeutsam werdenden sozialen Gruppe: der *creative class*. Diese umfasst nach seinem sehr einflussreich gewordenen Konzept einen Großteil an Dienstleistungsberufen sowie Beschäftigungen in den Informations- und Kommunikationstechnologien. Diese würden, seinen Analysen zufolge, für Gesellschaften immer bedeutsamer – nicht nur aus wirtschaftlichen Gründen, sondern auch, da sie eine Verschiebung der Normen und Lebenskonzepte implizierten.

Aufbauend auf dieser Annahme identifiziert Florida bestimmte Städte und Regionen als besonders attraktiv für die *creative class*, denn: „Cities are cauldrons of creativity." (Florida 2005, 1) Spezifische Städte dienten als Inspirationsquelle für Kreativität und stellten gleichzeitig den städtischen Raum zur Verfügung, in dem die Angehörigen der *creative class* ihre Lebensform realisieren könnten, so seine Annahme. Die Lebensform der *creative class* weise dabei spezifische Werte auf, zu denen u.a. eine ökologisch orientierte Einstellung gehöre (vgl. Florida 2005, z.B. 84).

Ausgehend von dieser Perspektive kommt der lokalen Stadtplanung eine besondere Rolle zu, sofern das Konzept der *creative city* in einer Stadt als erstrebenswertes Ziel anerkannt wird. Die Theorie der *creative class* führt dazu, dass Städte und Regionen zunehmend als diesbezüglich gestaltbar verstanden werden – als geplante und gestaltete Städte für die *creative class*. Die in diesem Bereich Tätigen mit ihren spezifischen, auch ökologischen Werten werden so zu Zielgruppen der lokalen und regionalen Entwicklungsstrategien.

Wie sich schon in den Arbeiten von Georg Simmel (1995 [1903]) und Max Weber (1999 [1920/21]) lesen lässt, ist die Entstehung spezifischer Stadtformen in entsprechende gesamtgesellschaftliche Transformationsprozesse eingebettet. So ist es auch bei den kreativen Städten und den *Green Creative Cities*. Die Besonderheit ist, dass in diesem Fall – anders als etwa bei den von Weber (1999 [1920/21]) beschriebenen Typen der Konsumenten- und Produzentenstadt (Weber 1999 [1920/21], 64ff.) oder der von Saskia Sassen (2001) als *global city* identifizierten Stadtform, welche von außen zugeschriebene Typen des Urbanen darstellen – eine Mischung aus Selbst- und Fremdzuschreibungen vorliegt. Bei der Selbstzuschreibung handelt es sich um Städte, denen von StadtplanerInnen und Marketing-Beschäftigten das Attribut kreativ zugeschrieben wird, bevor anschließend die Stadt von ihnen als kreative kommuniziert wird. WissenschaftlerInnen wie Richard Florida und Charles Landry dagegen sprechen Städten aus

---

[3] An dieser Stelle sei auch auf die Dissertation *Die Produktion von Kreativität. Eine Ethnografie der Kreativarbeit am Beispiel der Werbeindustrie* von Hannes Krämer von der Europa-Universität Viadrina in Frankfurt/Oder verwiesen, der sich in einer ethnographischen Untersuchung mit den Veränderungen im (Arbeits-)Feld der Werbung beschäftigt.

einer analytischen Perspektive und auf der Grundlage ausgewählten Datenmaterials Eigenschaften zu, die sie unter dem Begriff kreativ subsumieren. Die Identifikation der gesellschaftlichen Entwicklungen, die zum Entstehen der *creative cities* führen, ist aus soziologischer Sicht insbesondere für den zweiten Fall interessant.

Creative cities stellen ein Phänomen dar, das sich seit Ende der 1990er Jahre in westlich-industrialisierten Gesellschaften beobachten lässt. Unter dem Begriff *creative city* werden drei Bereiche subsumiert: Städte, die über eine quantitativ große Anzahl an Angehörigen der *creative class* verfügen (z.b. Florida 2004); StadtplanerInnen, die in einer innovativen Weise die Entwicklungspotentiale von Städten nutzen und kreative Planungsformen zu ihrer Gestaltung entwickeln (z.b. Landry 2008); Städte, die nach Ansicht der StadtplanerInnen aufgrund ihrer materiellen Gestaltung Kreativität ermöglichen und fördern (z.B. A.-L. Müller 2012a). Neben der wissenschaftlichen Beschäftigung mit dieser Stadtform wurde sie auch journalistisch stark rezipiert – eine Recherche in der Datenbank *Lexis-Nexis* zeigt in der internationalen Presse einen Anstieg der Publikationen zu dem Thema von 3 Artikeln im Jahr 1990 auf 532 im Jahr 2011, mit einem Höhepunkt von 640 Artikeln im Jahr 2007.

Welche Form der Gestaltung ergibt sich aus einer Stadtplanung, die mithilfe des Leitbilds Kreativität ihre Entwicklungsstrategien formuliert und das Konzept der *creative city* als Referenz in ihre Planung integriert? Der Stadttypus, der durch diese Gestaltung entsteht, ist der der *Green Creative City*. Er zeichnet sich dadurch aus, dass das Leitbild der Kreativität mit dem der Nachhaltigkeit kombiniert wird, welches drei Dimensionen aufweist: die ökologische, die soziale und die ökonomische Nachhaltigkeit. Das Verständnis von Kreativität unterscheidet sich je nach Verwendungszusammenhang und ist als Kontinuum von technologischer Innovation zu ästhetisch-künstlerischer Produktion zu sehen. Aufbauend auf diesen Verständnissen der Leitbilder werden Planungsstrategien entwickelt, deren Realisierung darauf zielt, Räume der Kreativität und der Nachhaltigkeit zu schaffen. Der Materialität der Städte kommt dabei in zweifacher Hinsicht eine herausragende Bedeutung zu: Zum einen stellt sie das Objekt stadtplanerischer Tätigkeit dar, zum anderen ist sie das Medium, mit dem die stadtplanerische Vision einer Wissensgesellschaft kommuniziert werden soll. Um eine Identifikation der NutzerInnen mit diesem Zukunftsbild zu ermöglichen, weist die Planung eine besondere Form der Zeitlichkeit auf: Durch die Umnutzung und Umgestaltung des Vorhandenen wird an die gewachsene Tradition einer Stadt angeknüpft und ein Interpretationsangebot der Vergangenheit formuliert. Neubauten und Neugestaltungen sind Materialisierungen einer Zukunft, wie sie in der Gegenwart von den StadtplanerInnen und lokalpolitisch Verantwortlichen antizipiert wird – raumsoziologisch gesprochen findet in beiden Fällen der Versuch statt, die Syntheseleistungen (Löw 2001, 159) der NutzerInnen zu beeinflussen. Mithilfe des *Creative Marker* findet die Integration von lokalen und globalen Entwicklungen schließlich ihren gebauten Ausdruck, welcher von den NutzerInnen in die Prozesse der Raumkonstitution aufgenommen wird und so von Seiten der StadtplanerInnen eine Vorstrukturierung des *spacing* (Löw 2001, 158) darstellt.

Im Blick ist damit ein Phänomen, das zwei paradoxe Merkmale aufweist: Zum einen ist es ein konkret benennbares Merkmal von Städten, wenn die verantwortliche städtische Planung mit dem Konzept der Kreativität operiert. Zum anderen ist es ein stets unklares Merkmal, da der Begriff über ein nicht abgegrenztes Bedeutungsspektrum verfügt und nicht definiert ist, wie dieses Konzept verwendet wird. Die Antwort der Stadtplanung ist es, den Begriff selbst zu definieren und diese Definitionen handlungsleitend werden zu lassen.

1.2 Dublin und Göteborg: lokale Beispiele globaler Transformationen

Nun geht es um den zweiten Teil der Reise: um die Städte der Untersuchung. Zwei Beobachtungen markieren den Ausgangspunkt für die empirische Studie: Erstens ist in der Planungspolitik bestimmter Städte eine programmatische Orientierung am Konzept der *creative city* und am Leitbild Kreativität festzustellen. Zweitens lassen sich reale Veränderungen in diesen Städten feststellen, sowohl materieller und architektonischer als auch sozialstruktureller Art. Untersucht man diese Städte soziologisch, sind also gesamtgesellschaftliche Transformationsprozesse im Blick, die in lokalen Zusammenhängen spezifische Ausformungen zeigen. Eine wachsende Weltbevölkerung, eine Zuwanderung in Städte in bestimmten Teilen der Welt und eine Abwanderung bzw. ein allgemeiner Bevölkerungsverlust in anderen Teilen, der sich auch auf die Stadtbevölkerung auswirkt, bilden die soziologisch bedeutsame Hintergrundfolie für derartige glokale (Robertson 1995) Entwicklungen. Die arbeitssoziologisch informierten Diskussionen um postfordistische Arbeitsformen und die Charakteristiken und Bedürfnisse der dort Beschäftigten wirft schließlich die Frage nach dem Lebens- und Arbeitsort der Menschen auf. Gerade solche Orte scheinen die Städte darzustellen, die in der verbreiteten Diskussion in der Wissenschaft und im Feuilleton als *creative cities* bezeichnet werden.

Unternimmt man eine Reise in Großstädte Europas, fällt auf, dass immer wieder mit Attributen gearbeitet wird: Es gibt die *City of Literature* – Edinburgh im Jahr 2004 – oder die *City of Design* – Graz im Jahr 2011. Die Tatsache, dass Städte programmatisch durch etwas charakterisiert werden, ist demnach nicht ungewöhnlich. Auffällig ist, dass es sich bei dem von mir untersuchten Phänomen nicht um *cities of creativity* handelt, sondern um *creative cities*, von denen gesprochen wird. Dieser Umstand weist darauf hin, dass es Unterschiede bei diesen Attribuierungen gibt.Um dieses Paradoxon von konkretem Phänomen und unklarem Merkmal genauer in den Blick zu nehmen, habe ich zwei empirische Fallstudien durchgeführt: Die Städte Dublin und Göteborg können als paradigmatisch für städtische und gesellschaftliche Transformationsprozesse gelten, wie ich sie unter den Stichworten *creative cities* und Wissensgesellschaft angedeutet habe. Beide Städte sind Hafenstädte, die in den vergangenen Jahrzehnten vor der Herausforderung standen, die Veränderung der hafenbezogenen Funktionen zu bewältigen. Damit sind sie Beispiele eines global zu beobachtenden Prozesses, der besondere Ausmaße in den Hafenstädten industrialisierter Gesellschaften annimmt. In Dublin fand eine Auslagerung des Hafens aus dem Stadtzentrum statt, da der zunehmende Frachtbetrieb und die Entladung größer werdender Containerschiffe nicht mehr im alten Hafen durchgeführt werden konnten. Damit ging auch die Schließung vieler Betriebe einher, die unmittelbar an die Funktion des Hafens als Handels- und Umschlagsort für Waren gekoppelt waren – Hafenmeistereien, Verwaltungseinrichtungen für Lagerräume etc. In Göteborg kam es in den 1980er Jahren zum Niedergang der Werftenindustrien, der dazu führte, dass die großen, innenstadtnah gelegenen Werften geschlossen und die ArbeiterInnen entlassen wurden. Die noch existierenden Schiffsanlagen und Entladestellen von Containerschiffen liegen nun außerhalb des Stadtkerns.

In beiden Städten hatte diese Situation mehrere Konsequenzen: Zum ersten veränderte sich die wirtschaftliche Ausrichtung der Städte; zentrale Beschäftigungsfelder sind nun zunehmend in den Bereichen der Dienstleistungen und Informationstechnologien angesiedelt. Zum zweiten kam es zu gesellschaftlichen Veränderungen, da sich die BewohnerInnen der Städte nicht mehr über die Seefahrt und die Hafenkultur identifizieren konnten und das gewachsene Bild der jeweiligen Stadt als Handelsstadt am Wasser verblasste. Zudem wirkten sich die wirtschaftlichen Veränderungen auf die gesellschaftlichen Strukturen der Stadt aus: hohe Arbeitslosigkeit in bestimmten Bereichen, Emigration aufgrund der schwierigen Arbeitsmarktsituation, Veränderungen der Anforderungen in den neuen Berufen. Zum dritten, und dies ist der stadtsoziologisch besonders interessante Aspekt, ist in beiden Städten ein bis heute zu beobachtender Transformationsprozess der städtischen Materialität zu beobachten. Besonders deutlich ist dieser in den Hafengebieten, die zu den zentralen Transformationsorten gehören, die ich in meiner Arbeit untersuche.

Bei einem ersten Blick auf die Arbeit der lokalen Stadtplanung ist zudem festzustellen, dass Kreativität und *creative city* als Konzepte eine wichtige Rolle bei der Formulierung von Planungsstrategien spielen. Da die Gestaltung der städtischen Materialität das zentrale Objekt stadtplanerischen Handelns darstellt, sind es genau diese Prozesse, die im Fokus meiner empirischen Arbeit standen. Als *temporary citizen* habe ich mehrere Monate in diesen Städten verbracht, um mithilfe von Interviews und Beobachtungen vor Ort den Wirkungen nachzuspüren, die eine solche Stadtplanung für die Materialität aufweist. Die leitende Frage für die Forschung in Dublin und Göteborg war daher: Wie vollzieht sich die Gestaltung einer Stadt unter der Verwendung von Kreativität und *creative city* als planungsleitenden Konzepten – und mit welchen Auswirkungen für Mensch und Materialität?

1.3 *Green Creative Cities*: Materialisierungen einer programmatischen Stadtplanung

Indem ich grundlegende stadtsoziologische und gesellschaftstheoretische Überlegungen, die für das erklärende Verstehen des untersuchten Phänomens wichtig sind, vorstelle und kontextualisiere (Kap. 2 bis 5) und mein methodisches Vorgehen sowie die Fallbeispiele Dublin und Göteborg erläutere (Kap. 6 und 7), entwickele ich den Typus der *Green Creative City* als paradigmatische Stadtform des beginnenden 21. Jahrhunderts in Gesellschaften auf dem Weg in eine Wissensgesellschaft (Kap. 8 bis 11). Sie entsteht als Resultat eines Prozesses, der auf verschiedenen Ebenen angeordnet ist: Innerhalb der Stadtplanung werden auf der Grundlage von zwei kombinierten Leitbildern, Kreativität und Nachhaltigkeit, programmatisch Strategien entwickelt, mit denen die Vision einer nachhaltigen, kreativen Wissensgesellschaft ihren Ausdruck in der gebauten Umwelt der Stadt finden soll.

Die Kombination der Leitbilder Kreativität und Nachhaltigkeit führt dazu, dass eine Gruppe zunehmend in den Blick der StadtplanerInnen und lokalpolitisch Verantwortlichen gerät: die *Green Creatives*. Sie kombinieren eine auf Kreativität ausgerichtete Berufs- und Lebensweise (vgl. Florida 2004) mit Werten, die am Konzept der Nachhaltigkeit orientiert sind (vgl. Ray und Anderson 2001), und verbinden so das Kreative mit dem (nicht nur ökologisch) Nachhaltigen. Diese sind als soziale Gruppe konstitutiver Bestandteil jener Städte, welche maßgeblich durch die StadtplanerInnen vor Ort gestaltet werden: die *Green Creative Cities*.

Die politische Planung bezieht sich dabei sowohl auf global wirksame Diskurse und Paradigmen als auch auf die lokalen Eigenlogiken (vgl. Berking und Löw 2008) der jeweiligen Städte. Im Sinn von *traveling concepts* (z.B. Czarniawska 2005) schlagen sich die Konzepte der *creative city*, der *creative class* und einer dreifach konnotierten Nachhaltigkeit in den Planungsstrategien und vermittelt in der Materialität der Städte nieder, so dass diese auch als Phänomene der Glokalisierung (z.B. Robertson 1995) beschrieben werden können. Indem mit den Angehörigen der *creative class* spezifische NutzerInnen im Fokus sind, wirkt sich die Gestaltung der Städte auf ihr soziales Gefüge aus und ist ein Ausdruck der politischen Vision der Wissensgesellschaft. Über die Kombination der Leitbilder wird zudem intendiert, integrative Orte für eine möglichst große Anzahl an NutzerInnen zu gestalten, an denen diese Räume konstitutieren können. Aufgrund der differenzierten Verwendung der Leitbilder lassen sich verschiedene Räume der Kreativität und der Nachhaltigkeit identifizieren, die von de PlanerInnen und den NutzerInnen über Prozesse des *spacing* und der Syntheseleistungen (Löw 2001) hergestellt werden.

2 Städte als Thema der Soziologie

Seitdem Städte an Bedeutung für das gesellschaftliche Leben gewannen, beschäftigte man sich auch wissenschaftlich mit ihnen und ihrer Bedeutung für Gesellschaften. Historisch hat dieses Thema bedeutende Vorläufer: Es finden sich schon in der griechischen Antike Reflexionen über die Wechselwirkung von Stadtstruktur und gesellschaftlicher Entwicklung. So beschrieb beispielsweise Platon in den Dialogen des *Nomoi*, wie eine Stadt beschaffen sein müsse, um die Entwicklung des Menschen einem spezifischen Idealbild entsprechenden zu fördern (Platon 2003, z.B. Buch IV). Die angenommenen Wechselwirkungen von gesellschaftlichen Vorstellungen und der materiellen und räumlichen Beschaffenheit der Städte zieht sich als roter Faden auch durch spätere soziologische Arbeiten zur Stadt.

Für die modernen europäischen Gesellschaften stellt der Übergang vom 19. zum 20. Jahrhundert eine bedeutende Veränderung der Beziehung von Gesellschaft und Stadt dar. Die Industrialisierung führte zu deutlich wachsenden Städten, komplexeren Bevölkerungsstrukturen, zu einem wahrnehmbaren Stadt-Land-Kontrast und, auf einer reflexiven Ebene, zu literarischen, wissenschaftlichen, stadtplanerischen sowie politischen Beschäftigungen mit dem Thema Stadt. Beispielhaft seien hier Walter Benjamins *Passagen-Werk* und Peter Weiss' *Ästhetik des Widerstands* als literarische Auseinandersetzungen mit der Stadt genannt, Georges-Eugène Haussmann und Le Corbusier als Vertreter stadtplanerischer Visionen sowie Friedrich Engels' *Die Lage der arbeitenden Klasse in England* als im Spannungsfeld von Wissenschaft und Politik stehende Arbeit. Und bis heute hält die Faszination bei der Beschäftigung mit der Stadt als gesellschaftlichem Phänomen an.

Um städtische Entwicklungen im beginnenden 21. Jahrhundert erklären und verstehen zu können, ist es hilfreich, sich vorangegangene Transformationsprozesse und die damit verbundenen analytischen Betrachtungsweisen anzuschauen. Mein Fokus liegt auf der Darstellung von Ansätzen, die insgesamt im Feld der Stadtwissenschaften zu verorten sind, und ist zeitlich auf die Moderne und Postmoderne begrenzt. Ziel ist es, die verschiedenen Entwicklungen nachzuzeichnen und das Phänomen der *creative cities* zu kontextualisieren. Hintergrundfolie meiner Untersuchung zu den *creative cities* bildet schließlich Martina Löws Raumsoziologie. Auf die Darstellung der stadtsoziologischen Arbeiten aufbauend stelle ich ihre Perspektive vor und verbinde sie mit den explizit stadtwissenschaftlichen Ansätzen, um so ein tragfähiges theoretisches Gerüst für die Erklärung meiner Untersuchungsergebnisse zu erhalten.

2.1 Die Stadt als Ort von Ökonomie, Kultur und Sozialem

Verschiedene Perspektiven wurden im Verlauf des 20. Jahrhunderts innerhalb der Soziologie auf die Stadt eingenommen. Nicht nur sind es unterschiedliche wissenschaftliche Herangehensweisen und Konzeptualisierungen, sondern auch die Phänomene, die in den Fokus geraten, differieren. Drei thematische Bereiche lassen sich in der soziologischen Beschäftigung mit dem Thema Stadt unterscheiden: Kultur, Ökonomie, Soziales. Je nach thematischer Fokussierung wird der Zusammenhang von Gesellschaft und Stadt unterschiedlich konzeptualisiert. So findet sich bei Georg Simmel (1995 [1903]) eine ausgeprägte Auseinandersetzung mit dem Zusammenhang von Kultur und Stadt, während Max Weber (1999 [1920/21]) und Werner Sombart (1996 [1922]) beispielsweise den ökonomischen Aspekt des Städtischen hervorheben. In der deutschen Stadtsoziologie der zweiten Hälfte des 20. Jahrhunderts sind es dann, prominent vertreten durch Hartmut Häußermann und Walter Siebel, eher die Wechselwirkungen von Sozialem und Stadt, die die Themen der Forschung dominieren.

Parallel dazu findet in den USA in der ersten Hälfte des 20. Jahrhunderts eine andere wichtige Entwicklung statt, die die soziologische Auseinandersetzung mit städtischen Themen bis heute prägt. Die *Chicago School* verwendet mit der *human ecology* eine biologisch informierte Theorie als Analogie, um die Stadt zu untersuchen. Im Mittelpunkt steht dabei die Wechselwirkung zwischen den StadtbewohnerInnen und der Stadt als ihrer natürlichen Umwelt. Außerdem werden erstmalig programmatisch mikrosoziologische Untersuchungsmethoden einbezogen; diese Methode prägt den Ruf der *Chicago School* bis heute.

Arbeiten in der zweiten Hälfte des 20. Jahrhunderts befassten sich zudem mit dem Zusammenhang von Kultur und Stadt, wie es Sharon Zukin (1989; 1991) beispielhaft gezeigt hat, sowie mit der Bedeutung globaler ökonomischer Veränderungen auf Städte. Das Konzept der *global cities* ist aus dieser Beschäftigung entstanden und wurde maßgeblich von Saskia Sassen (2001) entwickelt. Die drei zu unterscheidenden Bereiche Kultur, Ökonomie und Soziales finden sich so historisch durchgängig als Themen der Untersuchung des Phänomens Stadt und spielen auch in der Beschäftigung mit den *creative cities* eine entscheidende Rolle. Dabei ist hervorzuheben, dass eine derartige Trennung in unterschiedliche thematische Bereiche in erster Linie analytischen Charakter besitzt. In der Wirklichkeit der Städte weisen diese Aspekte starke Interdependenzen auf. Themen der Macht oder der Ungleichheit sind Beispiele für Phänomene, die nur unter Berücksichtigung dieser Wechselwirkungen untersucht werden können, da sonst ein „erklärendes Verstehen" (Weber 1990 [1922], 16) der Phänomene nicht möglich ist.

Aber nicht nur Themen lassen sich unterscheiden, auch die analytischen Herangehensweisen an das zu untersuchende Phänomen differieren. Sind es bei Weber (1999 [1920/21]) historisch informierte Studien, so ist es bei Simmel (1995 [1903]) ein durch individuelle Erfahrungen angereicherter, eher feuilletonistisch anmutender Essay über die Stadt und ihre Wirkung. Die VertreterInnen der *Chicago School* wenden schließlich empirische Untersuchungsmethoden an, um das Leben der StadtbewohnerInnen in den Blick zu nehmen. Auch die die deutschsprachige Stadtsoziologie prägenden Wissenschaftler Häußermann und Siebel lassen sich einer empirischen Sozialforschung zuordnen. Ihr Fokus liegt stärker auf sozialräumlichen Themen wie der sozialen Ungleichheit, die in der Stadt ihre Entsprechung in räumlicher Segregation findet. Eine Art Zwischenposition lässt sich in den späteren US-amerikanischen Untersuchungen zur Stadt finden, etwa bei Sharon Zukin und Saskia Sassen. Empirisch fundiert und theoretisch abstrahiert sind sie Beispiele für Arbeiten, deren Einfluss bis heute reicht.

Im Fall der *creative cities* lassen sich derzeit unterschiedliche Versuche feststellen, sich dem Phänomen zu nähern: So liegen quantitative Studien zur Veränderung von Erwerbstätigkeit und Bevölkerungsstruktur ebenso vor wie qualitative Untersuchungen zu politischen Entscheidungsprozessen. Aber auch Ethnographien zur Situation der BewohnerInnen der Städte und rein theoretische Herangehensweisen sind Teil des Spektrums der Analyse der *creative cities*. Dies zeigt den Facettenreichtum des Phänomens, dem man mit unterschiedlichen Methoden Rechnung zu tragen versucht, erschwert es aber auch, seine Merkmale genau zu bestimmen. Ziel der in der vorliegenden Arbeit vorgenommenen Vorstellung stadtwissenschaftlicher Ansätze ist es, zu verdeutlichen, in welcher Weise der Diskurs um die *creative cities* zum einen in der Tradition der Stadtsoziologie steht, sich zum anderen aber auch von davon abhebt. Ich treffe eine Auswahl bezüglich der vorzustellenden Theorieansätze und konzentriere mich auf die, denen im Kontext dieser Arbeit herausragende Bedeutung zukommt. Damit gehen zum Teil große zeitliche Sprünge einher. So stelle ich die wissenschaftliche Auseinandersetzung mit der Bedeutung der Ökonomie für die Stadt anhand zweier zeitlicher Einschnitte dar: der Durchsetzung des Kapitalismus und der Globalisierung. So wird eine inhaltliche Klammer zwischen zwei Prozessen sichtbar, die sich über einen Zeitraum von mehreren hundert Jahren erstrecken, die aber über die Stadt als Ort dieser Entwicklungen miteinander verbunden sind. Der Zusammenhang von Stadt und Kultur stellt eine ähnliche Klammer dar. Sie reicht von der Hochphase der Industrialisierung bis in die Spät- oder Postmoderne und weist unterschiedliche Facetten auf. Die Bedeutung des Sozialen in und für die Stadt durchzieht sowohl den Aspekt der Ökonomie als auch den der Kultur, wird aber in einem weiteren Teil gesondert behandelt, um die spezifischen sozialräumlichen Phänomene, die in der Stadtforschung in den Blick geraten, für diese Arbeit zu erschließen.

2.1.1 Die Bedeutung von Ökonomie für die Großstadt

Die Beschäftigung mit soziologischen Arbeiten zur Stadt und der Frage, was die Stadt als solche ausmacht, führt zunächst zu Max Weber. Webers Arbeit *Die Stadt* (1999 [1920/21]) stellt einen zentralen Referenzpunkt für die Frage nach der Wechselwirkung von Ökonomie und Stadt dar. Der Aufsatz ist Teil des Werks *Wirtschaft und Gesellschaft* und analysiert mittelalterliche, okzidentale Siedlungsformen in ihrer Beziehung zum okzidentalen Kapitalismus. Soziologisch bedeutsam ist vor allem die Unterscheidung zwischen der Stadt als Handelsort auf der einen und als politisch-administrativem Gefüge auf der anderen Seite. Webers Arbeit kann als einer der ersten Versuche gelten, eine Defintion von Stadt zu geben, in der eine Bestimmung rein über die Größe abgelehnt wird (vgl. Saunders 1987, 39). Vielmehr wird, je nach Fokus des Betrachters, die Stadt durch ihren ökonomischen Charakter *oder* durch ihre spezifische „politische Organisation" (Saunders 1987, 39) gekennzeichnet.

Städte sind für Weber Orte der permanenten „Markt*ansiedlung*" (Weber 1999 [1920/21], 62, Herv.i.O.), und die Entstehung des Kapitalismus ist für ihn untrennbar mit dem Wachsen der Städte verbunden. Die Stadt mit einem festen, regelmäßigen Markt und einer heterogenen Wirtschaft unterscheidet sich damit deutlich von anderen Ansiedlungen, in denen vor allem landwirtschaftliche Produkte für den Eigenverbrauch hergestellt oder Händler lediglich zu temporären, nicht periodisch wiederkehrenden Besuchen kamen, um ihre Produkte zu verkaufen.[4] Die Stadttypologie, die Weber entwirft,[5] basiert auf einer Beschreibung derjenigen, deren Kaufkraft maßgeblich für den ansässigen Handel ist und reicht von der Fürsten- über die Grundrentner- bis zur Gewerbestadt (Weber 1999 [1920/21], 63f.). Die zweite Unterscheidung, die Weber vornimmt, ist die zwischen der Konsumenten- und der Produzentenstadt, die danach differenziert werden, in welchem Verhältnis der Handel zum Konsumenten steht: In der Konsumentenstadt sind diejenigen, die die Produkte kaufen, vor Ort, in der Produzentenstadt wird dagegen vor allem für einen außerhalb liegenden Markt produziert (Weber 1999 [1920/21], 64ff.). Diese ökonomische Bestimmung bringt Weber folgendermaßen auf den Punkt:

> *Wir wollen von ‚Stadt' im* ökonomischen *Sinn erst da sprechen, wo die* ortsansässige *Bevölkerung einen ökonomisch wesentlichen Teil ihres Alltagsbe-*

---

[4] Zum Zusammenhang von Märkten und Städten vgl. auch Fernand Braudel (1997).
[5] Weber formuliert auch hier, wie in vielen seiner anderen Arbeiten, einen Idealtypus, diesmal den der Stadt.

darfs auf dem örtlichen Markt befriedigt, und zwar zu einem wesentlichen Teil durch Erzeugnisse, welche die ortsansässige *und die Bevölkerung des nächsten Umlandes* für den Absatz *auf dem Markt erzeugt oder sonst erworben hat.* (Weber 1999 [1920/21], 61, Herv.i.O.)

Die Merkmale der ökonomischen Definition sind also: eine ortsansässige Bevölkerung als Produzenten *und* Konsumenten, eine Bevölkerung im Umland, die Produkte für den Markt produziert, das Vorhandensein des Marktes selbst, auf dem die Produkte ver- und gekauft werden, sowie die gehandelten Produkte.[6] Damit ist eine Stadt-Land-Unterscheidung impliziert, die für Webers Argumentation zentral ist und auch spätere stadtsoziologische Arbeiten charakterisiert: Auf dem Land werden die Waren produziert, die anschließend in der Stadt gehandelt werden. Inwiefern diese Stadt-Land-Unterscheidung als implizites Definitionselement heute noch trägt, ist fraglich. Im Verlauf dieses Kapitels komme ich im Kontext der *global cities*- und *mega cities*-Entwicklungen darauf noch zu sprechen.[7] Neben diese ökonomische Definition stellt Weber eine „politisch-administrative" (Weber 1999 [1920/21], 72) Definition der Stadt, welche den genannten Merkmalen noch ein abgegrenztes Stadtgebiet sowie eine Stadtverfassung hinzufügt (Weber 1999 [1920/21], 72ff.). Damit werden Elemente integriert, die für heutige bürokratisch-administrative Definitionen von Stadt weiterhin Gültigkeit besitzen. Weber interessiert in diesem Zusammenhang vor allem die Herausbildung des Bürgers als Bewohner der Stadt (Weber 1999 [1920/21], 85); die Entwicklung von Städten und Bürgerrechten sind damit eng miteinander verknüpft und finden ihren Ausdruck im Konzept der Stadtgemeinde.[8] Der „Städter" (Weber 1999 [1920/21], 68) schließlich ist ein Mensch, „der seinen eigenen Nahrungsmittelbedarf *nicht* auf eigenem Ackerboden deckt" (ebd., Herv.i.O.). Damit werden die in den Städten lebenden Menschen als in den kapitalistischen Produktionsprozess integrierte und an ihm teilhabende konzeptionalisiert.

---

[6] Interessant ist, dass diese Definition für heutige Städte nur noch in modifizierter Form angewendet werden kann, da die Bezüge des Handels starke globale Züge aufweisen und die Lokalität von Handelnden und Waren daher keine konstitutiven Elemente einer Stadt sind.

[7] Auch Werner Sombart (1996 [1922]) untersucht den Zusammenhang von Kapitalismus und Städten und entwickelt beispielsweise in *Liebe, Luxus und Kapitalismus* die Theorie, dass die gesteigerte Nachfrage nach Luxusgütern in feudalen Familien (nicht zuletzt für die Mätressen) zum einen die Entwicklung des Kapitalismus vorantrieb, sich zum anderen aber die Großstädte zu Orten des Kapitalismus entwickelten, da dort diese Familien zuhause waren (Sombart 1996 [1922], bes. 41–60).

[8] Weber weist wiederholt darauf hin, dass dies nur für Städte des Okzidents gelte und auch für diese oft nur begrenzt (Weber 1999 [1920/21], 84). Er betont damit den idealtypischen Charakter seiner Stadttypologie und beschreibt die meisten realen Städte als „Mischtypen" (Weber 1999 [1920/21], 67).

In dieser allgemeinen Form ist dies wiederum ein Motiv, das wie ein roter Faden auch die heutige stadtwissenschaftliche Auseinandersetzung durchzieht und beispielsweise ein konstitutives Element der Konzeptionen der *global cities* ist. Aus der „politisch-administrative[n]" (Weber 1999 [1920/21], 72) Definition von Stadt, die alle Elemente der ökonomischen integriert und um das begrenzte Gebiet sowie eine eigene Form der politischen Verwaltung ergänzt, lassen sich wiederum schon die ersten Spuren der später von Louis Wirth (1938) im Kontext der *Chicago School* formulierten, als klassische zu bezeichnenden Stadt-Definition herauslesen: Größe und Dichte, d.h. eine vergleichsweise hohe EinwohnerInnenzahl auf einem bestimmten Gebiet, welches in Webers Sinn durch die Grenzen der Stadtgemeinde definiert wird. Auch Heterogenität, das dritte für Wirth entscheidende Definitionselement, wird bei Weber schon angedeutet. Allerdings bezieht es sich hier noch auf die Vielfalt der Erbwerbstätigkeit, die in einer Stadt vorhanden sein muss, damit sie also solche beschrieben werden kann. Aus raumsoziologischer Sicht ist interessant, dass Weber einen Ort der (mittelalterlichen) Stadt als denjenigen ausmacht, an dem sich politische und ökonomische Funktionen überlagern: den Marktplatz. Dieser dient als Ort des periodisch stattfindenden Marktes und damit des wirtschaftlichen Handels, aber auch als politischer und/oder militärischer Versammlungsort, wenn sich in der mittelalterlichen (Festungs-)Stadt dort das Heer versammelt, aber auch das Rathaus an dieser Stelle steht (Weber 1999 [1920/21], 80). Einen „geographisch markiert[en]" (Löw 2001, z.B. 199) Ort funktional unterschiedlich zu verwenden und damit dort verschiedene Räume zu konstituieren, ist, wie ich im Verlauf der Arbeit zeige, ein charakteristisches Merkmal des Lebens in Städten.[9]

Die Bedeutung der ökonomischen Dimension von Gesellschaft für Städte zieht sich durch viele soziologische Theorien. So, wie sich wirtschaftliche Veränderungen in Gesellschaften zutragen – einiges davon habe ich schon beschrieben – so verändern sich auch Städte. In einem großen zeitlichen Sprung komme ich nun auf aktuelle Debatten um den Zusammenhang von Ökonomie und Stadt zu sprechen, die im Kontext der Globalisierung zu betrachten sind. Dieser Prozess, der internationale ökonomische und damit gesamtgesellschaftliche Transformationen bezeichnet, geht mit dem Entstehen des Konzepts der *global cities* einher. Zunächst als *world cities* bezeichnet (Friedmann 1986), bürgerte sich spätestens nach Erscheinen von Sassens Buch *The Global City* im Jahr 1995 dieser Begriff ein.[10] Sassen benutzt dieses Konzept, um Städte mit einer spezifischen Rolle innerhalb der global agierenden Wirtschaft zu beschreiben.

---

[9] An einem Ort verschiedene Raumkonstitutionen vorzunehmen ist natürlich kein genuin städtisches Phänomen. Aufgrund der Vielfalt der Orte und der Heterogenität der Dinge und Menschen in der Stadt ist es allerdings ein dort häufig(er) zu beobachtendes Phänomen als beispielsweise in dörflichen Siedlungen.

[10] Manuel Castells (2000) unterscheidet die *world city* als eine spezifische Stadt in ihrer Gesamtheit von einer aus Territorien bestehenden *global city*, welche in verschiedenen Städten das Funktio-

Anhand sozialstatistischen Datenmaterials analysiert sie die Merkmale verschiedener Städte und identifiziert London, New York und Tokyo als Ballungsgebiete einer Ökonomie, die durch eine besonders hohe Dichte an *producer services industries* und vor allem finanzwirtschaftlichen Unternehmen charakterisiert werden können (Sassen 2001, 131f.). Zwar sind, wie Sassen herausarbeitet, die Märkte global, doch die Produktion profitiert von vielen, an einem Ort ansässigen Unternehmen – nicht zuletzt aufgrund ihrer hohen Spezialisierungen, die sie voneinander wechselseitig abhängig sein lässt (Sassen 2001, 155). Damit ist das wirtschaftliche System ein anderes als das, was Weber mit dem okzidentalen Kapitalismus beschreibt; die Grundstruktur des Zusammenhangs von der Stadt bleibt aber ähnlich. Sassen kontextualisiert die entstehende neue urbane Hierarchie mit den Veränderungen in der Dienstleistungswirtschaft und mit den neu zur Verfügung stehenden Telekommunikationstechnologien – vor dem Hintergrund des Erscheinungsdatums ihres Textes ist das nur allzu verständlich. Interessanterweise führen diese Technologien ihrer Ansicht nach nicht zu einer Dezentralisierung und einem Bedeutungsverlust von Orten, vielmehr verändert sich die globale urbane Hierarchie (Sassen 2001, 167f.) dahingehend, dass bestimmte Orte an Bedeutung gewinnen, vielerorts allerdings auch auf Kosten des regionalen und sogar nationalen Umlands. Die Auswirkungen auf die nationale urbane Hierarchie ist, so Sassen, abhängig von Struktur und Tradition der Nationalstaaten, und die Entwicklungen der Städte und Regionen verlaufen aus diesem Grund unterschiedlich (Sassen 2001, 140ff.). Die Beziehung zwischen der Stadt als Handelsort und Umland ist schon bei Weber ein Thema der stadtsoziologischen Beschäftigung. Die deutliche Stadt-Land-Differenz, die Weber als charakteristisch für die mittelalterliche Stadt herausarbeitet, sowie die wechselseitige Abhängigkeit zwischen Städten und ihrem Umland weisen nun als Themen bei Sassen Verschiebungen hin zu einer stärker globalen Perspektive auf. Es sind weniger die Stadt-Land-Differenzen innerhalb einer Region, die im Blick sind, als die Unterschiede zwischen den *global cities* am einen Ende des Spektrums und den „funktional irrelevant[en]" (Korff 1993, 29) Gegenden im globalen System am anderen Ende. Damit geraten zwei Entwicklungen in den Blick, die ich in Kapitel 8 dieser Abeit im Kontext der empirischen Ergebnisse genauer vorstelle: Zum einen werden Städte zu Lokalitäten der Glokalisierung (Swyngedouw 1992; Robertson 1995; Bauman 1996), d.h. zu Ver-Ortungen globaler Entwicklungen. Zum anderen haben diese Veränderungen Auswirkungen auf das soziale Gefüge von Städten und Gesellschaften; so können nicht nur Teile der

---

nieren der globalen Ökonomie sicherstellen. Damit sind nur einige Bereiche von beispielsweise New York global verankert, etwa Manhattan, während die meisten anderen Teile der Stadt lediglich lokale Bedeutung aufweisen (Castells 2000, 697). Diese Fragmentierung der Städte in Räume mit globaler und Räume mit lokaler Bedeutung lassen die *global cities* zu einem geradezu paradigmatischen Beispiel dafür werden, dass verschiedene Prozesse am selben geographisch markierten Ort vor sich gehen, die konstituierten Räume aber grundverschieden sind.

Welt oder einer Stadt funktional irrelevant werden, sondern auch Teile der Bevölkerung (vgl. z.B. Bauman 1996, 660).

2.1.2 Kultur und Stadt

Neben der Ökonomie weisen auch Aspekte der Kultur eine hohe Interdependenz mit Städten auf. Ebenso wie bei der Beschreibung der ökonomischen Dimension nehme ich hier einige chronologische Sprünge vor, um den roten Faden nachzuzeichnen, der sich durch die stadtwissenschaftliche Beschäftigung mit Kultur und Stadt zieht. Der erste Sprung führt zurück an den Anfang des 20. Jahrhunderts: 1903 erschien Georg Simmels Essay *Die Großstädte und das Geistesleben*. Die Simmel zugeschriebene Bedeutung als Klassiker der deutschen Stadtsoziologie (vgl. exempl. Schäfers 2006, 78) ist insofern erstaunlich, als sich seine Beschäftigung mit dem Thema auf diesen einen Artikel beschränkt. Simmels Aufsatz ist im Kontext seiner Philosophie des Geldes als eine Auseinandersetzung mit der sich zunehmend kapitalistisch ausrichtenden Gesellschaft zu verstehen, in der die wachsenden Großstädte sich zu den Orten der ebenfalls wachsenden Geldwirtschaft entwickelten. Damit hat er eine ähnliche Perspektive wie Weber, da beide die Transformation der Ökonomie mit der von Wohn- und Arbeitsorten parallelisieren. Anders als Weber rückt Simmel aber die Wirkungen des großstädtischen Lebens auf das Individuum und die Kultur der Gesellschaft in den Mittelpunkt. Kultur meint in dem Zusammenhang die Lebensform einer durch Großstädte geprägten Gesellschaft wie der deutschen im beginnenden 20. Jahrhundert, aber auch die Großstadt selbst ist ein Produkt der Kultur der Moderne, in der das Individuum um Selbstständigkeit gegenüber Gesellschaft und Traditionen kämpft (Simmel 1995 [1903], 16). So heißt es bei Simmel:

> *Es bedarf nur des Hinweises, daß die Großstädte die eigentlichen Schauplätze dieser, über alles Persönliche hinauswachsenden Kultur sind. Hier bietet sich in Bauten und Lehranstalten, [...] in den Formungen des Gemeinschaftslebens und in den sichtbaren Institutionen des Staates eine so überwältigende Fülle krystallisierten, unpersönlich gewordenen Geistes, da die Persönlichkeit sich sozusagen nicht dagegen halten kann. (Simmel 1995 [1903], 130)*

Die Großstadt wird von Simmel als der verdichtete Raum der Moderne beschrieben, und im Vergleich zum Leben auf dem Land herrscht dort ein anderer Umgang der Menschen miteinander vor; es prägt sich „der Typus des Großstädters" (Simmel 1995 [1903], 117) aus. Das im Gegensatz zur Kleinstadt und zum Dorf den Verstand aktivierende Leben in der Großstadt (ebd.) mit seinen den Einzelnen überflutenden Reizen bewirkt einen spezifischen „Stil des Lebens" (Simmel 1995 [1903], 120), der durch Blasiertheit gekennzeichnet ist, d.h. durch die „Abstumpfung gegen die Unterschiede der Dinge" (Simmel 1995 [1903], 121). Die in der Großstadt kulminiert auftretenden verschiedenartigen Dinge, die vom Einzelnen wahrgenommen werden (müssen), führen zu einer diese Verschiedenartigkeiten nicht mehr wahrnehmenden Haltung. Diese individuelle Haltung der Blasiertheit bewirkt, so Simmel, eine überindividuell wirksame, spezifische Verhaltensweise unter den GroßstädterInnen: die „Reserviertheit" (Simmel 1995 [1903], 122). Die durch Reserviertheit gekennzeichnete soziale Interaktion, die von Indifferenz bis Antipathie reichen kann und das soziale Leben in Großstädten erleichtert, ermöglicht es dem Einzelnen zudem, seine „persönliche Freiheit" (Simmel 1995 [1903], 124) zu sichern. Simmel beschreibt eine auf den ersten Blick paradox erscheinende Doppelbewegung des großstädtischen Lebens: Einerseits versuchen die Einzelnen, ihre Individualität zu betonen, um im Streben nach Aufmerksamkeit zu reüssieren (Simmel 1995 [1903], 128f.), andererseits tritt die individuelle Kultur gegenüber der Kultur der Gesellschaft zurück – „dem Überwuchern der objektiven Kultur ist das Individuum weniger und weniger gewachsen" (Simmel 1995 [1903], 129). Simmel sieht einen zentralen Grund dafür in der Arbeitsteilung, also in der Art, wie das Wirtschaftssystem organisiert ist. Indem der Einzelne nur noch für bestimmte Bereiche zuständig ist, wird sein Wert für die Herstellung des Ganzen reduziert, er wird austauschbar(er) und für die Herstellung kultureller Erzeugnisse leichter ersetzbar. Großstädte als Orte, an denen die Arbeitsteilung aufgrund der vorhandenen Unternehmen z.B. der Geldwirtschaft besonders ausgeprägt ist, stellen somit die Orte dar, die diese zum Teil widersprüchlichen gesellschaftlichen Entwicklungen wie unter einer Lupe zeigen. Der Stadt kommt dabei insofern die bedeutende Rolle zu, als sie aufgrund ihrer Größe individuelle und gesellschaftliche Entwicklungen besonders deutlich zeigt: „Das bedeutsamste Wesen der Großstadt liegt in dieser funktionellen Größe jenseits ihrer physischen Grenzen" (Simmel 1995 [1903], 127). Auch wenn es Simmel nicht um eine programmatische Definition der Stadt geht, leistet er mit diesem Text einen wichtigen Beitrag zur Beantwortung der Frage, was die charakteristischen Merkmale einer Stadt sind: Er bilanziert ähnlich wie Weber und später auch Sassen, dass ihr eine herausragende Stellung für die Gesellschaft zukommt, die maßgeblich auf ihrer Rolle als Ort der (Geld-)Wirtschaft basiert, und sie die Kultur der Gesellschaft prägt.

Findet sich bei Simmel neben der kulturellen Dimension von Gesellschaft eine deutliche Bezugnahme auf ökonomische Transformationsprozesse, so läuft auch in späteren Auseinandersetzungen mit der Stadt als Ort kultureller Phänomene diese ökonomische Dimension mit.

Robert Ezra Park, dessen Artikel *The City: Suggestions for the Investigation of Human Behavior in the City Environment* gleichsam den Beginn der „Hoch-Zeit der Chicago School" (Lindner 2004, 113) markiert, beschreibt die Wirkungen des städtischen Lebens auf soziale Beziehungen und die kulturellen Ausprägungen der Gesellschaft. Ähnlich wie für Simmel sind auch für Park die „secondary relationships" (Park 1915, 593) entscheidend für das Leben in modernen

Großstädten, welche „primarily a convenience of commerce" (Park 1915, 584) sind. Das Leben in diesen Städten wird dadurch charakterisiert, dass „all sorts of people meet and mingle together who never fully comprehend one another" (Park 1915, 595). Die Metropole als „home for everyone" (Park 1915, 608) zeichnet sich durch geringe Bindungen zwischen den Individuen und eine hohe Mobilität innerhalb verschiedener Milieus aus, welche Park als „moral regions" (Park 1915, 610) konzipiert. Die soziologische Untersuchung dieser Milieus ist ein Kern des Park'schen Programms. Die Stadt wird als eine Entität konzipiert, die aus verschiedenen separierten sozialen Welten besteht, die ihre eigenen kulturellen Merkmale aufweisen.

Diese Subkulturen werden später von den VertreterInnen der *Chicago School* in verschiedenen Studien untersucht, wobei der Fokus häufig auf den sogenannten devianten Personen liegt (vgl. Lindner 2004, 115) – interessant sind für die Forscher die nicht-hegemonialen kulturellen Codes, Normen und Moralvorstellungen. Methodisch kommt der *Chicago School* eine besondere Bedeutung zu, da sie die Ethnographie systematisch als Werkzeug der Untersuchung städtischer Phänomene einsetzte (Lindner 2004, 114).

Die Wirkung vom städtischen auf das soziale und kulturelle Leben ist auch Ausgangspunkt für Louis Wirths programmatischen Artikel *Urbanism as a Way of Life*. Dieser ist noch stärker als Parks Aufsatz eine systematische Beschreibung der Auswirkungen der Städte auf die Gesellschaft und ein Programmentwurf einer Soziologie des Städtischen. Wirth sieht den Grund für die herausragende Bedeutung der Stadt als

> *consequence of the concentration in cities of industrial and commercial, financial and administrative facilities and activities, transportation and communication lines, and cultural and recreational equipment (Wirth 1938, 5).*

Mit diesem Zusammenführen von ökonomischen, politischen und kulturellen Elementen der Stadt formuliert er das stadtsoziologische Forschungsprogramm der *Chicago School*. Wirth bietet eine Definition von Stadt, die auch heute noch Verwendung findet: Größe, Dichte und Heterogenität der Bevölkerung sind ihre Elemente (Wirth 1938, 3ff.). Damit finden sich die bei Weber angelegten Definitionselemente erstmals in einer explizit soziologischen Definition von Stadt wieder, insbesondere da auch Wirth darauf hinweist, dass schiere Größe alleine nicht ausreiche, sondern der administrative Charakter eines Stadt-Konzepts berücksichtigt werden müsse (Wirth 1938, 4). Hinzu kommt, dass der spezifische kulturelle Kontext, in den Städte eingebettet sind, ebenfalls zu bedenken sei, da dieser einen der „conditioning factors in social life" (Wirth 1938, 6) darstelle.

Neben dieser Definition von Stadt ist Wirths Artikel deswegen so bedeutsam für die Stadtsoziologie, da er eine Unterscheidung zwischen Urbanisierung und Urbanismus vornimmt und mit letzterem einen Modus des Lebens meint, welcher in Städten lokalisiert werden kann, aber in seinen Wirkungen über diese hinausweist (Wirth 1938, 7). Er liege, so Wirth, in drei möglichen Ausprägungen vor: als physische Struktur, als System der sozialen Organisation und als Set an Einstellungen (Wirth 1938, 9). Letztere umfassen ein spezifisches Muster von Persönlichkeiten, welche typische kollektive Verhaltensweisen zeigen und sozialer Kontrolle unterworfen sind (ebd.). Die von Wirth beschriebenen Effekte des Lebens in der Stadt auf den Einzelnen und die sozialen Beziehungen sind nahezu identisch mit den von Simmel und Park beschriebenen. Die zwei Seiten des urbanen Lebens – individuelle Freiheit und die Möglichkeit zur Selbstverwirklichung sowie Desintegration und Isolation – verändern auch die Interaktionsformen, und damit hebt Wirth einen bislang noch nicht gekannten Aspekt hervor: Indem sich die sozialen Beziehungen ausdifferenzieren, begegnen sich die StadtbewohnerInnen nicht mehr als Individuen, sondern in unterscheidbaren „segmental roles" (Wirth 1938, 12).

Wirths Zugriff auf die kulturelle Dimension des Städtischen ist ein doppelter: Zum einen ist die Stadt ein Ort kultureller Einrichtungen. Zum anderen sind aber auch die spezifischen Organisationsformen der Städte, ihre Institutionen sowie die gültigen Normen und Lebenskonzepte Ausprägungen kultureller Art (Wirth 1938, 20ff.) – „urbanism as a way of life", wie es im Titel des Aufsatzes heißt, ist ein eindeutig kulturelles Phänomen.

Diese Entwicklung baut zwar auf der schon von Park beschriebenen Verschiebung von primären zu sekundären Beziehungen auf, aber die Hervorhebung der Entstehung von sozialen Rollen und der von ihr bewirkten Verstärkung der Differenzierungsprozesse in den Städten (z.B. über die Herausbildung von Berufsgruppen und Interessensvertretungen) ist neu. Damit gelingt es, die Stadt als Kulminationspunkt gesellschaftlicher Entwicklungen für die soziologische Forschung fruchtbar zu machen, indem eine thematische Ausweitung stattfindet. Städte sind nun Orte der wirtschaftlichen Entwicklung und eines spezifischen sozialen (Zusammen-)Lebens, sie sind aber auch die Orte, in denen gesellschaftlich wichtige Transformationen ihren Ausgangspunkt nehmen, welche nur aufgrund des Zusammenfallens von ökonomischen, sozialen und kulturellen Entwicklungen an einem Ort vor sich gehen können.

Nimmt die Kultur in diesen ersten Beschäftigungen mit der Stadt noch keinen zentralen Stellenwert ein, so ändert sich dies in der zweiten Hälfte des 20. Jahrhunderts. Allerdings ist hier das Verständnis von Kultur häufig anders gelagert als in den Arbeiten von Simmel, Weber oder der *Chicago School*; es geht expliziter um eine ästhetische Dimension von Kultur. Jane Jacobs betont in ihrem 1961 erschienenen Buch *The Death and Life of Great American Cities* ähnlich wie die *Chicago School* die Bedeutung der *neighborhoods* in Städten, aber ihr Anliegen ist ein stärker politisch-stadtplanerisches. Versteht Park die Stadtviertel als voneinander getrennte soziale Welten mit je eigenen kulturellen Codes, zwischen denen die StadtbewohnerInnen wechseln können, so sind sie für Jacobs die zentralen Bestandteile städtischen Lebens. In ihnen entscheidet sich, ob das Leben in der Großstadt für Menschen positive oder negative Folgen zeitigt, ob Städte, wie es Lewis Mumford (1948; 1954) beschrieb, Orte der Isolation und Desintegration sind, die das soziale Gefüge einer Gesellschaft gefährden, oder im Gegenteil Orte der Integration darstellen. Mumford und Jacobs ist gemeinsam, dass sie eine explizit politisch-programmatische Haltung einnehmen und der Stadtplanung grundsätzlich zusprechen, eine positive Rolle in der Stadtentwicklung einnehmen zu können.[11] Ihre Perspektive auf die Stadt unterscheidet sich aber deutlich, auch wenn es ihnen beiden interessanterweise um die Bedeutung von Nachbarschaften, den *neighborhoods*, für die Stadt und ihre NutzerInnen geht. Während Mumford eine Analogie zwischen dem dörflichen Leben herstellt und darauf aufbauend Städte mit einer begrenzten Größe präferiert, in denen sich Nachbarschaften mit einem stabilen sozialen Gefüge besser ausbilden könnten (Mumford 1948, 530f.), betont Jacobs gerade den Unterschied zwischen dörflichen Nachbarschaften, die durch soziale Kontrolle und fehlenden Respekt vor der Privatsphäre, und städtischen Nachbarschaften, die stattdessen durch „togetherness" (Jacobs 1992, 68) gekennzeichnet seien. Auch wenn in Jacobs' Beschreibungen der urbanen Stadtviertel, die auf ihren eigenen Beobachtungen in New York basieren, nicht immer deutlich wird, wo genau die Grenze zwischen dörflicher Kontrolle und städtischer *togetherness* verläuft, so zeigen ihre Ausführungen zweierlei: Einerseits führt auch sie implizit die Dinge, die für Simmel und die VertreterInnen der *Chicago School* die Stadt ausmachen, als Hintergrundfolie ihrer Überlegungen mit: Dichte, Heterogenität der Bevölkerung, Größe.[12] Jacobs verschiebt die Perspektive insofern, als es ihr weniger um eine soziologische Analyse des städtischen Lebens als vielmehr um die programmatische Beschreibung der Gestaltung von Städten geht. Mit ihrem Fokus auf städtischen *neighborhoods* arbeitet sie die Bedeutung öffentlicher Räume für das städtische Leben und ihre spezifischen Merkmale heraus. Kleinräumige Strukturen, die sich in der materiellen Gestaltung des Stadtteils beispielsweise in kurzen Straßen spiegeln sollen, sowie Mischnutzungen sind für sie zentrale Elemente eines funktionierenden städtischen Lebens, welches auf dem Zusammenleben von vielen fremden Menschen auf einer vergleichsweise großen Fläche basiert (Jacobs 1992, 68f.). In Jacobs' Arbeit wird explizit eine Verbindung zwischen der spezi-

---

[11] Lewis Mumfords diesbezügliches Engagement lässt sich im Film *The City* deutlich sehen, an dessen Konzeption er 1939 im Auftrag der *Regional Planning Association of America* mitwirkte und die Kommentare schrieb. Dieser Film ist eine Reaktion auf den immensen Wachstum US-amerikanischer Städte im Kontext der Industrialisierung und ein Ausweis von Mumfords Vorstellung, Städte mit einer begrenzten Größe und kleinen, suburbanen Wohnvierteln würden die menschliche Lebensweise positiv beeinflussen. Der Film ist online verfügbar unter URL: http://www.archive.org/details/CityTheP1939 (letzter Zugriff am 11.4.2013).

[12] Jacobs differenziert zwischen *town* und *great cities* und konzentriert sich in ihren Beschreibungen auf die letzteren (Jacobs 1992, 16). Diese sprachliche Unterscheidung zwischen (kleineren) Städten und Großstädten ist im Deutschen schwerer, so dass die Beschreibungen nicht immer so präzise sind wie beispielsweise bei Jacobs.

fischen soziokulturellen Lebensweisen in Städten, dem *way of life*, und der materiellen Gestaltung des Ortes, an dem sich diese Lebensweise ausbildet, hergestellt. Sie ist damit nicht die erste – Le Corbusier sei hier beispielhaft genannt, von dem sich Jacobs explizit und geradezu wütend abgrenzt – aber ihre Arbeiten stellen eine bedeutsame Wendung hin zu einer stärkeren Betonung und Einbeziehung der NutzerInnen-Perspektive dar. Mit ihrer Proklamation von funktionaler Diversität und der Nutzung vorhandener Gebäudestrukturen, d.h. der Integration von Altem und Neuem, zur Vitalisierung städtischen Lebens legt sie die Grundlage für kommende Auseinandersetzungen mit der Bedeutung von Stadtteilen und *neighborhoods* für Städte, mit der Frage nach der Gestaltbarkeit derartiger, auch ökonomisch wichtiger Stadtteile und mit der Frage nach Möglichkeiten der Steuerung von städtischen Regenerationsprozessen. Nicht ohne Grund wird Jacobs später von Richard Florida als eine der zentralen Referenzen herangezogen werden (z.B. Florida 2004, 41).

Bis hierhin lässt sich festhalten, dass die Verbindung der sozialen, kulturellen und ökonomischen Facetten von Städten ein übereinstimmendes Merkmal der vorgestellten Ansätze darstellt. Bei Sharon Zukin (1989) ist die Kopplung von Kultur und Ökonomie ebenfalls eine zentrale Figur, wenn sich auch hier der Fokus etwas verschiebt. Sie steht damit paradigmatisch für eine Entwicklung, die sich dem Zusammenhang von Kulturindustrien und Stadt zuwendet. In *Loft Living*, 1989 erschienen, beschreibt Zukin ein Phänomen, das sich in bestimmten urbanen Kontexten mehr und mehr durchzusetzen scheint: „[m]aking a home in a factory" (Zukin 1989, 58). Zukin beschreibt damit die Zunahme der Attraktivität von alten Industriegebäuden für gut situierte StadtbewohnerInnen; es sind nicht mehr (ökonomisch arme) KünstlerInnen, die in Lofts leben, sondern „an increasing number of middle-class people [who] moved into certain cultural patterns" (ebd.). Damit geht eine veränderte Wahrnehmung nicht nur des industriellen Erbes einer Stadt einher, sondern auch eine neue Wertschätzung künstlerischer Produktion. Die Kultur der Stadt verändert sich in zweifacher Hinsicht: Kultur, verstanden als künstlerische Produkte, bekommt einen neuen Stellenwert zugesprochen, der mit einer Ökonomisierung der Kultur einhergeht. Die Kultur der Städte, verstanden als spezifische urbane Lebensform, integriert diese neue Wertschätzung der künstlerischen Produktion und wird in Richtung eines ästhetisierten Lebensstils transformiert.

Dieser Lebensstil beinhaltet außerdem das räumliche Zusammenfallen von Arbeits- und Wohnort und eine Veränderung der Gestaltung dieser Räumlichkeiten (Zukin 1989, 63).

Damit ist ein Perspektivenwechsel auch in der soziologischen Behandlung des Themas festzustellen: Nicht mehr die Wirkungen der Stadt als sozialräumliches Gebilde auf den Einzelnen und die Gesellschaft stehen im Mittelpunkt, sondern die Wirkungen der StadtbewohnerInnen auf die Stadt und ihre materielle Gestaltungen rücken in den Fokus. Für Zukin lässt sich diese veränderte Art des Wohnens sogar als „part of a larger modern quest for authenticity" (Zukin 1989, 67) verstehen, da die gewachsenen Orte der Lofts höhere Authentizität zugesprochen bekommen als die neu entstehenden Gebäude und Stadtviertel. Die in den Lofts symbolisch zu verortende, veränderte Nutzung der Stadt – Mischnutzung statt funktionaler Trennung – greift eine Entwicklung auf, die Jane Jacobs (1992) knapp 30 Jahre zuvor als essentielles Element einer funktionierenden Stadt beschrieben hat.[13] Hinzu kommt, dass die industrielle Ästhetik, die über die Nutzung der Fabrikgebäude als Wohnorte weitergetragen wird, „domestiziert" (Zukin 1989, 71, Übers. ALM) wird – sie wird in die Konzeption der Gegenwart integriert, und damit dies gelingt, muss sie von ihrem ursprünglichen Kontext abgelöst werden. Fabrikgebäude stehen nicht mehr für schwere körperliche Arbeit und eine die Individualität verneinende Standardisierung, sondern symbolisieren eine stilisierte, geglättete Vergangenheit, die in die postindustriellen Arbeits- und Lebenszusammenhänge integriert wird. Für Sharon Zukin bedeutet das: „[T]he reason that people develop a sentimental – or a sensual – attachment to the industrial aesthetic is that it is [...] *no longer* real." (Zukin 1989, 73, Herv.i.O.)

Der Wert der Vergangenheit, konkretisiert als historische Gebäude, wurde nicht nur als ein sozialer erkannt, sondern auch in seiner ökonomischen Dimension. Dies sei, so Zukin, gerade in den USA eine deutliche Veränderung der Wertschätzung von Vergangenem (Zukin 1989, 76). Dies bewirkte, nicht nur in den USA, dass das architektonische Erbe der Städte zunehmend in die Stadtplanung und die Stadtentwicklungsprozesse integriert wurde. Diese Ausweitung führte dazu, dass die Umnutzung von Industriebauten, die als „strictly local and elitist affair" (Zukin 1989, 78) begonnen hatte, zu einem verbreiteten Phänomen der Mittelschicht wurde, geradezu zu einem neuen urbanen Stil des Lebens. Dieser kulturelle Wandel, so schlussfolgert Zukin, gehe mit seiner Kommerzialisierung einher und mit einer Veränderung der Machtstrukturen innerhalb der Kunstszene (Zukin 1989, 81). Sie schließt damit einen Bogen zu dem, was ab den 1970ern als sich immer stärker ausbreitenden Phänomen beobachten und als Gentrifizierung beschreiben lässt. Darunter wird der Prozess der sukzessiven Aufwertung – sozusagen Veredelung, daher die an das englische *gentry*, Adel, angelehnte Bezeichnung – zentrumsnaher Stadtteile gefasst.

Die US-amerikanische Soziologin Ruth Glass ist diejenige, die den Begriff geprägt hat (Glass 1964, xviii). Anhand des Beispiels London beschrieb sie diesen spezifischen Prozess der Stadtentwicklung, für den sich anschließend die Bezeichnung *gentrification* derart etablierte, dass sie heute auch im Feuilleton

---

[13] Zukin weist zudem darauf hin, wie sich die veränderte Raumnutzung auf das (Selbst-)Verständnis der BewohnerInnen auswirkt: So gibt es beispielsweise keine Trennung zwischen Repräsentations- und Wohnräumen mehr, womit eine Illusion von Egalität geschaffen werde (Zukin 1989, 68ff.).

und im öffentlichen Diskurs Verwendung findet. Im Blick der ForscherInnen ist dabei in erster Linie die Veränderung der wirtschaftlichen Potenz des Viertels. Klassischerweise vollzieht sich der Prozess der Gentrifizierung in mehreren Schritten, die sich auch in Zukins Beschreibung des *Loft Living* finden: Ausgangspunkt ist ein Stadtteil, der sich aus architektonisch-materieller Sicht in einem desolaten Zustand befindet. Die damit verbundenen billigen Mieten des oft reichlich zur Verfügung stehenden Wohnraums führen zu einem Zuzug derjenigen, die materiell weniger gut gestellt sind: sozial Schwache, aber auch Studierende und KünstlerInnen. Die beiden letzten Gruppen sind nun für den Aufwertungsprozess entscheidend, da sie, um mit Pierre Bourdieu (1982) zu sprechen, zwar über wenig ökonomisches Kapital verfügen und sich daher in dem Stadtviertel ansiedeln, allerdings hohes kulturelles Kapital besitzen. Der Umgang dieser mit geringem ökonomischen, aber hohem kulturellen Kapital ausgestatteten Menschen mit dem Viertel ist es, der den Prozess spezifisch macht. Renovierungen, Verschönerungen der Wohnungen, Häuser und Straßen durch die sogenannten Pioniere führen zu einer Transformation des äußeren Erscheinungsbildes. Die steigende Anzahl an Cafés und Restaurants sowie an Kultureinrichtungen bedeutet eine Veränderung der Infrastruktur; beides zusammen macht das Viertel nun auch zunehmend interessant für andere BewohnerInnen. In dieser nächsten Welle sind es die „gentrifier" (Dangschat 1988, 288), die zuziehen. Wachsende Nachfrage bedeutet steigende Preise auf dem Immobilienmarkt, so dass in der Regel ein allmählicher Austausch der Bevölkerung stattfindet. Die Pioniere verlassen das Gebiet, Menschen mit größerem ökonomischem Kapital siedeln sich an und verändern so die ökonomische Struktur des Viertels.

Die Untersuchung der Dynamiken und Ursachen dieses Prozesses führte zu verschiedenen Phasen- und Stufenmodellen, die versuchten, die Entwicklungen analytisch greifbar zu machen (vgl. z.B. Clay 1979; Gale 1979). Ihr Anliegen gemeinsames ist es, einen diversen Prozess zu konzeptionalisieren und in eine lineare Abfolge zu bringen.

Wichtig ist, und darauf weisen Loretta Lees, Tom Slater und Elvin Wyly (2007) hin, dass der Prozess nicht ohne die Berücksichtigung der unterschiedlichen lokalen Kontexte, politischen Interventionen und Akteure verstanden werden kann. Mithilfe von Fallbeispielen zeigen sie, wie das Zusammenspiel von individuellem Engagement der Pioniere, Investitionen von Hauseigentümern und Immobilienfirmen, spezifischen Gesetzen und öffentlichem Diskurs die Gentrifizierung erst auslöst und schließlich vorantreibt. Diese Kombination ökonomischer und sozialer Prozesse hat auch Sharon Zukin im Blick, wenn sie innerstädtische Gentrifizierungsprozesse analysiert and Gentrifizierung als „multidimensional cultural practice" (Zukin 1987, 143) fasst. Sie hebt die Bedeutung der dem Prozess zugrundeliegenden ökonomischen Umstrukturierungen hervor; der Bevölkerungsaustausch findet ihrer Analyse nach weniger auf der Grundlage der

Aufwertung als vielmehr der Investitition von Kapital statt (Zukin 1987, 137). Gleichzeitig ist auch die mit den neuen BewohnerInnen einziehende Kultur eine andere, welche durch neue Formen des Konsums geprägt ist (Zukin 1987, 142). Die Ökonomisierung von Kultur ist für sie ein zu beobachtendes Element des von der Mittelschicht geprägten Lebensstils.

In ihrem 1995 erschienenen Buch *The Cultures of Cities* geht Zukin an diese Überlegungen anschließend der Frage nach, welche Rolle Kultur in Städten überhaupt spielt und spielen kann. Der von ihr verwendete Kulturbegriff, der in den Arbeiten aus den 1980er Jahren noch vergleichsweise wenig ausdifferenziert war, ist nun ein dreifacher: Kultur wird in ethnischer, ästhetischer und ökonomischer Hinsicht verstanden, und nach Zukin kann nicht von einer spezifisch urbanen Kultur oder unterschiedlichen Subkulturen gesprochen werden, sondern Kultur ist vielmehr das Resultat von Aushandlungsprozessen, welche innerhalb der Stadt stattfinden.

Diese drei Elemente von Kultur kommen in je unterschiedlicher Weise in diesem Aushandlungsprozess zum Tragen. Kultur, als „powerful means of controlling cities" (Zukin 1995, 1) verstanden, ist damit einerseits ein Mittel, kollektive Bilder und Erinnerungen herzustellen, welche Zugehörigkeiten von Personen oder sozialen Gruppen zu bestimmten Orten symbolisieren. Andererseits können über Ästhetisierungen ebenso sowohl Zugehörigkeiten und Abgrenzungen als auch Identitäten hergestellt werden, die entweder auf der Ebene von Stadtteilen oder sogar innerhalb der gesamten Stadt wirksam werden. Im dritten Fall findet eine Kopplung der Kultur an die Ökonomie statt, und eine derartige symbolische Ökonomie prägt die Städte und insbesondere deren öffentliche Räume auf eine spezifische Weise.

In allen Fällen, so Zukin, hänge die Stadtgestaltung davon ab, wie Fläche, Arbeit und Kapital verteilt würden. Aber: "it also depends on how they [the people, ALM] manipulate symbolic languages of exclusion and entitlement." (Zukin 1995, 7) Die symbolische Ökonomie einer Stadt ist dabei ein immer schon dagewesenes Element; neu ist, so Zukin, das Zusammenwirken von Bildern und Produkten, nicht zuletzt zur Erzeugung von Repräsentationen einer Stadt, die zum Teil sogar global wirksam werden. Das Wachsen der symbolischen Ökonomie – durchaus als eigenes Arbeitsfeld verstanden – bewirkt nicht nur das Wachstum bestimmter Städte, in denen dieser Wirtschaftszweig prosperiert, sondern auch überhaupt das Entstehen neuer Arbeitskräfte und eine veränderte Perspektive von KonsumentInnen und Angestellten (Zukin 1995, 8). Insgesamt ist die Erzeugung von Symbolen untrennbar mit der Hervorbringung von (städtischem) Raum verbunden (Zukin 1995, z.B. 11).

Während ich auf diese Veränderungen in der Arbeitswelt und ihre Folgen für die Gesellschaft und die Städte später zu sprechen komme (vgl. Kap. 3), sind an dieser Stelle die Folgen für die Städte wichtiger. Zukin ist der Ansicht, dass man, um Städte angemessen in den Blick nehmen zu können, berücksichtigen muss, in welcher Weise Städte Kultur als ökonomische Grundlage für ihre Entwicklung verwenden (Zukin 1995, 11). Für dieses Argument ist wichtig zu beachten, dass Zukin der Kultur eine wichtige Rolle bei der Herstellung des städtischen Raums zuspricht. Zum einen dienen Kulturinstitutionen als Standortvorteile gegenüber anderen Städten, zum anderen aber auch als Mittel, Machtverhältnisse in Städten auszuhandeln: In Museen wird Kultur sichtbar, aber auch die Fähigkeit, Geld einzuwerben; sichtbare Kultur wird so zu einem Zeichen von Reichtum und bedeutet eine Zurschaustellung von Macht (Zukin 1995, 15).[14] Für die BewohnerInnen ist Kultur ein Mittel, Zugehörigkeiten zum städtischen Raum auszuhandeln und zu festigen und damit auch am Aushandlungsprozess von Machtverteilungen teilzuhaben.

Für Zukin kann Kultur daher sowohl ein demokratisches als auch ein autoritäres Element beinhalten; im ersten Fall trägt sie zur Integration ethnischer und sozialer Gruppen bei, im anderen Fall bewirkt sie genau das Gegenteil und schließt bestimmte Gruppen und Individuen von der Teilhabe am öffentlichen Leben aus (Zukin 1995, 20). Letzteres wird am Beispiel von *Shopping Malls* deutlich: Suggerieren sie häufig auf den ersten Blick Zugänglichkeit, ein Eindruck, der nicht zuletzt durch die Gestaltung als *Plaza* verstärkt wird, so zeigt sich auf den zweiten Blick, dass sie lediglich aus kommerziellen Orten bestehen und die Nutzung oder gar Umnutzung durch Nicht-KonsumentInnen nicht erwünscht ist. Da diese Shoppingcenter Privateigentum sind, können Verhaltensregeln vorgegeben und deren Einhaltung von Sicherheitspersonal überwacht werden. Zukin weist darauf hin, und damit schließt sich der Bogen zur Gentrifizierung, dass auch KünstlerInnen ein Mittel geworden sind, städtischen Raum auf eine bestimmte Weise zu rahmen. Indem sie selber einen Status als Standortfaktor zugesprochen bekommen haben und Städte innerhalb der globalen Hierarchie davon zu profitieren meinen, wenn sie auf die Existenz vieler ansässiger KünstlerInnen verweisen können, wird ihnen ökonomischer, aber auch ein ästhetischer Wert zugesprochen, mit dem Stadtviertel und das Image der Stadt aufgewertet werden (Zukin 1995, 23).

Ein derartiges Image einer Stadt muss nicht ausschließend wirken, und damit kommt Zukin auf den demokratischen Charakter von Kultur zurück. Ebenso kann ein solches Bild der Stadt durch die StadtbewohnerInnen verändert, geprägt, umgedeutet und damit angeeignet werden. Sie können also über ihre Teilhabe am öffentlichen städtischen Raum das, was als ihre Stadt verstanden wird, maßgeblich mitbestimmen (Zukin 1995, 35ff.). Unterschiedliche Formen von Kultur beeinflussen somit den städtischen Raum und sind zentrale Instrumente

---

[14] In Ländern wie Deutschland, in denen Kultureinrichtungen zu einem großen Teil über Steuergelder finanziert werden, mag dieses Argument nicht sofort einleuchten. Denkt man aber daran, dass beispielsweise in Frankfurt/Main der Erweiterungsbau des *Städel*-Museums von der Deutschen Bank finanziert wurde, wird die Verbindung von sichtbarer Kultur und Macht einsichtiger.

zur Aushandlung von Machtverhältnissen und Teilhabemöglichkeiten. Diese Aushandlungen finden wiederum in spezifischen Räumen statt und schlagen sich in ihrer Gestaltung nieder. Das Aufeinandertreffen von Repräsentationsbauten und *graffiti* ist nur ein Beispiel für diese Prozesse und ihre räumlich-materielle Dimension. Gentrifizierungsprozesse sind exemplarische Entwicklungen, an denen sich sowohl diese Aushandlungsprozesse und ihre Materialität und Räumlichkeit als auch die Ökonomisierung von Kultur zeigen.

Abschließend ist zu sagen, dass der Gentrifizierungsprozess, der sich analytisch als ein Element von Stadtentwicklung beschreiben lässt, häufig für normativ geführte Debatten sorgt. Stärker als in anderen Fällen von Stadtentwicklung geht es bei diesem Prozess um Vorstellungen von dem, was man umgangssprachlich als ‚das gute, richtige Stadtleben' bezeichnen könnte. In den Diskussionen stehen sich in der Regel die Betroffenen und die Planungsverantwortlichen gegenüber, welche häufig ab einer bestimmten Phase in die Entwicklung eines im Gentrifizierungsprozess befindlichen Stadtviertels einsteigen wollen.[15] Die Betroffenen wiederum lassen sich durch zwei Merkmale kennzeichnen: Sie sind selber diejenigen, die – auf unterschiedliche Weise – von der Entwicklung profitieren. Die Pioniere profitieren von günstigen Mieten, der Anzahl des zur Verfügung stehenden Wohn- und Arbeitsraums und der Tatsache, dass sich Gleichgesinnte in dem Stadtviertel versammeln und in der Regel viel physischer, aber gerade auch sozialer Freiraum herrscht. Nicht zuletzt profitieren sie von der Freiheit, die ihnen häufig zugestanden wird, den Stadtraum nach ihren Vorstellungen zu gestalten.[16] Die *gentrifier*, die später hinzuziehen, profitieren wiederum von den Veränderungen in der Bausubstanz und in der Infrastruktur des Viertels: Oft sind in der Zwischenzeit Cafés und Restaurants ebenso wie Galerien oder andere Ausstellungsräume von KünstlerInnen entstanden. Je attraktiver ein solches Viertel im Zuge dieser Veränderungen wird, umso stärker steigen die Immobilienpreise. Schließlich führt dies dazu, dass größeres ökonomisches Kapital nötig ist, um in den Vierteln zu leben. Dies ist der Moment des Konflikts: Die Pioniere und insbesondere die Alteingesessenen sind nicht mehr in der Lage, die gestiegenen Kosten aufzubringen, und verlassen das Viertel. Parallel dazu und als Folge davon verändert sich die Sozialstruktur des Viertels, was einen den Prozess verstärkenden Effekt mit sich bringt. Die Pioniere haben ihre Vision des städtischen Lebens in dem Viertel realisiert, indem sie es entsprechend (um-)gestaltet haben. Im Moment der Verdrängung ist nicht nur ihr Wohnraum, son-

---

[15] So weist Clay (1979) darauf hin, dass erst in der dritten von vier Phasen im Gentrifizierungsprozess eine öffentliche Wahrnehmung und mediale Reflexion der Veränderungen auftritt, d.h. in einem vergleichsweise späten Stadium (Clay 1979, 57ff.).

[16] Exemplarisch kann für die Perspektive der Pioniere das Buch *GENTRIFIDINGSBUMS oder eine Stadt für alle* gelten, welches sich differenziert, aber dennoch aus einer dezidierten AnwohnerInnen-Perspektive mit der Gentrifizierung in Hamburg beschäftigt (Twickel 2010).

dern auch ihre Vision in Gefahr. Dies führt dazu, dass die Debatten um Gentrifizierungsprozesse so emotional geführt werden.

Das Paradox, dass der Gentrifizierung inhärent ist, besteht weiterhin darin, dass auch die Pioniere von einer für sie positiven, für andere StadtbewohnerInnen negativen Situation profitieren. Sie siedeln sich an einem Ort an, an dem andere Menschen mit geringerem ökonomischen, aber auch kulturellem Kapital leben, und verdrängen diese. Aufgrund der Tatsache, dass sozial Schwache in der Regel Schwierigkeiten haben, in der Stadt Gehör zu finden – nicht zuletzt aufgrund der Kombination von geringem ökonomischen und geringem kulturellen Kapital – wird dieser Verdrängungsprozess kaum thematisiert. Alternativ wird er verneint, da die ökonomischen Zwänge, das Viertel zu verlassen, zu Beginn nicht so offensichtlich sind. Soziale Zwänge, die die ursprünglich Ansässigen dazu bringen, das Viertel zu verlassen – weil sie sich unter den neuen BewohnerInnen nicht wohl fühlen – werden selten beachtet.[17]

2.1.3 Spiegelung sozialer Verhältnisse in der Stadt

Die Analyse von Gentrifizierungsprozessen ist ein Beispiel dafür, mit welchen Themen sich die deutschsprachige Stadtsoziologie in der zweiten Hälfte des 20. Jahrhunderts beschäftigt hat. Der Fokus der Forschung verschiebt sich in dieser Zeit hin zur Erforschung sozialer Ungleichheit in Städten, der Effekte sozialräumlicher Segregation sowie zu der Frage, inwiefern die Stadt ein Instrument der gesellschaftlichen Integration darstellen kann.[18] Diese thematische Verschiebung kann auch als eine von der Kultur (Simmel) und der Ökonomie (Weber) hin zu sozialen Entwicklungen beschrieben werden, wobei die vorangegangenen Ausführungen zeigen, dass diese Aspekte in der Analyse des Phänomens Stadt inhaltlich nicht voneinander zu trennen sind.

Der Fokus der Erforschung sozialer Ungleichheiten in Städten liegt auf zwei Themen: zum einen auf den räumlichen Auswirkungen der Segregationsprozesse, die auf sozioökonomischen Unterschieden innerhalb der Bevölkerung basieren, zum anderen auf den Folgen von ethnischen Segregationsprozessen für die Gesellschaft und die Stadt als sozialräumliches Gebilde. Das zweite Thema ist zumindest in Deutschland vor dem Hintergrund wachsender Immigration und

---

[17] Die Tatsache, dass eine sozialräumliche Segregation auch positive Effekte für die Betroffenen haben kann, da die soziale Bindung in einer Gruppe durch die räumliche Trennung im besten Fall gestärkt (vgl. z.B. Lees 2008), kommt in dieser Diskussion nicht vor, ist aber ein durchaus zu berücksichtigen Aspekt der Debatte um sozialräumliche Segregation insgesamt.

[18] Dies sind Themen, die nicht nur auf den wissenschaftlichen, sondern auch auf den politischen Agenden standen. Das zeigt sich unter anderem, dass die Bundesrepublik Deutschland 1999 das Bund-Länder-Programm *Soziale Stadt* initiierte, um der zunehmenden sozialen und räumlichen Spaltung in den Städten entgegenzuwirken. Die finanzielle Unterstützung für dieses Programm wurde allerdings 2011 deutlich gekürzt.

dem (späten) Eingeständnis, eine Einwanderungsgesellschaft zu sein, zu sehen. Aber auch international ist zu erkennen, dass im Kontext einer globalisierten Gesellschaft Migration zu einem immer bedeutsameren Thema wird. Gerade große Städte bilden dabei Anziehungspunkte internationaler MigrantInnenströme, welche die Städte und ihre gesellschaftlichen Strukturen entsprechend verändern. An dieser Stelle möchte ich exemplarisch die komplexe Verbindung von sozialer Ungleichheit, residentieller Segregation und sozialräumlicher Benachteiligung nachzeichnen.

Historisch gibt es unzählige Beispiele für den Zusammenhang von sozioökonomischer Lage und Wohnort in einer Stadt. Man denke beispielsweise an Berliner Straßenzüge mit ihren Hinterhofwohnungen, in denen sich mit zunehmendem Abstand von der Straße nicht nur die Wohnqualität, sondern auch der sozioökonomische Status der BewohnerInnen verschlechterte. Hartmut Häußermann und Walter Siebel bezeichnen die Stadt folgerichtig als „Bühne und Akteur sozialer Ungleichheit" (Häußermann und Siebel 2000, 120). In ihrer Analyse des Zusammenhangs von Wohnverhältnissen und sozialer Ungleichheit heben sie den kulturellen Kontext hervor, der bei derartigen Analysen zu berücksichtigen ist: Weder Wohnqualität noch Wohnungsnot sind objektive, sondern vielmehr kulturell geprägte Kriterien. Was als ‚gute' oder ‚schlechte' Wohnung gilt, verändert sich innerhalb einer Gesellschaft manchmal innerhalb von wenigen Jahren, außerdem legen auch die sozialen Gruppen einer Gesellschaft häufig unterschiedliche Maßstäbe an – in Abhängigkeit von Lebenssituation, sozialer Herkunft, Status, Geschlecht oder ähnlichen Faktoren.

Die räumliche Konzentration derjenigen, die über wenig ökonomische Mittel verfügen, ist in der Analyse nun lediglich ein Aspekt, und soziologisch nicht der bedeutsamste. Wichtiger ist dagegen erstens, dass erst die Verbindung von ökonomischem, kulturellem und sozialem Kapital die spezifische „sozialräumliche Struktur der Stadt als Abbild sozialer Ungleichheit" (Häußermann und Siebel 2000, 130) hervorbringt. Auch hier treten die inzwischen schon mehrfach beschriebenen Aspekte gesellschaftlichen Lebens – Ökonomie, Kultur, Soziales – in eine folgenreiche Wechselwirkung. Zweitens verstärken sich die negativen Effekte der sozialräumlichen Segregation besonders, wenn die Nutzungsformen nicht mit den ursprünglich intendierten zusammenpassen: Funktionale, als Schlafstätten konzipierte Stadtrandsiedlungen können soziale Konflikte und Stigmatisierungen noch verschärfen, wenn sie von Menschen bewohnt werden, deren Lebensstil nicht zu einem solchen funktionalen Lebensentwurf passt – oder von Menschen, die etwa aufgrund von Arbeitslosigkeit die zu der Siedlung passende Lebensweise gar nicht ausführen *können*. Drittens, und dieser Aspekt ist in der bisherigen Darstellung stadtsoziologischer Ansätze noch nicht zur Sprache gekommen, weisen Häußermann und Siebel darauf hin, dass es vor allem die mit bestimmten Stadtteilen verbundenen kollektiven Erinnerungen sind, die zu Stigmatisierungen führen, und nicht die Stadtteile und ihre Wohnqualität selbst (ebd.). Über die kollektiv geteilten Bilder von den unterschiedlichen Stadtvierteln, die unter den StadtbewohnerInnen vorliegen, wird soziale Ausgrenzung vorangetrieben – und damit auch Desintegration. Verweist Sharon Zukin (1995) noch auf die potentiell integrative Wirkung derartiger Bilder, da diese von den BewohnerInnen selbst verändert und gestaltet werden könnten, zeigt sich hier die negative Seite solcher Zuschreibungen.

Der Prozess der sozialräumlichen Segregation nimmt seinen Anfang also bei der ungleichen Verteilung ökonomischer Mittel, welche in vielen Fällen von, im Vergleich zur Mehrheitsgesellschaft, geringerem sozialen und kulturellen Kapital begleitet werden. Die Wahl einer Wohnung wird auch von den zur Verfügung stehenden ökonomischen Mitteln geleitet; günstige Wohnungen finden sich in der Regel in Stadtteilen mit einem negativen Image, schlechter Bausubstanz oder einer Kombination aus beidem. Durch die Ansiedlung in einem solchen Stadtteil wird die soziale Ungleichheit noch verstärkt, da entweder von anderen StadtbewohnerInnen eine Stigmatisierung aufgrund des Stadtteil-Images vorgenommen wird und/oder die im Vergleich zu anderen Stadtteilen schlechtere Infrastruktur des Viertels zu einer Benachteiligung bei der Teilhabe am öffentlichen städtischen Leben führt. Die Ausstattung eines Stadtteils mit Einrichtungen des öffentlichen und politischen Lebens ist zudem häufig abhängig von seiner finanziellen und diskursiven Bedeutung. Stadtteile mit einer Mehrheit an sozial und ökonomisch Schwachen weisen weder hohe Steuereinnahmen auf noch haben sie im öffentlichen Diskurs eine deutliche Stimme. So wird als Folge dieses Prozesses „aus einem Wohnquartier von Benachteiligten [...] durch die Überkonzentration ein Quartier der Benachteiligung" (Häußermann und Siebel 2000, 132).

Warum ist dies nun ein Phänomen in Städten und warum kann es Folgen für die gesamtstädtische Entwicklung haben? Sozialräumliche Segregation kann sich in Städten aufgrund der Größe der Fläche besser ausbilden als beispielsweise in ruralen Gebieten, da größere räumliche Distanzen auch eine stärker ausgeprägte soziale Distanz ermöglichen. Da städtische soziale Bindungen andere sind als Bindungen in einer dörflichen Gemeinschaft[19], ist auch räumliche Mobilität verbreiteter. Zudem sind Städte in der Regel derart strukturiert, dass sie ein breiteres Spektrum an Wohnfläche zur Verfügung stellen, von kostspielig bis günstig(er). Folgen für die gesamte Stadt haben Segregationsprozesse schließlich insofern, als zum einen der soziale Friede unter den BewohnerInnen gefährdet wird, wenn einzelne Gruppen systematisch vom öffentlichen Leben in der Stadt ausgeschlossen werden. Die Stadt ist dann nicht mehr ein Instrument der gesellschaftlichen Integration, die das Zusammenleben ganz unterschiedlicher Menschen möglich macht, sondern ein fragmentierter Ort, an dem einzelne „Inseln"

---

[19] An dieser Stelle ist die Unterscheidung zwischen Gemeinschaft und Gesellschaft im Sinn von Ferdinand Tönnies (1991 [1887]) durchaus anwendbar.

(Häußermann und Siebel 2000, 137) der Teilhabe und des Ausschlusses entstehen.

Hier zeigt sich die Bedeutung des politischen Kontextes: Unterschiedliche Staaten weisen unterschiedliche Perspektiven auf derartige sozialräumliche Segregationsprozesse auf; die Anzahl der *gated communities* ist in Deutschland beispielsweise im Gegensatz zu Brasilien oder auch den USA sehr gering und die Möglichkeiten und Bereitschaft politischer Instanzen, ausgeprägter sozialräumlicher Segregation entgegenzuwirken, vergleichsweise hoch (vgl. z.B. Wehrheim 1999).

In Verbindung mit den zuvor beschriebenen Gentrifizierungsprozessen sind zwei Dinge bemerkenswert: Fehlendes ökonomisches Kapital allein führt nicht zu einer Segregation mit negativen sozialen Folgen. Auch die als Pioniere bezeichneten StadtbewohnerInnen, die Gentrifizierungsprozesse (unintendiert) initiieren, verfügen zumeist über wenig ökonomisches Kapital. Trotzdem führt ihre Konzentration in Stadtvierteln selten zu einer negativen Stigmatisierung. Außerdem wird Segregation vor allem dann problematisiert, wenn es sich um die sozialräumliche Ausgrenzung sozial Benachteiligter oder ethnischer Gruppen handelt,[20] nicht aber, wenn sich Eliten einer Stadt räumlich abgrenzen. Dies ist ein Punkt, der in der Analyse meiner Fallbeispiele noch zur Sprache kommen wird, da sich auch bei den untersuchten Städten diesbezügliche Unterschiede zeigen.

2.2 Exkurs: Auswirkungen des demographischen Wandels

Die bisher beschriebenen Konzeptionalisierungen der Stadt und ihrer Beziehung zur Gesellschaft basierten auf den in Europa und Nordamerika zu beobachtenden Entwicklungen. In diesem Exkurs wende ich mich nun den Wirkungen des demographischen Wandels auf die Stadtentwicklung zu, welche im globalen Vergleich sehr unterschiedliche Ausprägungen aufweist und sich in massiv wachsenden und in schrumpfenden Städten äußert.

Global gesehen wächst zwar die menschliche Bevölkerung der Erde, doch das Wachstum ist sehr unterschiedlich verteilt. Im Jahr 2009 lebten 50,1% der Weltbevölkerung in urbanen Agglomerationen, Tendenz steigend.[21] Vor diesem Hintergrund entstehen zwei weitere Stadtformen: *mega cities* und *shrinking cities*.

---

[20] Ich gehe an dieser Stelle nicht gesondert auf die ethnische Segregation ein, die ähnliche strukturelle Merkmale wie die soziale Segregation aufweist und mit ihr zusammenfallen kann, in mancher Hinsicht aber Unterschiede und noch eine größere Komplexität aufweist. Zur ethnischen Segregation in Städten vgl. exemplarisch Friedrichs (1995).

[21] Zu den Daten und Beschreibungen der *mega cities* vgl. das *Department of Economic and Social Affairs, Population Division* der Vereinten Nationen, URL: http://www.un.org (letzter Zugriff am 11.4.2013).

War die Anzahl der BewohnerInnen einer Stadt seit Beginn der stadtsoziologischen Arbeiten ein zentrales Definitionselement, so zeigen die Fälle der überdurchschnittlich großen Städte, der *mega cities*, sowie der Städte mit stetig sinkender Bevölkerungszahl, die *shrinking cities*, welche Konsequenzen es für Städte hat, wenn sich ihre Bevölkerungen innerhalb kürzerer Zeit zahlenmäßig massiv verändern. Diese Phänomene verweisen deutlich darauf, wie stark Stadtentwicklungen in nationale, wenn nicht sogar globale gesellschaftliche Entwicklungen eingebunden sind.

Exponentiell stark wachsende Städte finden sich vor allem außerhalb Europas, etwa in Asien und Afrika. Die Größe einer Stadt ist derzeit das zentrale Kriterium, um *mega cities* zu identifizieren. Das unterscheidet diese Form der Beschreibung städtischer Phänomene beispielsweise von der Definition der *global cities*, deren Kriterium die Funktion dieser Städte in der globalen Wirtschaft ist. Um als *mega city* zu gelten, müssen die Städte eine Bevölkerungszahl von zehn Millionen oder mehr aufweisen; je nach Definition wird auch eine bestimmte Dichte von mindestens 2000 EinwohnerInnen pro km^2 zugrunde gelegt.[22] Im Jahr 2010 waren die größten Städte der Welt Tokyo (36,67 Mio EinwohnerInnen), Delhi (22,16), São Paulo (20,26 Mio) und Mumbai (20,04 Mio). Paris liegt mit 10,49 Mio EinwohnerInnen als erste europäische Stadt auf Rang 21.

In der Auseinandersetzung mit *mega cities* wird schnell deutlich, dass es um das Zusammenspiel von Größe und spezifischen gesellschaftlichen und infrastrukturellen Aspekten geht, die diese Entwicklung bemerkenswert machen, und sich ein Unterschied zwischen großen Städten in Industrie- und Schwellenländern zeigt. São Paulo und Mumbai unterscheiden sich insofern deutlich von Tokyo – eine der drei von Sassen identifizierten *global cities* und zahlenmäßig eine *global city* – als die infrastrukturelle Versorgung unterschiedlich ist. Tokyo besitzt funktionierende Wasser- und Stromversorgungen sowie ausgebaute öffentliche Nahverkehrssysteme und eine administrative Verwaltung. *Mega cities* in Schwellenländern dagegen verfügen über derartige Dinge in der Regel nicht oder nur teilweise. Hinzu kommt eine Bevölkerung, die durch Landflucht wächst, angetrieben von der Suche nach Arbeit und Verbesserung der ökonomischen, aber auch sozialen Situation. Prozesse, die in den Industrieländern während der Industrialisierung zum Bild der Großstadt als Moloch geführt haben, finden sich nun in den riesenhaften Städten in Afrika, Lateinamerika und Teilen Asiens (vgl. z.B. Perlman 2010). Das exponentiell starke Wachstum der Bevölkerung führt dazu, dass die häufig ohnehin mit infrastrukturellen Schwierigkeiten kämpfenden Städte unter noch größerem Druck stehen. Es bilden sich Slums,

---

[22] Zum Vergleich: Paris als eine der am dichtesten besiedelten Städte der Welt weist eine Bevölkerungsdichte von etwa 24 000 EinwohnerInnen/km^2 auf, München dagegen nur etwa 4300 EinwohnerInnen/km^2. Bei derartigen Angaben muss aber immer berücksichtigt werden, ob der Stadtkern oder die Region als Berechnungsgrundlage angenommen wird.

in denen die neuen BewohnerInnen zusammen mit ansässigen BewohnerInnen leben, die nicht (mehr) am städtischen Leben teilhaben, vor allem nicht an der ‚offiziellen' Wirtschaft.

Zwei Prozesse sind in diesen Städten zu beobachten: Es entstehen Versuche, innerhalb der von der Infrastruktur abgeschnittenen Gebiete eine eigene infrastrukturelle Versorgung aufzubauen, teilweise über die Umleitung und das Anzapfen von Wasser-, Öl- oder Gasleitungen. Auch eigene Transportsysteme entstehen. Zum zweiten bilden sich eigene soziale Systeme heraus, die Hierarchien und kulturelle Codes regeln. Die von Robert E. Park (1915) beschriebenen *moral milieus*, die für ihn Teil des städtischen Lebens waren (Park 1915, 608), werden hier auf die Spitze getrieben. War es nach Ansicht von Park noch möglich, in einer Stadt zwischen den verschiedenen Milieus zu wechseln und je nach Kontext unterschiedliche Verhaltensweisen anzunehmen, so bilden sich in *mega cities* sozialräumlich abgetrennte Gebiete heraus, zwischen denen ein Wandern kaum möglich ist. Es kommt, wie Rüdiger Korff (1993) es beschreibt, zu Fragmentierungsprozessen innerhalb der Städte, die dazu führen, dass bestimmte Bereiche „funktional irrelevant" (Korff 1993, 29) werden und aus dem Zentrum-Peripherie-Rahmen herausfallen. Dies kann zu einer weiteren Verstärkung des Prozesses führen, sowohl in räumlicher als auch in sozialer Hinsicht.[23] Einige ForscherInnen bezweifeln allerdings, ob die Städte, die unter der Bezeichnung *mega cities* gefasst werden, ausreichend viele Ähnlichkeiten aufweisen, um in einer solchen Kategorie zusammengefasst zu werden. Das Beispiel von Tokyo veranschaulicht dies – sie ist die größte Stadt der Welt, weist aber wenig Ähnlichkeiten mit der zweitgrößten Stadt Delhi auf. Die soziologische Beschäftigung mit *mega cities* könnte also durchaus davon profitieren, dass eine stärkere Fokussierung dessen vorgenommen wird, was diesen Stadttypus ausmacht bzw. was dieser eigentlich bezeichnen soll. Geht es um rein quantitative oder auch um qualitative Merkmale? Ist zweiteres der Fall, was meiner Ansicht nach sinnvoll und soziologisch fruchtbar wäre, so müssen noch einige Anstrengungen unternommen werden.

Der Fall der schrumpfenden Städte stellt sich nun sehr anders dar. Es ist ein vor allem in den Städten der westeuropäischen Gesellschaften auftretendes Phänomen, deren Bevölkerungsentwicklung negativ ist, und beispielsweise in Ostdeutschland, aber auch im Ruhrgebiet sichtbar. Als Ursache lässt sich das Zusammenspiel verschiedener Entwicklungen anführen: Geburtenrückgang, steigende Arbeitslosigkeit im Zuge von Deindustrialisierungsprozessen, Randwanderungen aufgrund veränderter Wohn- und Lebensansprüche. Demo-

---

[23] Zu fragen ist allerdings, inwiefern die Teilhabe dieser Menschen an der inoffiziellen Wirtschaft diese Städte nicht auch stabilisiert, da so bestimmte Dienstleistungen gesichert werden können, die andernfalls möglicherweise nicht ausgeführt werden würden. Diese Frage kann allerdings nur über empirische Untersuchungen beantwortet werden.

graphische, ökonomische, soziale und kulturelle Aspekte bilden also auch in diesem Fall eine die Stadt verändernde Gemengelage. Die Wirkungen auf die Städte sind ähnlich komplex: Die Abwanderung von BewohnerInnen führt zu einem Wachsen an Wohnungsleerstand, häufig in innenstadtnahen Gebieten, was zusammen mit abwandernden Geschäften zu einer Verödung der Innenstädte führt. Es entstehen „ereignisarme Gebiete mit geringem Konsumniveau" (Pfeiffer 2001, 32), die den Bevölkerungsverlust noch vorantreiben. Gerade in Ostdeutschland, so Pfeiffer, sei die paradoxe Situation zu beobachten, dass trotz Wohnungsleerstands neu gebaut würde, da sich Haushaltsgrößen und Wohnansprüche gewandelt hätten (Pfeiffer 2001, 31). Die Folge ist interessanterweise wie bei den *mega cities* eine Fragmentierung, allerdings eine in die Kernbereiche und die durch Leerstand geprägten Gebiete sowie die Eigenheimsiedlungen, die oft am Stadtrand liegen (Pfeiffer 2001, 14).

Neben diesen sozialräumlichen Konsequenzen kommt es auch zu politischen und weitergehenden ökonomischen Folgen: Kommunale Leistungen werden in diesen Städten gekürzt, und auch private Investitionen gehen zurück. Damit kommt ein sich selbst verstärkender Kreislauf in Gang, dem seit einigen Jahren zumindest in Deutschland politisch zu begegnen versucht wird. So wurde 2002 das Stadtentwicklungsprogramm *Stadtumbau Ost* eingesetzt, dem 2005 das Programm *Stadtumbau West* folgte. Inzwischen gibt es auch auf europäischer Ebene ähnliche Initiativen, die sich dem Informationsaustausch verschrieben haben, wie beispielsweise das Programm *Cities Regrowing Smaller*. Aufgrund der Tatsache, dass häufig Deindustrialisierungsprozesse der Ausgangspunkt für die Schrumpfung ehemals dicht besiedelter Städte und Regionen sind, ist das Phänomen der schrumpfenden Stadt eines, das grundsätzlich in Gesellschaften beobachtet werden kann, die einem derartigen wirtschaftlichen Wandel unterliegen. Die Ausprägungen sind allerdings von den jeweiligen nationalen und lokalen Kontexten abhängig, und es lässt sich sagen, dass die Situation in Ostdeutschland nach der Wiedervereinigung durch verschiedene Faktoren verschärft wurde.[24] Hiermit findet sich auch eine Bestätigung meiner These, dass gesellschaftliche Veränderungen in Städten sichtbar werden: Zunächst sind es sozialstrukturelle Veränderungen, welche beobachtbar sind, die dann wiederum gesellschaftliche Veränderungen und Veränderungen in den Städten bewirken, wie den Rückbau von Infrastruktur, Bildungseinrichtungen, Kulturinstitutionen o.ä. Zudem ist interessant, dass beispielsweise Heike Liebmann (2008) darauf verweist, dass das *creative city*-Konzept von der Stadtpolitik benutzt werden könne, um dem Strukturwandel zu begegnen, da „Kreativität [...] zu [einem, ALM] Schlüsselfakto[r] der

---

[24] Interessant sind diesbezügliche Gespräche mit ForscherInnen aus Ländern wie Indien, denen schrumpfende Städte – im Gegensatz zu *mega cities* – in der Regel fremd sind und diese Entwicklung mit Erstaunen wahrnehmen, wie ich im persönlichen Gespräch auf dem Kongress *City Futures in a Globalising World* feststellte, der 2009 in Madrid stattfand.

städtischen Entwicklung werden" (Liebmann 2008, 24) könne. Daran zeigt sich, dass das Konzept der *creative city* auch andere, auf den ersten Blick nicht direkt damit verbundene Perspektiven auf die städtische Entwicklung betrifft.

2.3 Die Eigenlogik der Städte als neue stadtsoziologische Perspektive

Als einer der neuen und innovativen Ansätze der deutschsprachigen Stadtsoziologie muss der Versuch gewertet werden, Städte auf eine inhärente Logik hin zu untersuchen. Ein größerer Forschungszusammenhang an der TU Darmstadt, von Martina Löw und Helmuth Berking geleitet, entwickelt Forschungsprojekte, denen ein Blick auf die Stadt zugrunde liegt, der ihr, in Anlehnung an Pierre Bourdieu (1982), einen je eigenen Habitus zuschreibt. Im Blick sind nun weniger die stadtübergreifend zu beobachtenden sozialräumlichen Phänomene z.B. der Segregation, sondern etwas, das die beteiligten WissenschaftlerInnen die „,Eigenlogik der Städte'" (Berking und Löw 2008, 23, Herv.i.O.) nennen. Städte sollen nicht auf gesellschaftliche Phänomene hin untersucht werden, die sich dann als für alle Großstädte in einer spezifischen Zeit geltend beschreiben lassen – etwa sozialräumliche Ausgrenzung als Phänomen modernen Lebens in einer Großstadt – sondern es geht darum, „Städte in ihrer Differenz und in ihren lokalen Besonderheiten als Gegenstand sozialwissenschaftlicher Forschung" (Berking und Löw 2008, 9) zu konzipieren. Damit ist keine Abwendung von der Untersuchung sozialer Phänomene gemeint; vielmehr sind die lokalspezifischen Eigenarten dieser Phänomene im Blick. Berking (2008) arbeitet diese Perspektive als eine heraus, die zwischen zwei bislang vorherrschenden Paradigmen der Stadtsoziologie vermitteln könne. Die eine hätte, in der Tradition der *Chicago School* stehend, bestimmte gesellschaftliche Prozesse in der Stadt lokalisiert und das Besondere der Stadt der Untersuchung der Gesellschaft als solcher subsumiert, während die ab den 1980er Jahren stattfindende Fokussierung „kleinräumige[r] Vergesellschaftungsprozesse" (Berking und Löw 2008, 16) mit ihrer Untersuchung von Stadtteilen über die „Konkretion" (ebd.) die Stadt als Ganzes ebenfalls aus dem Blick verloren habe.

Dem Eigenlogik-Ansatz liegt die Programmatik zugrunde, *die Stadt* zu untersuchen und herauszuarbeiten, was einzelne Städte voneinander unterscheidet. Demnach gibt es Elemente in einer Stadt, die für sie charakteristisch sind, und die Kombination dieser verschiedenen Elemente ist typisch und einzigartig für die jeweilige Stadt und lässt sich als ihr Habitus beschreiben. Dabei sei das Charakteristische, so die WissenschaftlerInnen, durch alle sozialen Gruppen hindurch zu beobachten – methodisch bedeutet das, dass beispielsweise in Fokusgruppen-Interviews alle Befragten sehr ähnliche Aspekte als typisch für die von ihnen bewohnte Stadt bezeichnen würden. Ebenso wie bei Bourdieu (1982) konzipiert würde ein solcher Habitus einer Stadt die Handlungen der BewohnerInnen strukturieren und sich auch an ihren Praktiken ablesen lassen. Für die Soziologie bedeutet dies, dass es um eine Soziologie *der* Stadt geht, welche, so Berking, „ihre analytische Aufmerksamkeit auf eine spezifische Vergesellschaftungsform und eine spezifische Sinnprovinz lenkt" (Berking und Löw 2008, 29). Im Blick sind sowohl die materielle als auch die „sozial-symbolische Dimension" (ebd.) der Stadt, welche sich, so die Annahme, sowohl auf einer körperlichen (*Habitus*) als auch auf einer Ebene der Einstellung, im Sinn von Bourdieus *Doxa* (Bourdieu 1982, z.B. 668), auf die in der Stadt lebende Gesellschaft auswirken. Die Eigenlogik einer Stadt wäre dann ein spezifischer Mechanismus, der die Praktiken der StadtbewohnerInnen prägt und nicht zuletzt dafür verantwortlich ist, dass unterschiedliche Bilder von Städten existieren (Löw 2008, 140ff.). Nicht nur die soziologische Perspektive auf und die Untersuchung von Städten verändert ein solcher Blickwinkel. Auch eine Stadtplanung, die auf der Basis eines solchen Verständnisses arbeitet, steht vor neuen Herausforderungen. Zwar ist die Tatsache, dass jede Stadt historisch gewachsen ist und allein daher lokalspezifische materielle Strukturen aufweist, eine weithin verbreitete Erkenntnis. Doch aus der eigenlogischen Sicht heraus weisen jede Hafenanlage und jedes Industriegebiet, jeder mittelalterliche Stadtkern und jede Wohnsiedlung aus den 1970er Jahren nicht nur im inter-, sondern auch im intra-nationalen Vergleich Unterschiede auf, die es herauszuarbeiten gilt, bevor eine Stadtplanung auf sie Bezug nehmen kann. Auch die Frage nach der Übertragbarkeit von *best practice*-Beispielen der Stadtplanung auf lokale Kontexte erhält so eine neue Dimension.

Diese Darstellung ausgewählter soziologischer Herangehensweisen an das Phänomen Stadt haben gezeigt, dass es in erster Linie die drei großen Themenfelder der Ökonomie, der Kultur und des Sozialen sind, die von StadtforscherInnen bearbeitet wurden und werden. Es ist damit deutlich geworden, dass sich die Stadtsoziologie aus unterschiedlichen Perspektiven und mit je verschiedenen Schwerpunktsetzungen mit den Interdependenzen zwischen Gesellschaft und Stadt beschäftigt. Das folgende Kapitel widmet sich explizit den Transformationsprozessen, die industrielle Gesellschaften im ausgehenden 20. und beginnenden 21. Jahrhundert durchlaufen haben, und den verschiedenen Erklärungsansätzen für diese Veränderungen. Dabei komme ich immer wieder auf die Beziehung von gesellschaftlicher und städtischer Veränderung zurück.

3 Die Stadt als Ort gesellschaftlicher Veränderungen

Wie die Ausführungen bislang gezeigt haben, sind Städte als gebaute Orte des Sozialen nicht von gesellschaftlichen Entwicklungen zu trennen. Aufgezeigt habe ich bis hierhin die Interdependenzen zwischen der Stadt auf der einen und Ökonomie, Kultur und Sozialem auf der anderen Seite. Nun werde ich genauer auf ausgewählte gesellschaftliche Transformationsprozesse eingehen, die für das Verständnis aktueller städtischer Entwicklungen bis hin zum Aufkommen der *creative cities* wichtig sind. Die hier in den Blick genommenen Veränderungen beziehen sich auf Transformationen in (west)europäischen und nordamerikanischen Städten. Wie die Ausführungen zu den *mega cities* im vorangegangenen Kapitel gezeigt haben, sind die gesellschaftlichen und städtischen Veränderungen, die sich in Asien, Afrika oder Lateinamerika vollziehen, sehr anders gelagert. Dagegen sind die gesellschaftlichen Rahmenbedingungen in Nordamerika und Westeuropa recht ähnlich. Zwar sind die politischen Bedingungen, die die Städte maßgeblich (mit-)verändern, verschieden – dies hat, wie die empirische Untersuchung zeigt, auch Bedeutung für die Stadtentwicklung und deren Ausrichtung. Unabhängig von diesen Unterschieden ist der sozialtheoretische Hintergrund, vor dem sich diese Städte verändern, der gleiche: Er beschreibt den Wandel zu einer postindustrialistischen Gesellschaft.

3.1 Postindustrialismus: strukturelle Veränderungen der Gesellschaften

War es zu Zeiten Simmels und Webers die Industrialisierung, die neue gesellschaftliche Phänomene entstehen ließ und Veränderungen etablierter sozialer Strukturen und Lebensformen mit sich brachte, so sind es heute wiederum wirtschaftliche Prozesse, die eine Veränderung der Gesellschaften bewirken. Da die neue Entwicklung auf das Zeitalter des Industrialismus aufbaut, wird das beginnende 21. Jahrhundert mit De- oder Postindustrialismus umschrieben. Häufig werden diese Begriffe synonym verwendet; meiner Ansicht nach ist eine Unterscheidung allerdings hilfreich, da die Begriffe eine unterschiedliche Perspektive auf die Transformationsprozesse implizieren. Der Deindustrialisierung liegt die Vorstellung zugrunde, dass die Industrialisierung abgeschlossen ist und kein gültiges Erklärungsmodell für wirtschaftliche und gesamtgesellschaftliche Prozesse mehr darstellen kann. Postindustrialismus zeigt mit der Verwendung des Präfix' *post* zweierlei an: zum einen eine temporale Dimension, die darauf verweist, dass diese Entwicklung zeitlich nach dem Industrialismus einzuordnen ist. Zum anderen eine inhaltliche Dimension, die verdeutlich, dass eine Entwicklung zu beobachten ist, die auf dem Industrialismus aufbaut und Elemente davon aufnimmt, diese aber in eine andere Richtung transformiert. Daniel Bell, einer der zentralen Figuren für die Postindustrialismus-Debatte, beschreibt dies so:

> *The term* post *is relevant in all this, not because it is a definition of the new social form, but because it signifies a transition. What the new society will be remains to be seen, for the controlling agency is not the technology but the character of the political managers who will have to organize this new strategic resource and use it to buttress their political system. (Bell 1973, 112, Herv.i.O.)*

Die Entscheidung für oder gegen die Verwendung einer dieser beiden Begriffe ist darüber hinaus, so meine ich, stark kontextabhängig.[25] Ich verwende in dieser Arbeit den Begriff Postindustrialismus, da es mir um die Veränderungen in spezifischen Wirtschaftsbereichen und das Entstehen neuer Industrien geht, die zu Beginn des 21. Jahrhunderts zu beobachten sind, und nicht um die Prozesse des Niedergangs bestimmter Wirtschaftssektoren. Die zunehmende Bedeutung von Dienstleistungen sowie der deutliche Wachstum der sogenannten *cultural* und *creative industries* als Anzeichen für eine zunehmende Verschmelzung von Ökonomie und Kultur sind Indizien dafür, dass sich die Bedeutung der verarbeitenden Industrien verändert, aber nicht, dass diese verschwinden. Beide von mir untersuchten Städte sind Beispiele für Orte von derartigen Veränderungen und Transformationen – und für die Auswirkungen dieser Entwicklungen auf die räumlichen und materiellen Strukturen von Städten.

3.1.1 Veränderungen der ökonomischen Strukturen

Um gesellschaftliche Veränderungen angemessen in den Blick zu nehmen, ist es nötig, auch das Feld der Erwerbsarbeit zu betrachten. Ich konzentriere mich hier auf einige zentrale, in den west- und nordeuropäischen Gesellschaften zu beobachtende Veränderungen, die von Bedeutung für das Verständnis städtischen

---

[25] Zur Beschreibung bestimmter Phänomene in Städten wie etwa dem US-amerikanischen Detroit stehen der Niedergang der verarbeitenden Industrien und die daraus resultierenden Konsequenzen derart im Vordergrund, dass wenig Fokus auf neue Prozesse gelegt wird. Hier scheint der Begriff der Deindustrialisierung angebracht. In Städten wie Pittsburgh dagegen geraten die Transformationsprozesse der Industrien in den Blick, die sich von verarbeitenden hin zu dienstleistungsorientierten Industrien entwickelt haben; in diesem Fall erscheint der Begriff des Postindustrialismus angemessen.

Transformationsprozesse im beginnenden 21. Jahrhundert sind. Der industrielle Sektor dominierte die Wirtschaft der Mehrheit der europäischen Länder bis mindestens in die 1970er Jahre. Technologischer Fortschritt und Knappheit der natürlichen Rohstoffe führte in vielen Staaten zu einer Neujustierung ihrer ökonomischen Ausrichtung. Fabriken waren lange Zeit (inner-)städtische Arbeitsplätze für eine große Zahl an Menschen gewesen, und in Hafenstädten waren es zudem die Hafengebiete, die einen wichtigen Arbeitsort der Stadt darstellten, indem dort die industriell gefertigten Produkte gehandelt wurden. Veränderungen in Produktionsweisen sowie der Niedergang von Industriezweigen wie der Werftenindustrie führte zu einem Rückgang der Nachfrage nach (industriellen) Arbeitskräften. Gleichzeitig stieg der Bedarf an Dienstleistungen, und der Dienstleistungssektor wuchs. Diese Veränderungen lassen sich sowohl in europäischen als auch in nordamerikanischen Gesellschaften beobachten und werden allgemein als Postindustrialismus bezeichnet. Daniel Bell (1973; 1991) hat diesen Begriff in prominenter Weise geprägt und eine Beschreibung der gesellschaftlichen Veränderungen im Zuge der wirtschaftlichen Transformationen vorgelegt.[26]

Auch wenn es viele Kritiker dieses Begriffs gibt (Castells 1996, vgl. etwa; Steinbicker 2001), verwende ich ihn, da er sehr gut veranschaulicht, worauf es mir in diesem Zusammenhang ankommt: Industrielle Produktion tritt in ihrer Bedeutung für die Wirtschaft von bestimmten Gesellschaften hinter etwas Neues zurück. Was ist nun dieses Neue? Es hängt damit zusammen, dass immer mehr Unternehmen mit verschiedenen Formen von Dienstleistungen befasst sind und entsprechend viele veränderte Arbeitsplätze entstehen. Mit diesen wirtschaftlichen Veränderungen gehen Transformationen der Arbeitsbedingungen und -anforderungen einher, welche stärker auf die Bedürfnisse des Dienstleistungssektors abgestimmt sind, und zwar sowohl auf Seiten der Unternehmen als auch auf Seiten der ArbeitnehmerInnen.

Für Städte bedeutet dies, dass die Nachfrage nach Fabrikgelände mit ausreichend Platz für Maschinen und Lagerhallen geringer wird, ebenso wie der Zugang zu natürlichen Rohstoffen wie Kohle und Wasser an Bedeutung verliert. Stattdessen wird es für Unternehmen möglich, in oder nahe an der Innenstadt angesiedelt zu sein. Auch in der Industriemoderne waren nicht alle Fabriken und Unternehmen auf große Flächen für Produktion und Lagerung angewiesen, und genauso benötigen auch bestimmte neue Dienstleistungsunternehmen größeres Gelände, das sie am Stadtrand finden. Ich mache diesen räumlichen Aspekt hier dennoch so stark, da er die Folgen der wirtschaftlichen Transformationen auf die Städte verdeutlicht. Bell zufolge basiert die postindustrielle Gesellschaft auf Dienstleistungen – und ist daher „a game between persons" (Bell 1973, 127).

---

[26] Nico Stehr arbeitet in *Arbeit, Eigentum und Wissen* verschiedene Theorien der Wissensgesellschaft heraus und verortet sie gesellschaftstheoretisch. Insbesondere Bells Ansatz wird dabei fokussiert (Stehr 1994, zu Bell v.a. 99–174).

Aufbauend auf Bells Definition des Dienstleistungssektors (Bell 1973, 127f.), der auch die Bereiche des öffentlichen Dienstes und der Bildung beinhaltet, wird deutlich, dass derartige Arbeitsfelder hochgradig abhängig sind von direktem Kontakt. Auch wenn dieser interpersonale Kontakt nicht zwangsläufig ein *face-to-face*-Kontakt sein muss, so ist er als solcher unabdingbar. Selbst in Zeiten neuer Kommunikationstechnologien wie Telefon, E-Mail, *Voice over IP* und Vergleichbarem hat die Bedeutung von physischer Nähe bei Geschäftsbeziehungen nicht abgenommen – in einigen Bereichen hat man geradezu den gegenteiligen Eindruck.

Dies ist der Grund, warum ich die räumliche Seite der wirtschaftlichen Transformationen derart betone:[27] Interpersonale Kommunikation beispielsweise zwischen kooperierenden Unternehmen ist deutlich einfacher, wenn diese in oder in der Nähe der Innenstadt angesiedelt sind, zum Beispiel da die Verkehrsinfrastrukturen in Innenstädten in der Regel deutlich besser ausgebaut sind als in der Peripherie – so werden nicht nur Treffen mit Geschäftspartnern aus derselben Stadt, sondern auch mit auswärtigen vereinfacht.

Was verändert sich aber darüber hinaus für eine Gesellschaft, wenn sich ihre wirtschaftliche Basis verändert? Die kurze Antwort ist: Die Anforderungen der Arbeitswelt an die Gesellschaftsmitglieder ändern sich, und zwar auf allen hierarchischen Ebenen. Für eine Gesellschaft bedeutet dies, dass an die Bildungseinrichtungen andere Anforderungen gestellt werden, für ArbeitnehmerInnen heißt es, andere Selbstverständnisse bezüglich des Berufslebens zu entwickeln, und langfristig wandeln sich so auch gesellschaftliche Werte und Normvorstellungen. Für eine postindustrielle Gesellschaft werden, verallgemeinert und immer noch in Anlehnung an Bell gesprochen, Informationen zu einem, wenn nicht sogar zu *dem* wichtigen Gut (Bell 1973, 127).[28] Beschäftigungen, die im Dienstleistungssektor angesiedelt sind, beruhen auf Informationen und dem Umgang mit ihnen – sowohl Logistik-Unternehmen als auch Werbeagenturen oder Anwaltskanzleien. Diese Veränderungen werden als zentrale Elemente des Wandels hin zu einer postindustriellen oder eben Wissens- respektive Informationsgesellschaft[29] verstanden. Diese Bezeichnungen werden häufig synonym verwendet,

---

[27] Stehr konstatiert etwa eine deutlich reduzierte Bedeutung von Raum und Zeit für die Herstellung von Waren und Dienstleistungen (vgl. Stehr 1994, v.a. 341–345).

[28] An dieser Stelle gehe ich auf das komplexe Thema der Verbindungen und Unterschiede von Informationen und Wissen nicht ein. Unter Rückgriff auf Informations- und Kommunikationswissenschaften verstehe ich Informationen als notwendige Elemente von Wissen; letzteres kann „als Netzwerk von aus aktuellen Informationen gewonnenen Wissensstücken" und damit als „gelernte Information" (Kuhlen 2004, 160) verstanden werden. Im Gegenzug ist Wissen nötig, um mit Informationen umzugehen – eine Information ist lediglich „eine Referenzfunktion" (ebd, 161).

[29] Jochen Steinbicker (2001) weist darauf hin, dass der Begriff Informationsgesellschaft aus dem japanischen Kontext stammt, in dem er von Hayashi Yujiro 1969 zur Beschreibung der zuneh-

aber eine Reflexion ihres historischen Ursprungs verdeutlicht die Unterschiede. Daniel Bell betrachtet Informationen als zentrales Gut in einer (zeitlich) nach-industriellen Gesellschaft; ähnliches tat vor ihm Robert E. Lane, der in seinem Artikel *The Decline of Politics and Ideology in a Knowledgeable Society* eben diese *knowledgeable society* – die ‚sachkundige' Gesellschaft – als sich etablierende Gesellschaftsform bezeichnete (Lane 1966). Lane versteht Wissen dabei in einer doppelten Weise, nämlich als „the known" sowie als „state of knowing" (Lane 1966, 650). Es geht, so Lane, in dieser neuen Gesellschaft sowohl um das Verfügen über als auch um das Erlangen von Wissen, wobei Wissen in ganz verschiedenen Arten vorliegen kann, z.B. als religiöses oder mystisches Wissen. Dies trifft auf alle Gesellschaften zu, könnte man sagen; was die *knowledgeable society* nun besonders macht, ist das Wachstum der rationalen Kausalerklärungen auch für Alltagsphänomene sowie der sogenannten „knowledge industry" (Lane 1966, 652). Die „,men of affairs'" (ebd., Herv.i.O.) würden von den „,men of knowledge'" (ebd., Herv.i.O.) abgelöst werden. Es ist demnach nicht Wissen als Merkmal von modernen Gesellschaften, welches für die Wissensgesellschaft konstitutiv ist, sondern die Durchsetzung bestimmter Denk- und Begründungsmuster sowie die gesellschaftliche Wertschätzung analytischer Fähigkeiten und wissenschaftlicher Erkenntnisse, die eine solche Gesellschaft ausmacht. Dazu gehört auch, dass sich neue Formen der ökonomischen Nutzbarmachung von Wissen herausbilden, wie Bell (1973) prognostiziert: Wissenschaftlich untersucht werden müssten diese „new kinds of industries which sell ‚knowledge,' not goods, and the weight of these industries (profit and non-profit) in the economy of the country" (Bell 1973, 79, Herv.i.O.).

Peter F. Drucker (1993) prognostiziert 1993 in seinem Buch *Post-capitalist Society* den Wandel der westlichen Gesellschaften hin zu einer wissensbasierten, post-kapitalistischen Gesellschaft:

That the new society will be [...] a post-capitalist society is practically certain. And it is certain also that its primary resource will be knowledge. (Drucker 1993, 4)

In der Beschreibung dieser neuen Gesellschaft hebt Drucker hervor, dass sich die Klassenstruktur ändern werde – und die Basis dieser Klassen anders als bei Marx gerade nicht Kapital oder Arbeit sei, sondern Wissen (Drucker 1993, 6). Die Protagonisten dieser Gesellschaft seien die sogenannten *knowledge workers*, welche sich in drei Subgruppen unterteilten: die „knowledge executives", die „knowledge professionals" sowie die „knowledge employees" (Drucker 1993, 8). Während die ökonomische Herausforderung in einer solchen Wissensgesellschaft in der Produktivität von Wissen und Wissensarbeitern liege, bestünde, so

---

menden Wertschätzung „psychologisch und emotional orientierte[r] Güter" (Steinbicker 2001, 18) verwendet wurde.

Drucker, die gesellschaftliche Herausforderung in der Integration derjenigen, die im Dienstleistungsgewerbe tätig seien. Ausschlaggebend für ihre Nicht-Teilhabe an der Gruppe der Wissensarbeiter sei fehlende Bildung (ebd.). Genau dieses Argument findet sich später bei Richard Florida (2004) wieder – allerdings ist es bei ihm das an Kreativität gekoppelte Wissen und die *creative class*, die die Gesellschaft prägt. Folgerichtig ist die „educated person" (Drucker 1993, 210) dann auch die Protagonistin der Wissensgesellschaft. Drucker weist schließlich darauf hin, dass die postkapitalistische Gesellschaft als eine, in der Wissen „*the* resource, rather than *a* resource" (Drucker 1993, 45, Herv.i.O.) ist, sich auch politisch und strukturell stark verändert, wie es anhand von Organisationen deutlich wird (Steinbicker 2001, 24ff.) – diese haben in der Wissensgesellschaft die Aufgabe, Wissen produktiv zu machen (Drucker 1993, 49) und stellen die Arbeitsorte der Wissensarbeiter dar. Wissen produktiv zu machen ist die notwendige Bedingung für die Wissensgesellschaft, denn das Verfügen über Wissen allein reicht nicht aus – es muss in Beziehung gesetzt werden zu anderem Wissen, um (ökonomische oder auch gesellschaftliche) Veränderungen bewirken zu können (Drucker 1993, 192f.).

Die *knowledge worker* stehen in dieser Hinsicht, und das ist auch für die Beschreibung ihres veränderten Selbstverständnisses sowie ihrer Ansprüche an den Arbeitsplatz wichtig, in einem wechselseitigen Abhängigkeitsverhältnis zu den Organisationen: Sie sind abhängig von diesen Organisationen, da diese den Arbeitsplatz bieten – aber da die Wissensarbeiter mit ihrem Wissen über, in Marx'scher Terminologie, die Produktionsmittel verfügen, sind auch die Organisationen von ihnen abhängig (Drucker 1993, 64).[30] Wichtig für die gesellschaftlichen Veränderungen ist Druckers Fazit, dass in der postkapitalistischen Gesellschaft Wissen zu einer „key resource of all work" (Drucker 1993, 74) geworden sei und die neuen Informationstechnologien die Arbeitsformen deutlich verändert hätten (Drucker 1993, 85ff.) – damit stimmt er mit Bells und Lanes Analysen überein. Der gesellschaftliche und ökonomische Fokus auf Informationen[31] führt aber auch zu Veränderungen im transnationalen, d.h. globalen Gefüge. Ähnlich wie Geldflüsse seien auch Informationsströme nicht an territoriale Grenzen gebunden und trügen daher dazu bei, die regionalen und nationalen Zusammenhänge zu transformieren (Drucker 1993, 142ff.). Im Zuge dieser Veränderungen entwickelten sich Institutionen zur Steuerung derartiger Informati-

---

[30] Drucker vertritt die Ansicht, dass es sich hier nicht um Abhängigkeitsverhältnisse handelt, sondern beide Seiten unabhängig sind (Drucker 1993, 66).

[31] Drucker unterscheidet nicht systematisch zwischen Wissen und Informationen. Vielmehr finden Informationen im Verlauf des Buchs zunehmend Erwähnung; dabei werden die beiden Begriffe manchmal synonym, manchmal auch ergänzend eingesetzt (Drucker 1993, z.B. 183). Lediglich bei der Frage, wie Wissen produktiv gemacht werden kann, stellt Drucker Wissen als produktiv gemachte Informationen dar (Drucker 1993, 193) und bezieht sich damit implizit auf gängige Unterscheidungen aus der Informationswissenschaft (vgl. Fußnote 28).

onsflüsse, wie etwa die Europäische Union.[32] Hier zeigt sich deutlich, wie gesellschaftliche Veränderungen sich auf die politischen und institutionellen Strukturen auswirken und nicht nur eine lokale und nationale, sondern zunehmend eine globale Dimension aufweisen. Druckers Hinweis, dass im Zuge dieser globalisierenden Entwicklung Menschen das Bedürfnis nach lokaler Integration verspürten, ist davon nur ein Aspekt.[33] Beides – die globale und die lokale Dimension – sind wichtige Einflussfaktoren für städtische Entwicklungen und stadtpolitische Planungsprozesse. Manuel Castells trägt, einige Jahre später, zu einer Weiterführung der Diskussion um die Wissensgesellschaft bei, indem er eine Verschiebung von „*postindustrialism* [...] to *informationalism*" (Castells 1996, 204, Herv.i.O.) vorschlägt. Seine Begründung ist einleuchtend: Der Fokus solle auf der Art und Weise liegen, *wie* Gesellschaften ihr Produktionssystem organisieren, und dies tun sie seiner Analyse zufolge über die Verwendung von Informationen. Um Bell und Castells zu kontrastieren, könnte man sagen, dass Bell stärker die Produktionsweise fokussiert, während Castells die Organisation der Produktion sowie die Kommunikationskultur im Blick hat. Nach Castells organisiert sich eine Informationsgesellschaft durch „maximizing knowledge-based productivity through the development and diffusion of information technologies" (Castells 1996, 204). In dieser Perspektive ist Wissen sowohl die Quelle als auch das Ergebnis der Arbeit mit Informationen. Dieser Argumentation folgend sind große Teile der Arbeitsfelder in zeitgenössischen westlichen Gesellschaften um Informationen herum organisiert. Die Kompetenzen, die für eine wachsende Zahl an Beschäftigungen erforderlich sind, beinhalten die Nutzung von Informationstechnologien wie Computer-Software und Datenbanken. Das Sammeln und Anwenden von Informationen und die Entwicklung eines diesbezüglich spezifischen Wissens ist zu Beginn des 21. Jahrhunderts in Bereichen wie Finanzwirtschaft, Bildung oder Medien unerlässlich geworden, und in diesem Sinn kann tatsächlich davon gesprochen werden, dass sich informationsbasiertes Wissen zu einem grundlegenden Prinzip bestimmter Gesellschaften insbesondere in Europa und Nordamerika entwickelt hat. Zwar war Wissen schon immer eine notwendige Ressource für jegliche Form der (beruflichen) Arbeit. Es ändert sich nun aber die Art von Wissen, da sich die konstitutiven Elemente verändern (vgl. Lehmann und Schetsche 2005). Drucker beschreibt, dass eine Verschiebung von Wissen im Singular zu Wissen im Plural stattgefunden habe –

---

[32] Zur Zeit des Erscheinens von Druckers Arbeiten handelte es sich noch um die *European Community* (EC).
[33] Drucker verwendet die Begriffe Globalisierung oder Lokalisierung nicht. Die beschriebenen Phänomene, beispielsweise die zunehmende Betonung von Differenzen statt Ähnlichkeiten in den USA, die er „tribalism" (Drucker 1993, 152) nennt, weisen dennoch große Ähnlichkeiten mit Prozessen der Heterogenisierung und Homogenisierung auf, die in der Globalisierungsdebatte thematisiert werden (vgl. z.B. Beck 1998). Diesen Aspekt greife ich in Kapitel 8 auf und verweise an dieser Stelle daher nur auf die inhaltlichen Ähnlichkeiten der Argumente.

in der Wissensgesellschaft kommt ein hoch spezialisiertes Wissen zum Tragen, welches auch die Wissensarbeiter zu Spezialisten mache (Drucker 1993, 45ff.). Derartige Veränderungen wirken sich entsprechend auf die Sozialstrukturen von Gesellschaften aus, in denen die neuen Formen der sozialen Ungleichheiten und Segregationsprozesse ihren Niederschlag finden und sich entsprechend auf Städte auswirken.

3.1.2 Auswirkungen des Umbruchs auf die sozialen Strukturen

Wie schon anhand der Darstellung der wirtschaftlichen Veränderungen deutlich wird, gehen diese mit sozialstrukturellen Transformationen einher. Im Zusammenhang mit veränderten Anforderungen in der Arbeitswelt ändern sich auch institutionalisierte Ausbildungsformen. Die zu erlernenden Kompetenzen verändern sich, und diesen Transformationen müssen auch Bildungsinstitutionen Rechnung tragen. Gleichzeitig kommt es zu steigender Arbeitslosigkeit in bestimmten Bereichen, von der wiederum bestimmte Gruppen von Menschen betroffen sind: Kompetenzen, die in agrarisch oder industriell geprägten Gesellschaften (wie denen Irlands oder Schwedens in den 1980er Jahren) gefragt waren, sind in den Berufen des Informations- und Dienstleistungssektors kaum noch wichtig. Auch Lane (1966) verwies schon auf die Veränderungen, die durch eine derartige Betonung von Wissen in Gesellschaften hervorgerufen würden. Die Tatsache, dass zum einen mehr Wissen über Dinge vorläge, etwa durch die Verwissenschaftlichung bestimmter Bereiche der Gesellschaft, und zum anderen dieses Wissen auch höher geschätzt würde, bewirke eine Instabilisierung der Gesellschaft – es kommt zu stärkeren Infragestellungen des Tradierten und Etablierten, mit deutlichen Konsequenzen etwa für die Politik (Lane 1966, 661). Bell (1973) weist darauf hin, dass es die Verschiebungen in der gesellschaftlichen Struktur, bei ihm noch als Klassengesellschaft konzeptionalisiert, zu untersuchen und dabei zu fragen gelte, inwiefern diese Struktur tatsächlich auf Kompetenzen anstatt auf Eigentum beruhe (Bell 1973, 79). Perspektivisch organisiere sich die Gesellschaft, so Bell, um theoretisches Wissen – dieses sei die Achse, um die herum neue Technologien, ökonomisches Wachstum, aber auch die Sozialstruktur einer Gesellschaft angeordnet sei (Bell 1973, 112). Dabei sei das Konzept der postindustriellen Gesellschaft gerade dazu da, diesen Wandel in der Sozialstruktur einer Gesellschaft zu untersuchen:

> *The idea of a post-industrial society does not rest [...] on the concept of a social system. I do not believe that societies are organic or so integrated as to be analyzable as a single system. In fact, my major theoretical preoccupation today is the disjunction, in Western society, between the culture and the social structure, the one becoming increasingly anti-institutional and antinomian, the other oriented to functional rationality and meritocracy. The concept of*

post-industrialism is an effort to identify a change in the social structure. *(Bell 1973, 114, Herv.i.O.)*

Diese Veränderungen hinterlassen nun nicht nur auf nationaler, sondern auch auf globaler Ebene Spuren. Dabei kommt auch Bell, wie später Drucker, auf eine Frage zu sprechen, die im Kontext der Globalisierungsdebatte (wieder) prominent wird: Findet eine Angleichung von Gesellschaften im Zuge der Internationalisierung statt? Bell sieht Tendenzen der Annäherung im kulturellen Bereich, verweist aber auf die historisch gewachsenen, spezifischen Merkmale der einzelnen Gesellschaften, die verhinderten, dass man von einer Homogenisierung sprechen könne (ebd.). Von einer Angleichung der Gesellschaften könne daher nur dahingehend gesprochen werden, dass sie vor ähnlichen Problemen stünden:

> *If there is a meaning to the idea of convergence it is that societies resemble each other some-what along the same dimensions, or they may confront a similar core of problems.* But this in no way guarantees *a common or like response. The response will be relative to the different political and cultural organization of the specific society. (Bell 1973, 114, Herv.i.O.)*

Dieser „similar core of problems" ist meiner Ansicht nach entscheidend für die (soziologische) Diskussion der Wissensgesellschaft und die Beurteilung der Rolle der Städte in ihnen. Die theoretischen Konzepte, die in unterschiedlicher Weise die aktuellen Veränderungen in industrialisierten Gesellschaften in den Blick nehmen und zu erklären versuchen, entstanden vor dem Hintergrund von Gesellschaften, die sich mit ähnlichen Problemen konfrontiert sahen: der sinkenden Bedeutung der Industrie und dem Wegfall einer großen Zahl an Arbeitsplätzen im Industriesektor bei einem gleichzeitigen Aufkommen neuer Informationstechnologien wie Mobiltelefone und vernetzte Computer. Diese Transformationen veränderten sowohl den Arbeits- als auch den Lebensalltag der Menschen und daran geknüpft die gesellschaftlichen, wirtschaftlichen, kulturellen und politischen Anforderungen an sie. Daniel Bells Zusammenschau der Veränderungen (vgl. Abbildung 1) zeigt die Unterschiede und Ähnlichkeiten der Gesellschaften in den Phasen von vor- über industriell zur postindustriellen Gesellschaft. Für das erste Jahrzehnt des 21. Jahrhunderts könnte man meiner Ansicht nach einige Gesellschaften West- und Nordeuropas (Deutschland, Frankreich, die Benelux-Staaten, Österreich, die skandinavischen Länder, Italien sowie Großbritannien und Irland) der Gruppe der postindustriellen Gesellschaften zurechnen, zu der für Bell zu der damaligen Zeit nur die USA zählten.

Anders als Bell, der die Produktionsweisen in den Blick nimmt, fokussiert Manuel Castells die Merkmale der sich verändernden Gesellschaften. Für Castells (2000) zeichnet sich die Gesellschaft des Informationszeitalters durch ihren Netzwerkcharakter aus. Er identifiziert fünf verschiedene Dimensionen des sozialen Wandels, die die neue Sozialstruktur charakterisieren, darunter das auf den Informationstechnologie beruhende „new technological paradigm" (Castells 2000, 694) und die Globalisierung. Er datiert den Beginn dieser neuen Gesellschaftsform auf die Zeit ab etwa 1975 und zeigt, dass drei unabhängig voneinander verlaufende Prozesse diese hervorbrachten: die Veränderung der Informationstechnologie, die sozioökonomische Restrukturierung des Kapitalismus sowie die kulturellen und sozialen Bewegungen in den USA und Europa seit den 1960ern (ebd.). Die technologischen und wirtschaftlichen Veränderungen bewirken, so Castells' Analyse, deutliche soziale Veränderungen in der Gesellschaft.

General Schema of Social Change

	Pre-industrial	Industrial	Post-industrial	
Regions:	Asia Africa Latin America	Western Europe Soviet Union Japan	United States	
Economic Sector:	Primary Extractive: Agriculture Mining Fishing Timber	Secondary Goods producing: Manufacturing Processing	Tertiary Transportation Utilities	Quaternary Trade Finance Insurance Real Estate
			Quinary Health Education Research Government Recreation	
Occupational Slope:	Farmer Miner Fisherman Unskilled worker	Semi-skilled worker Engineer	Professional and technical Scientist	
Technology:	Raw materials	Energy	Information	
Design:	Game against nature	Game against fabricated nature	Game between persons	
Methodology:	Common sense experience	Empiricism Experimentation	Abstract theory: models, simulation, decision theory, system analysis	
Time perspective:	Orientation to the past Ad hoc responses	Ad hoc adaptiveness Projections	Future: orientation Forecasting	
Axial principle:	Traditionalism: Land/resource limitation	Economic growth: State or private control of investment decisions	Centrality of and codification of theoretical knowledge	

Abbildung 1: Darstellung von Daniel Bells *General Schema of Social Change* (nach Bell 1973, 117, Herv. ALM)

Netzwerke gewinnen weltweit an Bedeutung – waren sie früher vorhanden, aber limitiert, ist ihr charakteristisches Merkmal heute die potentiell unendliche Expansionsfähigkeit. Damit ist eine globale Perspektive impliziert: Nicht nur Menschen, sondern auch Regionen oder Städte sind Teile von jeweils eigenen Netzwerken, die ihre Knotenpunkte global setzen können.

Indem Castells auf die Bedeutung der kulturellen Bewegungen hinweist, betont er einen Aspekt, den ich im Folgenden genauer in den Blick nehme: die Bedeutung der Kultur im Zuge der industriellen und gesellschaftlichen Veränderungen.[34]

3.2 Kultur und Ökonomie: der Weg zur Kreativwirtschaft

Verschiedene Entwicklungen in der zweiten Hälfte des 20. Jahrhunderts zeigen, dass ein wichtiges Element der Veränderung von Gesellschaften die zunehmende Verknüpfung von Ökonomie und Kultur darstellt. Das Aufkommen der sogenannten *cultural industries* und *creative industries* und ihre wachsende Bedeutung als Wirtschaftsbereiche und Arbeitsfelder sowie die zunehmende Reflexion dieser Interdependenzen innerhalb der Wissenschaft, beispielsweise bei Sharon Zukin (1995), sind Beispiele dafür. Beschreibt Zukin die Bedeutung der sogenannten symbolischen Ökonomien auch für den städtischen Raum, so liegt dem insgesamt die Annahme zugrunde, dass sich bestimmte Bereiche der wirtschaftlichen Produktion qualitativ verändert haben. Es geht bei diesen Produkten nicht allein um die Herstellung eines Objektes, sondern um die Schaffung eines zusätzlichen symbolischen Mehrwerts. Am Beispiel des *iPod*, des MP3-Players der Firma *Apple*, wird dies deutlich: Dieses Gerät leistet qualitativ in etwa dasselbe wie Konkurrenzprodukte, aber Design und Marke verleihen ihm einen zusätzlichen symbolischen Wert. Wer etwas auf sich hält, besitzt einen *iPod*, und indem die dazu gehörigen Kopfhörer auch im öffentlichen Raum benutzt werden und damit ein visueller Verweis auf die Verwendung des *iPod* hergestellt wird, werden der Wiedererkennungswert und die symbolische Bedeutung reproduziert. Zukin weitet die Bedeutung dieser symbolischen Ökonomie nun auf die Gestaltung des städtischen Raums aus: Indem Orte wie der *Sony Plaza* in New York entstehen – ein halb-öffentlicher Platz rund um das private Gelände der Firma *Sony* – ragt die ökonomische in die städtische Dimension der Gesellschaft in einem ganz materiellen Sinn hinein. Kulturelle Symbole, etwa architektonisch herausragende Gebäude wie das ehemalige *AT & T*-Gebäude, das an *Sony* verkauft wurde und jetzt ein maßgeblicher Teil der *Sony Plaza* ist, greifen mit der

---

[34] Aus einer poststrukturalistischen Perspektive nimmt Andreas Reckwitz in *Das hybride Subjekt* die Wirkungen der postindustriellen Veränderungen auf Subjektkonzeptionen in den Blick und hebt insbesondere die kulturellen Transformationen hervor (Reckwitz 2006, v.a. Kap. 4).

Ökonomie, hier repräsentiert durch den Konzern *Sony*, ineinander (Zukin 1995, 3). Zukin identifiziert drei Bereiche, in denen die symbolische Ökonomie besonders wächst: Finanzwirtschaft, Medien, Unterhaltung. Konsequenzen dieses Wachstums sind nicht nur wachsende Städte, die die Orte dieser „culture industries" (Zukin 1995, 9) sind, sondern auch das Entstehen einer neuen Gruppe an Arbeitskräften und Veränderungen in den Denkmustern von KonsumentInnen und Angestellten. Verwendet Zukin hier die Begriffe *culture industries* und *symbolic economy* weitgehend synonym, so lohnt es sich, einen genaueren Blick auf diese Konzepte zu werfen. Der US-amerikanische Volkswirt Robert Reich ist die zentrale Referenz für das, was er selbst als „symbolic analysts" (Reich 1991, 178) beschreibt. Diese stellten, so Reich, einen bedeutsamen Anteil an der Wissensökonomie dar, indem sie durch ihre Arbeit mit Symbolen zur Wertschöpfung beitrügen (Reich 1991, z.B. 179).[35] Diese Annahme wird im Verlauf der wissenschaftlichen und öffentlichen Auseinandersetzung zunehmend mit einer Diskussion der *cultural industries* verknüpft, wie Orvar Löfgren herausstellt (Löfgren 2001, 74). Dabei identifiziert Löfgren die 1980er Jahre als Beginn der vermehrten Beschäftigung mit Kreativität in den Medien und im öffentlichen Diskurs, aber auch in den Wissenschaften wie beispielsweise Soziologie, Anthropologie oder im interdisziplinären Feld der *Cultural Studies*. Hier lässt sich nun ein erster Hinweis auf das Entstehen und die zunehmende Unterscheidung von *cultural* und *creative industries* finden. Problematisch ist bei Löfgrens Beschreibung, dass er *creativity* und *cultural creativity* synonym verwendet, ohne eine genaue Begriffsbestimmung zu liefern. Implizit lässt sich aus der Argumentation des Textes herauslesen, dass kulturelle Kreativität als egalitäres Gegenkonzept zu einem Verständnis verwendet wird, das nur einer ausgesuchten sozialen Gruppe die Kompetenz der Kreativität im Sinn des Genie-Konzeptes zuspricht. Damit wird kulturelle Kreativität dem Bereich der kulturellen Praktiken zugerechnet und potentiell als „positive strategy of resistance" (Löfgren 2001, 73) verstanden. Indem Löfgren nun auf die Beziehung von kulturellen Praktiken, die einen bestimmten Lebensstil konstituieren, und die Verwendung von Dingen im Kontext dieses Lebensstils verweist, hebt er die Verbindung von Konsum und symbolischer Produktion hervor. Über diese argumentative Wendung gelingt es ihm, auf den Zusammenhang von kultureller Kreativität und symbolischer Produktion hinzuweisen, welche nicht zuletzt ihren Ausdruck in der ästhetischen Dimension des Lebens des Einzelnen findet, auf welche in der Postmoderne so häufig verwiesen wird.[36] Verfolgt Löfgren im weiteren Verlauf seiner Arbeit einen anderen thematischen Fokus, so lässt sich für die vorliegende Arbeit sein Fazit verwen-

---

[35] Cornelia Koppetsch (2011) diskutiert u.a. den Ansatz von Reich im Kontext der Debatte um die Wissensgesellschaft und arbeitet mithilfe von Fallstudien heraus, dass die sogenannten Symbolanalytiker durchaus als neue Expertengruppe in heutigen Gesellschaften zu bezeichnen sind.

[36] Löfgren bezieht sich in diesem Zusammenhang vor allem auf Frederic Jameson und Mike Featherstone (Löfgren 2001, 75).

den, dass nämlich innerhalb verschiedener Disziplinen eine Verengung der Beschäftigung mit dem Phänomen Kreativität zu beobachten ist und dieses insgesamt sehr positiv konnotiert wird (Löfgren 2001, 77). Letzteres ist ein Aspekt, der auch das Wachstum der *creative industries* und der Arbeiten dazu gut beschreibt. Die Kreativwirtschaft wird von vielen als Hoffnung und Versprechen der postindustriellen Gesellschaft verstanden, die für wirtschaftliche Prosperität, mehr Arbeitsplätze und zudem noch für ein positives Image sorgen soll – letzteres betrifft sowohl die Orte der Kreativwirtschaft als auch die häufig nicht positiv zu beurteilenden Arbeitsverhältnisse und -bedingungen in der Branche. Doch was genau ist die Kreativwirtschaft, und in welchem Verhältnis steht sie zur Kulturwirtschaft?

Der Kreativwirtschaft liegt eine ökonomische Ausweitung des Kunstfeldes zugrunde. Betont wird dabei, dass die Beschäftigung mit Kreativität sowohl eine soziale (kreativ sein) als auch eine ökonomische (wirtschaftlich sein) Dimension impliziert, wie John Hartley herausstellt (Hartley 2004, 4). Für Hartley stellen die *creative industries* eine Verknüpfung der „creative arts" mit den „cultural industries" (Hartley 2004, 6) dar, welche sich im Vollzug dieser Verbindung verändern. Historisch ist der Beginn dieser Entwicklung, der im Entstehen der Kreativwirtschaft kulminiert, im 17. und 18. Jahrhundert anzusiedeln, als sich die Unterscheidung von freien und kommerziellen Künsten herauszubilden beginnt und eine entsprechende Differenzierung von Kreativität als notwendiger Kompetenz vorgenommen wird. Mitte des 20. Jahrhunderts setzt sich im Kontext der Frankfurter Schule um Max Horkheimer und Theodor W. Adorno der Begriff der Kulturindustrie durch, welcher, negativ konnotiert, die zunehmende Ökonomisierung der Kultur beschreibt (vgl. Horkheimer und Adorno 2003 [1947]). In den 1970er und 1980er Jahren ist ein Erstarken des nun Kulturwirtschaft bzw. *cultural industries* genannten Wirtschaftszweiges zu verzeichnen, der viel von der negativen Konnotation der Kulturindustrie verloren hat.[37] Nichtsdestotrotz, so Hartley, bleibt es bei der Differenz von „creative arts" und „cultural industries" (Hartley 2004, 14), die weiterhin auf dem jeweiligen Ausmaß der ökonomischen Ausrichtung basiert. An den undeutlichen Grenzen zwischen diesen beiden Feldern entstehen sukzessive die *creative industries*, welche in den 1990er Jahren schließlich zu einem Thema der (Wirtschafts-)Politik avancieren.[38] Die Politik hofft auf das Entstehen neuer Arbeitsplätze und eine wachsende Wertschöpfung dieser Bereiche und versucht zunehmend, das Feld der *creative industries* genauer zu bestimmen, um politische Strategien darauf abstimmen zu können. Die britische *Labour*-Regierung ist 1998 die erste, die einen Kreativwirtschafts-

---

[37] Zum Feld der *cultural industries* vgl. David Hesmondhalgh (2002).
[38] Charles Landry nimmt eine interessante Unterscheidung vor, die ich allerdings nicht haltbar finde und daher hier nicht weiter verfolge: „,Cultural industries' are those that shape the culture and, thus, include casinos or theme parks as well as design or the arts. The creative industries exclude the former as they only involve creative invention." (Landry 2008, xxix, Herv.i.O.)

bericht vorlegt,[39] wie er sich im Verlauf der kommenden Jahre in immer mehr Ländern Westeuropas durchsetzen wird. Die Definitionen dessen, was den *creative industries* zugehörig ist, unterscheiden sich je nach AutorIn oder Organisation. Ich verwende die Definition von John Howkins (2004), der 15 verschiedene Bereiche als *core creative industries* ausmacht (Howkins 2004, 88ff.). Zugrunde liegen seiner Eingrenzung die Größe des jeweiligen Marktes sowie die in ihm entstehenden Einnahmen. Die Auflistung der entsprechenden Bereiche findet sich in Tabelle 1, in der sie den Bereichen gegenübergestellt wird, die Richard Florida als Beschäftigungsfelder des Kerns der *creative class* fasst.

Den Arbeiten zur Kreativwirtschaft ist gemein, dass sie ihr eine hohe Bedeutung für die Wirtschaft der postindustriellen Gesellschaft zusprechen. Auch wenn Marion von Osten (2007) hervorhebt, dass es die *creative industries* in erster Linie als Produkt eines Willens, sie entstehen zu lassen, gebe und sie damit Teil einen „hegemonialen Diskurs[es]" über Kreativität" (von Osten 2007, 103) seien, haben sie dennoch reale Folgen. Von Ostens Beschreibung, dass durch die Eigenverantwortlichkeit und Selbstorganisation der Kulturschaffenden, dem „Kernkonzept der Creative-Industries-Ideologie" (von Osten 2007, 109), ein Ausgleich der Subventionskürzungen durch sie selbst vorgenommen werde und der Diskurs um die Kreativwirtschaft die prekären Arbeitsverhältnisse verschleiere, mag richtig sein. Die gesamtgesellschaftlichen Folgen, die auch von Osten sieht, stellen zunächst einmal eine Transformation auf der Grundlage der Verflechtungen von kulturellen und ökonomischen Prozessen dar. Schon Zukin (1995) betonte diese Verbindungen und die Bedeutung der *culture industries* und der *cultural workers* für die Ökonomie eines Landes, geht aber noch darüber hinaus, indem sie diesen Veränderungen eine Wirkung für das Leben und den Lebensraum der Menschen zuspricht (Zukin 1995, z.B. 9) – ein Aspekt, der einige Jahre später von Richard Florida aufgegriffen wird, wenn er das Aufkommen der *creative class* (Florida 2004) beschreibt.[40] Das Besondere an Floridas Ansatz ist nun, dass er die gesellschaftlichen und geographischen Auswirkungen dieser Veränderungen genauer in den Blick nimmt als andere vor ihm. Dieser Perspektive wende ich mich im Folgenden zu.

---

[39] Dieses erste *Creative Industries Mapping Document* der 1997 eingesetzten *Creative Industries Task Force* kann auf der Seite der Organisation *Researching Cultural and Creative Industries in London* heruntergeladen werden, URL: http://www.rccil.org.uk (letzter Zugriff am 11.4.2013).

[40] Bei genauerem Hinsehen wird deutlich, dass die Ähnlichkeiten in den Beschreibungen kaum erstaunlich sind, da auch Florida schon früher die Bedeutung bestimmter Arbeitsformen und der Veränderung der Ökonomie sowie deren geographische Dimension analysiert hat (Florida 2002b).

3.3 Die Entstehung der *creative class*

Der US-amerikanische Politikwissenschaftler und Ökonom Richard Florida beschreibt in seinem 2002 erschienen Buch *The Rise of the Creative Class. And How It's Transforming Work, Leisure, Community, & Everyday Life* die wachsende Bedeutung einer neuen sozialen Gruppe für wirtschaftliche, soziale und kulturelle Zusammenhänge von (westlich-industrialisierten) Gesellschaften: der *creative class*. Dabei knüpft Florida explizit an die Klassiker der sogenannten Theorie der Wissensgesellschaft wie Peter F. Drucker und Daniel Bell an. Der Grund für die wachsende Bedeutung dieser Gruppe liegt in der von diesen Autoren konstatierten Verschiebung der Bedeutung der Wirtschaftssektoren hin zu den Dienstleistungs- und Informationssektoren. Damit kommt den Informationstechnologien und den damit verbundenen Qualifikationen und Fähigkeiten eine steigende Bedeutung zu. Floridas Definition der *creative class* macht deutlich, dass die darunter gefassten Berufe maßgeblich mit (neuen) Technologien und Dienstleistungen verbunden sind. So definieren sich die in der *creative class* zusammengefassten Berufe über zwei Elemente: Dem Kernbereich der *creative class*, dem *super-creative core*, geht es um die Identifikation potentieller Probleme und die Entwicklung von Problemlösungsstrategien. In diesen Arbeitsfeldern entsteht maßgeblich Neues, und die Beschäftigten werden dafür bezahlt, „new forms or designs that are readily transferable and widely useful" (Florida 2004, 69) herzustellen. Dem zweiten Bereich, den *creative professionals*, geht es um die Anwendung neuer Strategien und die innovative Re-Komposition vorhandener Ansätze, um auftretende Problemen zu lösen (ebd.). Damit greift Florida auf die Beschreibung der „symbolic analysts" (Reich 1991, 178) von Robert Reich zurück. Reich identifiziert ihr Beschäftigungsfeld, die *symbolic-analytic services*, zusammen mit den *routine production services* und den *in-person services* als „the three jobs of the future" (Reich 1991, 171), wie es programmatisch in der Überschrift des entsprechenden Kapitels heißt. Für Florida beschreibt Reich damit einen Aspekt der ökonomischen Struktur der *creative class*. Nichtsdestotrotz ist es Floridas Anliegen, die Bedeutung der *creative class* über die wirtschaftliche Dimension hinaus zu bestimmen; die Ausweitung der Betätigungsfelder, die unter ihr subsumiert werden (können), ist dafür ein notwendiger Schritt. Im Vergleich zu dem Feld der *core creative industries*, die Howkins (2004) beschreibt, nimmt Florida allein schon mit dem Konzept des *super-creative core* eine deutliche Erweiterung vor, wie Tabelle 1 zeigt, ganz zu schweigen von der Integration der *creative professionals* in die *creative class*.

core creative industries (Howkins 2001, 88ff.)	super-creative core (Florida 2004, 328)
software toys and games Video games	computer occupations
research & development (R&D)	mathematical occupations engineering occupations life science occupations physical science occupations
architecture	architecture occupations
art craft music	arts
design fashion	design
advertising film performing arts	entertainment occupations
TV and radio publishing	media occupations
	social science occupations
	education occupations
	training occupations
	library occupations
	sports occupations

Tabelle 1: Gegenüberstellung der *core creative industries* und der Arbeitsfelder des *super-creative core* der *creative class*

Mit dieser Ausdehnung gelingt es Florida, vergleichsweise viele Berufe in sein Konzept zu integrieren. Dies ist aus mehreren Gründen wichtig: Zum einen beruht Floridas Argumentation darauf, eine ökonomisch bedeutsame soziale Gruppe zu identifizieren, die sich aufgrund ihrer ökonomischen Gemeinsamkeiten bildet (Florida 2004, 68). Zwar bezeichnet Florida diese Gruppe als Klasse, doch anders als bei Marx geht es nicht um eine Klasse „für sich selbst" (Marx 1959, 4:181) mit einem gemeinsam geteilten Bewusstsein, sondern um eine Klasse *an sich*, wie es auch bei Bell die Klasse der Wissensarbeiter darstellt (Steinbicker 2001, 60). Florida distanziert sich explizit von einem Marx'schen Klassenbegriff, da dieser die aktuellen Entwicklungen nicht angemessen beschreiben könne (Florida 2004, 68). Einer der Hauptunterschiede, der auch gesellschaftliche Relevanz besitzt, besteht seiner Ansicht nach darin, dass sich die Angehörigen der *creative class* selber nicht als Gruppe mit gemeinsamer Identität verstünden, also kein Klassenbewusstsein im herkömmlichen Sinn aufweisen würden – umso erstaunlicher, wie Florida hinzufügt, da sie eine ganze Reihe von Wertvorstellungen, Einstellungen und Präferenzen teilten (ebd.). Zum zweiten ist es das Anliegen von Florida zu zeigen, dass Kreativität eine zentrale Kompetenz des heutigen Lebens darstellt; eine quantitativ bedeutsame Gruppe zu identifizieren, die Kreativität in ihrem beruflichen Lebens anwendet, stärkt dieses Argument. Zum dritten geht es Florida darum, eine Verschiebung im sozialstrukturellen Aufbau der Gesellschaft aufzuzeigen und die von ihm identifizierten Entwicklungen in gesamtgesellschaftliche Transformationsprozesse einzuordnen – auch hier unterstützt aussagekräftiges sozialstatistisches Material die Kraft seines Arguments.

Floridas zentrale These speist sich von vielen wissenschaftlichen VorgängerInnen, auch er steht auf den Schultern von Riesen.[41] Dabei lassen sich drei verschiedene thematische Stränge identifizieren: Theorien der postindustriellen Entwicklung (1), Theorien zu ästhetischen und kulturellen Veränderungen in Gesellschaften (2) sowie Theorien der Stadtentwicklung (3). Zum ersten Bereich gehören Peter F. Drucker, Erik Olin Wright, Fritz Machlup und Daniel Bell, zum zweiten Robert Reich, David Brooks, Ronald Inglehart sowie Paul Ray und Ruth Anderson, und im dritten Bereich spielen Jane Jacobs und Manuel Castells eine wichtige Rolle.

Diese Themenfelder verdeutlichen zudem, worum es in Floridas Arbeiten geht: Er beschäftigt sich mit wirtschaftlichen Veränderungen (ad 1), ihren gesellschaftlichen Ausprägungen (ad 2) und ihren geographischen Besonderheiten in einer ökonomischen Transformationsphase (ad 3). Indem er an Drucker, Bell und Wright anschließt und argumentativ an den „knowledge worker" (Drucker 1993, 6) anknüpft, hebt er die wirtschaftliche Bedeutung der von ihm beschriebenen Veränderungen hervor. Doch statt Wissen ist es Kreativität, die seiner Ansicht nach die ausschlaggebende Kompetenz ist. Über diese inhaltliche Verschiebung gelingt es ihm, eine Ausweitung des Konzepts der Wissensarbeiter vorzunehmen und der *creative class* eine Bedeutung auch für andere als wirtschaftliche Felder zuzuschreiben. Der Rückgriff auf Ronald Ingelharts (1989) Analyse des Wertewandels der industrialisierten Gesellschaften in der zweiten Hälfte des 20. Jahrhunderts nimmt diesen Strang des Arguments auf: Florida geht davon aus, dass sich auch die Werte und Lebensvorstellungen in den Gesellschaften verändern, in denen ein großer Teil der *creative class* zuzurechnen ist – eben weil innerhalb dieser Gruppe andere Werte vorherrschen als in der *working class* (Florida 2004,

---

[41] Zu dem Bild der WissenschaftlerInnen, die auf den Schultern von Riesen stehen, vgl. Merton (1983).

z.B. 86). Inglehart (1989) analysierte in seinen Studien den kulturellen Wandel in westlichen Nachkriegsgesellschaften. Seine Schlussfolgerung, dass zunehmend postmaterialistische Werte prägend seien für das Leben der Gesellschaftsmitglieder, geben zusammen mit der wachsenden Bedeutung der sogenannten symbolischen Ökonomien das Bild einer Gesellschaft, in der der nichtmateriellen Dimension von Dingen zunehmend Bedeutung zugesprochen Wert: Statt „Überleben und physischer Sicherheit" (Inglehart 1989, 90) werden mit zunehmendem Wohlstand der Gesellschaften „Gruppenzugehörigkeit, Selbstverwirklichung und Lebensqualität in den Vordergrund treten" (ebd.).[42]

Ähnliches beschreiben Paul H. Ray und Sherry Ruth Anderson (2001) in *The Cultural Creatives*: Ihre Analyse einer aufkommenden sozialen Subkultur[43] in den USA weist große Ähnlichkeiten zu der Floridas auf. Nicht nur sind die sogenannten *cultural creatives* durch postmaterialistische Werte gekennzeichnet; sie lassen sich ebenso wie die *creative class* in zwei Untergruppen unterteilen, die „Core Cultural Creatives" (Ray und Anderson 2001, 15) und die „Green Cultural Creatives" (Ray und Anderson 2001, 14). Anders als bei der *creative class* sind die Fokussierung und Wertschätzung einer ökologisch nachhaltigen Lebensweise sowie sozialer Gerechtigkeit der Kern der *cultural creatives* – Ray und Anderson definieren also diese Subkultur über Werte und nicht wie Florida über Ähnlichkeiten in der Art der Beschäftigung und beruflichen Tätigkeit. Nichtsdestotrotz liegen insofern auch ökonomischer Hinsicht Gemeinsamkeiten vor, als auch Ray und Anderson darauf hinweisen, dass das berufliche Spektrum der Angehörigen der *cultural creatives* sehr breit sei:

> *Many Cultural Creatives do the everyday work of modern culture: they are accountants and social workers, waitresses and computer programmers, hair stylists and lawyers (Ray und Anderson 2001, 22).*

Das Streben nach Authentizität sei, so Ray und Anderson, eine, wenn nicht die zentrale Gemeinsamkeit der *cultural creatives*, welche „a coherent subculture" (Ray und Anderson 2001, 39) seien: Sie teilten bestimmte Wertvorstellungen und Lebensweisen. Dennoch fehle ein entscheidendes Element, und das wiede-

---

[42] Zu einer Reflexion dieses Wertewandels im Kontext der Debatte um Kreativität sowie um die (soziologische) Diskussion von Kreativität in der Postmoderne vgl. Hans Joas (1996, v.a. 358–378).

[43] Ray und Anderson schätzen ihre Größe auf etwa 50 Millionen US-AmerikanerInnen (Ray und Anderson 2001, 4) und stellen sie den Subkulturen der *modernists* und der *traditionalists* gegenüber; die drei zusammen seien derzeit die qualitativ und quantitativ bedeutendsten sozialen Gruppen in den USA (Ray und Anderson 2001, bes. Kap. 3). Inwiefern der Begriff Subkultur angemessen ist, lasse ich an dieser Stelle außen vor; für Ray und Anderson ist der kulturelle Aspekt dieser Gruppen wichtig, und aus diesem Grund ist der Begriff der Subkultur hier wohl am besten als kulturelle Untergruppe zu verstehen. Die *traditionalists* und die *cultural creatives* stellen dabei gesellschaftliche Gruppen dar, die sich aus gegenkulturellen Bewegungen zu den *modernists* entwickelten (Ray und Anderson 2001, 81ff.).

rum ist strukturell übereinstimmend mit Floridas Analyse der *creative class*: „they are missing self-awareness as a whole people." (ebd.) Den Grund dafür sehen Ray und Anderson darin, dass die Werte und Lebenskonzepte der *cultural creatives* sich nicht im alltäglichen Leben der Gesellschaft spiegelten (ebd.) – anders Florida: Sein Argument beruht gerade darauf, dass die veränderte Lebensweisen bei einem quantitativ großen Teil der Bevölkerung sowohl die ökonomischen als auch sozialen Kontexte transformierten, die *creative class* die Gesellschaft also deutlich verändere, auch wenn sie kein gemeinsam geteiltes Bewusstsein als Klasse *für sich* aufweise (Florida 2004, v.a. Kap. 4).

Florida baut konzeptionell auf den Arbeiten von Ray und Anderson (2001) sowie Inglehart (1989) auf und identifiziert auf Seiten der Angehörigen der *creative class* ein sich veränderndes Wertesystem, welches explizit zwei der von Inglehart genannten postmaterialistischen Werte enthält: Selbstverwirklichung und Lebensqualität. Sie sind Teil dieses neuen Wertesystems, das er auf Seiten der *creative class* identifiziert: „a new resolution of the centuries-old tension between two value systems: the Protestant work ethic and the bohemian ethic." (Florida 2004, 192) Florida ist der Ansicht, dass die Verbindung dieser beiden Systeme in einem neuen aufgehe, das er „creative ethos" (ebd.) nennt. In diesem fallen zwei Formen der Disziplin zusammen: Pflichtgefühl gegenüber harter Arbeit, wie sie Max Weber (1920) für die protestantische Ethik beschreibt, und die Ästhetik der Bohemien. Dies äußert sich unter den Angehörigen der *creative class* in der Wertschätzung von Leistung, die mit einem Fokus auf *lifestyle*-Dingen kombiniert wird. Florida knüpft dabei unter anderem an David Brooks (2001) an, der eine ähnliche neue Werteordnung im Fall der *Bobos*, der „bourgeoisie-bohemian" (Florida 2004, 197). Auch wenn Florida die Beschreibungen von Brooks schätzt und in seine Argumentation integriert, so fehlt seiner Ansicht nach dort ein entscheidendes Element: die ökonomische Dimension. Für diese bezieht sich Florida auf Bell (1973), welcher aber, so Florida, daran scheitere, Arbeit und Freizeit als zunehmend miteinander verschränkte Elemente des Lebens in der postindustriellen Gesellschaft zu verstehen. Das zugrunde liegende kreative Ethos besteht nun, wie Florida herausarbeitet, aus der Kombination von drei verschiedenen Werte, die unter den Angehörigen der *creative class* verbreitet sind: Individualität, Meritokratie, Diversität und Offenheit (Florida 2004, 77ff.). Dabei impliziert die Wertschätzung von Individualität eine Abkehr von Konformität und die Konstruktion einer individualistischen, traditionelle Gruppenzugehörigkeiten ablehnenden Identität. Diese kann sich, so Florida, auch aus verschiedenen Identitäten zusammensetzen (Florida 2004, 78) – ein interessanter Aspekt, der die inhaltliche Nähe von Floridas Konzept zu poststrukturalistischen

Subjekttheorien zeigt.[44] Das zweite wichtige Element des *creative ethos* ist die Wertschätzung von Leistung, wie es Whyte (1957) schon für die *organization men* beschrieb (Whyte 1957, z.B. 20). Dieser Aspekt wird nun in einen neuen Kontext integriert; es geht dabei, so stellt Florida auf der Grundlage von Interviews und Fokusgruppen heraus, nicht um die quantitative Menge des verdienten Geldes und den darauf begründeten sozioökonomischen Status, sondern um die Anerkennung des auf der Basis eigener Kompetenzen zustande gekommenen Erfolgs.

Florida hebt, und das ist interessant, die mögliche negative Seite dieser Leistungsorientierung der *creative class* hervor, indem er darauf hinweist, dass auch die hier angewendeten Kompetenzen sozial vermittelt und erworben werden, dies tendenziell aber vergessen werde: „By papering over the causes of cultural and educational advantage, meritocracy may subtly perpetuate the very prejudices it claims to renounce." (Florida 2004, 78) Ähnlich wie die Fokussierung auf Wissen in den Theorien zur Informations- und Wissensgesellschaft kann auch die Betonung von Kreativität zu einer Ursache sozialer Ungleichheit werden.[45] Hier findet sich ein Widerspruch zu späteren Arbeiten Floridas, in denen er genau diesen Aspekt der Ungleichheit heranführt, um seine Theorie auch normativ gegenüber der Theorie der Wissensgesellschaft zu stärken und sich inhaltlich von Bell oder Drucker abzugrenzen: Der Fokus auf Kreativität sei der egalitärere Ansatz, da Kreativität eine menschliche Fähigkeit sei und es daher potentiell jedem möglich wäre, sie beruflich und sozial zu nutzen (Florida 2007, 34ff.).[46]

Gleichzeitig ist die Tatsache, dass Florida soziale Ungleichheit und die Rolle, die die *creative class* dabei spielt, reflektiert, ein Aspekt, der in vielen kritischen Auseinandersetzungen mit Floridas Theorie (vgl. exempl. Baris 2003; Peck 2005) nicht wahrgenommen wird. In diesen Arbeiten wird Florida vorgeworfen, die sozialen Konsequenzen, die das Erstarken einer solchen *creative class* auf-

---

[44] Florida bezieht sich nie explizit auf derartige Theorien, aber wie ich im folgenden Unterkapitel zeigen werde, lassen sich deutliche Ähnlichkeiten zwischen diesen an sich sehr unterschiedlichen Theorien finden.

[45] Für die Wissensgesellschaft vgl. dazu die entsprechenden Stellen bei Drucker (1993, 95f.), von dem sich Florida explizit abgrenzt, sowie Stehrs Reflexionen zu sozialer Ungleichheit in der Wissensgesellschaft (Stehr 1994, 175–200) und Gili S. Droris (2005) Arbeit zum Zusammenhang von digitaler Technologie, Ungleichheit und Transnationalität.

[46] Auf Ähnliches verweist Niklas Luhmanns Aussage, wenn er Kreativität als historisch dem Genie-Gedanken verwandt beschreibt und zu dem Schluss kommt: „Kreativität scheint nichts anderes zu sein als demokratisch deformierte Genialität." (Luhmann 1988, 16) Interessanterweise beschreibt Drucker Vergleichbares für die Kompetenz des Wissens, die vom Individuum zu lösen sei – Wissen werde vom Einzelnen inkorporiert und erst durch ihn oder sie hergestellt, weitergegeben, verbessert etc. (Drucker 1993, 210). Der Unterschied zu Floridas Fokus auf Kreativität besteht allerdings darin, dass nach dessen Konzept Kreativität eine dem Menschen innewohnende Fähigkeit ist, Wissen dagegen erst erlernt und angeeignet wird und schon dafür eine Kompetenz (sowie die Wertschätzung von Wissen) nötig ist, welche über Sozialisation erworben wird.

weist, in seiner Theorie nicht zu berücksichtigen. Sicherlich ist es richtig, dass der Fokus von Floridas Arbeiten nicht auf sozialer Ungleichheit liegt; dass er diesen Aspekt gänzlich ausblende, ist aber, wie ich gezeigt habe, ein unzutreffender Vorwurf.

Der dritte Pfeiler des kreativen Ethos ist schließlich die Wertschätzung von Diversität und damit verbunden eine Haltung der Offenheit gegenüber anderen Lebenskonzepten (Florida 2004, 79f.). Später fasst Florida diese Dimension unter dem Schlagwort *tolerance*, um damit die Atmosphäre zu kennzeichnen, die einen Ort für die Angehörigen der *creative class* attraktiv macht. An dieser Stelle ist Diversität ein unbestimmter Wert, den die *creative class* als solchen in seinen mannigfaltigen Ausprägungen schätzt. Florida verweist darauf, dass der Beweggrund dafür zunächst einmal ein egoistischer ist: Viele der Kreativen seien in einer bestimmten Hinsicht *nerds*, beispielsweise mit „odd personal habits or extreme styles of dress" (Florida 2004, 79), und ein heterogenes und offenes Umfeld sei für sie ein Zeichen dafür, dass dort ihre Leistung und nicht ihre Zugehörigkeit zu Gruppen oder ein bestimmter Lebensstil geschätzt würde. In diesem Sinn verschränken sich hier also die Werte der Leistungsbereitschaft und der Offenheit. Aber auch hier hebt Florida hervor, dass es in der Realität zu einem paradoxen Hybrid kommen könne: „While the Creative Class favors openness and diversity, to some degree it is a diversity of elites, limited to highly educated, creative people." (ebd.) So seien in der ökonomisch erfolgreichen *creative class* AfroamerikanerInnen weiterhin in der Minderheit, und der *digital divide*, d.h. die ungleiche Chancen- und Teilhabemöglichkeiten an der Informationsgesellschaft, könne sich mit dem Wachsen der *creative class* sogar noch verschärfen (Florida 2004, 80).

Die kulturellen Veränderungen, die das Wachsen der *creative class* und damit auch die Verbreitung ihrer Werte mit sich bringen, sind für Florida ein gradueller Prozess, den er als „*Big Morph*" (Florida 2004, 191, Herv.i.O.), die ‚Große Verwandlung', bezeichnet. Damit weist die *creative class* nicht nur eine ökonomische Bedeutung für die Gesellschaft auf, sondern auch eine kulturelle. Dies widerspricht insofern seiner Abgrenzung von einem Marx'schen Klassenbegriff, als auch bei Marx die Klassenzugehörigkeiten die Gesellschaft maßgeblich prägen, beispielsweise über die den Klassen eigenen Werte. Trotz allem lässt sich sein Konzept nicht in eine Klassentheorie übersetzen: Entscheidend sind nicht Produktionsmittel oder Kapital, sondern die eigenen Kompetenzen, um die vorhandene Kreativität (ökonomisch) nutzbar zu machen, und dies ist ein als quer zu einer vertikal hierarchisch gegliederten Gesellschaft liegendes Moment zu verstehen. Die Ungleichheiten, die aufgrund einer solchen neuen Gesellschaftsordnung entstehen, sind andere als in einer kapitalistisch organisierten Industriegesellschaft, und Abgrenzungen werden anders vorgenommen als über das Verfügen über ökonomisches Kapital oder den beruflichen Status.[47]

An dieser Stelle nehme ich nun einen Einschub vor, um andere Konzepte zur Bedeutung von Kreativität in der Gesellschaft zu erläutern, bevor ich auf die Rolle der *creative class* für geographische Entwicklungen zu sprechen komme.

3.4 Exkurs: Kreativität in der Gesellschaft

Die Analysen Floridas beziehen sich in erster Linie auf die USA und basieren auf Datenmaterial aus diesem Land, doch auch in Europa und Nordamerika lassen sich ähnliche Verschiebungen in den Bedeutungen der Wirtschaftssektoren feststellen. Die *creative class* ist daher als ein Phänomen zu betrachten, das im Kontext der gesellschaftlichen Veränderungsprozesse hin zu Informations- und Wissensgesellschaften in Industrieländern steht. Kreativität hat dabei nicht nur in wirtschaftlichen Kontexten an Bedeutung gewonnen, sondern auch die Erklärungen von kulturellen Phänomenen greifen zunehmend auf diesen Aspekt zurück.[48] Auch als Alltagsphänomen ist Kreativität allgegenwärtig; kreativ ist nahezu alles, von der Stadt, der Ökonomie, über Handarbeitskurse an der Volkshochschule bis zum Friseur und dem Gartenbaubetrieb. Was Kreativität genau bezeichnet oder bezeichnen soll, bleibt allerdings in den meisten Fällen unreflektiert. Ich trenne hier ausgewählte Verwendungsweisen analytisch, um sie genauer zu beschreiben und Differenzen und Gemeinsamkeiten aufzuzeigen. Ziel ist es, begriffliche Klarheit darüber zu erlangen, was gemeint ist, wenn davon gesprochen wird, dass etwas oder jemand kreativ ist – wie es im Fall der *creative city* die Stadt sein soll.

Seit Mitte des 20. Jahrhunderts lässt sich in verschiedenen wissenschaftlichen Disziplinen beobachten, dass das Phänomen der Kreativität in den Blick genommen wird. Man kann sogar davon besprechen, dass der Begriff Kreativität dabei ist, eine neue Kategorie in der Soziologie zu bilden, mit der gesellschaftliche und handlungstheoretische Phänomene beschrieben werden. Gemeinsam ist

---

[47] Inwiefern in der postindustriellen Gesellschaft und innerhalb der *creative class* nicht doch Abgrenzungen auch über den beruflichen Status und das Einkommen vollzogen werden, muss empirisch untersucht werden. Sicher ist richtig, dass es hier transitorische Bereiche gibt, in denen sich verschiedene Wertekonzepte überlagern (können) und unterschiedliche Symbole zur Darstellung von sozialem Status verwendet werden.

[48] William Uricchio (2004) weist in seiner Studie zu den *open source software communities* auf einen zentralen Unterschied zwischen Europa und den USA hin: Während in Europa der Kreativsektor staatlich unterstützt werde, da man ihn im Sinn eines Kultursektors verstehe, gäbe es in den USA keine staatliche Unterstützung, da er dort als kommerzieller Sektor verstanden werde. Uricchio wirft auch die interessante Frage nach der zukünftigen Definition von Kreativität auf und skizziert drei mögliche Szenarien, die Kreativität als (1) der staatlichen Fürsorge zugehörig, (2) als Marktsegment oder (3) im Sinn von „grassroots practices" (Uricchio 2004, 88) verstehen.

den verschiedenen wissenschaftlichen Erklärungsansätzen, dass Kreativität als zentrale Argumentationsfigur fungiert, um kulturelle und gesamtgesellschaftliche Entwicklungen zu erklären. Die *International Encyclopedia of the Social Sciences* unterscheidet drei Verständnisse: Kreativität als Fähigkeit, etwas Neues hervorzubringen, den psychologischen Prozess, durch den nützliche und neue Dinge hergestellt werden, und schließlich das Produkt dieses Prozesses (Faris 1968, 435). Diese Bedeutungen durchziehen auch aktuelle Arbeiten zu Kreativität, wenn sie auch häufig nicht entsprechend systematisch unterschieden werden.

Die Soziologie beschäftigt sich auf mindestens vier Ebenen mit Kreativität: einer gesellschaftstheoretischen, einer organisationstheoretischen, einer handlungstheoretischen und einer anthropologischen. Diese Ebenen sind nicht vollständig voneinander zu trennen, vor allem die Grenzen zwischen der anthropologischen und der handlungstheoretischen Ebene sind fließend; Argumentationen, die Handlungsformen betreffen, schließen oft eine anthropologische Perspektive ein.

Auf einer gesellschaftstheoretischen Ebene wird Kreativität als gesellschaftliche Anforderung beschrieben. Damit gehen Subjekt- und Diskursanalysen einher, wie sie z.B. Andreas Reckwitz oder Marion von Osten durchführen. Richard Floridas Analysen lassen sich ebenfalls auf dieser Ebene ansiedeln, allerdings greift Florida weniger auf Diskurse als auf sozialstatistische Daten als Erklärungsmuster zurück und entwirft normativ konnotierte Entwicklungsvorschläge. Gegenwärtig lassen sich drei soziologische Ansätze unterscheiden, die Kreativität je verschieden konzipieren: der anthropologische (Position 1), der handlungstheoretische (Position 2) und der poststrukturalistische (Position 3). Im Folgenden stelle ich die zentralen Argumente dieser Konzeptionen von Kreativität vor.

3.4.1 Position 1: Kreativität als genuin menschliche Fähigkeit

Die anthropologische Perspektive auf Kreativität versteht diese als die menschliche Fähigkeit, „Urheber zu sein" (Popitz 2002, 98). Heinrich Popitz beschreibt diese Möglichkeit zur Urheberschaft als zentrales Charakteristikum von Kreativität und hebt die Rolle der Phantasie und des stimulierenden Umfelds als dafür nötig hervor. Die menschliche Vorstellungsfähigkeit ermögliche es, Alternativen zu entwerfen, d.h. Neues zu imaginieren und schließen zu realisieren (Popitz 2002, 92ff.). Popitz unterscheidet gelenkte und ungelenkte Vorstellungen, die sich durch den Grad an Absicht unterscheiden: Gelenkte Vorstellungen sind thematisch gelenkt und zielgerichtet – man könnte hier etwa an die in Organisationen verbreitete Praktik des *brainstorming* denken – ungelenkte Vorstellungen sind absichtslos und unkontrolliert (Popitz 2002, 88). Elemente sozialer Kontrolle wie etwa Tabuisierungen oder Disziplinierungen wirken beschränkend auf das Vorstellungsvermögen und stellen Begrenzungen der jeweiligen Sinnhorizonte dar; auch die Kreativität wird dadurch beeinflusst, da diese sozial hervorgebrachten Einschränkungen bestimmte „Vorstellungs-Angebote" (Popitz 2002, 89) hervorbringen, auf denen dann Kreativität aufbauen kann. Phantasie ist für Popitz der konkrete Schritt auf dem Weg zur Kreativität, da Phantasie „eine potentiell konkrete Vorstellung" bzw. die „Vergegenwärtigung des Verborgenen" (Popitz 2002, 92) darstellt. Das dreistufige Phantasie-Konzept, das Popitz entwirft, beinhaltet die Suche nach Wissen (als erkundende Phantasie), die Herstellung von Artefakten (als gestaltende Phantasie) sowie die Suche nach Sinn (als sinnstiftende Phantasie) (Popitz 2002, 94). Letztere kommt beispielsweise im Fall von religiösen Vorstellungen zum Tragen und ist im Kontext dieser Arbeit weniger von Bedeutung. Man könnte lediglich darauf verweisen, dass auch die symbolische Ökonomie, deren Bedeutung Sharon Zukin (1995) herausstellt, auch ein sinnstiftendes Element beinhaltet, indem Objekten Symbolcharakter und damit Sinn zugeschrieben wird. Die Suche nach Wissen und die Produktion von Artefakten dagegen sind zentrale Elemente eines Kreativitätsbegriffes, der auch in den *creative industries* Anwendung findet. Bei Popitz ist Kreativität das Ziel eines Prozesses, der von Vorstellungen ausgehend über Phantasie als deren Bündelung und Konkretisierung verläuft. Mithilfe dieses Prozesses kommt es zu Entdeckungen und Erfindungen, die Popitz voneinander abgrenzt – sind erstere das Resultat von externen Handlungen, die in der Wahrnehmungswelt vollzogen werden, so sind letztere das Ergebnis von Vorstellungen, d.h. internen Handlungen, die in der Vorstellungswelt verortet sind (Popitz 2002, 112). Für die Beschäftigung mit Kreativität als eine gesellschaftlich und ökonomisch wichtiger werdende Kompetenz bedeutet dies, dass zwei Gruppen von kreativ Handelnden zu unterscheiden sind: die EntdeckerInnen und die ErfinderInnen. Ihrem Handeln liegt ein unterschiedlicher Bezug zur Welt zugrunde, denn die ErfinderInnen nutzen die Vorstellungswelt, während die EntdeckerInnen die Wahrnehmungswelt anwenden. Zu fragen ist, ob letztere eher mit der Produktion von Artefakten und erstere mit dem Schaffen von neuem Wissen beschäftigt sind – hierauf gibt Popitz keine Antwort. Er hebt allerdings hervor, dass eine spezifische Kultur nötig ist, um Innovationen – Wissen an sich, aber auch Objekte – um- resp. einzusetzen (Popitz 2002, 120). Tabuisierungen begrenzen die Anwendungen des Neuen, und in einem Florida'schen Sinn weitergedacht begrenzen auch traditionelle und das Konventionelle protektierende Umwelten die Kreativität und deren Produkte.

Kreativität ist in diesem anthropologischen Sinn eine Fähigkeit, die grundsätzlich von jedem und jeder angewendet werden kann. Abhängig ist sie allerdings von kulturellen Rahmenbedingungen; diese entscheiden darüber, in welchem Ausmaß Neues entstehen – gedacht und realisiert werden – kann. Grund für diese Einschränkungen ist die Tatsache, dass das Handeln der Einzelnen, welches die Grundlage für Kreativität bildet, sozialer Kontrolle unterliegt. Die dadurch gesetzten Grenzen schränken auch die je eigenen „Sinnhorizonte"

(Popitz 2002, 134) ein und begrenzen Vorstellungskraft, Phantasie und schließlich internes bzw. externes Handeln. In dieser allgemeinen Form ist auch Floridas Grundannahme, dass potentiell jedeR die eigene Kreativität nutzbar machen kann, zu verstehen. Popitz konzipiert Kreativität aufbauend auf menschlichem Handeln, welches er als eine allem zugrunde liegende Fähigkeit versteht. Die zweite Form der Konzeptionalisierung von Kreativität, der ich mich nun zuwende, versteht dagegen Kreativität als besondere Form des Handelns.

3.4.2 Position 2: Kreativität als spezifische Form menschlichen Handelns

Aus einer handlungstheoretischen Perspektive betrachtet Hans Joas (1996) Kreativität. Joas konstatiert zunächst, und damit Popitz nicht unähnlich, „für alles menschliche Handeln eine kreative Dimension" (Joas 1996, 15). Ausgehend von einer durch den US-amerikanischen Pragmatismus geprägten wissenschaftlichen Perspektive beschäftigt sich Joas mit Kreativität als einer distinkten Form des Handelns, welche in unbekannten und daher neue Lösungen erfordernden Situationen eingesetzt wird (Joas 1996, 190) – technologische Innovationen sind damit paradigmatische Beispiele für die Produkte kreativen Handelns. Joas legt bei der Beschreibung von Kreativität zunächst ein auf dem Pragmatismus aufbauendes Handlungsmodell zugrunde, dass „zyklisch sich wiederholende Phasen" (Joas 1996, 190) beinhaltet, in denen Handlungsroutinen abwechselnd aufgebaut, in Frage gestellt und abgelöst werden. Grund für das Infragestellen der Routinen ist „die Widerständigkeit der Welt" (Joas 1996, 190): Diese impliziert das Auftreten neuer Situationen im Zuge von ökonomischen, kulturellen, ökologischen oder sozialen Veränderungen und die Herausforderungen zum Entwickeln entsprechender Handlungen durch den Menschen. Es geht bei diesen neuen Situationen nicht nur, so betont Joas, um Momente des physischen Überlebens, also um unmittelbar existenzbedrohende Umstände, sondern vielmehr um „Krisen des habituellen Handelns" (Joas 1996, 196). Diese Krisen treten dann auf, wenn erlernte, inkorporierte Handlungen für die Situationen, in denen sie angewandt werden, nicht passend sind, sie also nicht zu einer angemessenen Reaktion oder Problemlösung führen. Ist die Angemessenheit von Situation und Handlung nicht gegeben, liegt nicht immer eine Bedrohung der physischen Existenz vor, es geht nicht jedes Mal um Überleben, aber beispielsweise um das soziale Überleben – etwa im Sinn der rollenadäquaten Handlungsweisen – oder um einen störungsfreien Ablauf eines Arbeitsalltags. In derartigen Krisensituationen dient nun Kreativität als Fähigkeit dazu, alternative Handlungen zu entwickeln, die den veränderten Situationen angemessen sind, und sie zu Routinen werden zu lassen, wenn sie sich bewähren.

Ursula Holtgrewe (2006) argumentiert in ihrer Arbeit *Flexible Menschen in flexiblen Organisationen* ähnlich und fragt nach den Merkmalen von Kreativität in Organisationszusammenhängen. Sie verbindet dabei die pragmatische Handlungstheorie, deren Vertreter auch Joas ist, mit der Strukturationstheorie von Anthony Giddens und stellt heraus, dass durch das Wiederholen von Handlungen diese als sich ständig neu produzierende und reproduzierende verstanden werden müssten (Holtgrewe 2006, 16). Holtgrewe entwickelt ein aus Routinen, Kreativität und Innovation bestehendes konzeptionelles Dreieck, mit dem sie die Beziehung von Bekanntem und Unbekanntem über das Handeln theoretisch fasst (Holtgrewe 2006, 19).

Entscheidend für die Argumentation ist die Annahme, dass jedes Handeln potentiell problemlösungsorientiert ist und in einer Situation des Neuen als problemlösendes Handeln aktiviert werden kann. Dieses problemlösende Handeln ist Kreativität, welches Innovationen – als neue Handlungsformen – hervorbringt, indem es routiniertes Handeln modifiziert (Holtgrewe 2006, 19f.). Dabei muss ein Moment der Reflexion seitens der Handelnden vorliegen, das das innovative Handeln nach der Angemessenheit für die veränderte Situation bewertet; für Holtgrewe ist dies ein Zeichen dafür, dass es bestimmter Institutionen bedarf, die die Kriterien für diese Bewertung zur Verfügung stellen (Holtgrewe 2006, 20). Innovation und mittelbar auch Kreativität sind daher relationale Begriffe, die nur in der Gegenüberstellung zur Routine erkennbar werden. Es besteht zudem eine Wechselbeziehung zwischen Institutionen und Innovationen: Erstere sind zur Beurteilung von Innovationen nötig, können aber durch diese sowohl gefestigt als auch irritiert werden, indem beispielsweise neue Erkenntnisse die Legitimität einer Institution oder ihrer Struktur in Frage stellen (ebd.). Holtgrewe weist zudem darauf hin, dass in bestimmten sozialen Bewegungen Kreativität selbst zum Thema werden könne, wenn dort „soziale Freiräume für kreatives Handeln" (Holtgrewe 2006, 21) eingefordert würden – kreatives Handeln wird hier verstanden als ein potentiell destabilisierendes, indem es Routinen sowie darüber Institutionen und die damit verbundenen Legitimitätskriterien infrage stellt. Die Dreier-Beziehung Routine – Kreativität – Innovation wird schließlich zu einem Kreislauf, wenn Innovationen in Routinen verwandelt werden, sobald sie im alltäglichen Leben routinehafte Anwendung finden, etwa in Organisationen.

Innovationen bleiben im strikten Sinn also nur so lange Innovationen, wie sie nicht alltäglich sind, sondern ihr Referenzrahmen durch die Handlungen bestimmt wird, die als einer Situation nicht angemessen empfunden wurden und auf die mit kreativem Handeln reagiert wurde. Sobald das innovative Handeln als adäquat beurteilt und sozial respektive technisch implementiert wurde, ist es als Routine zu bezeichnen. Zu fragen ist in einem weitergehenden Schritt allerdings, wo die Grenze zwischen Modifikation von Routinen und Innovation verläuft oder ob jegliche Modifikation schon Innovation bedeutet. Folgt man Jacques Derrida (1988), so impliziert jede Wiederholung eine Bedeutungsverschiebung und somit jedes routinierte Handeln Modifikationen – festzulegen, was als Innovation gelten kann, würde daher schwerer fallen als vor dem Hintergrund eines eher Bourdieu'schen Praxis-Begriffs, der Routinen als in den Körper eingeschriebene und gegenüber Veränderungen beharrende Praktiken beschreibt (vgl. Bourdieu 1982).

Was als Problem bzw. als Situation identifiziert wird, die problemlösendes, kreatives Handeln und nicht nur Handlungsverschiebungen nötig macht und was als Innovation gilt, ließe sich in Holtgrewes Argumentation als abhängig von den gesellschaftlich legitimierten Institutionen beschreiben. Die Kriterien, die bestimmte Institutionen aufstellen, damit etwas als Innovation und angemessenes neues Handeln gilt, sind ebenso sozial konstruiert und den Diskursen unterworfen wie die Legitimität der Institutionen selbst.[49] Deutlich wird das am Beispiel der Medizin: Die Anzahl und Art der Testreihen, die ein Wirkstoff durchlaufen muss, bis er als Bestandteil eines Medikaments verkauft werden darf, basiert auf Aushandlungsprozessen, die maßgeblich mit Diskursen, Machtverhältnissen und wissenschaftlichen Erkenntnissen zusammenhängen.

Für die Implementierung und damit für die Entwicklung von Innovationen zu Routinen zu Innovationen sind Organisationen entscheidend, wie Holtgrewe ausführt. Sie untersucht dafür in ihrer Studie ein *call center* und *open source software* und arbeitet heraus, dass in unterschiedlichen Organisationen unterschiedlich mit Routinen, Problemen und Innovationen umgegangen wird. So steht im *call center* die Problemlösung im Vordergrund, während sich die Routine als problematisch erweist (Holtgrewe 2006, 194f.), und im Fall der Entwicklung von *open source software* zeigt sich, dass sich in unterschiedlichen Hierarchiestufen kreatives Handeln verschieden ausbildet. Auf einer explizit organisationstheoretischen Ebene geht es stärker darum zu untersuchen, welche Rolle Kreativität innerhalb von Organisationen und Institutionen zukommt und welche Kontexte sich förderlich auf Kreativität auswirken. J. Rogers Hollingsworth und Ellen Jane Hollingsworth (2000) sowie Cornelia Koppetsch (2006a; 2006b) beschäftigen sich vor diesem Hintergrund mit Fragen, wie Innovationen in bestimmten Institutionen, etwa der Biomedizin, zustande kommen (Hollingsworth und Hollingsworth 2000) und welche Maßstäbe innerhalb solcher Organisationen angelegt werden, damit etwas oder jemand als kreativ gilt, wie bei Koppetsch die in der Werbebranche Tätigen (vgl. ausführl. Koppetsch 2006a). Für Cornelia Koppetsch ist Kreativität ein zentrales Element eines spezifischen Subjektideals (Koppetsch 2006b, 683). Im Fall der Werbeberufe unterscheidet sie drei Dimensionen, in denen Kreativität zum Tragen kommt. Zum ersten ist es eine für den Beruf wichtige Disposition, zum zweiten eine Kombination von Talent und Engagement, welche für das Subjektideal entscheidend ist, und zum

---

[49] Karl H. Müller (2000) weist in seinem Artikel *Wie Neues entsteht* darauf hin, dass Neues – bei ihm gleichbedeutend mit Kreativität – wissens- und beobachterabhängig ist. Wie bei Holtgrewe wird es relational verstanden und kann nur in Abgrenzung zu Bekanntem bestimmte Merkmale aufweisen, die als in einem bestimmten Wissensfeld und aus einer spezifischen Perspektive im Vergleich zum Alten neu sind.

dritten impliziert Kreativität den Bruch mit dem Gewohnten, welches ein Element auch des Lebensentwurfs und der Berufsbiographien der untersuchten Werber ist, so Koppetsch (Koppetsch 2006b, 684). Mit einem solchen differenzierten Verständnis leitet sie nun quasi über zu dem dritten Kreativitätsverständnis, das ich hier vorstelle.

3.4.3 Position 3: Kreativität als gesellschaftliche Anforderung

Kreativität als konstitutives Element eines Subjektideals zu verstehen ist das, was die von der poststrukturalistischen Subjekttheorie informierten Ansätze auszeichnet. Die Argumentationsfigur der poststrukturalistischen Subjekttheorie geht davon aus, dass Gesellschaftsmitglieder nicht als autonom handelnde Individuen zu verstehen sind, sondern als gesellschaftliche Subjekte. Das Wort Subjekt, vom lateinischen *subicere* abstammend, welches u.a. „unterordnend" (Langenscheidt-Redaktion 1983, 600) bedeutet, verweist schon aufgrund der Wortbedeutung auf das dahinter liegende Konzept: Der oder die Einzelne wird als sich unterordnend konzipiert. Worunter sie oder er sich unterwirft, ist von der Art der Subjekttheorie abhängig; die poststrukturalistische geht, an Michel Foucault anschließend, von einer Unterwerfung unter den hegemonialen Diskurs aus (vgl. z.B. Foucault 2003). Die Grundfigur dieses Arguments ist bei Louis Althusser (1977) zu finden, der mit dem Konzept der Anrufung, der *interpellation*, beschreibt, wie jeder Mensch vom ersten Moment des Lebens an gesellschaftlichen Strukturen, Rollenverständnissen und Wertvorstellungen unterworfen ist (Althusser 1977, v.a. 141 ff.). In einer Gesellschaft konkurrieren dabei zu bestimmten Zeiten verschiedene Diskurse miteinander um die Position als hegemonialer Diskurs, der die Subjekte über die von ihm geprägten Anforderungen maßgeblich hervorbringt. Kreativität wird aus einer solchen Perspektive nun als zentrale Anforderung des hegemonialen Diskurses an die Subjekte des beginnenden 21. Jahrhunderts und Gesellschaft aufgefasst. Aus einem anthropologischen *hat jedeR* wird in der Subjekttheorie ein *muss jedeR haben*, und, wie Ulrich Bröckling (2004) betont, das Haben wird mit dem Werden verbunden: „Kreativ ist man immer von Geburt an und wird doch sein Leben lang nicht fertig, es zu werden." (Bröckling 2004, 142) Ähnlich argumentiert Andreas Reckwitz (2008), wenn er davon spricht, dass Kreativität „ein Spiel [ist, ALM], an dem jeder teilhaben kann – und muss." (Reckwitz 2008, 235) Es handelt sich hierbei also um eine Perspektive, die den Fokus stärker auf den gesellschaftlichen Kontext legt, in dem Kreativität als Subjektanforderung zu sehen ist und in dem sich die Figur des und der Kreativen zu einem positiv besetzten Idealbild herausbildet. Reckwitz sieht die Figur des Kreativen dabei als Folge des Angestelltensubjekts, welches es in den 1980er Jahren als hegemoniale Subjektform ablöste und welches ihm nun als konstitutives Außen dient (Reckwitz 2006, 590). Für Reckwitz steht das Kreativsubjekt in der Tradition zweier Entwicklungen: Auf der einen Seite stehen die kulturellen Gegenbewegungen von 1790 bis 1970, in denen sich das „ästhetisch-expressiv[e] Subjek[t]" (Reckwitz 2008, 237) als verallgemeinerbare Figur mit entsprechenden Praktiken herausbildete, auf der anderen Seite eine sich im 20. Jahrhundert vollziehende Überlagerung von ästhetischen, ökonomischen und psychologischen Diskursen, in denen Kreativität einen hohen Stellenwert zugewiesen bekam. Damit beschreibt er eine gesellschaftliche Entwicklung, die als zentrales Element die bemerkenswerte Wandlung des Verständnisses von Kreativität von einem elitären zu einem egalitären Konzept beinhaltet: Im 18. und 19. Jahrhundert wird Kreativität als Fähigkeit von einigen wenigen Auserwählten verstanden, etwas zu (er)schaffen. Ein solches Verständnis war beispielsweise in der Romantik an die Tätigkeiten von KünstlerInnen geknüpft, sie stellten bezüglich der Kreativität die Elite dar. Im Verlauf des 20. Jahrhunderts vollzog sich eine Generalisierung und geradezu Demokratisierung des Kreativitäts-Konzepts: Es erhielt Einzug in die Bereiche der Ökonomie, der Psychologie und auch in das Alltagsleben und verlor so die Bindung an eine einzige, ausgewählte Gruppe in der Gesellschaft. Vielmehr breitete sich Kreativität als Kompetenz und Anforderung zunehmend in fast allen Bereichen der Gesellschaft aus (Reckwitz 2006, 588ff.). Am Beispiel des Kreativsubjekts, welches im ausgehenden 20. und beginnenden 21. Jahrhundert als „Normalform und zugleich als erstrebenswerte Form von Subjektivität" (Reckwitz 2008, 251) aufgefasst werden kann, zeigt sich, welche Wirkungen das Zusammenfallen von ästhetischen, ökonomischen und psychologischen Transformationsprozessen zeitigt. Mit dieser Etablierung des Kreativsubjekts als gesellschaftlichem Ideal geht einher, dass die ihm zugesprochenen Kompetenzen als gesellschaftliche Anforderungen konzipiert werden – kreativ zu sein wird zur Norm.[50]

Aus dieser Perspektive erscheint das massenhafte Auftauchen des Wortes kreativ in Zusammenhängen von Arbeit, Freizeit, Partnerschaft oder Wohnen nur folgerichtig: Die BesitzerInnen von Blumenläden unterliegen genauso diesem Subjektideal wie die der Yoga-Schulen und Friseurläden, aber auch die Beziehungsgestaltung wird kreativ, wie eine kurze Recherche im Internet oder ein offener Blick am Wohnort oder im Buchladen zeigt.[51] Die Argumentationsfigur der poststrukturalistischen Subjekttheorie beinhaltet allerdings noch zwei weitere Elemente: das konstitutive Außen und alternative Subjektformen. Ist für Reckwitz das Angestelltensubjekt das konstitutive Außen des Kreativsubjekts, so sind es für die von Ray und Anderson (2001) beschriebenen *cultural creatives* die *traditionalists* und die *modernists*, während es für Florida (2004) wohl die Angehörigen der *service class* wären. Kreativität ist auch hier ein relationaler Be-

---

[50] Vgl. dazu auch ausführlich Reckwitz (2012).
[51] Nicht zu vergessen, dass auch die wissenschaftliche Beschäftigung mit Kreativität, wie es beispielsweise die vorliegende Arbeit darstellt, die Position des Diskurses noch verstärkt.

griff, da die Bestimmung dessen, was kreativ ist, erst in Abgrenzung zu dem, was als nicht-kreativ verstanden wird, sichtbar wird. Die hegemoniale Subjektform läuft dabei immer Gefahr, zur Beliebigkeit zu verkommen und nicht mehr abgrenzbar zu sein, also die Beziehung zum konstitutiven Anderen zu verlieren; es kommt zur „serielle[n] Einzigartigkeit" (Bröckling 2004, 143). Ist die *Ray Ban*-Brille mit breitem schwarzem Rand noch Ausdruck von individueller Kreativität oder schon Mainstream und angestrengtes Kreativ-weil-es-sein-muss? Um vor dieser Beliebigkeit zu schützen, vollziehen sich über den Diskurs Mechanismen, die das Gelingen der Subjektkonstitution, ihre Authentizität, beurteilen und gegebenenfalls sanktionieren; gleichzeitig entstehen aber in der Reaktion auf das je hegemoniale Subjekt auch subversive Subjektformen, die die Norm explizit oder akzidentiell unterlaufen.[52] Welche diese alternativen Formen zum Kreativsubjekt sein können, ist zu untersuchen; bleibt man in der Argumentation einer poststrukturalistischen Subjekttheorie, so sind wiederum auch diese alternativen Formen auf das Kreativsubjekt, diesmal als ihr konstitutives Außen, angewiesen.

Es wird deutlich, dass eine derartige Subjekttheorie nicht so sehr mit dem, was Kreativität ist, als vielmehr mit den Wirkungen, die die Positionierung dieser Kompetenz als Kernbestandteil des hegemonialen Diskurses aufweist, befasst ist: Kreativität wird als Anforderung verstanden, der innerhalb einer Gesellschaft ein hoher Stellenwert zukommt. Es ist diese Perspektive, die es möglich macht, die sehr unterschiedlichen theoretischen Konzepte des Kreativsubjekts und der *creative class* zusammen zu bringen. Auch bei Florida geht es um Kreativität als Kompetenz, welche innerhalb bestimmter gesellschaftlicher Konstellationen – wie etwa der westlich-industrialisierten Staaten – im Verlauf der vergangenen Jahrzehnte deutlich an Bedeutung gewonnen hat.[53] Beiden Ansätzen ist zudem zu eigen, dass sie die Veränderungen als Prozess beschreiben, der sich über einen vergleichbaren Zeitraum erstreckt und grundsätzlich ähnliche Elemente beinhaltet, wie etwa die technologischen Innovationen, die steigende Bedeutung von Wissen oder die Rolle der kulturellen Gegenbewegungen. Der Erklärungsansatz ist jedoch ein anderer; Florida verweist nicht auf das Zusammenspiel verschiedener Diskurse, sondern auf individuelle, ökonomische und gesellschaftliche Transformationsprozesse, die eine Veränderung bezüglich Fähigkeiten und Werten bewirken.

Die Tatsache, dass sich auf diesen unterschiedlichen theoretischen Ebenen in vielfältiger Weise mit Kreativität auseinander gesetzt wird, bestätigt die Vermu-

---

[52] Judith Butler beschreibt in ihren Arbeiten ausführlich, wie das subversive Umdeuten von Subjektformen und Idealbildern aktiv genutzt werden kann, um Subjektpositionen im Diskurs neu auszuhandeln (vgl. dazu Butler 2001; A.-L. Müller 2009).

[53] Florida beschreibt anhand seiner auf statistischen Daten beruhenden Analysen ein Wachsen der *creative class* in den USA seit 1900, identifiziert für das exponentielle Wachstum aber die Zeit seit den 1980er Jahren (Florida 2004, 73; 75).

tung, dass Kreativität als eine analytische Kategorie betrachtet werden kann. Kreativität ist nicht nur ein Randphänomen, sondern stellt derzeit ein wichtiges soziologisches Thema dar. Als Kategorie erfüllt sie den Zweck, strukturelle Vergleiche vornehmen zu können, um zu beurteilen, wie jeweils mit Kreativität umgegangen und als was sie begriffen wird. Drei mögliche Perspektiven wurden oben skizziert. Kreativität hat Potential, sich als eigene Kategorie zu etablieren, wobei Folgendes zu berücksichtigen ist: Stärker noch als bei der Verwendung anderer soziologischer Kategorien wie z.B. Gesellschaft oder Akteur muss eine Selbstreflexion des Forschers stattfinden, damit vermieden wird, dass eigenen Vorstellungen sich mit der Analyse vermischen. Zudem ist, jedenfalls derzeit, Kreativität stark positiv konnotiert und damit normativ geprägt; dies ist strukturell ähnlich wie die Tatsache, dass die soziologische Kategorie der Klasse in der deutschen Wissenschaft jahrzehntelang derart negativ konnotiert war, dass sie kaum benutzt werden durfte. Dies muss also reflektiert und in der wissenschaftlichen Auseinandersetzung mit diesem Phänomen berücksichtigt werden.

4 Die *creative cities* entstehen

Die beschriebenen gesellschaftlichen Veränderungen und die starke Fokussierung von Kreativität in den unterschiedlichen Bereichen der Gesellschaft rücken nun die Stadt als Ort dieser Transformationen in den Blick. Städte werden im Zuge des Diskurses um Kreativität zunehmend auch als kreativ bezeichnet, wobei zwischen Selbst- und Fremdzuschreibungen dieses Attributs unterschieden werden muss. Eine Selbstbeschreibung wird in der Regel durch die jeweilige Stadtplanung vorgenommen; besonders häufig treten diese Stadtbeschreibungen derzeit in den westlich-industrialisierten Gesellschaften Nordamerikas und Europas auf, dort findet auch die Mehrheit der (wissenschaftlichen) Auseinandersetzung mit diesem Phänomen statt. Gemeinsam ist den Beispielen der wissenschaftlichen Auseinandersetzung, also den Fremdzuschreibungen, dass sie ein recht diffuses Bild dessen entwerfen, was als kreative Stadt bezeichnet wird.

Insgesamt lassen sich drei Felder unterscheiden, in denen die *creative cities* diskutiert werden: (1) die Stadtforschung, (2) die politische (Stadt-)Planung sowie (3) das Feuilleton und der populärwissenschaftliche Diskurs.[54] In allen Bereichen dient Richard Florida als zentrale Referenz und Figur, an dem positive und negative Kritik ansetzen. Ich fokussiere hier das erste Feld, die Stadtforschung, um die unterschiedlichen Perspektiven der wissenschaftlichen Auseinandersetzung mit den *creative cities* und das Spektrum der Themen vorzustellen, die darin verhandelt werden.

4.1 Die ungehörten Anfänge: Kreativität als Zukunft der Großstadt

Macht man sich auf die Suche nach den Anfängen der *creative city*-Idee, stößt man – hoffentlich – nach einiger Zeit auf das Buch des schwedischen Regionalplaners Åke Andersson, *Kreativitet. Storstadens Framtid* (Andersson 1985), zu deutsch zu übersetzen mit *Kreativität. Die Zukunft der Metropole*. Andersson

---

[54] So erschien beispielsweise 2002 in der *New York Times* ein Artikel zu *Creative Cities and Their New Elite* (Eakin 2002) und das Wochenmagazin *Der Spiegel* titelte in der Ausgabe 34/2007 *Europas Coole Städte*. Richard Florida (2011) selbst nimmt an der öffentlichen Diskussion um Stadtentwicklung teil, und gesellschaftspolitische Einrichtungen beschäftigen sich ebenfalls mit der Debatte um kreative Städte (vgl. z.B. *Kreativen:Wirkung. Urbane Kultur, Wissensökonomie und Stadtpolitik* 2008).

nimmt zunächst – und darin Weber (1999 [1920/21]) nicht unähnlich – eine Historisierung der Bedeutung von Städten in spezifischen ökonomischen und gesellschaftlichen Zusammenhängen vor und untersucht am Beispiel der Stadt Stockholm, welche Rolle Wissenschaft und Kreativität für eine Stadt spielen, die sich in einer nach-industriellen Gesellschaft entwickelt. Kreativität setzt für Andersson die Fähigkeit voraus, Wissen und Kompetenz so zu kombinieren, dass etwas Neues entsteht (Andersson 1985, 111). Kreativität sei damit immer ein dynamisches Konzept, da es Veränderung impliziere (Andersson 1985, 79). Indem Andersson auf Ergebnisse aus verschiedenen wissenschaftlichen Untersuchungen zum kreativen Handeln zurückgreift, entwickelt er ein komplexes Kreativitätsverständnis und hebt die Bedeutung der Sozialisation für die Ausbildung und Anwendung kreativer Handlungsformen hervor – dies impliziert, dass durch eine spezifische, Kreativität nicht fördernde Sozialisation diese entsprechend wenig ausgeprägt sei und angewendet werde (Andersson 1985, 103ff.).

Auf der Basis dieser Begriffsbestimmung wird Anderssons eigene Untersuchung von der Frage geleitet, „ob es bestimmte regionale Milieus gibt, die mehr als andere durch Synergien und Unterstützung der Motivation für eine schaffende Tätigkeit kreative Prozesse stimulieren" (Andersson 1985, 111, Übers. ALM). Ebenfalls mithilfe einer historischen Analyse zeigt er u.a. anhand von Florenz und Wien die Tradition von Städten als kreative Zentren. New York und die San Francisco Bay gelten ihm als entsprechende Beispiele der zweiten Hälfte des 20. Jahrhunderts. Indem er Veränderungen in der industriellen Struktur Schwedens beschreibt, knüpft er an das an, was ich als Entwicklungen hin zu postindustriellen oder Wissensgesellschaften beschrieben habe. Insbesondere die Informationstechnologie verändert seiner Ansicht nach die Bedeutung von Kreativität in der Gesellschaft (Andersson 1985, 144). Beinhaltet Kreativität immer auch ein Moment der Instabilität, da sie bestehende Strukturen und Wissensformen durch die Entdeckung von Neuem in Frage stellt, wirkt sie für gesellschaftliche Strukturen potentiell gefährlich und werde daher, so Andersson, häufig nicht gefördert (Andersson 1985, 106). Im Kontext von sich verändernden Industrien, die den Fokus weniger auf Verarbeitung und die Produktion von materiellen Gütern legen, sondern in denen die Produktion von Wissen und wissensbasierten Technologien im Vordergrund steht, ist die Instabilität dagegen ein konstitutives Moment. Hinzu komme, dass die Bedeutung von (akademischem) Wissen steigt, wie sich an der wachsenden Zahl von Universitäten zeige. Dies ist nun der Moment, an dem Großstadtregionen wichtig werden: Sie sind die Orte dieser Universitäten und Ausbildungsstellen (Andersson 1985, 160).

Anderssons Analyse stellt ein Beispiel für auch später noch verbreiteten Arbeiten dar, die Kreativität als menschliche Fähigkeit verstehen, Innovationen hervorzubringen. Er kontextualisiert die Bedeutung dieser Fähigkeit mit der Entwicklung hin zu einer Wissensgesellschaft und arbeitet die Relevanz von Großstadtregionen als Kompetenzvermittlungszentren heraus: Sie sind die Orte, an denen beispielsweise in Universitäten die Kompetenzen vermittelt werden, die zur produktiven Anwendung der Kreativität nötig sind. Im Zuge der Veränderungen der gesellschaftlichen Strukturen findet auch eine zunehmende Wertschätzung von Kreativität statt – nicht zuletzt als Grundlage für weiterhin steigende ökonomische Prosperität innerhalb der Informationstechnologien. Großstadtregionen spielen in einer zweiten Hinsicht schließlich auch eine Rolle als Orte der Unternehmen, die diese Technologien erforschen und auf den Markt bringen. Anderssons Perspektive ist eine explizit regionale, da er nicht nur Großstädte, sondern auch das an sie angrenzende Umland in seine Überlegungen integriert. Dabei kommt den Städten insofern eine besondere Bedeutung zu, als sie konstitutiv für die wirtschaftliche und soziale Bedeutung der Region sind. In Städten befinden sich in der Regel die Universitäten, an denen die notwendigen Kompetenzen vermittelt werden, und dort sind die Verkehrsknotenpunkte, die Konnektivität zwischen Unternehmen ermöglichen.

4.2 *Creative centers* statt *Nerdistan*

Während Andersson die Bedeutung von Kreativität für veränderte ökonomische Anforderungen beschreibt und Großstadtregionen eine Bedeutung als Orte dieser neuen Industrien zuspricht, erweitert Richard Florida den Blick auf die Interdependenzen von Kreativität und Stadt. Aufbauend auf seiner Theorie der *creative class* fragt er nach den räumlichen Besonderheiten, die die Veränderung der Lebens-, Arbeits- und Wertvorstellungen mit sich bringen. Nachdem er sich in verschiedenen Artikeln mit einer solchen *geography of talent* befasst hatte (2002b; 2002a) präsentierte er in seinem 2005 erschienenen Buch *Cities and the Creative Class* eine kohärente Darstellung des Zusammenhangs von Geographie und *creative class*. Florida kommt zu dem Ergebnis, dass bestimmte Städte, oft Metropolen, attraktiv sind für die Angehörigen der *creative class*, und diese Städte verfügten über die *3 T*: *technology*, *talent* und *tolerance* (Florida 2005, 37). Ersteres meint das Vorhandensein einer Infrastruktur, die das Schaffen von Neuem möglich macht, zweiteres bezeichnet die Existenz von gut ausgebildeten Menschen, die schon in dieser Stadt leben – das macht es z.B. für Unternehmen attraktiver, sich an dem Ort niederzulassen und ArbeitnehmerInnen anzuwerben. Der dritte Punkt bezeichnet eine Grundstimmung oder Atmosphäre in der Stadt, die andere Lebensstile toleriert; als Indikator wird von Florida beispielsweise mit dem sogenannten *gay index* die Anzahl der in der Stadt lebenden Homosexuellen gemessen, denn Homosexuelle „can be thought of as *canaries* of the creative economy, and serve as a strong signal of a diverse, progressive environment" (Florida 2005, 131). Schon in *The Rise of the Creative Class* hob Florida die Bedeutung von Räumen und Orten hervor, und seine dort vorgenommene Beschreibung der entscheidenden Merkmale für attraktive Orte verdeutlicht besser als die Schlagworte *3 T*, was gemeint ist. Es geht, wiederum programmatisch in handlichen Phrasen verpackt, um *what's there*, *who's there* und *what's going on* (Florida 2004, 232). Damit umschreibt er sowohl die materiellen – geographischen und infrastrukturellen – Voraussetzungen, die an einem Ort vorhanden sind (*what's there*), als auch die Art der Zusammensetzung der Bevölkerung (*who's there*) und die Interaktionen an diesem Ort (*what's going on*) (ebd.).[55]

Aber auch bei der Frage, ob und an welchen Orten sich die *creative class* versammelt, ist die Grundannahme eine ökonomische: Florida greift zurück auf die unter WissenschaftlerInnen der Ökonomie und Geographie verbreitete Annahme, dass wirtschaftlicher Wachstum eine regionale Dimension hat, sowie auf die Humankapitaltheorie, die Wachstum dort verortet, wo gut ausgebildete Arbeitskräfte zur Verfügung stehen (Florida 2004, 221ff.), so dass auch in Zeiten der Globalisierung Orte und Regionen wichtig blieben. Diese Ausgangspunkte führen Florida zu der Frage, warum sich an bestimmten Orten Unternehmen und Arbeitskräfte in überdurchschnittlich hoher Zahl finden – warum es *cluster* gibt.[56] Eine Antwort findet Florida in der Qualität dieser Orte, die sich durch die beschriebenen Merkmale auszeichneten. Dadurch wird ein Kreislauf in Bewegung gesetzt: Die *3T* müssen vorhanden sein, damit sich Unternehmen und Arbeitskräfte ansiedeln, und ihre Existenz ist wiederum Voraussetzung für die weitergehende *cluster*-Bildung, da sie dazu beitragen, die Infrastruktur, das Talent und die Atmosphäre vor Ort zu halten. Sind diese Anforderungen erfüllt, findet ein Zuwachs der *creative class* statt und die Städte sind demzufolge als *creative cities* zu bezeichnen, so Florida. Damit bezieht sich das Attribut kreativ nicht so sehr auf die Städte selbst, sondern vielmehr auf die Merkmale der ansässigen Bevölkerung. Es handelt sich also um Städte der Kreativen und nicht um Städte, die quasi selbst als Subjekte kreativ handeln. Gleichwohl muss man sagen, dass die Städte mit ihren spezifischen, in den *3 T* manifestierten Merkmalen einen maßgeblichen Anteil an einer derartigen Attribuierung haben – die Städte sind nach dieser Konzeption also genau dann kreativ, wenn sie diese drei spezifischen Merkmale aufweisen und wenn sie darin erfolgreich sind, für Angehörige der *creative class* attraktiv zu sein.

Dass eine solche Sicht problematisch ist, wird besonders an einem der drei Faktoren deutlich: der toleranten Atmosphäre. Die Darstellung der Ergebnisse mithilfe von Indizes wie dem *gay index*, für Florida „a reasonable proxy for an

---

[55] Im anschließenden Kapitel 4 wird deutlich werden, dass Florida damit genau die Aspekte hervorhebt, die für Martina Löw (2001) für die Konstitution von Raum wichtig sind: Orte als geographische Markierungen, Dinge und Menschen als interagierende Akteure, die an einem Ort einen Raum konstituieren. Aus einer raumtheoretischen Perspektive konzipiert Florida die kreative Stadt daher als einen kreativen Raum an einem spezifischen Ort.

[56] Florida hat die Unternehmen im Blick, die den Arbeitsfeldern der *creative class* zugeordnet werden können. Ob ein solches Argument für Unternehmen und Beschäftigte in der verarbeitenden Industrie ebenso funktionieren würde, bleibt dahin gestellt.

area's openness to different kinds of people and ideas" (Florida 2004, 244f.), mag manche dazu verleiten, derartige ‚weiche' Standortfaktoren als ähnlich planbar wie technologische Infrastrukturen und damit als Arbeitsfeld für StadtplanerInnen zu verstehen. Eine sozial und kulturell durchmischte Bevölkerung wird dann als von außen herstellbar verstanden und als Schlüssel zum auch wirtschaftlichen Erfolg einer Stadt betrachtet. An diesem Punkt zeigt sich, dass Florida mit seiner Theorie wichtige Fragen der Stadtplanung berührt.

Jane Jacobs, die zentrale stadtwissenschaftliche Referenz für Florida, versteht ebenso wie er Diversität als Voraussetzung und Motor eines funktionierenden Stadtlebens, welche aber gerade durch ihren eigenen Erfolg in Gefahr gerät:

> *First, we must understand that self-destruction of diversity is caused by success, not by failure. Second, we must understand that the process is a continuation of the same economic processes that led to the success itself, and were indispensable to it. (Jacobs 1992, 251)*

Diversität entstehe an Orten einer Stadt, in denen ökonomische Investition möglich und attraktiv, d.h. perspektivisch erfolgversprechend, ist. Im Verlauf des stetig steigenden ökonomischen Erfolges wird altes Überflüssiges durch neues Anderes ersetzt: „Sameness is being subtracted at the same time diversity is being added." (Jacobs 1992, 251) Dies schließt die Umnutzung alter Gebäude ebenso ein wie die veränderte Nutzung von Geschäften – ein Café statt dem fünften Elektrogeschäft, ein Waschsalon statt einem von drei Schnellimbissen. Sobald aber Gleiches mit Gleichem konkurriert – das neue Café mit dem einzigen alten, das es gibt – beginnt, so Jacobs, ein allmählicher Niedergang, sofern die Entwicklung stadtplanerisch nicht reflektiert wird (Jacobs 1992, z.B. 252). Jacobs fordert von der Stadtplanung die Entwicklung von Städten, welche „congenial places for this great range of unofficial plans, ideas and opportunities" (Jacobs 1992, 241) sein sollen und schlägt eine Zonierung vor: „the point is to ensure that changes or replacements, as they do occur, cannot be overwhelmingly of one kind." (Jacobs 1992, 253) Für Jacobs ist die bauliche und ökonomische Diversität in Stadtvierteln eine Grundvoraussetzung dafür, dass einer heterogenen Bevölkerung die Möglichkeit gegeben wird, dort zu leben – und dies wiederum ist für sie eine Bedingung für das Überleben von Städten.[57]

Florida geht es mit dem für Städte wichtigen Faktor *tolerance* an dieser Stelle seines Konzepts dagegen weniger um die konkreten Ausgestaltungen dessen, was Diversität hervorbringen könnte. Für ihn zählt die quantitativ messbare Unterschiedlichkeit von Menschen – sei es bezüglich Geschlecht, Herkunft, Ausbildung oder sexueller Orientierung – die sich an einem Ort aufhalten, denn seiner

---

[57] Nicht umsonst heißt ihr Buch *The Death and Life of Great American Cities* – und der Tod für Städte ist ihrer Ansicht nach eine alle Belange betreffende Homogenität; in dieser Weise unterscheiden sich Städte deutlich von *suburbs* (Jacobs 1992, z.B. 196).

Ansicht nach ist dies ein Ausdruck einer Atmosphäre, die verschiedene Lebenskonzepte zulässt (Florida 2004, 256). Später heißt es bei ihm: „the theory is that people in technology businesses are drawn to places known for diversity of thought and open-mindedness" (Florida 2005, 139). Der Bezug zu Jacobs ist mittelbar: Während es bei ihr an prominenter Stelle um die heterogene, d.h. diverse, Materialität und Ökonomie der Städte geht, betont Florida zwar ebenso wie sie die Bedeutung von Mischnutzung in Stadtvierteln, aber Diversität sei insbesondere bezüglich sozialstruktureller Dimensionen wichtig: Soziale und ethnische Herkunft, Einkommen, Lebensstile oder sexuelle Orientierung werden genannt (Florida 2005, 169). Während diese für Jacobs mittelbare Konsequenzen einer materiell heterogenen räumlichen Umgebung sind, sind sie bei Florida die Voraussetzungen auch für die materiell heterogene Gestaltung des Viertels. Das Argument ist bei beiden anders aufgebaut, beinhaltet aber dieselben Elemente. In raumtheoretischer Hinsicht spielt dies allerdings keine Rolle, denn, wie ich später mithilfe von Löws *Raumsoziologie* (2001) zeige, wird der (kreative) Raum mithilfe der materiellen Objekte und der Relationen zwischen Subjekten und zwischen Subjekten und Objekten konstituiert, und für diesen Prozess ist es ab einem gewissen Punkt der Entwicklung irrelevant, was als erstes vorhanden war.

Die Beschreibung der Zusammenhänge zwischen bestimmten Bevölkerungsgruppen und Orten, die Florida zunächst einmal ohne Bewertung vornimmt, ist aus stadtsoziologischer Perspektive interessant und überzeugend.[58] Auf der Basis eines *creativity index* berechnet Florida die Orte in den USA, die die „leader in creativity" (Florida 2004, 245) sind; auf den ersten Plätzen liegen Washington, D.C. (Platz 1), Raleigh-Durham (2), Boston (3), Austin (4) und San Francisco (5). Diese Orte, die Florida an anderer Stelle *creative centers* nennt (Florida 2005, 35), können als Prototypen dessen gelten, was unter *creative cities* zu verstehen ist, wenn man sich auf Florida beruft: Der Anteil der *creative class* an den Arbeitskräften ist hoch, ebenso wie die Bedeutung der Hochtechnologie-Unternehmen für die regionale Wirtschaftsleistung und eine Diversität honorierende Atmosphäre. Interessant ist seine Unterscheidung zwischen „Nerdistans" und „Creative Centers" (Florida 2005, 44): Beide weisen ähnliche Werte für Technologie, Talent und Toleranz auf, allerdings ist ihr räumliches Setting ein anderes. Erstere sind „fast growing regions like Silicon Valley", während letztere „large urban centers, such as San Francisco," (ebd.) sind. Anders als häufig interpretiert scheint es also nicht alleine darum zu gehen, dass an einem Ort talentierte Menschen, High-Tech-Unternehmen und eine tolerante Atmosphäre herrschen; ein spezifisches räumliches Arrangement mit urbanen Qualitäten, „de-

---

[58] Florida arbeitet anhand seines Datenmaterials nicht nur die Orte heraus, an denen eine hohe Konzentration der *creative class* zu finden ist, sondern auch die Orte der *working class* und der *service class* (Florida 2004, 236–243).

sirable places to live and work" (ebd.), ist die Grundvoraussetzung dafür, dass an einem Ort eine *kreative* Stadt entstehen kann.

Interessant ist, dass man in William H. Whytes Beschreibung der *organization men* – von denen die *creative class* nach Floridas Analyse die Leistungsorientierung übernommen hat – eine ähnliche Beziehung zwischen wirtschaftlichen, kulturellen und räumlichen Aspekten findet: Whyte verortet die *organization men* in den US-amerikanischen Vororten (Whyte 1957, Kap. VII). Ihr Leben in *suburbia* steht dem Leben der *creative class* in urbanen Räumen gegenüber, in denen sich die Verschränkung von Arbeiten und Leben auch räumlich ausdrückt. Für stadtsoziologische Untersuchungen ist demnach hervorzuheben, dass es Florida um die Identifikation von Orten geht, an denen sich die *creative class* ansiedelt. Eine Stadt ist kreativ, wenn eine kritische Masse an Angehörigen der *creative class* in einem urbanen Raum lebt, und sie tun dies, wenn spezifische Faktoren erfüllt sind (Talent, Toleranz, Technologie). Diese Faktoren können allerdings auch an anderen Orten erfüllt sein, Silicon Valley ist dafür ein gutes Beispiel, aber wenn sie keine urbanen Räume darstellen, sind sie für Florida keine kreativen Zentren. In gewisser Weise handelt es sich dabei also um einen Zirkelschluss, und nicht umsonst heißt Floridas Buch *Cities and the Creative Class* und nicht *Creative Cities*.

Ich möchte Floridas Vorgehen eine Bestandsaufnahme nennen, denn es geht ihm um die Identifikation von bestimmten förderlichen Standortfaktoren – Faktoren, die einen Wettbewerbsvorteil für eine Stadt darstellen sollen, und der Wettbewerb ist letztlich ökonomisch, da es um die Unternehmen geht, von denen angenommen wird, dass sie zukünftig einen maßgeblichen Anteil an der Wirtschaftsleistung einer Stadt ausmachen werden. Eine Arbeitswelt, deren Transformation sich bis in das Freizeit- und Privatleben der Menschen auswirkt und veränderte kulturelle und soziale Lebenszusammenhänge hervorruft, ist ein schon mehrfach von SozialwissenschaftlerInnen beschriebenes Phänomen. Auch der Frage, wie sich die Veränderungen im Arbeits- und Privatleben sozialräumlich auswirken, ist keine neue Frage – aber sie wird von Florida in ihrer Bedeutung stärker hervorgehoben, als es andere vor ihm getan haben, gerade auch über sein politisch-beratendes Engagement.

Für Davide Ponzini und Ugo Rossi (2010) ist die *creative city* als Teil eines neoliberalen Stadtplanungsdiskurses zu verstehen, innerhalb dessen die *creative class* als neuer Akteur eingeführt wird.[59] Floridas Konzept der *creative class* stellt für die Autoren „an example of typically post-modern intellectual technology" (Ponzini und Rossi 2010, 1041) dar, und sie kritisieren deutlich die Schwächen des Florida'schen Ansatzes, welche sie vor allem in der Konzeption und Verwendung soziologischer Kategorien sowie in der fehlenden Klarheit des

---

[59] In ein ähnliche Richtung argumentiert auch Jamie Peck (2005) in seinem Aufsatz *Struggling with the Creative Class*, in dem er Kreativität als neuen urbanen Imperativ beschreibt.

Kreativitätsbegriffs sehen (Ponzini und Rossi 2010, 1041f.). Zu kontextualisieren sei die Entstehung des Konzepts der kreativen Stadt mit einer grundsätzlichen Kulturalisierung der Stadtpolitik, deren Anfang die Autoren auf den Beginn der 1980er Jahre datieren (Ponzini und Rossi 2010, 1039). Mit *intellectual technology* beschreiben sie die Tatsache, dass Floridas Theorie nicht nur eine akademische ist, sondern von politisch Verantwortlichen und StadtplanerInnen bewusst im planerischen Kontext eingesetzt wird. Damit stehen Ponzini und Rossi nicht alleine dar, und sie beschreiben die spezifischen Merkmale der Theorie recht gut. Nichtsdestotrotz weist sie meiner Ansicht nach auch eine wissenschaftliche Seite auf, indem sie einen Erklärungsansatz für aktuelle städtische Transformationsprozesse beschreibt, der es wert ist, nachgezeichnet zu werden. Allen J. Scott (2006) weist darauf hin, dass Floridas Theorie „at best a rather one-sided view of actual trends and latent possibilities in urban development patterns" (Scott 2006, 15) sei, die wichtige Aspekte wie ökonomische, soziale und politische Ungleichheiten aber außen vor lasse. Dem stimme ich zu, betrachte es aber als bedeutsam, die Florida'sche Theorie und ihre Effekte auf städtische Zusammenhänge zu untersuchen, um sich so den Transformationsprozessen zu nähern. Unbenommen ist, dass sie Blindstellen aufweist und bestimmte Aspekte stärker fokussiert als andere, doch dies tut ihrem Einfluss auf urbane Entwicklungen keinen Abbruch, wenngleich möglicherweise ihrer Erklärungskraft für diese Transformationen.

Unbeantwortet bleiben muss in der Florida'schen Argumentation die Frage nach dem Beginn einer *creative city*: Welchen Grund gibt es im ersten Moment – sowohl für Unternehmen als auch für die Angehörigen der *creative class* – sich für einen bestimmten Ort zu entscheiden? Dies ist der Punkt, der Floridas Theorie zum einen so attraktiv für StadtplanerInnen macht, zum anderen aber auch zu deutlicher Kritik führt. Die Formulierung von *technology*, *talent* und *tolerance* interpretieren VertreterInnen der politischen Stadtplanung häufig als erfolgsbringende Faktoren der Stadtentwicklung. Eine Stadt wird kreativ und damit ökonomisch erfolgreich – denn darauf basiert Floridas Argument – wenn sie diese drei Aspekte aufweisen kann. Diese Form der zielgenauen Planung wird von verschiedener Seite kritisiert. So bezweifelt Scott (2006) nicht nur die Möglichkeit, Kreativität mithilfe einer bestimmten Gruppe von Menschen in eine Stadt zu „importieren" (Scott 2006, 15, Übers. ALM), sondern auch, diese Menschen über bestimmte politische Strategien in der jeweiligen Stadt zu halten (Scott 2006, 11) und ihre Anwesenheit zu einem nachhaltig wirksamen Standortfaktor zu machen. Ähnlich argumentiert auch Gert-Jan Hospers (2008), der die Möglichkeit der Konstruktion von kreativen Städten „from the ground up" (Hospers 2008, 366) bezweifelt. Er differenziert grundsätzlich zwischen verschiedenen Typen der kreativen Stadt, die sich darin unterscheiden, dass Kreativität auf unterschiedliche Weise konzeptionalisiert und planerisch umgesetzt wird (vgl. dazu Hospers 2003a; 2008). Damit öffnet er auf der Basis von historisch informierten Studien das Feld der *creative cities* und zeigt, welche verschiedenen

Phänomene darunter gefasst werden können. Er arbeitet unterschiedliche Ansätze der Stadtplanung heraus, die versuchen, Kreativität in städtische Kontexte zu implementieren; und hier trifft er sich inhaltlich wieder mit Floridas Arbeiten, insofern sie stadtplanerische Implikationen aufweisen. Diese beinhalten Wege, wie eine Stadt attraktiv für Talentierte – hier gemeint als bezüglich Kreativität talentiert – werden könne: Eine spezifische Infrastruktur müsse hergestellt werden, und dabei könnten sich die PlanerInnen an Universitäten orientieren, denn in ihnen seien schon seit langer Zeit „environments conducive to talented and creative people" (Florida 2005, 154) entstanden. Dies verweist auf eine modifizierte Planungsform, die für die *creative cities* wichtig wird, das *Triple Helix*-Konzept, auf das ich in Kapitel 11 zu sprechen komme.

Für die Stadtsoziologie ist abschließend interessant, dass Florida Städte als den spezifischen Lebensraum der kreativen Klasse ausmacht. Auch hier geht es aber letztlich darum, das als gesellschaftliches Leitbild formulierte Konzept der Kreativität für Städte nutzbar zu machen und weniger darum, die sich real ausbildenden Merkmale solcher Städte zu untersuchen.

4.3 Kreativ sind die StadtplanerInnen

Eine weitere wichtige Figur in der Diskussion der *creative cities* ist der Brite Charles Landry, der seit den 1990er Jahren über die kreative Stadt schreibt (vgl. exempl. Bianchini und Landry 1994; Landry und Bianchini 1995). Einem größeren Kreis bekannt wurde er allerdings erst, nachdem Richard Florida sein Buch zur *creative class* veröffentlicht hatte und die Öffentlichkeit zunehmend auf dieses Thema aufmerksam wurde. Mit *The Creative City. A Toolkit for Urban Innovators* öffnet Landry eine weitere Perspektive auf die kreative Stadt: Hier sind es die StadtplanerInnen, die durch innovative und also kreative Planungsarbeit die Städte zu kreativen machen – beispielsweise, indem sie neue Formen der städtischen Regeneration entwickeln (Landry 2008, z.B. 4). Aufbauend auf einem Kreativitätsbegriff, der eine enge Verbindung zwischen Kultur (verstanden als Alltags- und Hochkultur) und Kreativität herstellt und Kreativität als Voraussetzung für Innovation versteht (Landry 2008, 15), betrachtet er Städte als kreativ, wenn ihre lokalspezifischen kulturellen Eigenarten von den StadtplanerInnen auf eine innovative Weise eingesetzt werden, um eine ökologisch nachhaltige und sozial gerechte Stadt bei gleichzeitiger ökonomischer Prosperität herzustellen (Landry 2008, 7–11). Die Betonung einer solchen *Eigenlogik der Städte*, wie Helmuth Berking und Martina Löw (2008) es nennen würden, ist das herausragende Merkmale dieses Ansatzes: Aufgabe der StadtplanerInnen ist es, auf der Basis dieser Eigenlogik die Stadt trotz weltweit ähnlich verlaufender Transformationsprozesse wiedererkennbar zu machen. Dabei sind es nicht zuletzt „creative solutions" (Landry 2008, 27), die die StadtplanerInnen anzuwenden haben.

Landrys Perspektive auf das, was Stadt ist, ist eine hier bislang noch nicht vorgestellte: „Cities are brands and they need glamour, style and fizz." (Landry 2008, 31) Ein solches Verständnis von Städten beinhaltet ökonomisch informierte Argumente – so erscheint die Betonung der Wiedererkennbarkeit einer Stadt gleich in einem anderen Licht. Die Stadt als ein zeit-räumlich gewachsenes Gefüge gilt es zu modellieren und das Vorhandene als Ressource zu nutzen. Kultur – sowohl Materielles als auch Soziales beinhaltend – ist dabei der Überbegriff für diese Ressourcen:

> Culture is the panoply of resources that show that a place is unique and distinctive. The resources of the past can help to inspire and give confidence for the future. Even cultural heritage is reinvented daily whether this be a refurbished building or an adaptation of an old skill for modern times: today's classic was yesterday's innovation. Creativity is not only about a continuous invention of the new, but also how to deal appropriately with the old. (Landry 2008, 7)

Auch hier liegt der Fokus auf der kreativen Handhabung der Vergangenheit durch die StadtplanerInnen. Folgerichtig formuliert Landry eine kreative Stadt als eine, die bestimmte Voraussetzungen erfüllt, zu denen die kreativ handelnden StadtplanerInnen, Führungskompetenzen, entsprechender Veränderungswille gehören, aber auch Vergleichbares zu dem, was Florida als *3 T* konzeptualisiert: „human diversity and access to varied talent" (Landry 2008, 105) – bei Florida *tolerance* und *talent* – sowie „urban spaces and facilities" (ebd.) – bei Florida *technologies*. Sehr viel stärker als bei Florida geht es hier um die Gestaltung der kreativen Stadt mit dem Willen, sie zu einer solchen zu machen. Landry geht es nicht darum, gesellschaftliche Veränderungen und ihre räumlichen Konsequenzen zu identifizieren und zu beschreiben; er versteht das *creative city*-Konzept vielmehr programmatisch als „positive concept: its assumption is that ordinary people can make the extraordinary happen if given the chance." (Landry 2008, xxi) Darauf aufbauend nimmt Landry den Titel seines Buches ernst und entwirft ein *toolkit*, das StadtplanerInnen dazu dienen soll, ihre Stadt in einer kreativen Weise zu einer kreativen Stadt zu entwickeln. Dabei ist Kultur der Dreh- und Angelpunkt für die Stadtentwicklungsprozesse, da sie die Grundlage für Kreativität bilden. In dieser Hinsicht ist Landry ein Vertreter einer neuen Planungsform: des *cultural planning* (Landry 2008, 173). Diese Art der Planung impliziert, in allen Bereichen der Planung die spezifische, städtische, soziale oder individuelle, Kultur zu berücksichtigen.

Eine ähnliche Perspektive nimmt Christopher Tunnard Anfang der 1950er Jahre ein, der StadtplanerInnen als „creative designer" (Tunnard 1951, 226) von Städten beschreibt und ihnen die Aufgabe zuspricht, das kulturelle Kapital der Gesellschaft sowie die je spezifischen städtischen Traditionen in die Stadtplanung zu integrieren (Tunnard 1951, 219). Tunnard verweist dabei auf ein zentrales Problem jeglicher Planungsversuche: die Verbindung von sozialen Bedürfnissen mit der materiellen Gestaltung der Städte (Tunnard 1951, 220). Die Stadt wird von Tunnard als kulturelles Gebilde verstanden, welches ein, auch gebauter, Ausdruck von Kunst und Kultur ist – damit ist gemeint, dass sie „man's basic needs and desires" (Tunnard 1951, 222) visuell zugänglich macht. Seiner Ansicht nach geht es für eine angemessene Stadtplanung darum, Ästhetik und die Lösung von sozialen Problemen miteinander zu verbinden. Damit beschreibt Tunnard die zentralen Herausforderungen, mit denen StadtplanerInnen auch heute noch konfrontiert sind. Besonders interessant ist dies vor dem Hintergrund, dass Tunnards Aufsatz einen programmatischen Entwurf für eine Rekonzeptualisierung der Figur des/der StadtplanerIn darstellt. Die *creative cities* in der derzeit diskutierten Form sind ohne diese Figur nicht zu denken – entweder wird ihnen die zentrale Gestaltungsfunktion zugesprochen, oder sie sind Reibungspunkte für diejenigen, die in der Verbindung von Kreativität und Planung ein unüberwindbares Paradox sehen.

4.4 Die kreative Stadt: alternative Ansätze

Neben diesen breit rezipierten Ansätzen, die zwei unterschiedliche Perspektiven auf das Phänomen der *creative city* eröffnen – als *kreative* Stadt und als Stadt der *kreativen StadtplanerInnen* – gibt es weitere Ansätze, die die kreative Stadt in den Blick nehmen. Dazu gehören Versuche, von einem technologischen respektive ästhetischen Ausgangspunkt auszugehen, aber auch Erweiterungen des Konzepts der *creative city* sowie deren Institutionalisierung auf transnationaler Ebene. Im Folgenden stelle ich einige VertreterInnen alternativer Ansätze vor, um zu zeigen, wie breit das Feld der Diskussion um die *creative cities* gefächert ist.

4.4.1 Die kreative Stadt als Ort der Technologieparks

Martina Heßler (2007) setzt sich in ihrem Buch *Die kreative Stadt. Zur Neuerfindung eines Topos* mit der Frage auseinander, was kreative Städte sind und wie sie historisch zu verorten sind. Heßler konstatiert eine Wiederbelebung der Vorstellung, dass (Groß-)Städte als Orte von Kreativität und Innovation gelten (Heßler 2007, 9). Sie untersucht drei sogenannte Wissenschaftsstandorte bei München und arbeitet heraus, wie an diesen Orten Urbanität nachgestellt wird, um wissenschaftliche Innovation hervorzubringen. Diese Fokussierung auf Forschungsstandorte unterscheidet sie von Florida, demzufolge wissenschaftliche Kreativität nur einen Teilbereich des Gesamtkomplexes Kreativität ausmacht und Wissenschaftsstandorte konsequenterweise nicht alleine konstitutiv für eine kreative Stadt sind. Heßler geht in ihrem Buch in einem Zweischritt vor: Zuerst skizziert sie in einem theoretischen Teil ihr Vorhaben, „den Topos der ‚kreativen Stadt' zu historisieren" (Heßler 2007, 9, Herv.i.O.) und die These zu begründen, „dass es sich bei der Wiederentdeckung des Topos der ‚kreativen Stadt' [...] um einen frappierenden Verlust tatsächlicher urbaner Qualitäten handelt" (Heßler 2007, 40, Herv.i.O.). Dies stellt, wie auch Heßler hervorhebt (Heßler 2007, 53), im Kontext der aktuellen stadtsoziologischen und stadtplanerischen Diskussion eine starke Antithese zu Positionen dar, die von einer sogenannten Renaissance des Städtischen ausgehen (vgl. z.B. Häußermann und Siebel 1987; Siebel 2004), d.h. einer wiedererstarkten Betonung bestimmter als als konstitutiv verstandener Qualitäten von Stadt. Darunter fällt das Vorhandensein von spezifischen Kommunikationsmöglichkeiten und -räumen, die Städte bieten, welche den Austausch etwa von wissenschaftlichen Ideen fördern.

Die Aspekte der Kommunikation und der Generierung von Wissen sind zentrale Elemente des zweiten Teils von Heßlers Buch. Darin analysiert sie empirisch die Wissenschaftsstandorte Garchingen, Martinsried und Neuperlach, die alle in der Peripherie Münchens gelegen sind. An ihnen zeigt sie, wie Hochtechnologie-Unternehmen und naturwissenschaftliche Institute in peripheren Orten angesiedelt und als kreative Städte inszeniert werden.[60] In allen Fällen geht es Heßler darum zu zeigen, wie (1) sich der Ort und die räumlichen Strukturen verändern, (2) sich das Verständnis von Wissenschaft und Technik historisch entwickelt und sich die Transformationen in den gebauten Formen spiegeln und wie sich (3) die lokale Bevölkerung gegenüber diesen Veränderungen verhält. Sie beschreibt damit „die Geschichte der Stadt, die Geschichte der Naturwissenschaften sowie [...] den Wandel des Verhältnisses der Gesellschaft zu Wissenschaft und Technik" und ihre „Verwobenheit" (Heßler 2007, 23). Offen bleibt allerdings, ob Heßler eine allgemeine These formuliert oder Einzelfälle beschreibt, z.B. wenn es zu Garchingen und Martinsried heißt, dass dort die Grenzen zwischen urban und suburban verschwimmen (Heßler 2007, 61). Wäre es ein genereller Trend, so widerspräche er Floridas Annahme, dass nur urbane Räume kreativ werden könnten, und würde stattdessen eher eine Verknüpfung von Whyte (1957) und Florida (2005) darstellen. Ein weiterer wichtiger Punkt sowohl in der allgemeinen Diskussion um (post)moderne Städte als auch bei Heßler ist die postulierte Vermischung von Privatem und Öffentlichem, von Leben und Arbeiten, also die Abkehr von einer strikten Funktionstrennung. Diese spiegelt sich, so Heßler, in der Entstehung eines neuen Typus von WissenschaftlerIn, dem sogenannten „Unternehmer-Wissenschaftler" (Heßler 2007, 241), welcher paradigmatisch sei für die seit einigen Jahrzehnten zu konstatierende Ökonomisierung der Wissenschaft. Diese Ökonomisierung macht sie als Grund für die Entstehung der kreativen Städte, hier verstanden als Wissenschaftsstandorte, aus, da Räume gesucht würden, in denen eine multifunktionelle Nutzung möglich ist.

---

[60] Interessant ist, dass sich offensichtlich nicht München als Ganzes, sondern die Orte, an denen die Technologiezentren angesiedelt sind, als kreativ bezeichnen.

Trotz allem konstatiert sie, dass sich „das ‚kreative Milieu' Martinsried eher als kontinuierliche Fortsetzung der isolierten Wissenschaftsareale der 1960er Jahre – wenngleich nun im postmodernen Kleid [präsentiert]" (Heßler 2007, 242, Herv.i.O.), sich also gerade keine Durchmischung und Urbanität finden lässt.

Insgesamt steht und fällt die Argumentation Heßlers mit ihrem Verständnis von Kreativität, das es erschwert, sie im Zusammenhang mit dem, wie angedeutet vor allem angloamerikanischen, Diskurs um die *creative cities* zu diskutieren. Verstehen diese unter Kreativität Innovation und Wissen, aber auch und gerade die Dominanz einer künstlerisch-ökonomischen Berufsgruppe in bestimmten Städten, so setzt Heßler Kreativität ausschließlich mit Wissensgenerierung gleich. Gerade im Kontext der deutschen *Stadt der Wissenschaft*-Wettbewerbe und der nicht zuletzt demographisch bedingten Veränderungsprozesse in Städten stellt Heßlers Buch eine interessante Perspektive dar, wenn es sich auch um ausgewählte Spezialfälle von kreativen Städten handelt. Dabei ist es in erster Linie der empirische Teil, der Anregungen bietet; die theoretischen Ausführungen kommen etwas zu kurz und würden von einer deutlicheren Anbindung an die (sozial-)wissenschaftliche Diskussion profitieren.

4.4.2 Die Ästhetisierung der Stadt

Eine andere Perspektive auf die kreative Stadt nimmt Andreas Reckwitz (2009; 2012) ein. Er spricht dieser Stadtform den Charakter einer „Selbstkulturalisierung" (Reckwitz 2009, 3) zu und identifiziert sechs zu unterscheidende Merkmale, die sie charakterisieren. Darunter fallen die „Etablierung der Kunstszene" (Reckwitz 2009, 23f.), ein vergleichsweise hoher Anteil an Angehörigen der *creative industries* sowie das in diesem Kontext entscheidende Merkmal der „Musealisierung/Eventifizierung der Hochkultur" (Reckwitz 2009, 26f.). Reckwitz meint damit vor allem die zahlenmäßige Zunahme von Museen sowie eine Ausweitung der „Sphäre des Museumswürdigen" (Reckwitz 2009, 27). Reckwitz verweist zudem auf die spezifischen materiellen Merkmale dieser Städte, indem er betont, dass sie, wie alle Städte, die Spuren ihrer (Bau-)Geschichte in sich tragen – er zeigt dies am Beispiel der bürgerlichen und der funktionalen Stadt – und die kreative Stadt daher ein mithilfe einer „Steuerung zweiter Ordnung" (Reckwitz 2009, 8) geschaffenes, maßgeblich physisches Gebilde sei, in dem sich im Vorhandenen ein „kulturelles Ensemble von Zeichen, Praktiken und subjektiven Kompetenzen" (Reckwitz 2009, 9) versammele. Dabei geht es Reckwitz zum einen darum herauszustellen, dass jede Kultur sich in ihrem physischen Umfeld niederschlägt und dort ihren Ausdruck findet: Es liegen also kulturspezifische Stadt-Ästhetiken vor, beispielsweise für eine Kultur der Kreativen, wie sie derzeit festzustellen ist. Zum anderen finden konkrete Ästhetisierungsprozesse statt, die Reckwitz in den Innenstadtvierteln verortet und deren maßgebliche Akteure die Angehörigen der Kunst- und Kreativszenen, aber auch die stadtplanerische Politik sind. Letztere stellten, so Reckwitz, „gerade die innenstadtnahen Stadtviertel als ästhetisiert aufgearbeitete Wohnviertel für die postmaterialistischen Mittelschichten" (Reckwitz 2009, 27) bereit. Dieser Rückgriff auf Ronald Ingleharts (1989) Konzept der postmaterialistisch orientierten Menschen, der sich auch bei Florida (2004) der Beschreibung der Werte der *creative class* findet, stellt eine Verbindung von sozialstrukturellem Wandel in Städten und darauf reagierenden Stadt(um)gestaltungen her.[61]

Die kreative Stadt ist nach dieser Vorstellung also eine, die die Materialisierung einer spezifischen Kultur darstellt und dadurch beschrieben werden kann, dass Kunst und Kultur sowie die damit verbundenen Institutionen eine wichtige Rolle in ihr und in ihrer Gestaltung einnehmen.

An eine solche Form der Kulturalisierung von Städten knüpft Elizabeth Currid (2007) in ihrem Buch *The Warhol Economy* an, in dem sie beschreibt, wie die Kultur- und Kreativwirtschaft dazu beiträgt, die Stadt New York auf eine spezifische Weise zu gestalten. Kultur ist dabei nicht nur als ‚weicher' Standortfaktor wichtig, der die Lebensqualität erhöht, sondern, wie Currid herausarbeitet, „the city does depend on art and culture not only for quality of life but also for jobs and revenue." (Currid 2007, 49). Anders als Sassen (2001), die New York als eine der *global cities* konzeptualisiert und dies mit der Anzahl der Hauptsitze von global agierenden Unternehmen begründet (vgl. Kap. 2), stellt Currid fest, dass New York in dieser Hinsicht nicht besser abschneidet als andere US-amerikanische Städte (Currid 2007, 54f.), dafür aber über andere entscheidende Qualitäten verfügt:

> *Today, New York City's real competitive advantage and unique position as a global city lies in its skills and ideas, and particularly, its position as a great center of art and culture. (Currid 2007, 62)*

Currid ergänzt das Konzept der *global city* um eine kulturelle Dimension, die bei Sassen nicht enthalten ist. Dabei ist es die Aufgabe der Kultur, der Stadt einen Wiedererkennungswert zu geben – etwas, das Ökonomie alleine nicht könne, wie Currid hervorhebt. Erst die Kombination von Ökonomie und Kultur macht New York zu der Stadt, die sie ist.[62] Currid geht von ähnlichen theoretischen Grundannahmen aus wie Florida, wenn sie die Bedeutung der Kreativwirtschaft[63] für Städte in einer Linie mit Erklärungsansätzen postindustrieller Entwicklungen

---

[61] Vgl. dazu auch ausführlich Reckwitz (2012, v.a. Kap. 7).
[62] Ähnlich wie Zukin (1995) geht es Currid hier also um die Interdependenzen von Symbolökonomie und Stadt.
[63] Currid unterscheidet nicht explizit zwischen *cultural industries* und *creative industries*. Sie arbeitet zumeist mit dem Konzept der *cultural economies*, unter die sie die Modebranche sowie die Kunst- und Musikszene fasst, und hebt hervor, dass diese nach anderen Regeln und Logiken arbeiten als andere ökonomische Felder (Currid 2007, 4).

sieht. Auch für sie ist Kreativität bedeutsam, da sie eine ökonomische Dimension aufweisen kann – beispielsweise, wenn sie in der Kreativwirtschaft ökonomisch nutzbar gemacht wird. Anders als Florida geht es ihr allerdings nicht um die Entwicklung eines neuen Gesellschaftskonzepts, das auf Kreativität basiert, sondern vielmehr darum zu zeigen, dass die Bedeutung New Yorks im ausgehenden 20. und beginnenden 21. Jahrhundert maßgeblich durch Kreativität entstand, genauer gesagt durch das, was sie *warhol economy* nennt.

Stadtsoziologisch interessant ist Currids Hauptargument, dass ein spezifisches räumliches Arrangement und die Ansiedlung von z.B. Kulturinstitutionen an bestimmten Orten in diesem Raum entscheidend ist für die positive Entwicklung der *creative industries*, wie das Beispiel von New York exemplarisch zeige (Currid 2007, 11f.). Dabei sind subkulturelle Bewegungen wie *street art* und *hip-hop* ihrer Ansicht nach häufig die Ausgangspunkte für die Entwicklung der ökonomisch orientierten Kreativwirtschaft und hinterlassen Spuren im städtischen Raum, etwa über *graffiti*. Anhand verschiedener von ihr interviewter KünstlerInnengruppen zeigt sie, wie deren zunehmende ökonomische Orientierung ihren Anteil an der wachsenden Bedeutung der *creative industries* für die New York hat (Currid 2007, 117ff.), gleichzeitig aber auch den städtischen Raum unverwechselbar macht.

Diese Spezifizität des Räumlichen ist, so Currid, entscheidend für New Yorks Position als wichtige Stadt im globalen Kontext – auch in ökonomischer Hinsicht. Interessanterweise formuliert auch Currid, wie Florida und Landry, Vorschläge für StadtplanerInnen, wie Städte von diesen Industrien und den in ihnen Beschäftigten profitieren könnten und wie Städte gestaltet werden können, damit sie Orte dieser Industrien werden (Currid 2007, 161ff.). Ähnlich wie ich es zuvor für die Wissensökonomien herausgearbeitet habe, hebt sie die Bedeutung von direkten Kontakten und Netzwerken hervor, welche für die in der Kreativindustrie Arbeitenden unerlässlich sind und somit einen entscheidenden Faktor der Entscheidung für oder gegen einen Wohn- und Arbeitsort darstellen (Currid 2007, 162f.). Institutionelle und finanzielle Unterstützung für KünstlerInnen seien daher entscheidend, und Currid hebt in diesem Kontext wiederholt deren ökonomische Bedeutung hervor. Der Autorin geht es weniger um eine normative Planungstheorie als um pragmatische Vorschläge, die auf einem ökonomischen Argument fußen.

Liegt der *creative class* zumindest konzeptionell der Gedanke zugrunde, eine egalitärere Ökonomie zu unterstützen – basierend auf dem Argument, dass jedeR kreativ sein kann – so fehlt diese Dimension bei Currid, und sie verwendet allein das Argument der ökonomischen Prosperität, um StadtplanerInnen zu überzeugen. Kunst und Kultur spielen für sie in dreierlei Hinsicht eine Rolle für die Stadt und sind in diesen drei Kontexten von StadtplanerInnen zu berücksichtigen: als ökonomische Wachstumsfaktoren, als Produkte sozialer Interaktionen und als Resultate eines Lebens, das in Städten geschieht, die eine spezifische Bevölkerungsdichte aufweisen (Currid 2007, 182f.). Sie formuliert damit eine Programmatik für eine Stadtentwicklung, die zentrale Merkmale des Phänomens Stadt aufgreift, wie sie schon Anfang des 20. Jahrhunderts formuliert wurden: Ökonomie, Soziales, Bevölkerungsdichte.

4.4.3 Reaktionen auf die und Konzeptualisierung der *creative cities*

Neben den oben ausführlicher beschriebenen Ansätzen gibt es verschiedene andere Reaktionen auf dieses Konzept, darunter empirische Untersuchungen und Re-Konzeptualisierungen. Erstere fokussieren beispielsweise die Angehörigen der *creative class*, ihre Raum- bzw. Ortsbezogenheit sowie die Ausbildung spezifischer Arbeitsformen (vgl. exempl. Jayne 2004; Lange 2007; Atkinson und Easthope 2009; Merkel 2009; Heur 2010). Andere Untersuchungen nehmen die Effekte von stadtplanerischen Aktivitäten in den Blick und führen zu Reformulierungen des *creative city*-Konzepts (bspw. Hospers 2003b; Frey 2009; Comunian 2011) oder zu seiner Ablehnung (etwa Hoyman und Faricy 2009). Wieder andere konzentrieren sich auf die Frage, in welcher Weise eine Ausrichtung als kreative Stadt zur Revitalisierung von Industrieregionen beitragen kann (Houston u. a. 2008; Pratt 2008). Maurizio Carta (2007) erweitert schließlich das Modell der *creative city* in zwei Schritten: Zuerst fügt er ein weiteres *T* hinzu: Territorium.[64] Der Grund dafür ist, dass er die Bedeutung des räumlichen Aspekts hervorheben will (Carta 2007, 12). Anschließend erweitert er das Modell um die *3 C*: *culture, communication* und *cooperation*. Die Kultur einer Stadt umschreibt dabei, ähnlich wie bei Reckwitz, die spezifische Identität dieser Stadt, welche historisch gewachsen ist und damit eine Ressource darstellt, mithilfe derer sie kreativ werden kann (ebd.). Unter Kommunikation versteht Carta die Fähigkeit einer Stadt – hier geradezu als souveränes Subjekt konzeptionalisiert – Informationen zu verteilen und damit einen Informationsraum für die BewohnerInnen darzustellen. Kooperation schließlich ist als eine Form der angewendeten Toleranz gedacht: Für Carta ist eine tolerante Atmosphäre nicht ausreichend, sondern sie muss sich erst in Interaktionen zwischen den StadtbewohnerInnen – in Kooperationen – realisieren, um ein positiver Faktor für eine Stadt zu sein. Jedes einzelne der *3 C* ordnet Carta einem der *3 T* zu und erweitert so das Modell.

Ich möchte diese Erweiterung als eine Einbettung des *creative city*-Modells in die städtische Realität bezeichnen. Carta gelingt es damit, sowohl die historische Einbettung von Städten (als ihre Kultur) als auch die sozialen Praktiken in ihnen (als Kommunikationen und Kooperationen) zu berücksichtigen und reale Städte für eine Analyse zugänglich zu machen. Da seine Arbeit allerdings in erster

---

[64] Carta unterscheidet nicht zwischen räumlichen und territorialen Effekten. Am Beispiel der Löw'schen Theorie des Raums wird im nächsten Kapitel deutlich werden, dass dies allerdings keine unwichtige Unterscheidung ist.

Linie eine Vorstellung von Fallbeispielen beinhaltet und weniger konzeptionellen als programmatischen Charakter hat, bleiben für eine stadtsoziologische Analyse offene Fragen, die der Anwendung dieses Modells entgegenstehen.

Neben diesen unterschiedlichen wissenschaftlichen Beschäftigungen mit der kreativen Stadt ist auch eine Institutionalisierung des Konzeptes als Reaktion auf den Diskurs festzustellen, etwa in großen transnationalen Organisationen. So hat die *United Nations Educational, Scientific and Cultural Organization* (UNESCO) beispielsweise im Jahr 2004 ein *Creative Cities Network* gegründet, das sich zum Ziel setzt,

> to promote the social, economic and cultural development of cities in both the developed and the developing world. The cities which apply to the network seek to promote their local creative scene; they share interest in UNESCOs mission towards cultural diversity.[65]

Diesem Oberbegriff der *creative cities* werden sechs Gruppen von Städten untergeordnet: Dies sind die *UNESCO Cities of Art und Craft Folk, Design, Gastronomy, Literature, Music* und *Media Arts*. Damit ist das Feld, das mit dem Begriff der Kreativität abgesteckt wird, verhältnismäßig groß. Für 2009 rief zudem die Europäische Union das *Jahr der Kreativität und Innovation* aus.[66] Hier werden die Konzepte der Innovation und der Kreativität miteinander verbunden – ein Aspekt, der, wie ich später zeigen werde (vgl. Kap. 8-11), in meinen empirischen Untersuchungen eine wichtige Rolle spielt. Diese Institutionalisierungen, die mit der finanziellen Förderung von Projekten verbunden ist, belegen die auch außerwissenschaftlich stattfindende Verankerung des Diskurses um die kreative Stadt und zeigen die Verbindungen von lokalen und globalen Ebenen in der Stadtentwicklung; diesen Aspekt greife ich später im Detail auf (vgl. Kap. 8).

4.4.4 Selbst- und Fremdzuschreibung eines Attributs

Etwa seit der Jahrtausendwende lässt sich ein Anstieg der Publikationen zu dem Thema der *creative cities* verzeichnen, wie es allein eine Suche im Bielefelder Datenbanksystem *BASE* zeigt: Finden sich für das Jahr 1999 lediglich zwei internationale Publikationen, die die Begriffe *creative city* oder *creative cities* beinhalten, steigt diese Zahl fast kontinuierlich, und 2009 sind es 59 derartige Publikationen. Noch prägnanter ist die Entwicklung in der internationalen Presse: Mithilfe der Datenbank *LexisNexis* lässt sich ein Anstieg der Artikel verzeichnen, die die *creative city* explizit behandeln. Waren es 1999 41 Artikel, so

---

[65] Siehe dazu die Homepage der *UNESCO*, URL: http://www.unesco.org (letzter Zugriff am 11.4.2013).
[66] Vgl. dazu die entsprechende Seite auf der Homepage der EU, URL: http://create2009.europa.eu (letzter Zugriff am 11.4.2013).

stieg die Anzahl auf einen Höhepunkt von 640 im Jahr 2007; 2011 wurden immerhin noch 507 zu dem Thema veröffentlicht.

Bei der Bewertung dieser zunehmenden öffentlichen Wahrnehmung des Themas ist zu berücksichtigen, dass sich die Bezeichnung *creative city* von den im stadtsoziologischen Teil dieses Kapitels vorgestellten wissenschaftlichen Beschreibungen städtischer Transformationen unterscheidet: Sie stellt sowohl eine Fremd- als auch eine Selbstzuschreibung von Städten dar. Die Attribuierung von Städten als kreativ findet zum einen als Selbstzuschreibung statt: Städte bezeichnen sich selbst in Marketingbroschüren, in Selbstpräsentationen auf Homepages oder in Magazinen als kreativ. In der Regel bedeutet dies, dass die je zuständigen StadtplanerInnen die von ihnen geplanten Städte als kreative konzipieren. Zum anderen liegen Fremdzuschreibungen vor, die von WissenschaftlerInnen, JournalistInnen und ImageberaterInnen vorgenommen werden (z.B. Goodman 2002; Musterd 2005; Heßler 2007; Lange 2007) – ausgewählte wissenschaftliche Fremdzuschreibungen habe ich vorgestellt. Dies impliziert mindestens zwei spezifische Schwierigkeiten für die (soziologische) Beschäftigung mit dem Konzept und den darunter subsumierten Städten: Da unterschiedliche Verständnisse dessen, was mit der Bezeichnung *creative city* beschrieben wird, vorliegen, müssen die Forschenden vor dem Beginn der eigentlichen Arbeit zunächst eine Selbstpositionierung in diesem Feld vornehmen. Zudem ist die Diskussion um kreative Städte stark normativ besetzt, und auch in dieser Hinsicht haben sich die Forschenden zu positionieren und die eigene Herangehensweise zu klären. Von besonderer Bedeutung ist die Unterscheidung, ob es um die Untersuchung beobachtbarer Phänomene oder um die Entwicklung von Handlungsanleitungen und politischen Entwicklungsstrategien geht. Die Beschäftigung mit *creative cities* kann also als ein paradigmatisches Feld auch für die Frage gelten, wie sich die Forschenden zu ihrem Forschungsfeld und innerhalb der wissenschaftlichen und öffentlichen Debatte, die um dieses Feld kreist, positionieren.[67]

Welches die genauen Charakteristika kreativer Städte sind, ist bislang sowohl theoretisch als auch empirisch weitgehend unklar. Dies liegt nicht zuletzt daran, dass die Verwendung der Bezeichnung *creative city* sowohl von außen als auch als Selbstbeschreibung verwendet wird. Zur Klärung meines eigenen Vorgehens bei der Untersuchung der Städte dient das folgende Kapitel, in dem ich die von mir verwendeten Begriffe und theoretische Konzepte vorstelle und mein Vorgehen auf diese Weise transparent mache.

---

[67] Diese Frage, die gerade für die Stadtsoziologie und die *Urban Studies* eine bedeutsame zu sein scheint, diskutierten auch die TeilnehmerInnen der Konferenz *The City: Analyzing Contemporary Transformations and Structures* in Bielefeld im Jahr 2012.

5 Begriffliches Handwerkszeug zur Untersuchung von Städten

In den vorangegangenen Kapiteln habe ich die Beschreibung des gesellschaftstheoretischen Rahmens, in dem die von mir untersuchten städtischen Phänomene angesiedelt sind, vorgenommen. Dort sind Begriffe und Konzepte wiederkehrend aufgetreten, die für diese Arbeit bedeutsam sind, ohne dass sie genauer erläutert wurden. Die Begriffe der Kreativität, der Stadt und des Raums habe ich bisher lediglich implizit eingeführt, indem ich Ansätze vorgestellt habe, in denen sie eine prominente Rolle einnehmen. Nun arbeite ich genauer heraus, in welcher Weise ich auf sie Bezug nehme und sie dazu nutze, empirische Phänomene zu erklären und soziologisch zu verstehen. Die Mehrzahl dieser Begriffe betrifft den Bereich der Stadt. Den Begriff der Kreativität nehme ich insofern erneut auf, als ich verdeutliche, in welcher Weise ich ihn verstehe und ihn für meine empirische Arbeit und die darauf basierenden Schlussfolgerungen anwende. In einem weiteren Schritt stelle ich dar, wie sich spezifische Formen der Steuerung und der Planung auf den Raum – vor allem den städtischen Raum – auswirken.

5.1 Raum – Ort – Stadt

Schon die Vorstellung der stadtsoziologischen Anfänge mit Simmel, Weber und der *Chicago School* verwies darauf, dass unter Stadt Verschiedenes begriffen wird, sie selbst aber nie abgekoppelt von ihren materiellen und räumlichen Strukturen verstanden werden kann. Konzipierten VertreterInnen der *Chicago School* die Stadt als aus konzentrischen Kreisen bestehend und hoben die Bedeutung unterschiedlicher *neighborhoods* hervor (Park, Burgess und Mckenzie 1925), so beinhaltet dies auch eine räumliche und materielle Perspektive: *Neighborhoods* sind nicht nur sozial abgegrenzte Elemente der Stadt, sondern sie sind an bestimmten Orten der Stadt angesiedelt, deren Grenzen erfahrbar sind. Grenzen in baulicher und sozialer Form beschreibt auch Max Weber (1999 [1920/21]): Die Stadtmauern begrenzen zum einen den städtischen Raum und definieren physisch, was innen und was außen liegt, sie ziehen aber auch eine soziale Grenze zwischen StadtbürgerInnen und denjenigen, die keine BürgerInnenrechte besitzen. Anhand des Marktplatzes zeigt Weber zudem, wie sich soziale, ökonomische und politische Aspekte der Stadt an einem begrenzten Ort überlagern. Die Frage, wie derartige Phänomene der Überlagerung zu verstehen sind, lässt sich meiner Ansicht nach mit Martina Löws Raumsoziologie untersuchen. Ihre Theorie ist daher der Ausgangspunkt sowohl für meine inhaltlichen Überlegungen als auch für die hier vorgenommene Vorstellung der verwendeten Begriffe. An sie anknüpfend stelle ich andere Konzepte vor, um schließlich im Sinn eines Werkzeugkastens über begriffliche Konzepte zu verfügen, die eine Interpretation der empirischen Ergebnisse angemessen ermöglichen. Dabei verbinde ich im Besonderen die Konzepte des Raums, der Stadt und der Materialität; diese drei Aspekte erweitern sich gegenseitig in einer konstruktiven Weise um wertvolle Dimensionen und machen es möglich, sowohl die Interaktionen von Menschen als auch die Bedeutung des Gebauten in den Blick zu nehmen. Dies sind wichtige Voraussetzungen, um die Zusammenhänge von Stadtplanung und städtischer sowie gesellschaftlicher Entwicklung überzeugend erklären zu können.

5.1.1 Der Raum aus soziologischer Perspektive

Ausgangspunkt meiner Überlegungen, wie ich die von mir untersuchten städtischen Phänomene begrifflich fassen kann, ist die raumsoziologische Theorie von Martina Löw (2001). Ich verwende die von ihr konzipierten Begriffe Raum, Ort und Atmosphäre, um davon ausgehend einen Begriff der Stadt zu entwickeln. Um die Perspektive auf die StadtplanerInnen legen zu können, fokussiere ich zudem die Bedeutung von Architektur und Materialität sowie der Raumkonstruktion durch StadtplanerInnen und NutzerInnen. Löws Theorie bietet die Möglichkeit, Stadt vermittelt über den Raum als etwas Prozesshaftes zu verstehen und die inhärenten Dynamiken zu begreifen. Dabei werden sowohl die NutzerInnen als auch die Objekte als bedeutsam verstanden, so dass dieser Ansatz die Gelegenheit bietet, nicht nur die in einer Stadt lebenden und sie gestaltenden Menschen in den Blick zu nehmen, sondern auch die Objekte, Gebäude und die physische Umwelt insgesamt. Damit leistet Löws Arbeit mehr als andere Raumtheorien und macht es möglich, auch die Besonderheiten der stadtplanerischen Arbeit, der es maßgeblich um die Gestaltung der physischen Umwelt geht, zu berücksichtigen.

Raum als dynamisches Produkt sozialer Handlungen

Lange Zeit herrschten innerhalb raumtheoretischer Überlegungen Konzepte vor, die den Raum als absoluten Raum begriffen, der im Sinn eines „stabilen dreidimensionalen ‚Raumbehälters'" (Dünne und Günzel 2006, 11, Herv.i.O.) oder Containers modelliert wurde. Im Verlauf des 20. Jahrhunderts ging man dazu über, Raum stärker dynamisch zu verstehen, also als etwas, das produziert wird und veränderlich ist.[68] Diejenigen, die zur Raumproduktion beitragen, sind dabei sowohl die Menschen, die, wie im Fall der vorliegenden Arbeit, eine Stadt bewohnen, und die Dinge, die den Raum aus materieller Perspektive ausmachen. In Abgrenzung zu den Versuchen, den Raum als einen Container zu konzipieren, wurden nun zunehmend Versuche unternommen, sich von einem absoluten Raum abzugrenzen und der Dynamik und Wandelbarkeit von Raum Rechnung zu tragen. Zwei bedeutende Vertreter greife ich heraus, da sie für raumtheoretische Debatten wichtig sind und die Beschäftigung mit städtischen Phänomenen geprägt haben: Henri Lefèbvre und Michel de Certeau.

Die zentrale Annahme Lefèbvres ist es, Raum als etwas Vielschichtiges zu denken, dessen Verständnis maßgeblich von der Perspektive abhängig ist, die auf ein bestimmtes Phänomen eingenommen wird. Unter dem Begriff Raum sind für Lefèbvre also ganz verschiedene Dinge zu verstehen. Zu ihnen gehört, dass Raum ein soziales Produkt ist und daher (auch) als sozialer Raum konzipiert werden muss (Lefebvre 1991, 26). Damit ist gemeint, dass der Raum einer Gesellschaft maßgeblich davon abhängig ist, welche Produktionsverhältnisse, welche Staats- oder Herrschaftsformen vorliegen und welche (kulturelle) Geschichte diese Gesellschaft hat. Damit stellt jede Gesellschaft ihren je eigenen Raum her, welcher von den spezifischen gesellschaftlichen Konstellationen geprägt wird. Der physische Raum scheint dabei als Horizont auf, von dem sich die Menschen über die Geschichte hinweg immer weiter entfernt haben (Lefèbvre 1991, 30). Diese Abwendung Lefèbvres von einem Container-Modell des Raums macht es ihm möglich, die Spezifizität der Beziehung von Gesellschaften und ihren Räumen in den Blick zu bekommen. Er entwickelt auf dieser Feststellung aufbauend ein Raumkonzept, das aus drei nicht-hierarchischen Dimensionen besteht; an dieser Stelle arbeite ich mit seinen Begriffen der räumlichen Praxis, der Raumrepräsentationen und der Repräsentationsräume (Lefèbvre 1991, z.B. 38f.). Sie werden häufig rezipiert und von in seiner Tradition stehenden ForscherInnen angewendet.[69]

Die räumliche Praxis beschreibt die Aneignungs- und Wahrnehmungsformen des Raums durch die Individuen einer Gesellschaft, die damit den Raum auch konstituieren, indem sie ihn nutzen. Raumrepräsentationen verweisen dagegen beispielsweise auf die StadtplanerInnen, die den Raum auf eine spezifische Wei-

---

[68] Zu einer Übersicht über die verschiedenen raumtheoretischen Konzepte und die Veränderungen im Verständnis von Raum vgl. die übersichtliche Sammlung der raumtheoretischen Grundlagentexte von Jörg Dünne und Stephan Günzel (2006).

[69] So untersuchte beispielsweise Elisa Bertuzzo (2009) in einer informativen, auf ethnographischem Datenmaterial beruhenden Studie die unterschiedlichen Räume und Raumproduktionen der BewohnerInnen Dhakas und arbeitet heraus, wie innerhalb eines bestimmten physischen Rahmens unterschiedliche soziale Räume hergestellt werden und sich überlagern können. Christian Schmid (2005) stellt zudem mit *Stadt, Raum und Gesellschaft* eine verständliche und ausführliche Darstellung der Lefèbvre'schen Theorie bereit.

se zu gestalten suchen und in Form von Plänen und Modellen Repräsentationen des Raums herstellen und in ihrer Arbeit verwenden. Mit den Repräsentationsräumen sind schließlich die Symbolisierungen und Repräsentationen des Raums gemeint. Die räumliche Praxis und die Raumrepräsentationen – von Lefèbvre auch als wahrgenommener und konzipierter Raum beschrieben – lassen sich für die Untersuchung der Interdependenzen von Stadtplanung und städtischer Wirklichkeit gut verwenden, denn sie konzeptualisieren die beiden unterschiedlichen Herangehensweisen der NutzerInnen und der PlanerInnen an den Raum. Zwar beschreibt Lefèbvre in erster Linie den Repräsentationsraum oder gelebten Raum als „the space of ‚inhabitants' and ‚users'" (Lefebvre 1991, 39, Herv.i.O.), und dies zeigt, dass seine Unterscheidungen nicht immer trennscharf sind. Dennoch ist meiner Ansicht nach eine Berücksichtigung der räumlichen Praktiken für eine soziologische Arbeit von großer Bedeutung. Eine Kombination der Praktiken mit der Ebene der Repräsentationen, die für Lefèbvre Vorstellungen und Erinnerungen beinhalten, ist instruktiv und wird später auch von Martina Löw (2001) ausgearbeitet, allerdings erstaunlicherweise ohne den Rückgriff auf Lefèbvres Raumtheorie. Die Leistung der Lefèbvre'schen Raumtheorie besteht darin, den sozialen Charakter von Räumen hervorzuheben und die enge Verbindung und wechselseitige Abhängigkeit von Räumen und Gesellschaften zu betonen. Der physische Raum verschwindet dabei nicht, sondern wird als Ausgangspunkt und Hintergrund verstanden und erlangt dadurch, dass er symbolisch aufgeladen wird, eine zusätzliche gesellschaftliche Bedeutung (Lefebvre 1991, 30) – und kann damit zu einem Thema der soziologischen Untersuchung werden.

Stärker als Lefèbvre hebt Michel de Certeau (1988) in seinem Buch *Die Kunst des Handelns* die Bedeutung der Praktiken und der Wahrnehmung für die Produktion von Raum hervor. Der Ausgangspunkt ist dabei ein ähnlicher wie bei Lefèbvre: Raum wird von de Certeau als dynamisches Konzept entworfen. In Abgrenzung zum Begriff des Ortes versteht er Raum als etwas, das entsteht, wenn Vorhandenes durch die Handlungen eines Menschen „aktualisiert" (Certeau 1988, 190) wird. Am Beispiel des Gehens in der Stadt illustriert er dieses Konzept: Raum kann demnach nur entstehen, wenn Bewegung vorhanden ist, und diese Bewegung entsteht durch das Vorhandensein von Zeit, Geschwindigkeit und Richtung. Raum weist damit also auch eine temporale Dimension auf. Durch die Existenz dieser Elemente wird ein Raum in Existenz gebracht, der „ein Geflecht von beweglichen Elementen [ist]" (Certeau 1988, 218). Diese Bewegung macht aus einem Ort einen Raum, so de Certeau – das bedeutet, dass *„der Raum ein Ort [ist]*, mit dem man etwas macht" (Certeau 1988, 218, Herv.i.O.). Den StadtnutzerInnen kommt so eine entscheidende Rolle bei der Konstruktion des (städtischen) Raums zu, indem sie einzelne Orte jeweils dynamisieren.

Indem de Certeau die Unterscheidung von Ort und Raum und den Aspekt der Aktualisierung einführt, gelingt es ihm, zwischen einer Raumkonzeption, die diesen als *a priori* gegeben versteht, und einer, die ihn als vollständig sozial konstruiert auffasst, zu vermitteln.[70] Damit unterscheidet er sich von Lefèbvre, da er dem physisch Vorhandenen, konzipiert als Ort, eine größere Bedeutung zuspricht als dieser. Das Raumverständnis beinhaltet zudem, dass der Raum entsprechend der an einem Ort vorhandenen räumlichen Ordnung bestimmte Nutzungsmöglichkeiten vorgibt, von denen einige beispielsweise durch das Gehen im Raum realisiert werden (Certeau 1988, z.B. 190). Gleichzeitig werden mit dem Nicht-wählen bestimmter Möglichkeiten andere Formen des Raums und der Raumbildung ausgeschlossen. Die spezifischen Merkmale eines Ortes, die auch seine materielle Gestaltung beinhalten, haben also Anteil an der Konstruktion von Räumen an diesen Orten, indem sie bestimmte Nutzungsmöglichkeiten nahelegen und andere unmöglich machen. Der entstehende Raum ist demnach nicht beliebig, sondern durch die lokalen Gegebenheiten sowie die Praktiken der NutzerInnen beeinflusst.

Damit spricht de Certeau wichtige Aspekte dessen an, was Löw (2001) später in ihrer *Raumsoziologie* als spezifisch soziologischen Zugriff auf Raum beschreibt: die Konstitution von Raum durch die Einzelnen und die Abhängigkeit des Raums vom Ort, welcher bei de Certeau durch Bewegung aktualisiert und bei Löw durch *spacing* und Syntheseleistungen (Löw 2001, 158f.) durch die Einzelnen hervorgebracht wird. Man könnte diesen Ansatz diskurstheoretisch erweitern, indem man sagt, dass die gewählten Nutzungsmöglichkeiten auch Ausdruck eines spezifischen Diskurses und von diesem abhängig sind. Dies meint, dass die Wahl einer bestimmten Nutzungsform immer auch Ausdruck bestimmter, in einem Diskurs anerkannter Praktiken und durch ihn geprägter Verhaltensweisen ist. So ist z.B. das, was als öffentlicher Raum gilt, je nach Kontext unterschiedlich; die Nutzung eines Ortes und damit die Bewegungen an diesem Ort, die ihn zu einem Raum machen, geschehen in einer spezifischen Weise, und das, was dort getan werden kann – welche Nutzungsmöglichkeit gewählt wird – ist diskursspezifisch. Dies gilt auch für die reine Existenz eines Raums, der als öffentlich markiert ist. Dazu bedarf es einer Gesellschaft, die zwischen Öffentlichkeit und Privatheit unterscheidet und für diese beiden Sphären auch unterschiedliche Räumlichkeiten benennt und Praktiken zur Verfügung stellt.

Hervorzuheben ist ein weiterer Aspekt, der für Lefèbvre und de Certeau, aber auch für Löw eine Rolle für die Raumkonstitution spielt: der Körper. Die Praktiken, die den Raum konstituieren, sind im Körper der Einzelnen verortet; de Certeau beschreibt sie als unbewusste, in den Körper eingeschriebene Praktiken, die den städtischen Raum konstituieren und dazu führen, dass sich die BenutzerIn-

---

[70] Mein Dank gilt hier der AG Raum, die im Rahmen des Exzellenzclusters 16 „Kulturelle Grundlagen von Integration" an der Universität Konstanz entstand und mit deren Mitgliedern ich viele interessante, anregende und bereichernde Gespräche gerade über dieses Thema geführt habe.

nen in ihm „ebenso blind auskennen, wie sich die Körper von Liebenden verstehen" (Certeau 1988, 182). Auch für Lefèbvre hat der Körper gerade für die räumlichen Praktiken eine herausragende Bedeutung, da sie unabhängig von ihm nicht existieren (Lefebvre 1991, 40). Raum kann also nur sozial hergestellt werden, wenn Körper vorhanden sind, die die Grundlage für raumkonstituierende Praktiken bilden. Aber auch für Raumrepräsentationen und Repräsentationsräume sind Körper wichtig, da sie die Schnittstelle zwischen Wissensordnungen und Vorstellungswelten auf der einen und den einzelnen Subjekten auf der anderen Seite darstellen (ebd.).[71] Auch für Löw spielt der Körper für die Raumkonstitution eine entscheidende Rolle, und wie sie dies konzeptionell verarbeitet, stelle ich nun dar.

Martina Löws relationale Raumtheorie

Lefèbvre und de Certeau sind insofern wichtige Vorgänger von Löw, als sie Wegbereiter eines Raumverständnisses sind, das gesellschaftliche und individuelle Prozesse berücksichtigt und den Raum nicht als statisches, unveränderliches Gebilde begreift. Umso erstaunlicher ist die Tatsache, dass keiner der Autoren in ihrer Arbeit Erwähnung findet. Erklärbar wird es mit dem Wissen, dass es Löw um eine explizit soziologische Theorie des Raums geht und sie ihn als „Grundbegriff der Soziologie" (Löw 2001, 12) entwerfen will – Lefèbvre und de Certeau dagegen gehören im deutschsprachigen Kontext nicht zum Kanon der soziologischen Klassiker, auf die es dann in einer solchen Arbeit Bezug zu nehmen gälte.[72]

Löw konzipiert ihre Raumtheorie als relationales Konzept eines sozialen Raums, der durch materielle und symbolische Elemente gekennzeichnet ist; gegen eine Trennung von physischem und sozialem Raum spricht sie sich explizit aus (Löw 2001, 15). In ihrer Raumtheorie verbindet sie Anthony Giddens' Theorie der Strukturierung mit Pierre Bourdieus Körper- und Habitus-Konzepten und Reinhard Kreckels Konzepten der Materie und Symbolik. Indem sie diese verschiedenen Ansätze zusammenbringt, gelingt es ihr, sowohl stabilisierende als auch dynamische Elemente des Raums zu berücksichtigen und diesen als einen über den Körper und mithilfe von Symbolen produzierten Raum zu verstehen, der zudem abhängig ist von seinen materiellen Inhalten. Zwei Prozesse

---

[71] Neben vielen anderen hebt auch Richard Sennett die Bedeutung des Körpers für den (städtischen) Raum hervor (Sennett 1997, z.B. Kap. 8).

[72] Markus Schroers Buch *Räume, Orte, Grenzen* stellt einen weiteren Versuch dar, sich dem Raum soziologisch zu nähern (Schroer 2005), der es aber meiner Ansicht nach bezüglich konzeptioneller Stringenz und analytischer Klarheit nicht mit Löw aufnehmen kann. Dieter Läpples (1991) *Essay über den Raum* ist dagegen sowohl eine wichtige Stütze für Löws Annäherungen an den Raumbegriff als auch ein informativer Übersichtstext über die verschiedenen Raumkonzepte.

entwirft Löw dabei als maßgeblich raumproduzierend: das *spacing* und die Syntheseleistung (Löw 2001, 158f.).

Die konzeptionelle Entwicklung und Beschreibung dieser beiden Prozesse sind es, die Löws Raumtheorie für soziologische Arbeiten so inspirierend machen. Es gelingt ihr, über das Konzept des *spacing* die soziale mit der materiellen Ebene zu verbinden und diese mithilfe des Konzepts der Syntheseleistung um eine zeitliche Dimension zu erweitern. Das *spacing* bezeichnet für sie das relationale Anordnen von Dingen und Lebewesen durch Menschen, die Syntheseleistung die zusätzliche Verknüpfung mit Vorstellungen, Erinnerungen und Wahrnehmungen (ebd.). Während diese beiden Prozesse analytisch zu unterscheiden sind, „[existiert im] alltäglichen Handeln der Konstitution von Raum [...] eine Gleichzeitigkeit der Syntheseleistung und des Spacing, da Handeln immer prozeßhaft ist." (Löw 2001, 159)[73] Beide Prozesse sind an einem Ort, welcher „meist geographisch markiert" (Löw 2001, 199) ist, angesiedelt; Räume entstehen also an Orten. Gleichzeitig sind aber auch die Orte „*Ziel und Resultat der Plazierung* [sic]" (Löw 2001, 198, Herv.i.O.), so dass sich Räume und Orte wechselseitig bedingen. Als drittes Element der Raumtheorie fügt Löw neben Raum und Ort noch die Atmosphäre in ihr Konzept ein. Damit trägt sie der empirisch beobachtbaren Tatsache Rechnung, dass Räume als „an sich nicht sichtbar[e] Gebilde [...] dennoch stofflich wahrnehmbar [sind]." (Löw 2001, 204) Die Atmosphäre eines Raumes entsteht, so Löw, als Konsequenz aus der spezifischen Anordnung von Dingen und Lebewesen an einem Ort und ist die „spürbare unsichtbare Seite" (Löw 2001, 205) der Objekte – also der materiellen Güter. Im Anschluss an, aber auch in Abgrenzung von Niklas Luhmann und Gernot Böhme entfaltet Löw ein Verständnis von Atmosphäre, das diese als zwischen Objekten und Subjekt hergestellt und durch Sozialisation und Kultur geprägt fasst. Damit wird auch die Atmosphäre, wie zuvor der Raum, als inter- und intragesellschaftsspezifisch konzipiert, und es wird auf die je inhärente Logik des Einzelphänomens verwiesen. Weder gibt es *den* Raum des Supermarkts noch *die* Atmosphäre des Supermarkts; beide sind abhängig von denjenigen, die sie konstituieren, ihrer Einbindung in ihre jeweilige Gesellschaft und von den Merkmalen der jeweiligen Gesellschaften insgesamt.

Neben dieser eindeutig räumlichen Dimension weist Löws Ansatz aber auch eine temporale Ebene auf. Ähnlich wie für de Certeau ist die Bewegung ein wichtiger Aspekt der Raumkonstitution, da die Platzierung von Objekten und Lebewesen, d.h. das *spacing*, immer in Relation zu anderen Platzierungen vorgenommen wird und „sowohl den Moment der Plazierung als auch die Bewegung zur nächsten Plazierung" (Löw 2001, 159) beinhaltet. Die Konstitution von

---

[73] Löw macht außerdem darauf aufmerksam, dass das *spacing* nicht ohne die Syntheseleistung geschehen kann, letztere aber auch ohne ersteres auftritt, etwa als Form der Abstraktion in Modellen von ArchitektInnen (Löw 2001, 159).

Räumen ist daher prozesshaft und geschieht über spezifische Handlungen der Einzelnen: Objekte und Lebewesen werden angeordnet, und ihnen wird eine relationale Ordnung zugewiesen (*spacing*). Darüber hinaus verbinden die Einzelnen mit diesen Objekten und Lebewesen und ihrer relationalen (An-)Ordnung spezifische Vorstellungen und Erinnerungen und nehmen sie auf eine je eigene Art wahr; das ist das Handeln, das die Syntheseleistung darstellt. Mithilfe des Konzepts der Syntheseleistung gelingt es Löw zu erklären, warum Räume bestehen bleiben können, wenn die Orte, an die sie ursprünglich gebunden waren, verschwinden. Das Beispiel der Berliner Mauer, das sie zur Illustration verwendet (Löw 2001, 202), ist sehr anschaulich: Materiell ist die Berliner Mauer nicht mehr vorhanden – den geographisch markierten Ort gibt es also nicht mehr. Der Raum, der an diesem Ort konstituiert wurde, existiert allerdings weiterhin, da die Syntheseleistungen – die Erinnerungen, Wahrnehmungen und abstrahierende Vorstellungen beinhalten – Bestand haben, sie weisen einen Beharrungseffekt auf. Indem über bestimmte Routinen, symbolische Handlungen (etwa Gedenktage oder Stadtführungen entlang der Orte der Berliner Mauer) und ein kollektives Gedächtnis die Erinnerungen aufrecht erhalten bleiben, bleibt auch der Raum erhalten.[74]

Was ist nun das Besondere an der Materialität, die so ein wichtiger Bestandteil der Raumkonstitution ist? Löw verwendet in ihrer Arbeit den Kreckel'schen Begriff der „soziale[n] Güter" (Löw 2001, 153); unterscheidet Kreckel dabei „primär materielle und primär symbolische Güter" (ebd.), so konzentriert sich Löw auf die materiellen Eigenschaften der Güter, hebt aber hervor, dass diese nicht losgelöst von ihren symbolischen Bedeutungen betrachtet werden können und die Interpretation der spezifischen Anordnungen nur auf der Grundlage der symbolischen Inhalte gelingt.[75] Mit dieser Fokussierung der materiellen Dimension gelingt es Löw, die häufig vernachlässigte Bedeutung der Objekte in die soziologische Betrachtung des Raums zu integrieren. Um den Objektcharakter stärker zu machen und später besser an die Bedeutung von Architektur als städtischen Objekten anknüpfen zu können, verwende ich in meiner Konzeption allerdings den Begriff des Objekts anstelle der sozialen Güter. Objekte weisen, so meine Ansicht, eine symbolische Dimension auf, sobald sie Teil eines sozialen Kontextes sind.

Menschliches Handeln und materielle Objekte sind also wichtige Elemente des Raumkonstitutionsprozesses, wie ihn Löw beschreibt. Dies ließe sich zunächst als handlungstheoretische Perspektive beschreiben; indem sie aber Ele-

---

[74] Natürlich gehen Modifikationen des Raums vor sich; gerade wenn der Ort verschwindet, treten in der Wiederholung von Erinnerungen Verschiebungen auf, die schließlich die Syntheseleistung beeinflussen und damit den konstituierten Raum verändern.

[75] Oder auch misslingt, denn beispielsweise aufgrund fehlenden Wissens über die symbolischen Bedeutungen von Gütern, etwa Straßenschildern, kann das Verstehen der Anordnungen fehlschlagen.

mente der Giddens'schen Strukturationstheorie integriert, entwickelt sie einen komplexeren Ansatz. Für Löw ist das „Räumliche [...] eine spezifische Form des Gesellschaftlichen" (Löw 2001, 167) und weist immer auch „eine strukturierende Dimension auf." (Löw 2001, 166) Damit fungieren Räumen zum einen als strukturierende Elemente des Handelns und beeinflussen die Interaktionen im Raum, aber auch die Platzierungen von Objekten und Lebewesen und damit die Gestaltung weiterer Räume. Zum anderen sind die räumlichen Strukturen, die so entstehen, „Formen *gesellschaftlicher Strukturen*" (Löw 2001, 167, Herv.i.O.), d.h. sie sind je spezifisch für Gesellschaften. Ganz ähnlich wie bei Lefèbvre werden Räume und Gesellschaft als interdependent verstanden: Strukturen entstehen, und da schließt Löw an Giddens an, aus Regeln und Ressourcen und werden mithilfe von Institutionen auf Dauer gestellt, welche wiederum „Regelmäßigkeiten sozialen Handelns" (Löw 2001, 169) darstellen. Diese Regeln und Ressourcen sind gesellschaftsspezifisch, so dass sich auch die daraus entwickelnden Institutionen und Formen sozialen Handelns in Abhängigkeit von der jeweiligen Gesellschaft ausbilden. Und diese Formen des Handelns schließlich werden zur Konstitution von Räumen angewendet – im Folgeschluss heißt dies, dass die so entstehenden Räume sich je nach gesellschaftlichem Kontext, in dem die handelnde Person sozialisiert wurde, unterscheiden. Dies lenkt das Augenmerk auf die Rolle der Sozialisation für die Raumkonstitution, aber auch auf die städtische Wirklichkeit.

Der Aspekt der Sozialisation für die Konstitution von Raum wird von Löw ausführlich beschrieben und problematisiert. Wahrnehmungsprozesse sind in ihrer Konzeption ein wichtiges Element zur Herstellung von Räumen, und die ihnen zugrunde liegenden Wahrnehmungsformen sind, so Löw, „durch Bildung und Sozialisation vorstrukturiert" (Löw 2001, 197).[76] Nicht nur der gesamtgesellschaftliche Kontext, sondern auch die Sozialisation bringen also bestimmte Formen hervor, wie Dinge wahrgenommen werden und darauf aufbauend Raum konstituiert wird. Dies bedeutet, dass sich nicht nur zwischen Gesellschaften Unterschiede in der Raumkonstitution finden lassen, sondern auch innerhalb einer Gesellschaft. Als zentrale *„Strukturprinzipien"* (Löw 2001, 174, Herv.i.O.) gelten für Löw Klasse und Geschlecht, da diese „alle gesellschaftlichen Strukturen durchziehen" (Löw 2001, 173) und daher stärker wirken als andere ordnungsbildende Prinzipien. Auch für Klasse und Geschlecht gilt, dass sie inkorporiert werden und sich die damit verbundene, je nach Gesellschaft unterschiedliche, soziale Ungleichheit in die Körper einschreibt. Diese Körperlichkeit ist für Löw der Grund, warum sie als alle Strukturen durchziehende Strukturprinzipien gelten können, die auch die Wahrnehmungsformen und das Handeln insgesamt prägen und damit schließlich zur Konstitution von unterschiedlichen Räumen

---

[76] Löw greift dabei explizit das *Habitus*-Konzept von Pierre Bourdieu (1982) auf, um die Bedeutung der Sozialisation für die Wahrnehmungsprozesse herauszuarbeiten.

innerhalb einer Gesellschaft beitragen. Diese Argumentation führt auch dazu, soziale Ungleichheit raumtheoretisch fassen zu können und so beispielsweise in die Erforschung von urbanen Kontexten zu integrieren.

Für die Untersuchung der städtischen Wirklichkeit bedeutet die Tatsache, dass Räume gesellschaftsspezifisch sind, dass so sowohl die Eigenarten in der Raumproduktion über den je spezifischen gesellschaftlichen Kontext erklärbar werden, aber auch die räumlichen Strukturen je eigene Merkmale aufweisen, die sich im Vergleich zwischen Gesellschaften unterscheiden. In einem abschließenden Ausblick formuliert Löw Vorschläge, welche methodologischen Konsequenzen ihre Raumtheorie für die Soziologie haben könnte. Für die Untersuchung von Städten regt sie an, in den Blick zu nehmen, wie „eine Stadt im Handeln entsteht" (Löw 2001, 254) und damit eine stärker handlungstheoretische Perspektive auf die Stadt einzunehmen. Damit konzipiert Löw die Stadt, wie ich im Verlauf dieses Kapitels noch zeigen werde, als einen Raum, der über spezifische Syntheseleistungen entsteht und sich in Abhängigkeit von der Person oder der Gruppe, die diese Leistung erbringt, unterscheidet. Damit gibt es nicht mehr *die* Stadt, sondern verschiedenen Räume, die in einer Stadt konstituiert werden.

Löw gelingt mit ihrer Raumtheorie die Verknüpfung von Dynamik und Stabilität, indem sie Handeln und Struktur konzeptionell verbindet. Räume werden über soziales Handeln hervorgebracht und sind daher dynamische, veränderliche Konstrukte. Gleichzeitig existieren sie, einmal geschaffen, als räumliche Strukturen und weisen in ihrer Stabilität Beharrungseffekte gegen Veränderungen auf. Ein Unterschied zu Giddens ist bedeutsam für die Theorie: In räumlichen Strukturen können sich andere gesellschaftliche, etwa ökonomische, Strukturen „realisieren" (Löw 2001, 172). Räumliche Strukturen sind daher nicht als gleichwertig neben anderen gesellschaftlichen Strukturen zu sehen, sondern stellen ein Setting dar, in dem diese Strukturen in die Wirklichkeit gesetzt werden. Damit lassen sich auch die verschiedenen Erklärungsversuche zusammenbringen, die den städtischen Raum als entweder politisch, ökonomisch oder kulturell verstehen, denn es ist so möglich, den Raum als ein Konstrukt zu begreifen, in dem verschiedene Aspekte der Gesellschaft realisiert werden.

Raum und Macht

Wenn Löw beschreibt, wie Sozialisation und Strukturprinzipien wie Klasse und Geschlecht die Raumkonstitutionen beeinflussen (Löw 2001, 173ff.), so ist damit der Zusammenhang von Macht und Raum angesprochen. Paul Hirst (2005) beschreibt das von Jeremy Bentham gedanklich entworfene Panopticon als eine „idea in architecture" (Hirst 2005, 169). Benthams Panopticon ist, raumsoziologisch gesprochen, ein auf der Basis von Syntheseleistungen enstandener abstrakter Raum; dieser war lediglich in Skizzen und Zeichnungen vorhanden und wurde nicht über das *spacing* realisiert. Ein solcher abstrakter Raum kann als Ausdruck eines Diskurses, einer Herrschaftsvorstellung oder einer Ideologie verstanden werden. Der im Fall des Panopticon-Entwurfs geschaffene Raum ist ein Raum der Überwachung und der Kontrolle – letztlich der Macht. Damit ist ein zentraler Aspekt berührt, wenn es um die Frage geht, in welcher Beziehung Raum, Regierungsform und Stadt zueinander stehen. In seinen Vorlesungen zur *Geschichte der Gouvernementalität* befasst sich Michel Foucault u.a. mit der Beziehung von Regierungsformen und Dingen (Foucault 2009, 1:145ff.). Er arbeitet heraus, welche Verschiebungen sich historisch bezüglich des Umgangs der Regierenden mit den sie umgebenden Menschen und Dingen beobachten lassen. Foucault begreift Regierung dabei in einem sehr weiten Verständnis, das von der Führung eines Staates bis zur Erziehung von Kindern reicht (Foucault 2009, 1:135). Zudem geht es nicht nur um die Fragen, wie andere geführt, d.h. regiert werden können, sondern es geht auch darum, wie eine (gute) Selbstregierung möglich ist – der Einzelne ist also sowohl als AdressierteR einer Fremdregierung im Blick als auch als die Person, die sich selbst regiert und sich als Subjekt[77] sich selbst unterwirft. Diese Regierung des Einzelnen durch Diskurse und die damit verbundene Etablierung von Macht- und Widerstandsbeziehungen können, so Gerhard Göhler (2007), auch als „Mechanismen weicher Steuerung" (Göhler 2007, 99) verstanden werden – ein Aspekt, der im Verlauf dieses Kapitels im Kontext der Steuerungstheorien noch Erwähnung findet (Kap. 5.3).

Während, wie Foucault (2009) zeigt, für das Regieren von Fürsten und Königen das Territorium eine wichtige Rolle spielte, da über territoriale Grenzen festgelegt wurde, welche politische und ökonomische Verfügungsgewalt sie hatten, zeigt Foucault anhand von La Perrière, dass das Regieren in seinem Sinn keine territoriale Dimension aufweist, sondern es sich auf etwas bezieht, das „eine Art aus den Menschen und Dingen gebildeter Komplex" (Foucault 2009, 1:146) ist. Diese Perspektive lässt sich mit der Löw'schen Theorie der Raumproduktion in einer instruktiven Weise verbinden: Räume sind für Löw Anordnungen von Dingen und Lebewesen, und für Foucault ist das Regieren auf Anordnungen von Objekten und Menschen bezogen. Lediglich der Blickwinkel ist bei beiden unterschiedlich: Geht es Löw zunächst einmal um die Herstellung von (sozialen) Räumen durch die Einzelnen, nimmt Foucault eine Makroperspektive ein, die es ihm möglich macht, konstituierte Räume als Objekte des Regierens zu verstehen. Regierende konstituieren über die architektonische Gestaltung den Raum einer Gesellschaft, und dieser Raum ist durch ihre spezifischen normativen Vorstellungen geprägt – ihre Syntheseleistungen. Über ihre Machtposition können sie schließlich wieder mithilfe des herrschenden Diskurses die Raumkonstitutionen der anderen Gesellschaftsmitglieder beeinflussen, nicht zuletzt durch die Gestaltung der Dinge, die für die Raumkonstitution verwendet werden. Hier wiederum spielen die architektonischen und insgesamt materiellen Merk-

---

[77] Zum Subjektbegriff vgl. meine Anmerkungen in Kapitel 3.4.

male der Objekte eine wichtige Rolle, die ich im Verlauf dieses Kapitels genauer beschreibe (vgl. Kap. 5.2).

Raumkonzepte der Urban Studies

Stärker als in der Soziologie beschäftigt man sich im Feld der *Urban Studies* mit dem Konzept des Raums. Dabei sind es häufig Ansätze, die, ähnlich wie Lefèbvre, marxistisch inspiriert sind und die Zusammenhänge von gesellschaftlichen (Re-)Produktionsbedingungen und Raum zum Thema haben. David Harvey (2006) beispielsweise unterscheidet drei Verständnisse von Raum – absoluter, relativer und relationaler Raum – und verweist darauf, dass das jeweilige Raumverständnis, das verwendet wird, vom Standpunkt und den Praktiken des Benutzers abhängig und daher keine ontologische Definition von Raum möglich sei (Harvey 2006, 125f.). Damit unterscheidet er sich von Löw (2001), die mit dem Entwurf eines rein relationalen Raumkonzepts eindeutig Position bezieht. Für Harvey befindet sich jede Person immer in allen drei Raumformen (Harvey 2006, 128): im absoluten Raum, der unabhängig von den Dingen existiert, im relativen Raum, welcher dagegen gerade aufgrund der Beziehungen der Dinge zueinander vorhanden ist, und im relationalen Raum, der als ein Teil von Objekten verstanden wird, die wiederum nur aufgrund der Tatsache existieren, dass sie in sich Beziehungen zu anderen Objekten tragen (Harvey 2006, 121). Neben diesen grundsätzlichen Überlegungen, die die Beziehung zwischen Raum und Mensch betreffen, befasst sich Harvey mit dem Zusammenhang von Kapitalakkumulation und -strömen und dem Raum.[78] Er hebt dabei die Bedeutung einer raum-zeitlichen Perspektive hervor, die es einzunehmen gelte, da Raum in verschiedenen Epochen unterschiedlich produziert und genutzt werde.

Damit greift er ähnliche Aspekte auf wie Nigel Thrift, der sich unter anderem mit der Frage beschäftigt, wie für eine angemessene Analyse von raumzeitlichen Phänomenen die Humangeographie von Forschungen in der Sozialtheorie profitieren könne und dazu de Certeau und Bourdieu zu integrieren versucht (Thrift 1996; 2006).[79] Für den Zusammenhang von Gesellschaft und Räumen arbeitet er die Bedeutung von affektiven Bindungen zwischen Gesellschaftsmitgliedern und Räumen heraus und erweitert damit das Feld um den Aspekt der Emotionen (Thrift 2006, 143f.). Thrift geht es letztlich um die Frage,

---

[78] Zur Darstellung von Harveys Ansatz, aber auch der Raumkonzepte anderer Sozialtheoretiker vgl. Andrej Zieleniec (2007). Auch Edward Soja (1989) liefert wertvolle Hinweise, wie sich die Perspektive auf Raum grundsätzlich verändert hat.

[79] Thrift und Mike Crang (2000) beschreiben im Vorwort des von ihnen herausgegebenen Buchs *Thinking Space*, dass die besondere Herausforderung bei Raumtheorien darin bestehe, theoretische Raumkonzeptionen mit den empirisch beobachtbaren Raumphänomenen zusammenzubringen. Dies ist eine auch für soziologische Raumkonzepte gültige Bemerkung.

wie sich die Beziehung zwischen einer kapitalistischen Gesellschaft und den von ihr hervorgebrachten Räumen gestaltet (vgl. dazu Thrift und Williams 1987).

Da viele der im Feld der *Urban Studies* Forschenden eine geographische Ausbildung besitzen, sind diese Arbeiten oft mit entsprechend ausgerichteten Fragestellungen verbunden. Das bedeutet, dass das Konzept des Raums häufig mit dem Konzept des Ortes zusammen verwendet wird; nicht immer wird dabei Wert auf begriffliche Trennung gelegt, so dass diese Erweiterung auch eine der thematischen Unschärfen ist. Inhaltlich bedeutet es, dass die Frage nach dem Raum in vielen Fällen mit Fragen nach dem Zusammenhang von Raum, Macht und Territorium verbunden ist. Dabei wird immer wieder an Michel Foucault angeknüpft, um die Zusammenhänge von Machtstrukturen in Gesellschaften und ihren Wirkungen auf räumliche und territoriale Strukturen zu erklären.

ForscherInnen, die wie etwa Edward Soja der *Critical Geography* zu gerechnet werden können,[80] integrieren in ihre Arbeiten zu Raum und Gesellschaft auch eine programmatische Perspektive auf diese Zusammenhänge. So entwirft Soja das Modell des „Thirdspace" (E. Soja 1996, 57), das ähnlich wie Foucaults (2005) Heterotopien ein alternatives Raumkonzept beschreibt, mit dem die auch bei Lefèbvre und Foucault angelegte triadische Beziehung von Raum, Zeit und Sozialem angemessen bearbeitet werden könne (vgl. auch E. W. Soja 1989). Doreen Massey (1994), auf die auch Martina Löw mit ihrer Raumsoziologie Bezug nimmt, ist schließlich eine derjenigen, die auf die Bedeutung des Ortes für die Realisierung unterschiedlicher Räume hinweist und die Verbindung von Orten und Räumen auch in die Analyse räumlicher Phänomene integrieren will.

Manuel Castells (2001) schließlich hebt mit seiner Betonung der Netzwerke im Informationszeitalter die damit verbundenen Veränderungen im Raumverständnis und in der Raumwahrnehmung hervor. Seine Konzeption des Raums der Ströme beschreibt die globalen Bewegungen von Dienstleistungen, die über ihre Anbindung an lokal verorteten Punkten eine Netzwerkstruktur herausbilden. Daraus entstehe ein „neue[r] industrielle[r] Raum" (Castells 2001, 1:441), der „von Informationsströmen organisiert" (Castells 2001, 1:449) werde – es bildet sich in der Informationsgesellschaft ein für diese Gesellschaftsform charakteristischer Raum der Ströme heraus. Dieser Raum ist nicht losgelöst von Orten zu verstehen, wie Castells unter Rückgriff auf Saskia Sassen (2001) herausarbeitet, denn das Netz der Dienstleistungen braucht spezifische Orte, an denen – beispielsweise in den Geschäftsvierteln der *global cities* – die Verbindungen von (Zuliefer-)Unternehmen koordiniert werden, Kontakte für zukünftige Kooperationen geknüpft und vorhandene gepflegt werden (Castells 2001, 1:439f.). Obwohl Castells die Bedeutung dieser Städte und damit ihren lokalisierten, stabilen Cha-

---

[80] Vgl. dazu auch den empfehlenswerten Sammelband *Raumproduktionen* in dem einige der hier vorgestellten Positionen unter dem Begriff der *Radical Geography* aufgenommen sind und verschiedene raumtheoretische Ansätze kritisch diskutiert werden (Belina und Michel 2007).

rakter betont, ist seinem Konzept eine sehr viel stärker temporale Dimension inhärent als den meisten anderen Raumtheorien. Auch die *global cities* konzipiert Castells schließlich nicht als „Ort, sondern [als] Prozess" (Castells 2001, 1:441).

Diese alternativen Herangehensweisen an das Phänomen Raum, von denen ich nur einige zur Vorstellung ausgewählt habe, leisten einen wichtigen Beitrag für eine soziologische Beschäftigung mit dem Raum: Sie bieten Anreize, vorhandene Konzepte zu überdenken und zu modifizieren. So sind die *Urban Studies* meiner Ansicht nach häufig einen Schritt weiter, wenn es um die Bearbeitung globaler Prozesse und die Frage von globalen und lokalen Verbindungen sowie die Berücksichtigung der Bedeutung von Macht für räumliche Strukturen geht. Die Einflüsse, die beispielsweise Massey auf Löws Raumtheorie hat, ist kaum zu unterschätzen. Auch sind es häufig VertreterInnen aus diesem Bereich, die sich mit aktuellen städtischen Phänomenen zuerst beschäftigen, wie Mike Davis' Arbeit zu Los Angeles exemplarisch zeigt (Davis 1994). Eine soziologische Perspektive sollte aber immer noch eine zusätzliche Ebene einziehen, indem sie danach fragt, welche gesellschaftlichen und kulturellen Prozesse den räumlichen Transformationen zugrunde liegen oder mit ihnen einhergehen. Dies leistet Löw ist vorbildlicher Weise, indem sie die Bedeutung einer explizit *soziologischen* Raumtheorie herausarbeitet und zeigt, welche inhaltlichen und methodologischen Konsequenzen diese mit sich bringt.

5.1.2 Konzepte des Ortes

Gerade die zunehmende Diskussion des Raums und die daraus entstehende Erweiterung der Analyseperspektiven und -möglichkeiten zeigen, dass, wie Frank Eckardt hervorhebt, „zwischen ‚Raum' und ‚Ort' zu unterscheiden ist." (Eckardt 2004, 44, Herv.i.O.) Wie in der Darstellung von Löws Raumtheorie deutlich wurde, geht eine angemessene Beschäftigung mit dem Raum mit einer Einbeziehung des Ortes einher. Dies offenbart sich insbesondere, wenn raumtheorische Überlegungen mit einer Untersuchung von Städten kombiniert werden sollen, denn diese sind, zumindest aus administrativer Sicht, „konkret benennbar, meist geographisch markiert" (Löw 2001, 199). Die Stadtsoziologie hat sich durchaus mit dem Ort beschäftigt; so ist er für Bernhard Schäfers ein „fixierter Raum" (Schäfers 2006, 131), und in Abhängigkeit von Erinnerungen, Geschichte und individuellen Präferenzen „[lässt] ein bestimmter physischer Raum sehr verschiedene Fixierungen [zu]" (Schäfers 2006, 11). Diese Argumentation ist der Löw'schen ähnlich, allerdings dreht sie die Bezüge um: Zwar spricht auch Löw davon, dass Orte in Abhängigkeit von der Raumkonstitution entstehen und nicht ohne sie zu denken sind – ohne Raum kein Ort, aber ohne Ort auch kein Raum. Schäfers aber begreift den Ort – und nicht wie Löw den Raum – als Resultat einer, um Löws Vokabular zu verwenden, Syntheseleistung, während der Raum für ihn das physisch Vorhandene darstellt. Für Löw dagegen sind die Konzepte in genau anderer Weise aufeinander bezogen. Sich dem Ort konzeptionell zu nähern scheint also noch schwerer zu sein als den Raum begrifflich zu fassen.[81] Aus einer solchen Uneinigkeit bezüglich des Zusammenhangs von Raum und Ort schließt Frank Eckardt (2004), dass es bezüglich der Einbeziehung des Ortes in die raumtheoretisch informierte Stadtsoziologie zwei vorherrschende Positionen gibt. Für die einen ist der Ort kaum existent und spielt keine Rolle für die Konzeption von Raum. Für die anderen übernimmt der Ort die vorherrschende Funktion, so „dass sie der Gesellschaft als solcher keine eigene Bedeutung mehr zubilligen" (Eckardt 2004, 45). Beides ist, so denke ich, keine Lösung. Wie am Beispiel der Arbeiten von de Certeau und Löw deutlich wird, sind die beiden Konzepte Raum und Ort eng miteinander verbunden und sollten theoretisch entsprechend gefasst werden.

De Certeaus Perspektive kann dabei, so meine ich, die soziologischen Annäherungen an den Ort als analytisches Konzept befruchten. Für ihn besteht ein Ort aus „ineinander geschachtelten Schichten" (Certeau 1988, 353) und „ist ein Palimpsest" (Certeau 1988, 355), d.h. eine Überlagerung der Zeichen, unterschiedlicher Praktiken, Diskurse, Vorstellungen, bei der nur die oberste Schicht lesbar ist, die aber Spuren des Vergangenen beinhaltet. Indem man diese Perspektive auf den Ort mit Löws Raumverständnis zusammenbringt, lässt sich der Ort als die geographisch markierte, begrenzte Stelle begreifen, an der unzählige Räume konstituiert wurden und werden. Auf den ersten Blick sichtbar sind die aktuellen Raumkonstitutionen, die wie bei einem Palimpsest die oberste, noch nicht entfernte Schicht darstellen. Dennoch sind in dieser Raumkonstitution die Spuren vergangener Raumkonstitutionen enthalten – der mittelalterliche Marktplatz beispielsweise als Ort des ökonomischen Handels und der militärischen Versammlungen (Weber 1999 [1920/21], 80) und als politischer Versammlungsort während der Anti-Atomkraft-Demonstrationen in den 1980er Jahren und im Jahr 2011. In Löws Terminologie bleiben über die Syntheseleistungen bestimmte Räume an einem Ort erhalten, auch wenn sich dieser Ort verändert und zusätzlich neue Raumkonstitutionen entstehen. Andere Räume wiederum, die dort einmal konstituiert wurden, haben keine Spuren hinterlassen, da keine Erinnerungen oder Vorstellungen davon existieren. Diese Schichten (de Certeau) von Räumen (Löw) machen einen Ort zu einem gesellschaftlich bedeutsamen Element der physischen Umgebung – und das ist es, was den Ort für die Soziologie zu einem betrachtenswerten Gegenstand macht. Versteht man Raum in einer solchen dynamischen Weise, wie ich es hier vorschlage, so lässt sich mit dem Konzept des Ortes ein Element einführen, mit dem sich die geographische und

---

[81] In *Räume, Orte, Grenzen* arbeitet Markus Schroer (2005) verschiedene Raumkonzepte von der Antike bis zur Postmoderne heraus und beschreibt dabei deren Interdependenzen.

gebaute Umwelt einbeziehen sowie ein Moment der Stabilität integrieren lässt. Für ein angemessenes Verständnis der Stadt ist dies, so meine ich, unerlässlich.

5.1.3 Die Stadt: mehr als ein gebauter Ort der Gesellschaft?

Bislang habe ich das Thema meiner Arbeit, die Stadt, nur am Rande gestreift und Begriffe erläutert, die konzeptionell an ihrer Peripherie zu liegen scheinen: Raum, Atmosphäre, Ort. Zur Beantwortung der Frage, was ich als Stadt begreife und inwiefern sie mehr ist als ein gebauter Ort der Gesellschaft, greife ich noch einmal auf die Klassiker der Stadtsoziologie zurück. Mit Louis Wirth (1938) unternahm erstmals ein Sozialwissenschaftler den Versuch, die Stadt soziologisch zu definieren. Wie ich in Kapitel 2 gezeigt habe, sind für ihn Dichte, Größe, Heterogenität die entscheidenden Elemente. Liest man daraufhin die Arbeiten von Simmel (1995 [1903]) und Weber (1999 [1920/21]), so finden sich dort ähnliche Aspekte, die sie als charakteristisch für Städte beschreiben. Insbesondere die Heterogenität, sowohl von Bevölkerung als auch von Ökonomie, ist wichtig, damit eine Ansammlung von Menschen an einem Ort als Stadt bezeichnet werden kann. Das Kriterium der Dichte impliziert die Begrenztheit des Ortes, da sie nur in Relation zu einer eindeutig beschriebenen Fläche berechnet werden kann.

Martina Löw hebt diesen Aspekt der Verdichtung hervor: „Mit anderen Worten, die Bestimmung der Stadt erfolgt raumsoziologisch als Form der Grenzziehung und Verdichtung." (Löw 2008, 240) Die Verdichtung unterscheidet die Stadt von anderen Siedlungsformen, wie etwa dem Dorf. Stadt ist für Löw darüber hinaus die „spezifische Verknüpfung von Räumlichem und Sozialem" (Löw 2001, 56), wobei „die räumliche Konstruktion des Sozialen und die soziale Konstruktion des Räumlichen" (ebd.) der für die Soziologie wichtige Aspekt bei der Untersuchung von Städten ist. Damit verweist sie auf die Tatsache, dass die Bestimmung dessen, was als Stadt bezeichnet wird, abhängig ist von der Perspektive der Forschenden. Die Dichte einer Stadt ist dabei ein interessantes Phänomen, denn sie ist sowohl aus der genannten politisch-planerischen Sicht ein wichtiger Aspekt, aber auch aus soziologischer, da Verdichtung spezifische soziale Prozesse impliziert und hervorrufen kann. Damit kann schon der Aspekt der Verdichtung auf gesellschaftliche Phänomene verweisen, die typisch sind für das Leben in einer Stadt.

Martina Löws Bestimmung des Städtischen über den Aspekt des Räumlichen sieht Frank Eckardt (2004) kritisch, wenn er dafür plädiert, Raumkonzepte mit einem stärkeren Bezug auf die Stadt zu versehen. Bei ihm heißt es: „In welcher Weise, so bleibt die offene Frage, kann die Stadt als eine distinkte Raum-Zeit-Konfiguration verstanden werden, die sich gegenüber anderen unterscheidet?" (Eckardt 2004, 48) Die Spezifik von Städten ist nicht von der Frage des Raumes zu trennen, allerdings lässt sie sich, so seine Annahme, nicht mit einem rein relationalen Raumverständnis beantworten; abhängig von der Fragestellung könne auch ein absolutes Raumverständnis für die Analyse hilfreich sein, womit er an Harveys Perspektive anknüpft, nach der immer drei Raumkonzepte zusammenwirken (Harvey 2006, 125f.). Interessant ist, dass Eckardt damit ein vorherrschendes Paradigma der aktuellen Raum*soziologie* und der damit verbundenen Stadtsoziologie in Frage stellt, aber, wie mit dem Beispiel Harveys deutlich wird, auf Ansätze anderer Raumwissenschaften implizit Bezug nimmt. Geht es den raumsoziologischen Perspektiven darum, ihre Abgrenzung gegenüber einem absolutistischen Raumverständnis zu plausibilisieren, verweist Eckardt auf die Bedeutung des materiellen Raums, der die sozial Handelnden umgibt (Eckardt 2004, 47f.). Eine Kombination von Raumkonzepten kann also dann fruchtbar für die Untersuchung des Phänomens Stadt sein, wenn über relationale Raumkonzepte die Dynamiken und Veränderlichkeiten, auch über die sozialen Praktiken der Akteure, berücksichtigt werden, und über relative und absolute Raumkonzepte die Beständigkeiten und die in der Materialität der Objekte liegenden Beharrungseffekte und ihre inhärenten Logiken einbezogen werden.

Neben diesen qualitativen Definitionen liegt auch rein quantitative Bestimmung des Städtischen vor. In der Stadtplanung und -soziologie wird häufig eine auf der EinwohnerInnenzahl basierende Unterscheidung zwischen Stadt und Großstadt als Maßgabe verwendet: Erstere hat mindestens 20 000 EinwohnerInnen, letztere mindestens 100 000 (Zwahr 2006, 107f.). Diese Unterscheidung basiert auf einer Festlegung, die im Rahmen der Internationalen Statistikkonferenz von 1887 vorgenommen wurde. Neben Großstadt und Stadt liegen außerdem noch Definitionen der Klein- und Mittelstadt vor (5000 bis 20 000 EinwohnerInnen gegenüber 20 000 bis 100 000 EinwohnerInnen). Dies bedeutet, dass eine Ansiedlung ab der Bevölkerungszahl von 20 000 Personen innerhalb eines begrenzten Gebiets als Stadt gilt, und für die darüber hinausgehenden unterschiedlichen Größen der Stadt gibt es entsprechende Bezeichnungen.

Schließlich ist noch zu erwähnen, dass die Stadt auch als Diskursphänomen konzipiert werden kann, das „durch den utopischen und urbanistischen Diskurs [geschaffen]" (Certeau 1988, 183) wird. Eine solche Perspektive impliziert, dass über die in einer Gesellschaft – sowohl von StadtbewohnerInnen als auch von den Gesellschaftsmitgliedern insgesamt – virulenten Diskurse ausgehandelt wird, was als Stadt gilt, welche Stadt wie charakterisiert ist und was als erstrebenswert oder verwerflich für eine und in einer Stadt verstanden wird. Diese diskursiv ausgehandelten Verständnisse von Stadt können sich deutlich von anderen Definitionen von Stadt, etwa politischen oder administrativen, unterscheiden, weisen in der Regel aber eine wechselseitige Verbindung zu diesen auf.

Trotz deutlicher Unterschiede in Terminologie und gesellschaftstheoretischen Grundannahmen lassen sich diese unterschiedlichen Perspektiven auf die Stadt in verschiedener Weise zusammenbringen, und meiner Ansicht nach lassen sich zwei tatsächlich differente Konzeptionen unterscheiden: Zum einen das Verständnis einer Stadt als statisches Gebilde, das durch eine bestimmte physische Größe, Bevölkerungszahl und -dichte und Heterogenität in der (ökonomischen) Struktur gekennzeichnet ist, und zum anderen die Perzeption der Stadt als dynamischer, von den NutzerInnen immer wieder aktualisierter Komplex, der durch kulturelle, ökonomische und soziale Diversität sowohl der Bevölkerung als auch der Materialität charakterisiert ist.

Für meine Herangehensweise an das Phänomen Stadt ist Löws Raumsoziologie aus drei Gründen bedeutsam. Zum ersten ist es mit ihren Konzept möglich, sowohl die soziale als auch die materielle Dimension einer Stadt in den Blick zu nehmen. Eine auf soziale Prozesse fokussierende Stadtsoziologie kann damit um den Einbezug von Objekten erweitert werden, so dass gleichzeitig auch eine fruchtbare Integration von Objekt- und Akteur-Netzwerk-Theorien gelingen kann. Zum zweiten ist es möglich, vor dem Hintergrund ihres Raumverständnisses solche Prozesse zu verstehen, die einer Kausalerklärung widerstehen. Indem die Syntheseleistung als Erklärungsansatz einbezogen wird, lassen sich die inhärenten Widerstände einer Stadt und die Beharrungseffekte von städtischen Identitäten, Bildern und Vorstellungen besser erklären, die gerade im Kontext der Stadtplanung bedeutsame Fragen aufwerfen. Zum dritten ist es möglich, städtische Transformationen und gesellschaftliche Veränderungen zusammenzubringen, da Raumkonstitutionen für Löw maßgeblich von Sozialisationsprozessen und gesamtgesellschaftlichen Kontexten beeinflusst werden.

Ich kann daher festhalten, dass ich für meine Untersuchung städtischer Transformationsprozesse und der Rolle der Stadtplanung in ihnen Stadt, Raum und Ort als konzeptionelle Trias verwende. Vor dem Hintergrund einer quantitativen Bestimmung von Stadt ist festzuhalten, dass es in meiner Arbeit um Transformationsprozesse in Großstädten geht, da beide untersuchten Städte mehr als 100 000 EinwohnerInnen aufweisen. Da gerade für die Arbeit der Stadtplanung die Größe der jeweiligen Stadt und die administrativen Strukturen wichtig sind, gilt es für eine Untersuchung, die die Effekte von Stadtplanung auf städtische Entwicklungen im Blick hat, beide Ansätze zu kombinieren: Die auf der Basis von statistischen Daten *a priori* getroffene Feststellung, dass es sich bei den empirischen Beispielen um Großstädte handelt, muss mit einer soziologischen Definition dessen kombiniert werden, was für eine Stadt konstitutive Elemente sind (vgl. dazu exempl. Löw, Steets und Stoetzer 2008, 11ff.). Für meine soziologische Herangehensweise verstehe ich eine Stadt als historisch und lokal spezifische Anordnung von materiellen Objekten und Lebewesen an einem physisch begrenzten *Ort*, an dem über das *spacing* und die Syntheseleistungen der NutzerInnen[82] der Stadt verschiedene städtische *Räume* konstituiert werden. Damit ist die

---

[82] Unter NutzerInnen fasse ich hier alle sozialen Gruppen, die mit der Stadt in irgendeiner Weise verbunden sind. Dazu gehören die BewohnerInnen inkl. der Gruppe der Obdachlosen, Stadtpla-

Stadt das konzeptionelle, gebaute und durch Handlungen konstituierte Ganze, in dem sich die verschiedenen Räume durch die BewohnerInnen, ihre Handlungen, Nutzungen und Geschichten realisieren. Damit nehme ich insofern eine raumsoziologische Perspektive auf die Stadt ein, als ich die Raumkonstitutionen der NutzerInnen als konstitutiv für die lokalspezifische Ausprägung einer Stadt begreife, gehe aber darüber hinaus, indem ich die Bedeutung der Materialität für die Raumkonstitution und die Stadt selbst hervorhebe und ihr, stärker als Löw dies tut, konstitutiven Charakter zuspreche.[83]

5.2 Die Materialität der Stadt

Meine Definition von Stadt als Konglomerat verschiedener, sozial produzierter Räume an einem spezifischen Ort impliziert eine Betonung der Materialität. Wie ich in der Darstellung der Konzeptionen von Raum, Ort und Stadt gezeigt habe, spielen die in einer Stadt vorhandenen materiellen Objekte eine wichtige Rolle für die Bestimmung dessen, was Stadt ist, aber auch für die Konstitution von Räumen und damit die Herstellung der Stadt als Raum. Anders als Löw möchte ich die Bedeutung der Materialität der Objekte stärker machen, da dies gerade zur Beantwortung der Frage, welche Effekte eine spezifische Stadtplanung auf städtische Entwicklungen hat, wichtig ist.

5.2.1 Materialität als zentrales Element des städtischen Raums

Ich beschränke mich in meiner Arbeit darauf, Materialität in einem basalen Verständnis als alles physisch Vorhandene zu bezeichnen, das sowohl die Architektur, die geographischen Gegebenheiten des Ortes sowie Infrastrukturelemente wie Straßen und Kanalisation einschließt, aber auch andere, von offizieller Seite nicht legitimierte materielle Interventionen in die gebaute Struktur. Im Fall derartiger Interventionen liegt mein Fokus insbesondere auf (illegalen) Eingriffen in

---

nerInnen, BesucherInnen und TouristInnen, aber auch diejenigen, die sich auf die Städte von außen beziehen, etwa in wissenschaftlichen Arbeiten (demnach auch ich selber), Marketingbroschüren, Imagekampagnen etc. Für die konkrete empirische Arbeit steht die Fokussierung auf die Gruppen der StadtplanerInnen, der BewohnerInnen mit festem Wohnsitz in der Stadt und der BesucherInnen/TouristInnen im Vordergrund, doch sind auch deren Raum- und Stadtkonstitutionen nur in Verbindung mit den anderen Gruppen zu verstehen.

[83] Löw spricht davon, dass die Stadt erst über die Syntheseleistungen der Menschen zum Raum wird und betont damit die Bedeutung der sozialen Dimension der Raumkonstitution (Löw 2001, 131). Wie ich gezeigt habe, berücksichtigt sie auch die materielle Dimension der sozialen Güter, die angeordnet werden, doch dieser Aspekt verdient meiner Ansicht nach mehr Berücksichtigung.

die und Veränderungen der Materialität wie *graffiti* und *street art*.[84] Diese werden Teil der Materialität einer Stadt, da sie in der Regel auf Architektur platziert werden und dann mit der Architektur zusammen eine neue Einheit als materielles Objekt eingehen.

Damit ist Materialität gleichzusetzen mit allem Gebauten und physisch Vorhandenen und ist ein bedeutender Faktor für die Konstitution des städtischen Raums, da die Handlungen der Individuen maßgeblich durch das materiell Vorhandene strukturiert sind und sie nicht zuletzt in Abhängigkeit davon den jeweiligen sozialen Raum produzieren. Die Materialität durchzieht so alle drei Elemente der Trias Ort (als physisch Vorhandenes), Raum (als aus der Anordnung von Objekten entstehend) und Stadt (als aus beidem bestehend).

Indem ich den materiellen Charakter von Objekten betone, schließe ich lose an die Diskussionen der Akteur-Netzwerk-Theorie an. Es geht mir an dieser Stelle nicht darum, die spezifischen Eigenlogiken von Objekten als Aktanten, wie Bruno Latour (2007) sie nennt, zu beschreiben. Zweifellos wäre das möglich, wenn man „*jedes Ding*, das eine gegebene Situation verändert, indem es einen Unterschied macht" (Latour 2007, 123, Herv.i.O.), als Aktanten begreift. Und in einer Stadt verändern Dinge, die vorhanden oder abwesend sind, die Situationen und damit das Städtische entscheidend. Auch Andreas Reckwitz (2002) weist auf die Bedeutsamkeit dieses Ansatzes für die Beantwortung der Frage nach dem Status des Materiellen in der Kulturtheorie hin (Reckwitz 2002, z.B. 196f.; 208ff.). Der Fokus auf die Relationen zwischen Objekten und Menschen und das Verständnis von beiden als Handlungsträger und damit Akteure würde aber verschleiern, worum es in meiner Arbeit geht.

Daher knüpfe ich auch hier an Löws Raumkonzeption an; die Betonung der materiellen Dimension der sozialen Güter (vgl. Löw 2001, 153ff.), welche zur Konstitution von Räumen und damit von Städten nötig sind, hebe ich noch stärker hervor als Löw es tut. Diese grenzt sich, wie ich gezeigt habe, von Kreckel in der Verwendung des Begriffs der sozialen Güter ab, indem sie die materiellen den symbolischen Gütern vorzieht, dabei aber deren symbolische Dimension mitdenkt (Löw 2001, 153). Auch in meinem Verständnis von Materialität ist das Symbolische mitgedacht; es entsteht in der Interaktion von Lebewesen mit Dingen und ist als sozial konstruierte Bedeutungsdimension zu verstehen. Diese Bedeutung erlangen die Dinge dadurch, dass sie Teil der Praktiken der Gesellschaftsmitglieder sind, wie Reckwitz (2002) betont, und das diesbezügliche Wissen sich in den Artefakten materialisiert (Reckwitz 2002, 212).

---

[84] Zur Unterscheidung von *graffiti* und *street art* vgl. exemplarisch den Aufsatz von Myrto Tsilimpounidi und Alwyn Walsh (2011), in dem sie letzteres als künstlerische Intervention im Stadtraum begreift und von *graffiti* als visuellen Markierungen ohne künstlerische Aussage unterscheidet. Ich fasse in dieser Arbeit beide Formen unter dem Begriff des *graffiti* zusammen.

Die Materialität von Objekten – ich verwende die Begriffe Objekt und Ding synonym, aber nicht den Begriff Artefakt, da auch nicht von Menschen hergestellte Objekte gemeint sind – ist das, was sie im Wortsinn greifbar macht, und weist gegenüber sozialen Prozessen eine eigene Widerständigkeit auf, die in dieser Materialität begründet liegt. Die Stofflichkeit der Dinge ist dafür zentral: Die verwendeten Materialien lassen bestimmte Verwendungen zu und schließen andere aus, ebenso wie die Form dieser Dinge. Im Kontext menschlicher Siedlungen ist die Architektur ein wichtiger Teil der materiellen Objekte, nicht zuletzt, weil sie ein wichtiges Arbeitsmittel der StadtplanerInnen ist. Ihr wende ich mich nun zu.

5.2.2 Architektur als materielle Gestalt der Städte

Unter Architektur ist allgemein die gebaute Umwelt zu verstehen,[85] ohne dass bei einer solchen ersten begrifflichen Bestimmung schon unterschieden würde, welcher Art diese Umwelt ist – handelt es sich um eine Umwelt zum Wohnen oder zum Arbeiten, für die Freizeit oder zur Ausübung religiöser Tätigkeiten? In traditionellen Architekturtheorien wird Architektur als Ausdruck oder Abbild des Sozialen verstanden, wie es an sogenannten Repräsentationsbauten deutlich wird: Über den Bau eines Gebäudes sollte die Stellung einer Person oder einer sozialen Gruppe repräsentiert, aber auch visuell und haptisch unterstützt werden, man denke an *Sanssouci* oder die Wiener Ringstraße. Derartige Gebäude zeigen auch, wie stark Architektur von epochenspezifischen Vorstellungen der Gesellschaft abhängig ist. Auch die Architektur weist Moden auf, und die Gestaltung von Gebäuden ist von dem je herrschenden Menschen- und Gesellschaftsbild abhängig.[86] Die architektonische Gestaltung von Parlamenten oder Theatern, aber auch die Formsprache von Kirchen zeigen dies noch heute. Dass Architektur dabei auch etwas sein kann, an dem stellvertretend gesellschaftliche Konflikte ausgetragen werden, zeigen die Weißenhofsiedlung in Stuttgart, deren Gestaltung von Mies van der Rohe geleitet wurde, oder die von Le Corbusier gestaltete Siedlungen im französischen Pessac. Diese Beispiele für modernes Bauen wurden und werden geliebt und gehasst, und sie sind Beispiele für die potentiell in allen Architekturen liegende Inkongruenz zwischen Gebautem und Nutzung. Für die einen symbolisieren diese Siedlungen ein neues Gesellschaftskonzept, das durch Funktionalität, klare Linien und die Abgrenzung von historischem Ballast – in Form von Ornamenten, Erkern, Putten oder Ähnlichem – gekennzeichnet war. Für die anderen sind sie Ausdruck einer ignoranten Architektenelite, die die

---

[85] Bruno Zevi (1959) gibt einen informativen Überblick über die verschiedenen Architekturbegriffe und -definitionen seit dem 19. Jahrhundert.

[86] Bei Vittorio Magnago Lampugnani (1980) findet sich eine ausführliche und prägnante Darstellung unterschiedlicher Architekturstile und -strömungen des 20. Jahrhunderts.

Wohnbedürfnisse von Menschen nicht berücksichtigten.[87] Architektur wird hier als etwas begriffen, das Gesellschaft abbildet und sie, im besten Fall, in ihren Ausprägungen materiell unterstützt.

Neuere Architekturtheorien betonen dagegen stärker die Gestaltungskraft und Wirkung des Gebauten auf das Soziale. Heike Delitz und Joachim Fischer plädieren an verschiedenen Stellen dafür, Architektur nicht lediglich als Abbild, Symbol oder Ausdruck einer bestimmten Gesellschaft und ihrer Normen zu sehen, sondern vielmehr den konstitutiven Charakter von Architektur für eine Gesellschaft in den Blick zu nehmen (vgl. etwa Fischer und Delitz 2009; Delitz 2010). Dafür benutzt Heike Delitz die Formulierung, Architektur sei ein „Medium des Sozialen" (Delitz 2005, 1). Diese philosophisch-anthropologische Perspektive versteht Architektur als etwas, das in seiner gebauten Form vorsprachlich auf die Menschen, die es umgeben, wirkt. Im Fokus ist damit die Wirkung von Architektur auf den Körper und die körperlich-sinnliche Wahrnehmung dieser Architektur. In einer solchen Abwendung von einem reinen Symbolcharakter von Architektur gerät allerdings, trotz anderslautender Bekenntnisse (Delitz 2005, 7), das sich wechselseitig bedingende Architektur-Mensch-Verhältnis aus dem Blick.[88] Der programmatische Versuch einer Neuausrichtung bzw. Etablierung einer *Architektur*soziologie betont den gesellschaftskonstitutiven Charakter von Architektur so stark, dass ich mich für meine Arbeit davon ein Stück weit distanziere. Delitz grenzt die Architektur, verstanden als „Gebautes" (Delitz 2005, 7), explizit von Stadtstrukturen ab (Delitz 2005, 6). Die Verbindung von Stadt und Architektur interessiert sie aus dieser Perspektive zunächst nicht; das bedeutet, Architektur konzeptionell losgelöst von ihrem örtlichen und räumlichen Kontext zu verstehen. Dies ist meiner Ansicht nach problematisch; denn wo verläuft die Grenze zwischen dem singulären Gebäude, dem Platz vor diesem Gebäude oder um es herum und der Situierung von Gebäude und Platz in einem Stadtteil, einer Stadt, einem Dorf? Analytisch kann zur Beantwortung einiger weniger ausgewählter Forschungsfragen zwar eine solche Differenzierung vorgenommen werden. Um die Wirkung von Architektur auf Menschen, die Art, wie sie körperlich erfahren wird, und ihren konstitutiven Charakter für eine

---

[87] In dem sehr aufschlussreichen und entlarvenden Film *Pessac – Leben im Labor* zeigen Claudia Trinkler und Julia Zöller, wie noch heute Konflikte darüber gepflegt werden, wie in dieser Siedlung zu wohnen sei. Alteingesessene BewohnerInnen haben die Architektur ihren Wohnpräferenzen angepasst und dazu beispielsweise Fenstergrößen oder die Gestaltung der Fassade verändert. Neu Hinzugezogene, häufig ArchitektInnen, die gerade wegen der Bauweise Le Corbusiers dort leben wollen, entwickeln dagegen Anleitungen für die anderen BewohnerInnen, die die angemessene Wohnweise genau beschreiben und Anpassungen der Architektur an die Bedürfnisse verbieten. Lucius Burckhardt (1980) beschreibt die Konflikte zwischen ArchitektInnen und PlanerInnen auf der einen und Wohnenden auf der anderen Seite als geradezu konstitutiv für die Beziehung zwischen Planung und Nutzung von (Wohn-)Raum.

[88] Zu einer Übersicht über die Frage, ob Gesellschaft die Architektur beeinflusse oder Architektur die Gesellschaft, vgl. auch Albena Yaneva (2012, Kap. 3).

Gesellschaft zu untersuchen, muss allerdings das Verhältnis des einzelnen Gebäudes zur Stadtstruktur unbedingt einbezogen werden.

Eine weitere Perspektive auf die Architektur und ihre Rolle für die Gesellschaft und die Sozialtheorie ist, sie als Zeichensystem zu verstehen. Architektur wird als lesbar konzipiert, und konzeptionell werden dafür Anleihen bei der Semiotik gemacht. Kevin Lynch (2007 [1960]) hat, allerdings nicht aus primär architekturwissenschaftlichem, sondern aus stadtplanerischem Interesse heraus in *Das Bild der Stadt* beschrieben, wie die materiellen und insbesondere die architektonischen Elemente einer Stadt von den BewohnerInnen gelesen werden. Dieser Perspektive liegt die Annahme zugrunde, dass Gebäude als Zeichen zu begreifen sind und entsprechend verstanden (oder missverstanden) werden können. Durch das Lesen der architektonischen Zeichen entstehe ein Bild der Stadt, welches die Haltung zur und das Handeln in der Stadt maßgeblich beeinflusse.[89] Roland Barthes (1988) nimmt auf Lynch Bezug und versteht die Stadt als etwas, das „zu ihren Bewohnern [spricht], wir sprechen unsere Stadt, die Stadt, in der wir uns befinden, einfach indem wir sie bewohnen, durchlaufen und ansehen." (Barthes 1988, 202) Barthes nimmt diese Sprach-Metapher durchaus ernst und fragt darüber hinaus, wie es gelingen könne, das metaphorische Sprechen hinter sich zu lassen, um dem Wesen der Architektur näher zu kommen. Eine Antwort sieht er in der Anwendung der Semiologie, um mit ihrer Hilfe die „Rekonstruktion einer Sprache oder eines Codes der Stadt" (Barthes 1988, 208) vorzunehmen. Charles Jencks (1988) widmet der Kommunikation von Gebäuden in *Die Sprache der postmodernen Architektur* ein eigenes Kapitel und betont, dass es „verschiedene Analogien [gibt], welche die Architektur mit der Sprache gemeinsam hat" (Jencks 1988, 39, Herv.i.O.). Metaphern sind danach, wie für Barthes, ein Element der Kommunikation der Stadt. Auch diese Perspektive betont die Wirkung der Architektur auf die Menschen und zeigt, wie Lynch es formuliert, dass „die Leute sich ihrer Umgebung anpassen und Struktur und Individualität aus dem zur Verfügung stehenden Material gewinnen." (Lynch 2007 [1960], 57) Anders als bei Delitz' Ansatz geht es sehr viel stärker darum, den Kontext der einzelnen Gebäude – andere Gebäude, Plätze, Straßen, geographische Besonderheiten – einzubeziehen, so dass sich diese Annäherung an Architektur besser in die Untersuchung von Städten als gesellschaftlichen Phänomenen integrieren lässt.

Ich plädiere daher nicht für eine architektursoziologische Untersuchung der Stadt, sondern für eine Stadtsoziologie, die sensibel ist für die materiellen und insbesondere architektonischen Strukturen. Der Fokus liegt dann auf dem Zusammenhang von Gesellschaft und (ihrer) Architektur, die nur in ihrer wechsel-

---

[89] Lynch beschreibt, dass in den untersuchten Städten Eisenbahnlinien häufig als Grenzen ‚gelesen' wurden und den Aktionsradius der StadtbewohnerInnen und damit ihr Handeln im städtischen Raum beschränkten (Lynch 2007 [1960], z.B. 61).

seitigen Beziehung und Beeinflussung adäquat betrachtet werden können.[90] Wenn es um die Frage geht, ob Architektur den Charakter eines (Ab-)Bildes oder eines Mediums besitzt, muss meiner Ansicht nach zwischen den zwei dahinterstehenden Intentionen unterschieden werden: In dem einen Fall kann mithilfe der Konzeption als Abbild eine Analyse der Wirkung von Planungsstrategien und Diskursen auf das Gebaute bzw. zu Bauende vollzogen werden, beispielsweise mithilfe der Auswertung fotografisch dokumentierter Gebäude. Im zweiten Fall können, etwa über ethnographische Untersuchungen, die wechselseitigen Einflüsse von Nutzung und Bauwerk in den Blick genommen werden. Nimmt man aus einer solchen Perspektive Architektur als Spiegel an, wird aus methodischen Gründen die Architektur wie in einem *screenshot* stillgestellt, um sie analysieren zu können. Damit wird der aktive Charakter von Architektur nicht verneint oder unterschlagen, sondern nur zurückgestellt, um eine Analyse ausführen zu können. Nach ihrer Durchführung wird die Stillstellung wieder aufgehoben, um Architektur als „Kommunikationsofferte einer vergangenen Generation" (Fischer und Delitz 2009, 405) zu begreifen und ihre aktive Rolle für eine und in einer Gesellschaft in den Blick zu nehmen.

Im Kontext dieser stadtsoziologischen Arbeit begreife ich Architektur als die Gesamtheit der intentional gebauten Umwelt innerhalb der Stadtgrenzen; dies impliziert auch funktionale Bauten und Infrastrukturen. Dies bedeutet, dass Architektur die politisch legitimierte und intendiert gebaute Umwelt ist.[91] Die Betonung der Intention ist wichtig, da damit ausgeschlossen wird, beispielsweise durch Unfälle hervorgerufene Veränderungen an Gebäuden als Architektur zu verstehen, sondern diese der Materialität der Dinge und der gesamten Stadt zuzuordnen. Ein schwieriger Fall ist der der nicht legitimierten Umnutzung wie der Verwendung eines Parkplatzes als Skater-Bahn. Aus meiner Perspektive entsteht hier keine Architektur der Skater-Bahn, sondern die Räume verändern sich.[92]

5.2.3 Ornamente und *graffiti*

Materialität besteht nicht nur aus Gebäuden und Plätzen, sondern auch aus über die Funktion eines Gebäudes hinausgehenden Ausstattungen: Ornamenten. Diese

---

[90] Dies stellt die Soziologie vor empirische Herausforderungen, da die Untersuchung von Wirkungsweisen materieller Objekte auf das Soziale mit herkömmlichen Methoden noch kaum gelingt.
[91] Die Tatsache, dass man in Deutschland für den Bau einer Garage im eigenen Garten eine Baugenehmigung benötigt, zeigt die starke Verbindung von Architektur und politischer Verwaltung. Zur Beschreibung von Architektur in Ländern, in denen es derartige Vorschriften nicht gibt, eignet sich ein solches Architektur-Konzept sicher nicht.
[92] Iain Borden arbeitet, auf Lefèbvres Raumtheorie aufbauend, in *Skateboarding, Space and the City* auf interessante Weise das Zusammenwirken von Körper, Praktiken, Raum und Architektur heraus (Borden 2001).

Ornamente können Verzierungen an Hauswänden sein, aber auch die gesamte Fassadengestaltung bezeichnen – gebaut oder als *graffiti*. Ornamente sind sich wiederholende Gestaltungselemente, ursprünglich Teil der architektonischen Gestalt eines Gebäudes und damit materieller Natur, wie etwa Stuck. In der Moderne, die sich dem *form follows function* verschrieben hatte, wurde derartige funktionslose Elemente abgelehnt.[93] Mit einer Ausweitung des Ornament-Begriffs gelingt es, auch *graffiti* als Ornamente zu verstehen und ihnen so den Stellenwert eines konstitutiven Bestandteils der materiellen Gestalt einer Stadt zuzusprechen. Der Unterschied zwischen *graffiti* und Stuck besteht darin, dass erstere visuell wirken und darüber die symbolische Wirkung des Materiellen verändern: Ein Haus aus der Jahrhundertwende wirkt anders, wenn es *graffiti* auf seiner Fassade aufweist, als ohne. Diese zeichenhafte Dimension rückt *graffiti* in die Nähe von Fresken, welche eine lange Tradition beispielsweise in der Gestaltung von Kirchenräumen oder Palästen haben. Unter Stuck dagegen sind zusätzliche physische Elemente von Gebäuden, etwa steinerne Figuren oder Schmuckbögen, zu verstehen. Sie verändern die Materialität eines Gebäudes unmittelbar, sind von vornherein geplant und selten Gegenstand subversiver Interventionen.

Wichtig ist sowohl die Bedeutung von Ornamenten für die Materialität an sich als auch ihre kommunikative Dimension: Verstanden als „[s]oziale Güter [...] entfalten [sie] wie Menschen eine symbolische Wirkung auf der Basis ihrer materiellen Struktur" (Löw 2001, 193). Diese symbolische Wirkung ist Voraussetzung und Teil eines Verhältnisses zwischen Objekt und Mensch, das Ähnlichkeiten zur Kommunikation aufweist. Die Symbolik eines Objekts wird von den Menschen wahrgenommen und auf der Basis vorhandenen Wissens und eigener Sozialisation interpretiert. Die Tatsache, dass jedeR Einzelne spezifische Vorkenntnisse besitzt und Sozialisationsprozesse durchlaufen hat, macht die Wahrnehmung individuell und, wie die Raumkonstitution als solche, trotzdem gesellschaftsspezifisch. Diesen Prozess in der Terminologie der Kommunikation zu fassen, macht es möglich, den konstitutiven Charakter von Architektur konzeptionell zu fassen und intentionale Aspekte zu integrieren. So ist die Gestaltung eines Gebäudes oder eines Gebäudekomplexes mit einer spezifischen Intention des Gestaltenden, etwa der Stadtplanung, versehen. Im Kommunikationsprozess[94] kann es gelingen, diese Intention in materieller Gestalt zu transportieren,

---

[93] Ornamente besitzen, so könnte man argumentieren, natürlich eine Funktion: Sie unterstützen die Symbolkraft des Gebäudes. Man denke nur an Regierungsgebäude aus dem 18. und 19. Jahrhundert, die reich mit Ornamenten verziert sind und dadurch eine zusätzliche Wirkungskraft entfalten.

[94] Ich beziehe mich bei diesem Kommunikationsmodell auf das vergleichsweise simple Sender-Empfänger-Modell der Mathematiker Claude E. Shannon und Warren Weaver, welches Sender, Kanal, Störquelle und Empfänger fokussiert (Krallmann und Ziemann 2001, 21–34). Inwiefern die Interaktion von Architektur und NutzerInnen in kommunikationswissenschaftlichen Begriffen gefasst werden kann, ist an anderer Stelle weitergehend zu diskutieren.

so dass sie über die Wahrnehmung der StadtbewohnerInnen von diesen entsprechend interpretiert wird. Die Kommunikation kann aber auch misslingen, und dann finden auf Seiten der NutzerInnen andere Interpretationen statt als von Seiten der Stadtplanung intendiert. Zudem kann es, kommunikationswissenschaftlich gesprochen, zu Störungen kommen, die die Wahrnehmung der Nachricht, in der seitens der StadtplanerInnen intendierten Form, verzerren oder unmöglich machen. Diese liegen in Form von *graffiti* oder anderen, von offizieller Seite nicht intendierten Umgestaltungen vor, wobei *graffiti* für den urbanen Kontext meiner Ansicht nach die interessanteste Form der Intervention ist. Mark C. Childs weist diesbezüglich auf Folgendes hin:

> *[Ornament] is not a crime but rather a medium in which the narrative fabric may be written on the walls of the city. Critical goals for public artists, designers of facades, and other authors of ornaments of the public realm include making built forms that engage a community's narrative fabric, and representing the richness of that fabric. (Childs 2008, 179)*

Kombiniert man auf diese Weise die Raumtheorie Martina Löws mit einer Betonung der materiellen Dimension von Objekten und ihrer Möglichkeit, Teil von Kommunikation in der und über die Stadt zu sein, wird es möglich, die komplexe Beziehung von Stadtplanung, Materialität, Raum und NutzerInnen noch besser in den Blick zu nehmen.

5.2.4 Die Beziehung der Materialität zur Trias Stadt – Raum – Ort

Für die Untersuchung urbaner Phänomene sind, wie ich herausgearbeitet habe, die drei Komplexe Stadt, Raum und Ort von zentraler Bedeutung (vgl. Kap. 5.1). Der Aspekt der Materialität durchzieht diese drei Ebenen. Sie ist an das Konzept des Orts als lokalspezifischer, geographischer Markierung gebunden, da Objekte eine örtliche Verankerung benötigen, sofern sie nicht, wie etwa Autos, Fahrräder, rollbare Imbissbuden oder Straßenbahnen, *per se* mobil sind. Versteht man den Raum als Produkt sozialen Handelns, so muss berücksichtigt werden, dass auch ein solches Handeln jeweils nur an einem spezifischen Ort zu einer spezifischen Zeit stattfindet. Diese Lokalisierung des sozialen Handelns macht es möglich, die Materialität einer Stadt stärker einzubeziehen und den Fokus auf sie zu legen. Indem sie statt des Ortes untersucht wird, lässt sich eine raumsoziologische Perspektive einnehmen. So gerät die Stadt als Produkt sozialen Handelns im Kontext der Perzeption materieller Objekte in den Blick. Meine Annahme ist, dass das materiell Vorhandene die NutzerInnen einer Stadt dazu zwingt, auf eine spezifische Weise sozial zu handeln und damit Raum hervorzubringen. Die Räume, die von den NutzerInnen einer Stadt konstituiert werden und die eine Stadt charakterisieren, sind also auch davon abhängig, welche materiellen Objekte zur Verfügung stehen. Diese auf der Basis der Wahrnehmung der Architektur vorgenommen Raumkonstitution schafft, so Burckhardt (1980), die Stadtgestalt, welche „unsichtbar [und ...] das Produkt unserer Erziehung [ist], welche uns gelehrt hat, die Stadt zu sehen." (Burckhardt 1980, 270) Sozialisation und Routinen des Handelns führen zu einer Stadtgestalt, welche sowohl unsere Wahrnehmung dessen, was Stadt ist, bezeichnet als auch die über das alltägliche Anordnen von Architektur und Lebewesen im Raum geschaffene konkrete Stadt. Sowohl für die Wahrnehmung als auch für das Anordnen spielt die Materialität der Dinge einer Stadt eine zentrale Rolle.

Aus einer solchen Perspektive kommt der Stadtplanung eine wichtige Rolle zu. Ihre vorrangige Aufgabe ist es, die materielle Struktur einer Stadt zu gestalten; damit legt sie (durchaus im Wortsinn) den Grundstein für die spezifischen räumlichen Strukturen, die in der Stadt konstituiert werden und die diese dann als identifizierbares und einzigartiges Gebilde hervorbringen. Dabei muss die symbolische Dimension der Objekte mitgedacht werden: Erst über sie verwirklicht sich die Konstitution des Raums vollständig, da sie maßgeblich dafür verantwortlich ist, dass Syntheseleistungen vollzogen werden.

Die Materialität ist demnach ein konstitutives Element des städtischen Raumes, der als soziales Produkt durch die Interaktion der Menschen innerhalb der materiellen Struktur der Stadt entsteht. Darüberhinaus begreife ich Architektur als die einzelnen, voneinander abgrenzbaren Gebäude und Infrastrukturelemente einer Stadt, die in ihrer Gesamtheit einen großen Teil der Materialität einer Stadt ausmachen. Wichtig ist für diese Definition die Intention des offiziell Geschaffenen – Umnutzungen und Umgestaltungen gehören damit nicht zur Architektur, sondern sind Teil der Materialität.

Auch die Diskussion, inwiefern Architektur Abbild und Spiegel gesellschaftlicher und politischer Verhältnisse ist sie, bekommt durch eine raumtheoretische Wendung und die Betonung der Materialität eine neue Qualität. Mit einem raumsoziologischen Verständnis kann beiden Prozessen Rechnung getragen werden, und es ist möglich, das Zusammenwirken beider Prozesse als etwas zu betrachten, das eine zusätzliche Qualität eben des städtischen Raums hervorbringt, die sich nicht allein aus der Summe der beiden Prozesse ergibt. Damit bleibt die wissenschaftliche Auseinandersetzung also nicht bei der Architektur stehen, sondern kann die Wechselwirkung von Architektur und (sozialem und materiellem) Kontext analytisch begreifen. Im Gegensatz zu Walter Siebel (2009), der lediglich einen „marginalen Einfluss der gebauten Umwelt auf soziales Verhalten" (Siebel 2009, 29) konstatiert, bin ich der Ansicht, dass die Materialität der Umwelt maßgeblich dafür verantwortlich ist, wie sich Praktiken ausgestalten und sich gesellschaftliches Leben organisiert.

Für die Analyse der Wirkungen von Planungsprozessen auf die Materialität der Stadt müssen diese Prozesse der Wechselwirkungen allerdings voneinander getrennt werden. Die Effekte der Planungen können nur untersucht werden, wenn eine Abbildfunktion angenommen wird – das Bild einer Stadt wird für die Dokumentation quasi stillgestellt. Um der Komplexität der Beziehung von architektonischer Materialität und ihrer Nutzung auf den Grund zu gehen, muss man aber, ähnlich wie es Lefèbvre für den Raum getan hat, den Konstruktionscharakter des Materials und damit die dem Material inhärenten Widerständigkeiten und Logiken einbeziehen. Dies geschieht allerdings erst in einem zweiten Analyseschritt, nachdem die Verbindungen zwischen Planungsidee und baulicher Umsetzung herausgearbeitet wurden. Ein dritter Schritt kann sich schließlich der Beziehung von Materialität und ihrer Nutzung widmen, um die Wechselwirkungen in die Forschung einzubeziehen. Übertragen auf meinen Untersuchungsgegenstand, die *creative cities*, bedeutet diese Konzeptionalisierung, dass Spuren des Diskurses um Kreativität in der Materialität sichtbar werden und er von ihr und durch sie abgebildet wird.

5.3 Steuerung und Planung einer Stadt

In meiner Arbeit geht es um die Analyse der Wirkungen von Planungsprozessen im und auf den städtischen Raum und seine Materialität. Stadtplanung beinhaltet die Ausarbeitung von Leitbildern und die sich daran orientierende Steuerung von Entwicklungsprozessen. Steuerung ist damit eine spezifische Form der Machtausübung, die unterschiedliche Ausprägungen finden kann und unterschiedlich legitimiert ist. Da es in meiner Arbeit um die politische Stadtplanung geht, greife ich in erster Linie auf Konzepte der direkten und indirekten Steuerung zurück und nicht auf Formen der (Selbst-)Disziplinierung, wie Foucault (2006; 2009) und Elias (2010a [1939a]; 2010b [1939b]) sie beschreiben und wie sie mit dem Konzept der *governmentality* vorliegen.[95] Um wirksam werden zu können, sind aber auch diese Steuerungskonzepte mit Elementen der Disziplinierung, wie sie Foucault mit der Gouvernementalität beschreibt, verbunden – es ist eine affektive Bindung der SteuerungsadressatInnen angestrebt, um Leitbilder leichter umsetzen zu können und weniger Widerstand entgegnen zu müssen. Weiche Steuerung, welche auf horizontale Konfliktlösungen setzt (vgl. Göhler, Höppner und Rosa 2009), kommt im Bereich der politischen Stadtplanung kaum vor, sie kann eher als Erklärungsansatz für die Gestaltung der Stadt durch NutzerInnen verwendet werden.[96]

---

[95] Andreas Reckwitz (2010) verweist in seinem Überblick über verschiedene Ansätze der Gouvernementalität auf das Potential dieser Perspektive.

[96] Für eine Übersicht der verschiedenen Steuerungstheorien im internationalen Kontext empfiehlt sich das Buch *Implementing Public Policy*, in dem die Ansätze u.a. bezüglich ihrer Einordnung auf der Achse *top-down* bis *bottom-up* dargestellt werden (Hill und Hupe 2005).

5.3.1 Steuerungs- und Planungstheorien in der Soziologie

Um die Mechanismen der politischen Stadtplanung angemessen kontextualisieren zu können, empfehlen sich Steuerungstheorien, die den Fokus auf *top-down*-Prozesse legen wie etwa die von Renate Mayntz (1987). Konzepte der indirekten Steuerung arbeiten über Anreize, und in einigen Fällen findet Steuerung auch mithilfe von Symbolen statt (Göhler, Höppner und Rosa 2009, 145), welche quasi Interpretationsangebote geben und es den Gesellschaftsmitgliedern ermöglichen, sich der gesteuerten Entwicklung affektiv zuzuwenden.

Renate Mayntz (1987) formulierte in ihrem Aufsatz, der für die Steuerungstheorien zentrale Bedeutung erlangte, verschiedene Elemente des Konzepts der Steuerung. In einer Genealogie des Begriffs Steuerung leitet sie den deutschen Begriff aus einer Übersetzung des englischen *control* her, der v.a. in makrosoziologischen Zusammenhängen benutzt werde (Mayntz 1987, 91f.). In der Mikrosoziologie sei dagegen v.a. der Begriff der sozialen Kontrolle verbreitet (Mayntz 1987, 91). Damit wird angedeutet, dass die Akteure, die in den Konzepten berücksichtigt werden, jeweils andere sind. So legt der Begriff der Steuerung eine stärkere *top-down*-Perspektive nahe, während soziale Kontrolle einen Prozess beschreibt, der auch horizontal zwischen einzelnen Gesellschaftsmitgliedern verläuft. Nach Mayntz müssen verschiedene Elemente in diesem Kontext unterschieden werden, um sich dem Phänomen der Steuerung angemessen nähern zu können. Sie lassen sich in die drei Bereiche (1) wer steuert, (2) wie wird gesteuert und (3) wer ist betroffen unterteilen. In der Mayntz'schen Terminologie lassen sich die Elemente nun folgendermaßen beschreiben:

(1) **wer steuert**: Von Mayntz werden sie als „*Steuerungssubjekt* [... oder, ALM] Steuerungsakteur" (Mayntz 1987, 93, Herv.i.O.) bezeichnet und beinhalten „Personen oder handlungsfähige soziale Kollektive" (ebd.); sie können selber auch „Teil des gesteuerten Systems" (Mayntz 1987, 94) sein, wie am Beispiel der Steuerung von Stadtentwicklungsprozessen zumindest auf lokaler Ebene deutlich wird, da PlanerInnen auch BewohnerInnen sein können.

(2) **wie wird gesteuert**: Dieser Bereich umfasst neben „Intention bzw. Steuerungsziel" (ebd.) insbesondere „Steuerungs*instrumente*" (Mayntz 1987, 93, Herv.i.O.), -handeln und -prozesse. Die Steuerungsinstrumente sind intendiert eingesetzte Mechanismen wie soziale Bindungen, aber auch spezifische normative Prinzipien. Während sich das „Steuerungshandeln" (ebd.) zumeist in „sich über Zeit erstreckend[en] Handlungszusammenhänge[n]" (ebd.) vollzieht, bezeichnen „Steuerungs*prozesse*" (ebd., Herv.i.O.) komplexe Zusammenhänge von Steuerungshandeln, die beispielsweise verschiedene Teilbereiche, die zum Erreichen eines „Steuerungsziel[s]" (Mayntz 1987, 94) nötig sind, umfassen. Letzteres bezeichnet die intendierte Veränderung eines Zustands, die mit bestimmten Maßnahmen erreicht werden soll (ebd.).

(3) **wer wird gesteuert**: Neben den Akteuren und dem Prozess der Steuerung braucht das Konzept einen Adressaten der Steuerung: das „Steuerungsobjekt" (ebd.). Im Blick sind dabei vor allem dessen Reaktionen auf das Handeln eines Steuerungssubjekts, die „Anpassung, Entzug, Gegenstrategien etc." (Mayntz 1987, 93) beinhalten können. Interessant ist bei Mayntz' Konzept, dass das Steuerungsobjekt selber auch als potentiell HandelndeR konzipiert wird, der Adressat der Steuerung muss sich selbst also keinesfalls als passives Objekt der Steuerung empfinden. Vielmehr gehe es, so Mayntz, darum, dass „durch die Steuerung [...] seine *autonome Dynamik gezielt* geändert [werde], sei es, daß eine bestimmte Struktur entgegen bestehenden Veränderungstendenzen bewahrt [...] oder auch eine aus sich heraus stabile Struktur verändert werden soll." (Mayntz 1987, 94, Herv.i.O.)

Dieses handlungstheoretisch orientierte Verständnis von Steuerung weist einige Aspekte auf, die zur Erklärung der Mechanismen von (politischer) Stadtplanung dienen können. Mayntz verweist darauf, dass in modernen Gesellschaften potentiell auf mehreren Ebenen mögliche Steuerungsakteure aktiv sind, deren jeweilige Perspektive berücksichtigt werden muss; in Städten sind das etwa die Ebenen der Stadtteile und der gesamtstädtischen Verwaltung, die in unterschiedlicher Weise für Planungsprozesse zuständig sind. Auch sieht Mayntz Probleme in der politischen Steuerung, wenn zu wenig über mögliche Nebenfolgen gewusst wird oder es nicht möglich ist, mit den zur Verfügung stehenden Instrumenten steuernd einzugreifen, so dass ein „Steuerbarkeitsproblem" (Mayntz 1987, 97) entsteht. Gerade der letzte Aspekt ist im Kontext der Stadtplanung wichtig und bislang unbeantwortet, da hier je nach Perspektive unterschiedliche Haltungen bezüglich der Steuerbarkeit von städtischen Prozessen vorhanden sind. Diskussionen gibt es dabei grundsätzlich um die Frage, ob Steuerung auf der Makroebene überhaupt möglich ist; nimmt man dagegen an, dass die Stadt eher ein Phänomen der Mesoebene darstellt, so ließe sich vermuten, dass es auf der städtischen Ebene möglich ist, Gesellschaft auf Grundlage einer bestimmten Programmatik über soziale Interaktionsprozesse zu steuern. Mayntz weist darauf hin, und das gilt für auch Städte, dass bestimmte Felder schwer steuerbar seinen, beispielsweise wenn sie über viele formelle und informelle Teile verfügten (Mayntz 1987, 105). Für Stadtteile könnte dies gerade dann gelten, wenn ein hohes Engagement der BewohnerInnen herrscht, welches informell ist und für bestimmte, die BewohnerInnen direkt betreffende Entwicklungen aktualisiert wird, etwa für den Bau eines Spielplatzes. Sofern ein „hoher Grad an formeller Organisiertheit" (Mayntz 1987, 105) erreicht ist, etwa die Institutionalisierung von Projekten zur Stadtteilentwicklung, kann dies dem Erreichen eines Steuerungsziels zuträglich sein, wenn nämlich die Steuerungsinstrumente dort besonders gut greifen.

Inwiefern die Erreichung eines Ziels auch von der Organisiertheit der Steuerungssubjekte abhängig ist, behandelt Mayntz nicht; ihr Ansatz legt aber nahe, dass Steuerung kaum anders denkbar ist als von formell organisierten Steuerungsinstanzen ausgehend. Auf die Bedeutung von politisch legitimierten Steuerungsinstanzen verweist der Geograph Jason Hackworth (2006), der in *The Neoliberal City* den Politikwissenschaftler Gerry Stoker wie folgt zitiert: „Power, according to regime theory, is dependent also upon electoral power, the nature of coalitions in a locality, and technical knowledge." (Hackworth 2006, 63f.) Damit verschiebt sich der Fokus hin zur politischen Legitimität der Steuerungsinstanzen, eine Tatsache, die im Kontext demokratischer Gesellschaft wichtig ist. Aus diesem Grund frage ich in der vorliegenden Arbeit auch nach den Wirkungen der *politischen* Planung.

Übertragen auf die Stadtplanung kann ein Steuerungskonzept nun heißen, bestimmte Ziele der städtischen Entwicklung mithilfe von Leitbildern und daran orientierten Planungsgstrategien zu erreichen. Bernd Streich spricht in diesem Kontext von den „Planungsakteuren und den Planungsbetroffenen" (Streich 2005, 42). Der Begriff der Betroffenen impliziert, stärker als bei Mayntz, eine passive Haltung gegenüber den Handlungen der Akteure. Sie wird dann konzeptionell verständlich, wenn man Planungsprozesse in einer Stadt im Zusammenhang mit den damit verbunden Machtpositionen und -ressourcen versteht. Je nach Grad der Institutionalisierung und Zusammensetzung der Gruppe der Planungsbetroffenen können sie unterschiedliche Aktivitätsgrade erreichen. Eine Gruppe Obdachloser, die von der Planung eines neuen Einkaufszentrums betroffen ist, da damit öffentliche Räume, an denen sie sich aufhalten können, verschwinden, haben aufgrund eines geringeren Grades an Institutionalisierung und einer traditionell geringen sozialen Bedeutung in der Gesellschaft wenig Möglichkeit, aktiv zu werden und mit ihrem Widerstand Gehör zu finden.[97] Anders sieht es in Stadtteilen aus, in denen sich AnwohnerInnen, die für die Stadtpolitik sozial und/oder ökonomisch wichtig sind, zusammenschließen, um gegen die Errichtung eines Kindergartens oder eines Bordells in ihrer Nähe zu klagen.

Sind derartige Steuerungsmodelle als eher hierarchisch organisierte *top-down*-Prozesse zu verstehen, so wird mit dem Begriff der weichen Steuerung ein Modell beschrieben, dass Horizontalität und Intentionalität als Kernpunkte aufweist und impliziert, dass die Steuerungsakteure und -adressaten in keiner expliziten Hierarchie zueinander stehen. Für die Durchsetzung von Zielen werden keine Sanktionen wie etwa die polizeiliche Räumung von Häusern, die als Teil der Planung abgerissen werden sollen, angewendet. Häufig werden derartige Modelle mit der Steuerung über Symbole kombiniert (vgl. dazu Göhler 2007), welche es leisten können, soziale Gruppen zu integrieren und für das Erreichen eines Ziels einzunehmen. Die Verwendung von Symbolen ist, wenn man dieses Mo-

---

[97] Es ließe sich einwenden, dass über Obdachlose medial häufig berichtet wird; allerdings geht damit nicht einher, dass sie als artikulationsfähige NutzerInnen einer Stadt wahrgenommen werden.

dell auf die Stadtplanung überträgt, interessant, aber auch problematisch, da der städtische Raum angefüllt ist von verschiedenen Symbolen. Zudem weisen die Objekte aufgrund ihrer Materialität und der damit verbundenen symbolischen Bedeutung eine eigene Widerständigkeit gegenüber der Herstellung neuer Symbole und der Schaffung neuer räumlicher Strukturen durch die Stadtplanung auf. Welche weiteren Spezifika sich für die Stadtplanung als Form der Steuerung ergeben, zeige ich im Folgenden.

5.3.2 Die Planung einer Stadt

Für die Konzeptionalisierung von Stadtplanung lassen sich also die drei von Mayntz (1987) identifizierten Felder (wer steuert, wie wird gesteuert, wer wird gesteuert) aufgreifen und festhalten, dass es im Feld der Stadtplanung diejenigen gibt, die Planungsstrategien entwerfen und diese mithilfe bestimmter Steuerungsinstrumente zu realisieren versuchen, und diejenigen, die Teil des Steuerungsziels sind und an der Ausführung der Steuerung kaum Anteil haben. Diese drei Felder versammeln sich im Fall der Stadtentwicklung rund um den städtischen Raum, der sich an einem bestimmten Ort aufspannt und die Stadt bildet. Die Antwort auf die Frage, wer gesteuert wird, erweitert sich im Vergleich zu Mayntz' Konzept insofern, als die Materialität ins Spiel kommt: Stadtplanung als Planung der städtischen Infrastruktur setzt u.a. an den materiellen Strukturen einer Stadt an (Streich 2005, 24f.). Je nach gesellschaftlichem Kontext, in den sie eingebettet ist, prägen sich unterschiedliche Schwerpunkte in der „Infrastrukturplanung" (Streich 2005, 24) heraus.

Diese Schwerpunkte sind auch an die Formulierung von Leitbildern gekoppelt, welche als „Orientierung und Steuerung von städtebaulichen Entwicklungen dienen" (Streich 2005, 85). Leitbilder beinhalten eine normative, politische Dimension, da sie formulieren, wie eine Stadt entwickelt werden *soll*, und die politisch Verantwortlichen sind in dieser Hinsicht in einer Machtposition, die – in demokratischen Gesellschaften – über Wahlen legitimiert ist. Stadtplanungen, die die Ausrichtung an Leitbildern beinhalten, gehören, wie Streich herausstellt, zu den „normativen Theorien der Stadtplanung" (Streich 2005, 54), eine Tatsache, die erklärt, warum sie hochgradig emotional diskutiert werden. Stadtentwicklung betrifft alle NutzerInnen einer Stadt, wenn auch in unterschiedlichem Ausmaß. An dem Prozess der Formulierung und Realisierung eines Leitbilds sind allerdings nur vergleichsweise wenige, aber demokratisch legitimierte Personen beteiligt. Aus einer solchen Konstellation entsteht ein potentielles Konfliktfeld. Dass Leitbilder häufig Paradigmen reflektieren und daher auch „modische Momente [besitzen]" (Streich 2005, 85), fügt der Emotionalität der Diskussionen in manchen Fällen zusätzliche Brisanz hinzu. Neben ihrem normativen Charakter beinhalten Leitbilder auch eine temporale Dimension: Sie sind einerseits eine Reaktion auf Probleme, die sich in der Vergangenheit für die und in der Stadt herausgebildet haben. Andererseits geben sie einen Rahmen vor, wie sich vor antizipierten Problemen – etwa den Folgen des Klimawandels – geschützt werden kann (Kuckartz 1999, 125f.). Auch hier sind es selektive Prozesse, die vor sich gehen: Selbst wenn viel Wert auf Bürgerbeteiligung gelegt wird, werden die Leitbilder letztlich von ausgewählten Personen formuliert, die ihre je eigene Wahrnehmung dessen haben, was als Problem oder nicht als Problem aufgefasst wird. Lucius Burckhardt, ein Kritiker der Stadtplanung, weist zudem darauf hin, dass in vielen Fällen in einer Stadt gebaut würde, „weil das Bauen scheinbar Probleme löst" (Burckhardt 1980, 282). Vergessen würde dagegen, Bauen – und damit die auf Planung beruhende Gestaltung einer Stadt – als dynamischen Prozess zu verstehen, der weder mit Baubeginn starte noch mit der Fertigstellung eines Gebäudes abgeschlossen sei. Vielmehr sei dieser Prozess in komplexe gesellschaftliche Zusammenhänge eingebettet, die Konfliktsituationen zwischen unterschiedlichen sozialen Gruppen ebenso einschließen wie konfligierende Vorstellungen darüber, in welcher Weise gewohnt werden soll (Burckhardt 1980, 285f.). Die Leitbilder der Stadtplanung sind dabei Wege, die Vorstellungen derjenigen explizit (und publik) zu machen, die sich als politische RepräsentantInnen der Mehrheitsgesellschaft betrachten und daher zum Wohle möglichst vieler handeln wollen.

Basierend auf diesen Leitbildern werden schließlich Strategien der Stadtplanung formuliert, wie das Ziel erreicht werden soll. In den verschiedenen nationalen Kontexten gestalten sich derartige Prozesse unterschiedlich, und auch die Beziehungen zwischen nationalen, regionalen und lokalen Planungseinrichtungen sind divers. In jedem Fall ist dies nun der Moment, an dem konkrete Handlungen formuliert werden, die sich auf die Materialität der Stadt richten. Ralf Tils (2005) beschreibt derartige politische Strategien, von ihm am Beispiel der Umweltpolitik analysiert, als

> *Konstrukte, die auf situationsübergreifenden, erfolgsorientierten und dynamischen Ziel-Mittel-Umwelt-Kalkulationen beruhen. Ziel-Mittel-Umwelt-Kalkulationen sind auf gewünschte Zustände (Ziele) bezogene, systematisierte und berechnende Überlegungen (Kalkulationen) zu zielführenden Handlungsmöglichkeiten (Mittel), die Akteurskonstellationen, Handlungskontexte und -felder beachten (Umwelt). (Tils 2005, 25)*

Die Rolle der Materialität in der Stadtplanung wird von StadtforscherInnen und PlanerInnen unterschiedlich bewertet. Bis zur Mitte des 20. Jahrhunderts war es auch in Europa noch möglich, Städte vollkommen neu zu bauen, und dies nicht nur auf Freiflächen, sondern als Ersatz für vorhandene Städte, die nicht mehr den

Leitbildern entsprachen.[98] Heute ist dies auf den ersten Blick kaum vorstellbar, so dass Andreas Reckwitz, Bezug nehmend auf Helmut Willke, davon spricht, dass es sich in der aktuellen Stadtplanung um eine „Steuerung zweiter Ordnung" (Reckwitz 2009, 8) handele. Dies ist in vielen Fällen durchaus richtig, da das Vorhandene in die Planungen integriert und, wenn nötig, modifiziert, aber nicht vollständig zerstört wird. Es gibt aber auch Beispiele aktueller Stadtplanung, in denen Stadtteile in der Fläche saniert werden, und zwar sowohl in materieller als auch in sozialer Hinsicht. In der Regel handelt es sich dabei um Viertel mit Industriebrachen oder um peripher gelegene Stadtviertel wie etwa den Duisburger Norden, die von schlechter Bausubstanz und von BewohnerInnen mit niedrigem ökonomischen Kapitel und/oder Migrationshintergrund gekennzeichnet sind. In der Terminologie mancher StadtplanerInnen befindet sich an diesen Orten „nichts", so dass auch nichts vernichtet wird. Dieses „Nichts" ist für die BewohnerInnen aber sehr viel.[99] Hartmut Häußermann et al. (2008) arbeiten bezüglich der Stadterneuerung – welche die Stadtplanung aus dieser Perspektive zum Ziel hat – drei zeitlich aufeinander folgende Formen heraus: Flächensanierung, behutsame Stadterneuerung, Wohnungssanierung (Häußermann, Läpple und Siebel 2008, 226f.). Erstere, von ihnen in Deutschland auf die Zeit bis in die 1970er Jahre datiert, beinhaltete den vollständigen Abriss und Wiederaufbau sanierungsbedürftiger Gebäude. Als Reaktion auf die Kritik daran ging man zu einer „behutsamen Stadterneuerung" (Häußermann, Läpple und Siebel 2008, 227) über, welche versuchte, den Bestand zu sichern, Verdrängungsprozessen entgegenzuwirken und die Infrastruktur zu verbessern. Seit Beginn der 1990er Jahre konstatieren die Autoren als dritten Schritt eine Verschiebung hin zur Beschränkung auf die Renovierung von Wohnungen, ohne dass der restliche Stadtteil in die Modernisierung integriert würde.

Die von mir beschriebenen Paradoxien aktueller Stadtplanung – vermeintlich zwischen Steuerung zweiter und erster Ordnung schwankend – lassen sich mit einem solchen stadtplanerischen Vokabular als behutsame Stadterneuerung versus Flächensanierung beschreiben. Mit dieser Beschreibung ließe sich meiner Ansicht nach besser fassen, dass die konkreten Formen der Stadtplanung immer auch an herrschende (Planungs-)Paradigmen gekoppelt sind. Die Berücksichti-

---

[98] Baron Haussmanns Pläne für Paris sind ein Beispiel, wie im 19. Jahrhundert Teile einer existierenden Stadt niedergerissen und neu gebaut wurden. In China ließ sich ein solches Verfahren im Vorfeld der Olympischen Spiele 2008 in Peking beobachten, als für den Neubau von Stadien und Unterkünften ganze Stadtviertel niedergerissen und die BewohnerInnen umgesiedelt wurden. Ähnliches ist auch 2012 in Baku, Aserbaidschan, im Vorfeld des *Eurovision Song Contests* zu beobachten.

[99] Die Soziologin Catharina Thörn stellte im Rahmen des Workshops *The City: Analyzing Contemporary Transformations and Structures* im März 2012 an der Universität Bielefeld einen solchen Entwicklungsprozess für den Stadtteil *Kvillebäcken* in Göteborg vor.

gung dieser normativen und zeitlichen Dimensionen ist mit einem deskriptiven Konzept, wie es die Steuerung darstellt, nicht möglich.

Eine weitere interessante Veränderung lässt sich in den letzten Jahrzehnten für die Stadtplanung verzeichnen: die Integration einer kulturellen Dimension. In der Beschreibung des Landry'schen Planungskonzepts der *creative city* klang dies schon an: Landry (2008) hebt die Bedeutung der je eigenen Kultur einer Stadt für ihre Planung hervor und fasst dies unter dem Konzept des *cultural planning*. Häußermann et al. (2008) verorten diese Entwicklung in der Notwendigkeit der postmodernen Stadtplanung, „Wachstum selbst zu erzeugen" anstatt „Wachstum innerhalb der Stadt zu verteilen" (Häußermann, Läpple und Siebel 2008, 246). Kulturelle Aktivitäten und die damit verbundenen ökonomischen Felder wie Kreativ- und Kulturwirtschaft würden, so die Autoren, zunehmend nicht nur in ihrem direkten, sondern auch in ihrem indirekten Beitrag für eine Stadt wertgeschätzt (Häußermann, Läpple und Siebel 2008, 249). Wie auch Florida feststellt, erkennen StadtplanerInnen zunehmend die ökonomische Bedeutung von im weitesten Sinn kulturell Tätigen. Bezug nehmend auf Landry beschreibt Reckwitz (2009) die Instrumentalisierung der kulturellen Merkmale einer Stadt als charakteristisch für *creative cities*: „Eine bewusste Gestaltung, eine Steigerung […] dieser ohnehin schon vorhandenen kulturellen Prozesse […] ist nun das Ziel der kulturorientierten Gouvernementalität der Stadt." (Reckwitz 2009, 9) Das, was die Stadt dabei in verschiedener Weise kulturell spezifisch und somit wiedererkennbar macht, wird mithilfe der Stadtplanung zu unterstützen versucht – etwas, das Elizabeth Currid (2007) in ihrer Arbeit zu New York explizit den Stadtverantwortlichen empfiehlt (vgl. Kap. 4). Dies kann als Anwendung des Eigenlogik-Ansatzes (Berking und Löw 2008) verstanden werden: Indem auf das rekurriert wird, was als stadtspezifisch gilt, werden Elemente der Eigenlogik einer Stadt planerisch instrumentalisiert.[100] Diese Form der Stadtplanung als gouvernemental zu beschreiben, wie Reckwitz es tut, impliziert konzeptionell entweder, die Stadt als Subjekt zu verstehen, das im Sinn eines Regierens des Selbstregierens bestimmte Entwicklungen für sich selbst als erstrebenswert begreift und ihre Verwirklichung anstrebt. Oder es sind alle NutzerInnen der Stadt – von den StadtplanerInnen über BewohnerInnen bis zu den TouristInnen – die sich einer solchen Form der Selbstregierung unterwerfen. Unbeantwortet bleiben muss an dieser Stelle sowohl diese Frage nach der Planungsform als auch die Frage, inwiefern dies eine für die kreative Stadt spezifische oder für postmoderne Städte insgesamt geltende Form der Stadtplanung ist, zunächst unbeantwortet bleiben.

---

[100] In *Städte und ihre Eigenlogik* untersuchen Löw et al., wie sich der Eigenlogik-Ansatz u.a. für die Stadtplanung fruchtbar machen lässt (Löw und Terizakis 2011).

5.3.3 Stadtplanung und Stadtentwicklung

Zur Klärung zweier häufig synonym verwendeter Begriffe – Stadtplanung und Stadtentwicklung – formuliere ich nun noch einige klärende Worte. Ich verstehe die Stadtplanung als Element der Stadtentwicklung, die sich vor allem über das Merkmal der Intentionalität im Handeln der Akteure von der Stadtentwicklung unterscheidet. Für Klaus Selle, an dessen Ideen ich an dieser Stelle anknüpfe, sind es „viele Akteure, wir alle, [die die] Stadt entwickeln" und deren „Aktivitäten [sich] im Raum überlagern" (Selle 2008, 3). Das Handeln der unterschiedlichen Akteure, das die Räume und damit die Stadt konstituiert, ist in der Regel nicht intentional auf Stadtentwicklung gerichtet. Raumkonstitutionen werden vorgenommen, da sie die Voraussetzung für das Handeln der Akteure an einem Ort und ihre Konsequenz sind; durch spezifische Nutzungsweisen von Objekten und Räumen wird sukzessive der Komplex Stadt insgesamt verändert – neue Wege bilden sich, bestimmte Plätze werden zu Treffpunkten bestimmter sozialer Gruppen, daraus entstehen möglicherweise soziale Konflikte in der Stadt etc. Kurz: Eine Stadt entwickelt sich. Dies unterscheidet diese Akteure von denen der Stadtplanung, die in einer professionellen Weise und auf der Basis von Leitbildern und Strategien die Gestalt der Stadt verändern wollen. Auch de Certau (1988) versteht die Stadtplanung als davon abhängig, ein Konzept von Stadt zu haben, und folgert daraus: „Stadtplanung bedeutet, gleichzeitig die *Pluralität* (auch der Wirklichkeit) *zu denken* und diesem Pluralitätsgedanken *Wirksamkeit zu verleihen*; und das wiederum bedeutet, wissen und artikulieren zu können." (Certeau 1988, 183, Herv.i.O.) Stadtplanung impliziert für de Certeau also, eine überindividuelle Perspektive einzunehmen, indem Aspekte berücksichtigt werden, die für die eigene Person nicht von Bedeutung sind, für einzelne Gruppen der Stadt aber schon – die Gestaltung von Parkplätzen für FahrradfahrerInnen etwa.

Ein wichtiges Element der Stadt*entwicklung*, welches gleichzeitig ein potentiell konflikthaftes Feld ist, ist die Nutzung der Stadt durch die BewohnerInnen in einer von der Stadt*planung* nicht intendierten Weise. Wenn Burckhardt (1980) schreibt, dass „die vom Entwerfer vorgesehen Nutzungsweise das Leben des Bewohners [immer stärker fixiert]" (Burckhardt 1980, 254), so stellt dies ein Ende des Spektrums von intendierter zu nicht-intendierter Nutzung dar. Am anderen Ende des Spektrums befindet sich die subversive (Um-)Nutzung, etwa in Form von Hausbesetzungen oder temporären Zwischennutzungen von Gebäuden und Flächen. Innerhalb dieses Spannungsfeldes sind auch die Gentrifizierungsprozesse zu sehen, welche zunächst einmal Stadtentwicklungsprozesse sind, dann aber zu Stadtplanungsprozessen werden, wenn das ökonomische und kulturelle Potenzial derartiger Entwicklungen erkannt wurde. Ihre Position auf dem Spektrum von intendierter zu nicht-intendierter Nutzung verändert sich also im zeitlichen Verlauf.

Mithilfe von Löws Raumkonzept gelingt es in einer konstruktiven Weise, die nicht-intendierten Nutzungen und die Macht der NutzerInnen in den Blick zu bekommen, ohne diese der von der Stadtplanung intendierten Nutzung unvereinbar gegenüber zu stellen. Indem das alltägliche Handeln jeder Person, die sich im städtischen Raum bewegt und diesen nutzt, diesen Raum immer wieder aufs Neue konstituiert, können auch neue Formen der Nutzung entstehen. Zwar geben, wie Löw bemerkt, räumliche Strukturen einen Rahmen für das Handeln vor und beschränken es (Löw 2001, 166), gleichzeitig tragen die Praktiken der Raumkonstitution das Moment der Veränderbarkeit in sich. In einer konstruktiven Weise kann sich die Stadtplanung derartige Prozesse zunutze machen, indem sie Räume zur Entfaltung von Nutzungen gibt und die Gestaltung der Stadt als Angebot zur Nutzung versteht.

Meine Fallbeispiele werden zeigen, wie ein solches Planungsverständnis in einigen Fällen sowohl die Wahrnehmung der PlanerInnen als Akteure als auch die Nutzung der Stadt positiv beeinflusst, wenn sich die Stadtplanung nämlich als Akteur versteht, der in erster Linie Räume schafft (vgl. Kap. 10).

5.4 Der Begriff der Kreativität

In Kapitel 3 habe ich verschiedene Kreativitätskonzepte vorgestellt und herausgearbeitet, wie sich die Verständnisse von dem, was mit Kreativität bezeichnet wird, unterscheiden. Eine solche Klärung ist nötig, um zu verstehen, wovon die einzelnen ProtagonistInnen, auf die sich auch in der Stadtplanung immer wieder bezogen wird, sprechen. Im Rahmen dieser Arbeit wird Kreativität als eine Form des Handelns verstanden, welches im weitesten Sinn problemlösend ist und in eine wissenschaftliche Debatte um gesellschaftliche Anforderungen sowie normative Perspektiven eingebettet ist. Ich frage daher danach, in welcher Weise Kreativität in einem stadtsoziologischen Kontext verwendet wird und wie sich das Zusammenfallen von Kreativität als Kompetenz und Anforderung mit städtischen Transformationen beschreiben lässt. Auf die phänomenologischen und ontologischen Fragen, die innerhalb der Kreativitätsdebatte zu stellen sind, gehe ich nicht ein. Es sei aber darauf verwiesen, dass dieser Aspekt für eine wirklich befriedigende Auseinandersetzung mit dem Thema noch zu leisten ist.

Für mich ist die Frage leitend, in welcher Weise die Konzepte der Kreativität und der *creative city* in den untersuchten Städten verwendet werden und, sofern vorhanden, welche Bezüge zu der Meta-Diskussion um kreative Städte hergestellt werden. Wenn ich im Folgenden von der *creative city* spreche, meine ich damit zunächst einen Typus von Stadt, der wissenschaftlich beschrieben wurde, dessen empirische Ausprägungen aber nicht fixiert sind. Indem ich die Kreativitätsverständnisse herausarbeite, die in den Fallbeispielen zu finden sind, verwende ich Kreativität anschließend ausschließlich in den Kategorien des Feldes.

Wenn ich ein solches Verständnis in Bezug zu anderen Kreativitätskonzepten setze, markiere ich die unterschiedlichen Verwendungszusammenhänge.

Da es in meiner Arbeit um die Effekte einer programmatischen Stadtplanung geht, sind die PlanerInnen und die Strategien der Stadtplanung im Fokus der Analyse, und dabei insbesondere ihre Bezugnahme auf Kreativität und das Konzept der *creative city*. Die Perspektive der übrigen NutzerInnen beziehe ich ein, sofern sie für das Verständnis der Effekte der Planung hilfreich ist. Indem ich Leitbilder und Planungsstrategien analysiere und ihre Bedeutung für die materielle Gestalt und die Schaffung städtischer Räume in den Blick nehme, untersuche ich eine normativ ausgerichtete Stadtplanung. Foucault (2009) beschreibt, wie schon früh die Gestaltung von Städten genutzt wurde, um hegemoniale Vorstellungen davon durchzusetzen, wie die Gesellschaft auszusehen habe, und um sie zu kontrollieren, d.h. zu disziplinieren (Foucault 2009, 1:35ff.). Die Bevölkerung zu regieren geschieht über die Herstellung einer spezifischen materiellen Ordnung (in) der Stadt, etwa das Anlegen von breiten und übersichtlichen Straßen, die sowohl das Transportieren von Handelsgütern als auch die Überwachung der Armen erleichtern, oder die Schaffung neuer Infrastrukturen, die zur Verbesserung der Hygiene als neuem gesellschaftlichen Paradigma dienen (Foucault 2009, 1:36ff.). Die Beschreibungen des 18. und 19. Jahrhunderts, wie sie bei Foucault zu finden sind, scheinen häufig wenig mit heutigen Stadtplanungen und -entwicklungen gemein zu haben. Betrachtet man aber ihre strukturellen Elemente, die Verbindung von gesellschaftlichen Idealen und Stadtgestaltung bzw. die Machtverhältnisse zwischen Politik, Mensch und Umwelt,[101] so zeigen sich auch in den Städten postmoderner Gesellschaften vergleichbare Prozesse und Konflikte. Diese zu analysieren und dabei auf das in diesem Kapitel ausgearbeitete begriffliche Handwerkszeug zurückzugreifen, ist die Aufgabe meiner Arbeit. Sie fokussiert mit der programmatischen Stadtplanung der kreativen Stadt einen ausgewählten Teil aktueller Stadtentwicklung. Politisch ist die von mir untersuchte Stadtplanung insofern, als sich das Politische an ihr darauf bezieht, dass die Verantwortlichen für die städtische Planung je nach lokalem Kontext in einer mehr oder weniger engen Beziehung zur (lokal-)politischen Regierung der Stadt stehen und demokratisch legitimiert sind.

Nach der in diesem Kapitel vorgenommenen Präzisierung der Begriffe und Konzepte, die ich zur Erklärung meiner Untersuchungsergebnisse verwende, wende ich mich nun den Methoden zu, die im empirischen Teil der Arbeit Anwendung fanden.

---

[101] Für Lucius Burckhardt stellen diese drei Aspekte die Bezugspunkte seiner Analysen der Wirkungen und Defizite der Stadtplanung dar (Burckhardt 1980, z.B. 11ff.).

6 Methoden

Das vorliegende Kapitel wendet sich den Methoden zu, die in der empirischen Forschung dieser Arbeit verwendet wurden. Sie bestehen zum einen aus bekannten und etablierten Methoden der qualitativen Sozialforschung. Diese umfassen die teilnehmende Beobachtung, qualitative, Leitfaden-orientierte Experteninterviews und die Analyse von Dokumenten. Zum anderen wurden diese Erhebungsformen mit Elementen der visuellen Ethnographie kombiniert, um daraus eine alternative Herangehensweise an die Phänomene Stadt und Stadtplanung zu entwickeln. Der Einbezug von aktuellen Fotos (als spezifische, da visuelle Formen der Dokumentation) und ausgesuchten Archivaufnahmen trägt der Vielschichtigkeit des zu untersuchenden Phänomens Rechnung.

6.1 Methoden-Mix für ein komplexes Phänomen

Die Stadt stellt einen facettenreichen Untersuchungsgegenstand dar. Um der Komplexität gerecht zu werden, habe ich mich für einen Methoden-Mix entschieden. Dies bedeutet in meinem Fall, dass ich verschiedene Methoden aus dem Bereich der qualitativen Sozialforschung miteinander kombiniere und die daraus gewonnenen Daten an ausgewählten Stellen mit quantitativ erhobenen Daten anreichere.

Gegen die Kombination verschiedener Methoden kann der Einwand des Eklektizismus formuliert werden: Je nach Verwendungszusammenhang würden Einzelaspekte der Methoden herausgegriffen, ohne sie konsequent in ihrer Gesamtheit auf das Phänomen anzuwenden. Inzwischen jedoch hat es sich durchgesetzt, dass für bestimmte Fragestellungen ein Methoden-Mix angemesseneres Wissen über die soziale Wirklichkeit hervorbringen kann, als wenn sich die Forschenden dem Untersuchungsgegenstand mit einer einzigen Methode nähern.

Kelle und Erzberger (1999) unterscheiden das „klassische ‚*Phasenmodell*' der Methodenintegration" (Kelle und Erzberger 1999, 511, Herv.i.O.) und die Triangulation voneinander. Im ersten Modell, ursprünglich von Paul Lazarsfeld und Allen Barton (1955) beschrieben, werden qualitative und quantitative Methoden auf der Grundlage ihrer Bedeutung für Hypothesen kombiniert. Die qualitativen Methoden dienen dabei der Generierung von Hypothesen, welche dann mit quantitativen Methoden überprüft werden (Kelle und Erzberger 1999, 511f.). Bei der Triangulation dagegen werden verschiedene – quantitative und qualitative –

Methoden gleichzeitig und gleichwertig genutzt, um entweder (a) eine „kumulative Validierung von Forschungsergebnissen" (Kelle und Erzberger 1999, 516) zu erzielen oder (b) eine „Ergänzung von Perspektiven" (ebd.) zu erlangen. Es kann also, im ersten Fall, dasselbe Phänomen auf unterschiedliche Weise untersucht werden; es können aber auch, im zweiten Fall, unterschiedliche Aspekte eines Phänomens[102] in den Blick genommen werden. Insgesamt ergeben sich drei mögliche Resultate aus der Kombination verschiedener Methoden: Konvergenz, Komplementarität oder Divergenz der Ergebnisse. Sie stimmen also entweder weitestgehend überein, ergänzen oder widersprechen sich (Kelle und Erzberger 1999, 517ff.). Flick et al. (2005) weisen darauf hin, dass die Kombination verschiedener qualitativer Daten ebenfalls als Triangulation bezeichnet werden könne, etwa wenn visuelle und sprachliche Daten kombiniert würden (Flick, Kardoff und Steinke 2005, 311). Um eine Verwechslung der beiden Triangulations-Konzepte zu vermeiden und hervorzuheben, dass es sich um die Verbindung verschiedener qualitativer Methoden handelt, bezeichne ich das von mir verwendete Vorgehen als qualitativen Methoden-Mix.

Ich ziele mit der Kombination unterschiedlicher qualitativer Methoden, welche an ausgewählten Stellen mit der Erhebung quantitativer Daten angereichert werden, auf die Komplementarität der jeweils erhaltenen Ergebnisse: Mit unterschiedlichen Methoden werden verschiedene Facetten desselben Phänomens untersucht und dienen so dazu, das gesamte Phänomen in seiner Komplexität zu beschreiben (vgl. Flick, Kardoff und Steinke 2005, z.B. 311). In meinem Fall bietet sich eine derartige Kombination gerade deswegen an, da auf diese Weise Daten hervorgebracht werden, die unterschiedliche Merkmale aufweisen. Die Analyse der Planungsdokumente zeigt die Kommunikation stadtpolitischer Strategien; die Interviews geben Informationen über offizielle und informelle Wege der Planung; die Feldnotizen sind Ausdruck der ethnographischen Wahrnehmung der städtischen Strukturen und Veränderungen; die Fotografien schließlich dokumentieren die materiellen Stadtstrukturen. Diese Einzelaspekte helfen, ein deutlicheres Bild von dem komplexen Phänomen der Stadtplanung der *creative city* zu zeichnen. Gerade die Integration visueller Daten in ansonsten auf Sprachlichkeit beruhendes Datenmaterial ist dabei hilfreich, da auf diese Weise unterschiedliche sensuelle Ebenen angesprochen werden. Damit werden das Nachvollziehen der Analyse und das Verstehen der städtischen Realität erleichtert. Quantitative Daten habe ich hinzugezogen, um einen Überblick über die Sozialstruktur der Städte und der Stadtviertel zu erhalten. Damit nutze ich in erster Linie die positiven Effekte einer Kombination von *qualitativen* Methoden und ergänze die Ergebnisse in ausgewählten Fällen zusätzlich durch *quantitative*

---

[102] Kelle und Erzberger weisen darauf hin, dass mithilfe der Triangulation „gar *unterschiedliche Phänomene* erfasst werden" (Kelle und Erzberger 1999, 515, Herv.i.O.).

Daten. Aus diesem Grund liegt der Fokus der folgenden Darstellung auf den qualitativen Methoden der Datenerhebung.

6.2 Die Forschungsfragen

Grundlage für jegliche empirische Arbeit ist die Forschungsfrage. Forschungsfragen können „sowohl ein offenes als auch ein vordefiniertes Entdeckungspotenzial beschreiben." (Früh 2011, 78) In meinem Fall handelt es sich um ein im Vorfeld definiertes Feld, das von der Frage nach den Leitbildern der Stadtplanung und ihren materiellen und sozialen Wirkungen strukturiert wird. Daraus ergibt sich, dass sich die übergeordnete Forschungsfrage in diverse Sub- oder auch forschungsleitende Fragen – Gläser und Laudel nennen sie „Leitfragen" (Gläser und Laudel 2009, 90) – unterteilt,[103] die mit verschiedenen Erhebungsformen je unterschiedlich in den Blick genommen werden: Nicht jede Subfrage wird mit jeder Methode gleich fokussiert, sondern die unterschiedlichen Herangehensweisen nehmen einzelne Aspekte stärker in den Blick als andere. Die Kombination der einzelnen Facetten stellt dann eine Annäherung an das Gesamtphänomen dar.[104]

In meinem Fall liegen sechs forschungsleitende Fragen vor:

- Wie wird geplant?
- Wie wird Kreativität verstanden?
- Welche Leitbilder finden sich insgesamt?
- Welche materiellen Wirkungen hat Planung?
- Welche sozialen Wirkungen hat Planung?
- Welche Rolle spielt Kultur?

Daraus lässt sich eine Übersicht generieren, wie sie in Tabelle 2 dargestellt ist. Sie weist den verschiedenen Leitfragen die Methode zu, die ich jeweils verwendet habe, um diesbezügliche Antworten zu erhalten. Zu sehen ist, dass die Interviews alle Fragen mindestens berühren, während die anderen methodischen Herangehensweisen nur Teilaspekte in den Blick nehmen.

---

[103] Ich verwende im Folgenden die Begriffe forschungsleitende Frage und Leitfragen synonym.
[104] Das Phänomen kann niemals in seiner Gesamtheit abgebildet werden, so dass es sich hier um eine Annäherung handeln muss.

Forschungsfrage: Was bedeutet es, wenn eine Stadt Kreativität in ihrer Planung benutzt?						
	Wie wird geplant?	Wie wird Kreativität verstanden?	Welche Leitbilder finden sich insgesamt?	Welche materiellen Wirkungen hat die Planung?	Welche sozialen Wirkungen hat die Planung?	Welche Rolle spielt Kultur?
Qualitative Interviews	X	X	X	(X)	X	X
Teilnehmende Beobachtung	--	--	--	X	X	--
Visuelle Ethnographie	--	--	--	X	(X)	--
Dokumentenerhebung	X	X	X	--	--	X

Tabelle 2: Forschungsleitende Fragen und verwendete Methoden

Im Folgenden stelle ich nun die einzelnen Methoden in ihrer konkreten Anwendung vor. Die verschiedenen Formen der Auswertungen werden dabei ebenfalls beschrieben, bevor ich mich in einem abschließenden Teil der Darstellung der und kritischen Auseinandersetzung mit der Kombination dieser über qualitative Methoden erhobenen Daten mit quantitativen Daten widme.

6.3 Qualitative Interviews

Ich wählte qualitative, semi-strukturierte Interviews[105] als Form, da sie es ermöglichen, den verschiedenen Interviewten ähnliche Fragen zu stellen und so Vergleiche zwischen den Städten zu ermöglichen. Die Strukturierung der Interviews durch Leitfäden erleichtert es mir als Interviewerin, die forschungsleitenden Fragen in allen Interviews zu thematisieren. Die Tatsache, dass die Interviews nicht-standardisiert, d.h. qualitativ sind und den Interviewten Raum geben, eigene Themen ins Gespräch zu bringen, gewährleistet es darüber hinaus, dass vorher unberücksichtigte, aber für die Beantwortung der Forschungsfrage wichtige

---

[105] Zur Charakterisierung und Unterscheidung verschiedener Interviewformen vgl. exemplarisch Gläser und Laudel (2009), Lamnek (1995) sowie Flick (2002).

Aspekte nachträglich einbezogen werden. Die Interviews werden mit zwei Gruppen von Personen geführt, die ich als ExpertInnen klassifiziere: mit ExpertInnen aus dem Feld der städtischen Planung und Entwicklung und mit ExpertInnen aus dem Feld der *creative class*.

6.3.1 Die Rolle der Interviewten als ExpertInnen

Den zentralen Fragen dieser Arbeit folgend sind die durchgeführten qualitativen Interviews als Leitfaden-orientierte, d.h. semi-strukturierte, ExpertInneninterviews konzipiert. Sie stellen die Grundlage dafür dar, herauszufinden, in welcher Form Planungen in der jeweiligen Stadt konzipiert und umgesetzt werden und welche Entwicklungen sich in der Stadt vollziehen. Der Status der Interviewten als ExpertInnen macht es möglich, einen tieferen (inhaltlichen) Einblick in ein bestimmtes thematisches Feld zu erhalten. Unter ExpertInnen werden in diesem Fall diejenigen Personen verstanden, die in einem ausgewählten Themenbereich über Wissen verfügen, das nicht jeder Person zugänglich ist – es handelt sich bei ihnen um Insider. Wichtig ist, dass die ExpertInnen nicht zwangsläufig eine institutionalisierte Position innehaben müssen. Es geht vielmehr darum, diejenigen zu identifizieren, die aufgrund ihrer persönlichen und/oder beruflichen Erfahrung über Wissen verfügen, das für die Forschungsfrage von entscheidender Bedeutung ist. Bei der Definition dessen, was den/die ExpertIn ausmacht, folge ich daher Jochen Gläser und Grit Laudel (2009), die ExpertInnen als „Medium, durch das der Sozialwissenschaftler Wissen über einen ihn interessierenden Sachverhalt erlangen will" (Gläser und Laudel 2009, 12), beschreiben und ihnen „eine besondere, mitunter sogar exklusive Stellung in dem sozialen Kontext, den wir untersuchen wollen" (Gläser und Laudel 2009, 13), zusprechen.

Die Konzeption der Interviews als ExpertInneninterviews erfolgt also aus dem Forschungsinteresse heraus: Im Fall meiner Arbeit wird dieses in erster Linie von der Frage nach der Form der Planung kreativer Städte geleitet und in zweiter Hinsicht von der Frage nach der Perspektive der Angehörigen der *creative class* auf derartige Entwicklungen.

Die Interviews erfüllen zwei Funktionen: Die ausgewählten RespondentInnen der ersten Gruppe sind ExpertInnen auf dem Gebiet der Stadtplanung und liefern in den Interviews wichtige Daten über konkrete Planungsprozesse in den Städten. Dabei handelt es sich sowohl um Informationen, die der offiziellen Lesart entsprechen, als auch um solche, die Diskrepanzen zwischen den offiziell kommunizierten und den sich real vollziehenden Entwicklungen offenlegen. Zudem sind diese Personen ExpertInnen in ihrer Rolle als NutzerInnen der Städte; auch in dieser Rolle liefern sie wertvolle Daten, die über eine Planungsperspektive hinausgehen. Auch die RespondentInnen der zweiten Gruppe werden, ähnlich wie die der ersten Gruppe, sowohl aufgrund ihres beruflichen Status (als in den *creative industries* Tätige) als auch als NutzerInnen der Städte interviewt.

Dementsprechend sind es, wie oben schon erwähnt, vor allem zwei Bereiche, denen die RespondentInnen als ExpertInnen zugeordnet werden: Der größere Teil der ausgewählten InterviewpartnerInnen gehört dem Bereich der städtischen Verwaltung, Stadtentwicklung und Stadtplanung an. Je nach Organisation der Stadt sind diese Personen mit je unterschiedlichen Aufgaben betraut. Der andere Teil der Interviewten besteht aus denjenigen, die sich im weitesten Sinn mit Kultur und Kreativität beschäftigen – in Richard Floridas Terminologie sind es Angehörige der *creative class*, genauer des *super-creative core*. Die Auswahl der InterviewpartnerInnen und die Gestaltung der Interviews werden auf der Grundlage der forschungsleitenden Fragen vollzogen. Eine Übersicht und Charakterisierung der Interviewten sowie Hinweise auf forschungspragmatische Gründe, die ihre Auswahl beeinflussten, findet sich im Anhang dieser Arbeit.

6.3.2 Konzeption und Durchführung der Interviews

Zu Beginn der Konzeption der Interviews stehen die oben vorgestellten forschungsleitenden Fragen, die vor dem Hintergrund von theoretischem Wissen aufgestellt wurden. Auf diesen Fragen baut die Konzeption der Interviewleitfäden auf, die, entsprechend der beiden RespondentInnengruppen, durch folgende Fragen strukturiert werden:

A. StadtplanerInnen:

- Wie vollziehen sich Stadtentwicklung und Stadtplanung in der Stadt?
- Welches sind die Leitbilder, die der Planung der Stadt zugrunde liegen?
- Welche Rolle spielt Kultur in der und für die Stadt?
- Welches Verständnis von Kreativität liegt vor?
- Wie verändert sich die Stadt?

B. Angehörige des *super-creative core*:

- Welche Rolle spielt Kultur in der jeweiligen Stadt?
- Welche Beziehung besteht zwischen Kultur und der Materialität der Stadt?
- Welches Verständnis von Kreativität liegt vor?
- Wie wird die Beziehung zur lokalen Stadtplanung wahrgenommen?
- Wie wird Stadtentwicklung wahrgenommen?

Je nach Interviewee wurden die Leitfäden von mir modifiziert. In allen Fällen begann das Interview mit einer einleitenden Frage nach der beruflichen Tätigkeit des/der Interviewten. Anschließend folgten weitere, auf den forschungsleitenden Fragen aufbauende, aber auf die konkreten Tätigkeiten der Interviewten abgestimmte Fragen – dem Repräsentanten des *Lindholmen Science Parks* in Göteborg wurden etwa spezifische Fragen zu der Bedeutung des Technologieparks für die Stadt gestellt, während die Repräsentantin einer Dubliner Kultureinrichtung Fragen nach der Rolle der Kultur für die Dubliner Bevölkerung beantwortete. Je nach Rolle und Funktion der InterviewpartnerInnen wurde so eine unterschiedliche Gewichtung der einzelnen Fragekomplexe vorgenommen. Mit dem Fortschreiten des Forschungs- und Wissensprozesses veränderten sich zudem in einigen Fällen die Fragen, da ich bestimmte Elemente, von deren Existenz ich nur durch vorangegangene Interviews wusste, integrierte.

Wie in allen Interviews spielte es auch hier für die Fruchtbarkeit der Interviews eine Rolle, wie sich das Gespräch atmosphärisch entwickelte; zunächst galt es also, ein Vertrauensverhältnis zwischen der Interviewerin und dem/der RespondentIn aufzubauen. Dies diente allerdings weniger dazu, wie im Fall anderer qualitativer, etwa biographischer, Interviews, eine Basis für sogenannte heikle Fragen zu schaffen. Es entstehen aber auch in den ExpertInneninterviews Situationen, in denen Dinge zur Sprache kommen, die vertraulich sind – im vorliegenden Fall sind es in der Regel StadtplanerInnen, die Dinge erwähnen, die nicht Teil der offiziellen Erzählung (über die Stadt oder die Planungsprozesse) sind. Um diese Situationen, die wichtige Zusatzinformationen liefern, zu ermöglichen und insgesamt eine produktive Gesprächsatmosphäre zu schaffen, bedurfte es einer „Vertrauensbasis" (Lamnek 1995, 68, i.Orig.hervorg.). Diese wurde durch einleitende Fragen geschaffen, die die Rolle und die Arbeit des/der Interviewten im Feld der jeweiligen Expertise betrafen, damit die Interviewten Sicherheit bezüglich der Interviewsituation gewinnen konnten. Ich habe den Großteil der Interviews im jeweiligen beruflichen Umfeld geführt; in Dublin fanden zwei, in Göteborg drei Interviews auf Wunsch der InterviewpartnerInnen in einem Café statt. Alle RespondentInnen habe ich zunächst in ihrer Rolle als ExpertInnen des jeweiligen beruflichen Feldes interviewt. Fragen nach persönlichen Perspektiven auf die Städte und nach subjektiven Wahrnehmungen der Entwicklungen formulierte ich erst am Ende des Interviews, sofern die Interviewsituation dies zuließ.

Ein Vorteil der qualitativen Interviews ist es, trotz eines Leitfadens die Offenheit für neue Aspekte, die sich im Verlauf des Interviews ergeben, behalten und das Gespräch dementsprechend in veränderte Bahnen lenken zu können. Diese Aufgabe, neue Aspekte aufzugreifen und insgesamt das Interview entlang des Leitfadens zu strukturieren, ist eine zu erlernende Kompetenz, deren Komplexität in meinem Fall durch die Fremdsprachigkeit der Interviews erhöht wurde.[106] Zudem habe ich während des Gesprächs Notizen angefertigt; diese dienten einerseits dazu, zusätzlich aufkommende Fragen nicht zu vergessen und sie im Ver-

---

[106] Vgl. dazu auch meine Anmerkungen im folgenden Unterkapitel zur Rolle der Sprache in den auf Schwedisch geführten Interviews.

lauf des Interviews stellen zu können. Andererseits notierte ich Auffälligkeiten wie etwa atmosphärische Besonderheiten, wenn ich es mit zwei InterviewpartnerInnen zu tun hatte. So lieferten mir diese Notizen über das Audio-Material hinausgehende, informative Daten. Martyn Hammersley und Paul Atkinson (2007) weisen auf die Probleme hin, die durch gleichzeitiges Sprechen und Schreiben für den/die Interviewenden entstehen können: „Much of the interviewer's attention will be taken up with recording what has been said rather than thinking about it." (Hammersley und Atkinson 2007, 147) Trifft dies für die Ethnographie, welche Hammersley und Atkinson im Blick haben, besonders zu, so war es auch in Interviews eine Herausforderung für mich, beides zu kombinieren. Insbesondere traf dies dann zu, wenn die Interviews in Cafés stattfanden, da in diesen Fällen die Situationen noch komplexer wurden: Das Interview begann beispielsweise noch während der Bestellung, so dass ich zwischendurch zwischen den Rollen der Interviewerin und der Café-Besucherin wechseln musste, und in zwei Fällen war der Lärmpegel recht hoch, so dass es für mich schwerer war, den/die Gesprächspartnerin akustisch zu verstehen – etwas, das bei einem fremdsprachlichen Gespräch das inhaltliche Verstehen zusätzlich erschwert. Erleichterte es das Interviewsetting im Café, eine angenehme Interviewatmosphäre herzustellen, so machten es diese anderen Aspekte widerum schwieriger, das Interview zu führen. Das Interview mit einem Repräsentanten des *Dublin City Council* (Interview DCC2, vgl. Anhang) illustriert eine weitere Schwierigkeit: Das Interview fand in seinem Büro statt, und es wurden Tee, Kaffee und belegte Brote gereicht. Dies interpretierte ich als Geste der Aufmerksamkeit, und die Höflichkeit gebot es, das Essens- und Getränkeangebot anzunehmen. In einem tiefen Sessel sitzen, ein mit Salat und Aufschnitt belegtes Brot zu verzehren und dabei sowohl den Leitfaden im Blick zu haben als auch Notizen zu machen, war eine große Herausforderung. Gerade in einem solchen Fall waren das Aufnahmegerät und die nach dem Interview angefertigten Gesprächsnotizen sehr hilfreich.

Ein weiterer Punkt bedarf der Erwähnung: Oftmals ergeben sich interessante Aspekte in dem Moment, in dem das Aufnahmegerät ausgeschaltet wurde und das ‚Nachgeplänkel' einsetzte. Da es in diesen Situationen kaum möglich ist, das Aufnahmegerät wieder einzuschalten, ohne die Gesprächssituation negativ zu beeinflussen, habe ich in diesen Fällen unmittelbar anschließend möglichst ausführliche Notizen über den Inhalt angefertigt. Die so entstandenen Gedächtnisprotokolle wurden in die Auswertung aufgenommen und stellen damit zusätzliche Daten dar, die ich hier allerdings nicht gesondert aufführe. Grundsätzlich gilt für sie Ähnliches für die Feldnotizen, die während der teilnehmenden Beobachtung angefertigt werden (vgl. Kap. 6.2).

6.3.3 Reflexion der Auswahl der InterviewpartnerInnen

Klang es bislang so, als sei ich als Forscherin die maßgebliche Instanz, die über die Auswahl der zu interviewenden Personen entscheidet, so ist dies nur eingeschränkt der Fall. Zwei Dinge waren vielmehr zusätzlich von Bedeutung: Interesse und Bereitwilligkeit seitens der kontaktierten Personen und Zufall. Die Kontaktaufnahme ist der entscheidenden Momente für die Möglichkeit der Durchführung von Interviews. Vorher steht die Auswahl eines oder einer als wichtig für das Forschungsinteresse erscheinenden Experten/Expertin, aber die Kontaktaufnahme und somit der Experte/die Expertin selbst entscheidet schließlich darüber, ob das Interview zustande kommt. Für diese Kontaktaufnahme ist ein Wissen über die jeweiligen kulturellen Eigenarten einer Gesellschaft nötig. So bedurfte es in Dublin einiger Misserfolge und Gespräche mit Einheimischen, um zu verstehen, dass eine Kontaktaufnahme eher erfolgreich ist, wenn sie a) direkt über das Telefon oder b) mittels eines offiziellen Briefs der Universität, in dem ich mein Forschungsinteresse schildere, vollzogen wird. Im Gegensatz dazu ist in Schweden die E-Mail-Kommunikation das Mittel erster Wahl; dort geschah es sogar, dass ein offizieller Brief unter einem Stapel von Werbesendungen verschwand und die Empfängerin ihn erst nach einigen Wochen zur Kenntnis nahm. In einer dann folgenden E-Mail entschuldigte sie die Verspätung damit, dass sie es nicht mehr gewöhnt sei, papierne Post zu erhalten. Nach der Kontaktaufnahme hängt es schließlich von der Bereitwilligkeit der zu Interviewenden ab, ob das Interview zustande kommt. Im Verlauf der Zeit lernte ich, dass ich mit der Maßgabe, vor und im Interview möglichst wenige Informationen über mein Forschungsprojekt zu geben, um die potentiellen InterviewpartnerInnen so wenig wie möglich zu beeinflussen, brechen musste. Vielmehr erhöhte sich die Bereitschaft zum Interview ab dem Moment, ab dem ich mein Forschungsinteresse skizziert und in einen wissenschaftlichen Kontext gestellt hatte. Dass damit eine Beeinflussung des thematischen Interviewverlaufs und der gesamten Interviewsituation erfolgte, war und ist mir bewusst, habe ich aber in Kauf genommen. Gerade im Fall von Interviews mit ExpertInnen erscheint es mir als ein Weg, mit den jeweiligen ExpertInnen ins Gespräch zu kommen, da diese mich auf der Basis dieses Wissens dann als Forscherin und als ‚eine von ihnen' ansehen, mit der sie in Dialog treten können, anstatt ihre Handlungen im Sinn eines Vermarktens z.B. der stadtplanerischen Strategien zu formulieren. Aus einem solchen dialogischen Gespräch sind für eine Arbeit der vorliegenden Arbeit fruchtbarere Daten zu erwarten.

Neben diesen Aspekten spielte zudem der Zufall eine Rolle: Einige InterviewpartnerInnen engagierten sich vor oder nach dem Interview, um mir Möglichkeiten für weitere Interviews zu verschaffen. In mindestens einem Fall wurde die Bereitschaft zum Interview (auch) durch die Intention seitens der Interviewten hervorgerufen, eine junge und weibliche Wissenschaftlerin in ihrem Projekt zu unterstützen. Im Fall der Göteborger Interviews gelang es mir zudem, durch meine Sprachkenntnisse Neugier und größere Bereitschaft zu wecken; so war die Frage, aus welchem Grund ich Schwedisch spreche, in vielen Fällen die erste Frage der InterviewpartnerInnen und ein eine angenehme Kommunikationssituation vorbereitender Einstieg in das Gespräch.[107]

6.3.4 Die Auswertung der Interviews

Die mit dem Einverständnis der Interviewten als Audiodateien aufgezeichneten Interviews wurden von MuttersprachlerInnen transkribiert[108] und von mir entsprechend der vorher formulierten Leitfragen, die für die Auswertung ein Suchraster bilden, mithilfe der qualitativen Inhaltsanalyse ausgewertet.[109] Philipp Mayring (2007) bezeichnet die Inhaltsanalyse als eine Methode, mit der „Material [analysiert wird], das aus irgendeiner Art von *Kommunikation* stammt." (Mayring 2007, 11, Herv.i.O.)

Die inhaltsanalytische Auswertung von ExpertInneninterviews, die ich vornahm, bezieht sich auf Jochen Gläser und Grit Laudel (2009), die die von ihnen vorgestellte Inhaltsanalyse von der Mayrings unterscheiden, indem sie dem Kategoriensystem eine größere Offenheit zusprechen. So kann dieses im Verlauf der Auswertung modifiziert und „an die Besonderheiten des Materials angepasst werden" (Gläser und Laudel 2009, 201). Ich schließe mich ihrer Argumentation insofern an, als ich die Offenheit des Suchrasters betone; dieses wird in meinem Fall von den vorher formulierten Leitfragen gebildet. Diese „Suchstrategie" (Früh 2011, 78), die mit den Fragen verfolgt wird, steckt den Rahmen ab und gibt ein Raster vor, mit dessen Hilfe die transkribierten Interviews durchsucht werden. Dies bedeutet eine erhebliche Erleichterung der Auswertungsarbeit, da das transkribierte Material selektiv und fokussiert ausgewertet wird. Gleichzeitig

---

[107] Aufgrund meiner Erfahrungen kann ich sagen, dass es auf positive Verwunderung stößt, wenn eine ausländische Person Schwedisch spricht und sich den Menschen in ihrer Muttersprache nähert. Anders als im Fall der englischen Sprache, in dem es als selbstverständlich angesehen wird, dass man als Ausländer über die entsprechende Sprachkompetenz verfügt, wird es als nicht selbstverständlich und entsprechend positiv aufgefasst, die Sprache eines verhältnismäßig kleinen Landes wie Schweden zu sprechen.

[108] Die Transkriptionen nicht selber durchzuführen kann bedeuten, dass die Auswertung schwieriger ist, da atmosphärische Elemente des Interviews durch das fehlende erneute Hören nicht noch einmal in Erinnerung gerufen werden. In meinem Fall war es allerdings wichtiger, die Interviews von MuttersprachlerInnen transkribieren zu lassen, da damit eine korrekte schriftliche Wiedergabe des Gesprochenen gewährleistet wurde, die ich als Nicht-Muttersprachlerin nicht hätte leisten können. Indem ich ausgewählte Interviewpassagen während der Auswertung nachgehört habe, habe ich versucht, negative Folgen dieser Auslagerung der Transkription zu kompensieren.

[109] Die Inhaltsanalyse wird auch als ein Daten*erhebungs*verfahren eingesetzt (vgl. Atteslander 2006, 181), ich benutze sie aber als Verfahren der Daten*analyse*, wie es auch zunehmend der Fall ist (Krumm u. a. 2009, 335).

beinhaltet eine derartige Auswertung aber auch, potentiell wichtige und vor allem interessante zusätzliche Aspekte nicht zu berücksichtigen, sofern sie nicht explizit auffallen. Dieser potentielle Nachteil einer derartigen Auswertung muss reflektiert werden, steht ihr aber insgesamt nicht entgegen. Um ihn gering zu halten, ist die Offenheit für neue Aspekte, die auch schon die Interviews selbst leitete, auch ein die Auswertung strukturierendes Element. Wichtige Aspekte, die im Gespräch zur Sprache kommen und die nicht Teil der forschungsleitenden Fragen sind, werden in der Analyse gesondert berücksichtigt und in die Auswertung aufgenommen. So wird für nicht erwartete Aspekte und Beiträge der RespondentInnen ausreichender Spielraum gelassen.

Um die Verwendung des Begriffes Kreativität zu untersuchen, nutzte ich die Metaphernanalyse. Dazu gehe ich davon aus, dass durch die Verwendung von Metaphern „vorbewusste Einstellungen oder hintergründige Vorstellungshorizonte" (Kruse, Biesel und Schmieder 2011, 76) deutlich und dem/der Forschenden zugänglich werden. Die Analyse von Metaphern ermöglicht die „Rekonstruktion [...] [von] Sinnstrukturen" (ebd.), wie Kruse et al. unter Rückgriff auf George Lakoff und Mark Johnson (1998) herausarbeiten. Lakoff und Johnson verstehen Metaphern als etwas, das „unser Alltagsleben durchdringt, und zwar nicht nur unsere Sprache, sondern auch unser Denken und Handeln." (Lakoff und Johnson 1998, 11) Daran knüpfen Kruse et al. an und verstehen Metaphern als an Diskurse, also an bestehende Wissensordnungen gekoppelt; sie verändern sich in ihren Bedeutungen mit diesen Diskursen und „vernetzen" (Kruse, Biesel und Schmieder 2011, 75) diese. Die Begriffe Kreativität und *creative city* sind mit ihrer wachsenden Bedeutung ein Diskursphänomen; daher kann eine Metaphernanalyse von Interviewpassagen zeigen, welche Themen und stadtplanerischen Bereiche mit Kreativität verbunden sind.

Kruse et al. bieten eine pragmatische Antwort für die ontologische Frage, ob alle sprachlichen Äußerungen Metaphern seien (Kruse, Biesel und Schmieder 2011, 83) – sie empfehlen, die Theoriebildung nicht zu übertreiben und die Empirie zu betonen (Kruse, Biesel und Schmieder 2011, 84). Empirisch lässt sich durch die Untersuchung der Verwendung von Metaphern zeigen, wie die Zusammenhänge bestimmter Themen wahrgenommen werden, da „Metaphern einen Fokus setzen. Sie reduzieren die Komplexität unserer Welt [...] [sowie] die *Komplexität* von Beschreibungsmöglichkeiten" (Kruse, Biesel und Schmieder 2011, 89, Herv.i.O.). Ähnlich argumentiert Karin S. Moser (2000), wenn sie Metaphern eine besondere Bedeutung zuschreibt: „Metaphors are a linguistic manifestation of tacit knowledge" (Moser 2000, Abs. 12), und weiter: „it can be assumed that the use of metaphors is relatively free of self-presentation strategies" (Moser 2000, Abs. 14), da sie, einmal erlernt, unbewusst verwendet würden.

Um die forschungsleitende Frage, wie Kreativität von den Interviewten verstanden wird, zu beantworten, bietet sich die Metaphernanalyse aus diesen zwei genannten Gründen an: Zum einen stellen die verwendeten Metaphern eine Verdichtung des Verständnisses von Kreativität dar, zum anderen verweisen sie auf implizites Wissen, das innerhalb von Diskursen bezüglich des Konzeptes Kreativität vorhanden ist. Daher frage ich in diesem Vorgehen danach, welche Metaphern für den Begriff Kreativität verwendet werden.

Methodisch kann die Metaphernanalyse als Teil „einer offenen rekonstruktiven Analysemethodik" (Kruse, Biesel und Schmieder 2011, 93) verstanden werden, die sich insbesondere dafür eignet, ausgewählte Interviewstellen genauer zu analysieren. In Anlehnung an Rudolf Schmitt (2003) entwickeln Kruse et al. vier Analyseschritte, die auf der Ebene der Semantik ansetzen: „1) Ausschneiden/Sammeln, 2) Kategorisieren, 3) Abstrahieren/Vervollständigen, 4) kontextuell Einbinden und Interpretieren." (Kruse, Biesel und Schmieder 2011, 93) Über diese Schritte wird die Bedeutung der Metaphern sukzessive aus den Interviewausschnitten herausgearbeitet. Nachdem zunächst „metaphorisch[e] Passagen" (Kruse, Biesel und Schmieder 2011, 94) ausgewählt werden, wird der Kontext der Interviews im ersten Schritt noch berücksichtigt. In einem zweiten Schritt werden die Metaphern nach „inhaltlich[en], semantisch[en] und logisch[en]" (Kruse, Biesel und Schmieder 2011, 97) Merkmalen unterteilt und die damit verbundenen sprachlichen Bilder nachgezeichnet, so dass „abstraktere Kategorien" (Kruse, Biesel und Schmieder 2011, 98) entstehen. Zu beachten ist, dass einzelne Metaphern Bestandteile von unterschiedlichen Kategorien und diese Kategorien wiederum auch Ober- und Unterkategorien voneinander sein können (Kruse, Biesel und Schmieder 2011, 99). So entsteht ein Netz an Bezügen der Metaphern und Bilder untereinander, die schon an diesem Punkt auf die damit verbundene Vernetzung der Diskurse verweist.

Im dritten Schritt wird herausgearbeitet, was die Metaphern implizieren, „die Bilder [werden ...] ‚zu Ende gedacht'" (ebd., Herv.i.O.). Damit werden Implikationen explizit und der Zusammenhang der Kategorien, die im zweiten Schritt entwickelt wurden, wird deutlich(er). Der vierte und letzte Schritt schließlich führt zur Interpretation und Einbindung der verwendeten Metaphern. Neue Analysefragen werden an die herausgearbeiteten Metaphern gestellt, etwa nach Konnotationen, zugrunde liegenden „Selbstverständlichkeiten" (Kruse, Biesel und Schmieder 2011, 101) oder Perspektiven auf die Welt. Zudem werden Fragen nach den Themen gestellt, die durch die Metaphern deutlicher oder von ihnen ausgeblendet werden (Kruse, Biesel und Schmieder 2011, 102). Im Fall von Interviews findet an dieser Stelle eine Wiedereinbettung in die Sprechsituation statt, in der danach gefragt wird, wie und warum die Metaphern verwendet werden, ob es Konflikte zwischen den Metaphern der SprecherInnen gibt und welche Funktionen sie in der Situation haben (ebd.). Damit wird über diese Analyseschritte eine Kreisbewegung vollzogen: Zunächst werden die Interviewpassagen, in denen metaphorisch gesprochen wird, dem Kontext entzogen, um sie nach der

Analyse wieder in diesen einzubetten und darüber die Interpretation der Metaphern zu vertiefen.

Ich verwende die Metaphernanalyse als Komplement zur Inhaltsanalyse; dieser ergänzende Gebrauch wird auch von Kruse et al. empfohlen (Kruse, Biesel und Schmieder 2011, 103). Ziel dieses Vorgehens ist es, die Vorstellungen der Interviewten von bestimmten Themen aufzuschlüsseln und die damit verbundenen „Vorannahmen, Rollenverteilungen und letztendlich Lösungsstrategien" (Kruse, Biesel und Schmieder 2011, 117) aufzudecken. Im vorliegenden Fall geht es darum, die Verständnisse von Kreativität zu ergründen, die die StadtplanerInnen und Angehörigen der *creative class* besitzen und die, so meine Annahme, ihre Selbstverständnisse und Handlungsweisen beeinflussen. Indem die Frage beantwortet wird, welche Bilder mit Kreativität verbunden und in Metaphern artikuliert werden, kann letztlich untersucht werden, wie sich die Planung einer *creative city* realisiert.

6.4 Teilnehmende Beobachtung in den Städten

Geht es bei der Durchführung der Interviews darum, vom ExpertInnenwissen der InterviewpartnerInnen, das diese explizieren, zu profitieren, zielt die teilnehmende[110] Beobachtung darauf ab, einen Zugang auch zu den impliziten Strukturen der untersuchten Städte zu erhalten. Eine Gemeinsamkeit haben die ExpertInneninterviews und die teilnehmende Beobachtung im vorliegenden Fall: Sie werden von meinem Forschungsinteresse geleitet und fokussieren daher einen bestimmten Ausschnitt der sozialen Wirklichkeit. Damit lässt sich der methodische Zugriff als fokussierte Ethnographie beschreiben. Hubert Knoblauch (2001) beschreibt diese als eine Form der Ethnographie, bei der der/die Forschende „sich auf die eigene Kultur konzentriert […] [und] den Schwerpunkt auf einen besonderen Ausschnitt dieser Kultur [legt]." (Knoblauch 2001, 125) Knoblauch hebt zudem hervor, dass es bei dieser Methode nicht darum geht, eine Befremdung des ausgewählten Feldes vorzunehmen, wie Stefan Hirschauer und Klaus Amann (1997) es für die Ethnographie formulieren, sondern dass vielmehr die „Bekanntheit des Feldes" (Knoblauch 2001, 133f.) Voraussetzung für die „gezielte Fokussierung" (ebd.) ist.

---

[110] Man könnte die hier eingenommene Position auch als zwischen der teilnehmenden und der nichtteilnehmenden Beobachtung changierend verstehen, wenn man wie Lamnek (1995) letztere als eine Form beschreibt, bei der der oder die Beobachtende gleichsam von außen her das ihn oder sie interessierende Verhalten beobachtet (Lamnek 1995, 251). Aufgrund des vorliegenden Versuchs, sich den der Stadt zugrunde liegenden Strukturen und Mustern als temporäre Bewohnerin anzunähern, situiere ich das angewandte Vorgehen dennoch innerhalb der teilnehmenden Beobachtung.

Auch bei James P. Spradley (1980) findet sich eine derartige „focused observation" (Spradley 1980, 100ff.). In diesem Fall meint sie das (erneute) Eintreten in das Feld mit einem Fokus, den der/die Forschende aufgrund zuvor gewonnenen Wissens – mittels vorangegangener Feldaufenthalte, InformantInnen o.ä. – auswählt, um ihn zu vertiefen. Die fokussierte Ethnographie wird dabei, so Spradley, von strukturellen Fragen geleitet, welche Wiederholbarkeit als ihr zentrales Merkmal aufweisen (Spradley 1980, 107ff.). Zwar geht es bei Spradley in erster Linie um Interaktionen, doch lassen sich die Leitfragen, die ich wiederholend an die verschiedenen Orte, an denen die Beobachtungen stattfinden, stelle, seiner Argumentation entsprechend auch als strukturelle Fragen bezeichnen.

Der Ausschnitt, der im vorliegenden Fall im Blick ist, beinhaltet den städtischen als sozial hervorgebrachten Raum. Von den Leitfragen strukturiert, geht es um zwei Aspekte: Welches sind die zentralen Orte der Transformation, an denen die städtischen Veränderungen im Wortsinn sichtbar und erlebbar werden? Und zweitens: Welcher Umgang der StadtbewohnerInnen mit der jeweiligen Stadt lässt sich beobachten? Der erste Punkt dient dazu, das mithilfe der Interviews und Planungsdokumente erhaltene Wissen über die städtische Entwicklung anzureichern und den Orten auf die Spur zu kommen, an denen Planung in Realisierung umgesetzt wird. Da der Prozess der Beobachtung mit den Interviews parallel verlief, wurden jeweils neue Erkenntnisse – z.B. über die Orte und Merkmale der Transformation – aufgenommen. So wurde die voranschreitende Untersuchung von den im Verlauf der Forschung erhaltenen Informationen beeinflusst und in einigen Fällen modifiziert. Als temporäre Stadtnutzerin oder *temporary citizen*, wie ich diese Herangehensweise nenne (vgl. A.-L. Müller 2012b), spürte ich so zum einen der Materialität der Stadt nach und bewegte mich auf und zwischen den materiellen Spuren der Planung. Die Rolle der Materialität ist in soziologischen Kontexten oft vernachlässigt worden; in den Untersuchungen der Ethnologie und der Anthropologie wurde sie immer schon stärker in den Blick genommen.[111] Aufbauend auf meiner Konzeption der Materialität der Stadt als Moment, in dem sich die Planung realisiert, ist es auf diese Weise möglich, der Form der Realisierung nachzugehen und dabei Kohärenzen, Abweichungen und Brüche zur Planung zu entdecken.

Zum anderen zielte meine Herangehensweise darauf, die städtische Nutzung in den Blick zu bekommen. Fokussiert meine Arbeit zwar weder die Rezeption städtischer Planung noch die Hervorbringung städtischen Raums durch die NutzerInnen, so können und sollen diese Aspekte dennoch nicht ignoriert werden. Ziele der Planung lassen sich so kontextualisieren, indem gefragt wird, in wel-

---

[111] Vgl. dazu z.B. die zahlreichen ethnologischen Untersuchungen, die sich mit der Bedeutung der Häuser und Bauten für Eingeborenenstämme beschäftigen. Ein Beispiel für eine soziologische Untersuchung ist Pierre Bourdieus Studie über das kabylische Haus (z.B. Bourdieu 1993, 468ff.).

cher Weise die NutzerInnen der Städte in und an den maßgeblichen Transformationsorten agieren und welche Orte für das städtische Leben von Bedeutung sind.

Im Unterschied zu symbolisch-interaktionistischen Ansätzen geht es daher in meiner Herangehensweise nicht so sehr darum, die „Sinnstrukturen der Feldsubjekte situativ zu erschließen" (Lamnek 1995, 239). Gleichwohl könnte man sagen, dass gleichsam die Stadt zum Feldsubjekt wird, deren Sinnstrukturen – welche in der Materialität der Stadt manifest werden – es nachzuvollziehen gilt; in Anlehnung an das von Helmuth Berking und Martina Löw (2008) entwickelte Konzept der Eigenlogik einer Stadt geht es so darum, die Städte als Komplexe zu begreifen, die eigene Handlungszusammenhänge aufweisen und hervorbringen.

6.4.1 Die Rolle der Forscherin und die Dokumentation der Beobachtung

Die Aufenthalte in den beiden untersuchten Städten bedeuteten, als temporäre Bewohnerin einen besonderen Status einzunehmen. Zum einen ging damit einher, sich neben der Rolle als Wissenschaftlerin die Rolle der Anwohnerin anzueignen und die Städte dementsprechend zu nutzen. Die Temporalität dieser Rolle verschaffte zum anderen eine Distanz zum Feld, die es möglich machte, bestimmte Dinge zu bemerken. So erscheinen dem/der routinierten BewohnerIn die Wege, die durch eine Stadt genommen werden, und die Orte, die besucht werden, in ihrer Alltäglichkeit als normal. Der/die temporäre BewohnerIn dagegen konstatiert ihren Charakter der Alltäglichkeit für andere, da sie ihm/ihr selbst nicht alltäglich sind. Gleichzeitig entwickeln sich auch bei dem/der Forschenden alltägliche Praktiken des Umgangs mit der Stadt und der Wahrnehmung und Nutzung ihrer Materialität, die wiederum als Hinweise für die jeweiligen Eigenlogiken der Städte gedeutet werden können. Auf diesen Überlegungen aufbauend lässt sich sagen, dass sich der Zugang zum Untersuchungsfeld in diesem Fall recht einfach gestaltete; die Schwierigkeiten begannen vielmehr nach dem Ankommen.[112] Dem infrastrukturellen Zugang – damit ist die Organisation des Wohnortes und die Reise in die Städte selbst gemeint – folgte die Phase der Eingewöhnung und der Orientierung. Diese Orientierungsphase kann sehr lange dauern; in meinen Fällen half die Tatsache, dass einem längeren Aufenthalt eine mehrmonatige Unterbrechung zum Sortieren der Daten folgte, bevor noch einmal das Feld aufgesucht wurde (vgl. Tabelle 3), so dass die Orientierung nicht ausschließlich im Feld selber stattfand. InformantInnen spielten insofern eine Rolle, als sowohl InterviewpartnerInnen – in ihrer Rolle als NutzerInnen der Städte – als auch zufällige Bekanntschaften mich auf bestimmte Orte oder Praktiken des Umgangs mit der Stadt hinwiesen, die ich andernfalls schwerer oder gar nicht entdeckt und beobachtet hätte. Zur Dokumentation der Eindrücke und Beobach-

---

[112] Ähnliches beschreibt Roland Girtler, wenn es ihm um die Schwierigkeiten der Feldforschung nach dem erfolgreichen Feldzugang geht (Girtler 2001, z.B. 106ff.).

tungen wurden Feldnotizen angefertigt. Die Selektion dessen, was festgehalten wurde, habe ich anhand der forschungsleitenden Fragen vorgenommen. In diesem Fall waren dies, wie oben beschrieben, die Fragen nach der Beziehung von Stadt und NutzerIn und nach den zentralen Transformationsorten der Städte. Diese wurden während der Beobachtung im Wortsinn vor den Augen der Beobachterin sichtbar.

Anders als in anderen Fällen, in denen die Verschriftlichung der Beobachtungen einen kritischen Moment darstellt, da sie die soziale Situation maßgeblich beeinflussen und/oder beeinträchtigen würde, konnte ich in der Regel im Moment des Beobachtens bzw. in zeitlicher Nähe die Feldnotizen anfertigen, ohne Gefahr zu laufen, damit meine Rolle im Feld zu gefährden. Allerdings ist die „selektive Verzerrung" (Lamnek 1995, 295f.) zu berücksichtigen, nach der die Aspekte besonders auffallen und im Gedächtnis bleiben, die am vertrautesten sind. Dies impliziert zweierlei: Erstens lässt sich vermuten, dass mir am meisten auffiel, was ich erwartet und wovon ich schon Kenntnis hatte. Zweitens fielen mir gegen Ende der Beobachtungszeiten andere Dinge auf als zu Beginn, da ich im Verlauf meiner Arbeit mit neuen Aspekte vertraut(er) wurde, die dann wiederum eher im Gedächtnis blieben. Dies ist ein Dilemma; ich gehe allerdings davon aus, dass einige negative Implikationen, etwa das Ignorieren bestimmter Aspekte, durch die Vielzahl der vorliegenden Feldnotizen abgefedert wird.

Ein weiterer Aspekt, der berücksichtigt werden muss, ist die in den Feldnotizen verwendete Sprache. Forschende haben eine eigene Sprache, genauso wie es die Beobachteten in den verschiedenen sozialen Situationen haben. Die Feldnotizen tragen dieser Tatsache Rechnung, indem die Aussagen der Beobachteten möglichst getreu in deren Sprache niedergeschrieben werden, während Reflexionen des/der Forschenden sprachlich anders gestaltet sind und diese sprachlichen Wechsel markiert werden (vgl. dazu z.B. Spradley 1980, 65ff.). Da es sich in meinem Fall in erster Linie um eine Beobachtung der materiellen Form der Stadt und des (zumeist nonverbalen) Umgangs der Menschen mit ihr handelte, ist dieser sprachliche Aspekt lediglich insofern zu berücksichtigen, als dass zwischen der beschreibenden und der wissenschaftlich-reflektierenden Ebene in Feldnotizen unterschieden werden muss. Erstere sind besonders für das spätere, auch intersubjektive Nachvollziehen der auf den empirischen Daten aufbauenden Ergebnisse wichtig, letztere sind Ausdruck einer schon während der Erhebungsphase stattfindenden Reflexion des Wahrgenommenen auf Basis des vorhandenen Fachwissens. Bevor ich über die visuellen Daten spreche, die an dieser Stelle ins Spiel kommen und die im Zuge der teilnehmenden Beobachtung erhoben wurden, wende ich mich der Auswertung der Feldnotizen zu.

6.4.2 Die Auswertung der Feldnotizen

Die Feldnotizen[113] werden ebenso wie die Interviews inhaltsanalytisch ausgewertet. Die Auswertung wird dabei ebenfalls von den forschungsleitenden Fragen strukturiert. Sofern bislang nicht berücksichtigte, aber für die Fragestellung wertvolle Informationen im Verlauf der Auswertung auffallen, werden sie aufgenommen. Durch mehrmaliges Lesen des Materials wird diesen beiden Anforderungen an die Auswertung Rechnung getragen (vgl. z.B. Hammersley und Atkinson 2007, 164). Der Auswertungsprozess vollzieht sich dabei in der Regel so, dass zunächst alles, was Antworten auf die Leitfragen bzw. neue Informationen liefert, notiert wird. In weiteren Durchgängen sowohl des Materials als auch der Auswertungen werden die Daten immer weiter kondensiert; diese Verdichtung führt schließlich zu generalisierenden Aussagen über das beobachtete Phänomen (Hammersley und Atkinson 2007, z.B. 165). Diese stellen gleichzeitig Antworten auf die forschungsleitenden Fragen dar, welche über eine Beschreibung des konkret Beobachteten hinausgehen und mit den anderen Auswertungsergebnissen kontextualisiert werden können.

6.5 Die Erhebung und Verwendung visueller Daten

Neben den schriftlichen Notizen kam im Verlauf der teilnehmenden Beobachtung auch eine visuelle Dokumentation zum Einsatz. Diese setze ich an dieser Stelle zunächst in einen methodologischen Kontext, bevor ich die konkreten Praktiken in meiner Forschung beschreibe.

In der Soziologie wird zunehmend die Verwendung von und der Umgang mit visuellem Material diskutiert und (methodologisch) reflektiert. Ist es z.B. in der Ethnologie und Kulturanthropologie schon sehr viel länger verbreitet, Fotos und visuelles Material in jeglicher Form zu verwenden, gab es in der Soziologie lange einen nur zögernden Umgang mit derartigem Material.[114] Dies kann darauf zurückgeführt werden, dass

---

[113] Diese derart verschriftlichten Beobachtungen ließen sich auch als Transkriptionen der Daten (hier: der visuellen Eindrücke) auffassen, deren Form, wie Knoblauch betont, von der Fragestellung abhängt (Knoblauch 2001, 131). Knoblauch betont die Bedeutung der Transkription innerhalb der fokussierten Ethnographie, allerdings gilt dies meiner Ansicht nach vor allem dann, wenn Kommunikations- und Interaktionssituationen im Blick sind. Im Rahmen meiner Arbeit begreife ich Feldnotizen als schriftlich fixierte Beobachtungen, die das Datenmaterial für die anschließende Auswertung bilden.

[114] Bei genauerem Hinsehen lassen sich die Verwendungen z.B. von Fotografien in sozialwissenschaftlichen Arbeiten weit zurückverfolgen; eine visuelle Soziologie hatte aber immer prekären Charakter (vgl. Schändlinger 2006, v.a. 357f.).

> *[d]ie grundlagentheoretische Bestimmung dessen, was ein Bild ausmacht und in welcher Weise es – neben Sprache und anderen Formen der Weltwahrnehmung und -erzeugung – als Teil der Konstitution sozialer Wirklichkeiten verstanden werden kann, (Breckner 2010, 10)*

bislang nicht überzeugend vorgenommen werden konnte. Sowohl die sozialtheoretische als auch die methodologische Bedeutung von Bildern stellt demnach eine unbeantwortete Frage dar und ist ein Grund, warum sich ihre Verwendung in sozialwissenschaftlichen Arbeiten noch nicht durchgesetzt hat.

Methodologisch stellte dabei lange die Tatsache ein Hindernis dar, dass die Instrumente zur visuellen Dokumentation, etwa Fotoapparate und Videokameras, aufgrund ihrer Größe und vergleichsweise seltenen Verwendung z.B. im öffentlichen Raum so auffällig waren, dass angenommen wurde, dass sie die beobachteten sozialen Situationen stark verändern würden – eine Tatsache, die problematisch war, wenn es beispielsweise darum ging, soziales Handeln in Alltagssituationen zu untersuchen (vgl. dazu etwa Lamnek 1995, 20f.). Im Vergleich dazu kann im beginnenden 21. Jahrhundert eine Aufnahme sehr viel schneller und unauffälliger vorgenommen werden; selbst eine Begleitung von Akteuren im Feld mit einer Videokamera kann inzwischen relativ diskret sein. Die zunehmende Verbreitung und Zugänglichkeit von digitalen (Video-)Kameras und Mobilfunkgeräten mit integrierter Kamera tragen dazu bei, dass visuelles Material vermehrt in die Forschungen einfließt. Durch die Entwicklung dieser Medien hat sich auch ihr Einsatz in der teilnehmenden Beobachtung verändert und wird zunehmend reflektiert. Neben der visuellen Soziologie etabliert sich eine visuelle Ethnographie,[115] die sich mit der angemessenen Erhebung, Verwendung und Integration derartiger visueller Daten beschäftigt.[116]

Jon Wagner (2006) trifft eine wichtige Unterscheidung bezüglich der Frage von Visualität in der Wissenschaft geht. Er hebt auf einer analytischen Ebene die Unterschiede zwischen sichtbar, visuell und visualisieren hervor, um darauf aufbauend die entsprechenden und sich unterscheidenden Umgangsformen mit derartigem Material zu beschreiben (Wagner 2006, 55). Am Beispiel von Fotografien[117] werden diese Unterscheidungen anschaulich:

> *Photographs [...] are ‚visible data' – that is, material artefacts that can be seen in their own right. They also make visible some elements of culture and social life that we might not otherwise be able to see. But these materials also record the visual perceptions of those who made them, and they can stimulate additional visual perceptions among people who view them. As distillations,*

---

[115] Unter visueller Ethnographie werden Ethnographien verstanden, die mithilfe von visuellen Medien Daten hervorbringen.
[116] Vgl. dazu exemplarisch die Arbeiten von Sarah Pink (2007) und Karen O'Reilly (2009).
[117] Nach Wagner (2006) treffen diese Aspekte ebenso auf Filme und Videoaufzeichnungen zu.

photographs [...] can also be used to represent ideas, and in that respect provide useful tools for visualising and representing social theory. (Wagner 2006, 57, Herv.i.O.)

Damit können Fotografien mit drei Funktionen für das wissenschaftliche Arbeiten versehen werden, die alle im vorliegenden Fall Anwendung finden. Fotografien

- machen Elemente des kulturellen und sozialen Lebens sichtbar (*visibility*),
- sind Zeugnisse der spezifischen (ebenfalls kulturell und sozial geprägten) visuellen Perspektive der Person, die die Aufnahmen tätigt (*visuality*),
- können als Visualisierungen benutzt werden, um wissenschaftliche Ergebnisse darzustellen und zu präsentieren (*visualisation*).

Im Rahmen dieser Arbeit berücksichtige ich insbesondere den ersten und den dritten Aspekt – die Sichtbarmachung ausgewählter Elemente der Forschung und die Visualisierung von Ergebnissen – während die spezifische visuelle Perspektive, die die Fotos zeigen, also die Form des Sehens selbst, zwar reflektiert, aber nicht in den Auswertungsprozess einbezogen wird. Mir geht es vor dem Hintergrund meiner Forschungsfrage nicht um die Sehweise der StadtbewohnerInnen, sondern um eine Dokumentation des Sichtbaren, in diesem Fall in erster Linie der städtischen Besonderheiten. Im Blick sind also Visibilität und Visualisierung. Die Fotografien sind als Manifestationen des Sichtbaren aus Sicht der Forscherin zu verstehen; damit offenbart sich dem/der Lesenden die subjektive Perspektive der Forscherin auf die Stadt, eine Perspektive, die geprägt ist von theoretischem Wissen, Vorannahmen und Eindrücken. Dazu noch einmal Jon Wagner:

[When] researchers ignore questions about what subjects literally see, their analysis may not be very ‚visual', even when their source data include photographs, videotapes and other artefacts. (Wagner 2006, 58, Herv.i.O.)

Im Folgenden konzentriere ich mich auf die beiden Verwendungsformen visueller Daten, die in meiner Forschung zum Einsatz gekommen sind: Fotografien als visuelle Feldnotizen und als Basis vergleichender Analysen zur Darstellung von städtischen Transformationen.

6.5.1 Fotografien als visuelle Form der Beobachtung

Im Zuge des Beobachtungsprozesses in den beiden ausgewählten Städten dokumentierte ich die visuellen Eindrücke mithilfe eines digitalen Fotoapparats. Die Fotografien, etwa 350 pro Stadt, dienten als Erinnerungsstütze und Ergänzung der schriftlichen Feldnotizen. Im Verlauf der Forschung erhielten sie zunehmend eigenständigen Charakter und werden von mir nun als eigene Datengruppe verwendet, die ich *visuelle Feldnotizen* nenne. Im Unterschied zu den bislang beschriebenen erhobenen Daten basieren die Fotografien nicht auf schriftlichen bzw. wie im Fall der Interviews *ver*schriftlichten Zeichen, sondern stellen mit ihrer Visualität eine eigene Kategorie von Daten dar.

Wie schriftliche Feldnotizen, die während der teilnehmenden Beobachtung entstehen, sind aber auch die Fotografien Zeugnisse der subjektiven Wahrnehmung sozialer und städtischer Prozesse. Die Fotos dokumentieren wie Feldnotizen die Eindrücke während der Aufenthalte in den Städten. Was Spradley (1980) über die Sprache, in der Feldnotizen niedergeschrieben werden (sollten), sagt, lässt sich bedingt auch auf Fotografien, welche für Spradley Teil des ethnographisch erhobenen Materials sind (Spradley 1980, 63), anwenden: Der oder die Forschende hat eine eigene Sprache, genauso wie die Beobachteten, und die Feldnotizen tragen dieser Tatsache Rechnung. Auf die Fotografie übertragen bleibt festzuhalten, dass die Art des Fotografierens eine spezifische und personenabhängige ist. Dies geht mit der Subjektivität der Perspektive, die dargestellt wird, einher. Die fotografischen Feldnotizen weisen im vorliegenden Fall die mir eigene visuelle ‚Sprache' auf und sind daher subjektgebundene Dokumente – in Wagners Worten Ausdruck der mir eigenen „visual perception" (Wagner 2006, 56).

Damit liegt hier nur insofern eine Arbeit aus dem Bereich der visuellen Soziologie vor, als visuelle Daten explizit als Teil einer Gesamtmenge an qualitativen Daten erhoben und in einer reflektierten Weise ausgewertet werden, um zusammen mit den anderen, sprachlichen und textuellen, Daten die Basis für die Studie zu liefern. Dies ist, wie Douglas Harper hervorhebt, die Arbeit der „‚visualmethods' people" (Harper 1988, 55, Herv.i.O.).[118]

6.5.2 Die Auswertung der visuellen Daten

Eine besondere Herausforderung bei der Verwendung visuellen Materials erwächst aus der Tatsache, dass es polyseme Daten liefert. Damit bietet es noch stärker als sprachliches Material Raum für Interpretationen. Den Unterschied zwischen visuellen und sprachlichen Daten beschreibt Schändlinger (2006) am Beispiel des Films – das sich auch auf die Fotografie übertragen lässt – wie folgt:

> *Das (Film-)Bild besteht gegenüber der Sprache aus einer Vielzahl von konkreten Einzel- und Detailbestimmungen, die einerseits eine sprachlich kaum erreichbare Präzision und Komplexität der Beschreibung ermöglichen, andererseits nahezu unendlicher symbolischer Deutung offen stehen. (Schändlinger 2006, 364f.)*

---

[118] Harper unterscheidet diese Form der visuellen Soziologie von der, deren Anhänger die Fotografien, die in einer Kultur hervorgebracht werden, analysieren (Harper 1988, 55).

Die oftmals problematisierte Mehrdeutigkeit visuellen Materials kann, wie hier geschehen, positiv gewendet werden. Im Fall der Fotografie ist, verglichen mit der Sprache, die Linearität reduziert: Die Reihenfolge, welche Elemente wann wahrgenommen werden, ist maßgeblich von den Betrachtenden abhängig, auch wenn die Gestaltung des Bildes selbst die Rezeption beeinflusst.

Um in einer sprachlich geprägten Wissenschaft visuelle Daten verwenden zu können, müssen zwei Aspekte berücksichtigt werden: Die Präsentation und Auswertung nicht-sprachlicher Daten erfordert entweder (1) eine Übersetzung in sprachlichen Text oder (2) einen anderen Umgang in der Form wissenschaftlicher Ergebnispräsentation. Im zweiten Fall kann mit der Integration visueller Daten eine Ausweitung der rein sprachlichen Argumentationsform auf andere, nicht sprachliche Ebenen stattfinden. Im ersten Fall kann es eine auf die Wiedergabe in sprachlichem Text ausgerichtete Auswertung potentiell mehrdeutiger Daten dagegen mit sich bringen, dass bestimmte Bedeutungsebenen in der Dokumentations- und Auswertungsphase nicht erfasst werden (können).

Zur Auswertung fotografischen Materials kann man auf Methoden der Bildhermeneutik zurückzugreifen, die auf Erwin Panofskys Bildanalyse (vgl. Panofsky 1980; 2006) basieren. Das auf der Fotografie Sichtbare wird danach zuerst identifiziert und beschrieben und anschließend auf seine ikonographische Bedeutung hin untersucht. In einem letzten Schritt versucht man, die ikonologische Bedeutung herauszuarbeiten. Es findet eine Zusammenfügung der einzelnen Elemente des Bildes statt, so dass erschlossen werden kann, worauf das Dargestellte verweist. So kann im Idealfall auch der Diskurs identifiziert werden, auf den sich das Abgebildete bezieht. Diese Interpretationsschritte leisten gleichzeitig die Übertragung in Sprache, so dass am Ende der Auswertung Ergebnisse vorliegen, die mithilfe von sprachlichem Text verarbeitet werden können.

In eine ähnliche Richtung weist Roswitha Breckners „Segmentanalyse" (Breckner 2010, 287), nach der die Bilder zur Auswertung in einzelne Segmente zerlegt werden. Diese Segmente werden aufgrund der Blickfolge der Betrachterin/des Betrachters identifiziert und anschließend isoliert. In einem weiteren Schritt werden die isolierten Segmente beschrieben, mögliche Bedeutungen notiert und mithilfe einer Kontextualisierung mit anderen Segmenten plausibilisiert oder verworfen. In einem letzten Schritt wird Wissen über Produktionsprozesse und -bedingungen der Bilder sowie ihrer Entstehungskontexte herangezogen. Das so ermittelte Wissen wird zusammengebracht, so dass am Ende eine nachvollziehbare Interpretation steht (Breckner 2010, 293f.). Diese Form der Analyse bietet sich an, wenn Interaktionen im Mittelpunkt der Fragestellung stehen. Ähnlich wie im Fall der fokussierten Ethnographie ist auch hier, in einem weitergehenden Schritt, eine fokussierte Segmentanalyse denkbar, um die Bilder unter spezifischen, strukturierenden Fragen auszuwerten.

Ich verzichte in dieser Arbeit auf eine ausführliche Analyse der Bilder, die Bilder werden vielmehr in ihrem Abbildcharakter ernst genommen und in einem positiven Sinn als Illustration verwendet. Sie werden den verschiedenen Leitfragen zugeordnet und in Einzelfällen mithilfe der fokussierten Segmentanalyse ausgewertet. Damit ist es möglich, einzelne Aspekte hervorzuheben und mit ihnen die übrigen, auf Sprache basierenden Ergebnisse zu ergänzen. So ist im Ganzen eine Gesamtanalyse möglich, die mit verschiedenen sensuellen Eindrücken arbeitet. Teil dieser Gesamteindrücke ist das *rephotographing*, dem ich mich nun zuwende.

6.5.3 *Rephotographing* zur Analyse städtischen Wandels

Um Veränderung im städtischen Raum und in seiner Materialität festhalten zu können, habe ich eine vergleichende Bildanalyse vorgenommen.[119] Als Grundlage dafür wurden Fotos und Bilder aus einer bestimmten Periode aus Archiven verwendet. Diese Bilder stellen in der Regel städtische Plätze und Gebäude dar. Anschließend versuchte ich, dieselben Orte selbst zu fotografieren, um die Veränderungen oder auch Beständigkeiten dokumentieren und analysieren zu können. Mithilfe dieses Vergleichs wurde es möglich, Veränderungen festzuhalten und nachvollziehbar zu machen. Eine solche Methode mit dem Ziel der Darstellung (sozialen) Wandels wird von Douglas Harper als „rephotographing" (Harper 1988, 62) bezeichnet, dessen Begriff ich hier aufnehme.

Der ursprünglich gewählte Zeitraum für die Archivbilder lag zwischen 1950 und 1970. Im Verlauf der empirischen Arbeit stellte sich heraus, dass sich die Veränderungen an den Orten, die ich mithilfe der Interviews in beiden Städten als zentrale Transformationsorte identifiziert hatte, später als erwartet ereignet hatten, nämlich erst in den 1980er Jahren. So verschob sich der Zeitraum auf die Periode der 1960er bis 1980er Jahre.

Die Auswahl der Bilder wurde von meinem Wissen über die städtischen Orte geleitet, die sich heute als zentrale Transformationsorte darstellen. In beiden Städten waren vor allem zwei Bereiche zu identifizieren: die Hafengebiete und je ein bis zwei innerstädtische Stadtviertel. Darauf aufbauend suchte ich in den Archiven nach entsprechenden Fotos; gleichzeitig leitete das in den Archiven vorhandene Material die Auswahl der Orte, die ich für das *rephotographing* auswählte, da nur eine kleine Auswahl von Orten in den spezifischen Bereichen fotografisch dokumentiert war.

Ein auf einer Bildbeschreibung (angelehnt an die oben beschriebene fokussierte Segmentanalyse) aufbauender kontrastierender Vergleich führte schließlich zu einer Unterteilung der Bilder in (a) Orte, an denen Veränderungen deutlich sichtbar sind und (b) Orte, an denen physische Transformationen nicht oder nur in sehr begrenztem Maß sichtbar sind. Die Leerstelle zwischen den Bildern verdeutlicht die städtische Entwicklung und visualisiert diesen Prozess, so dass er

---

[119] Für diese methodische Anregung danke ich Werner Reichmann.

intersubjektiv nachvollziehbar wird: Im ersten Fall sind es materielle Veränderungen, im zweiten Fall Konservierungen des materiell Vorhandenen, die auf diese Weise sichtbar werden. Die auf diese Weise erzielten Ergebnisse gaben Antworten auf die forschungsleitende Frage nach der materiellen Wirkung der Stadtplanung.

6.6 Die Verwendung von Planungsdokumenten

Als weitere Daten zog ich die unterschiedlichen Stadtplanungsdokumente der beiden Städte heran. In ihnen werden die für einen bestimmten Zeitraum[120] geplanten Stadtentwicklungsprojekte vorgestellt und erläutert. Innerhalb der Stadtplanungsdokumente einer Stadt existiert insofern eine Hierarchie, als es Dokumente für die gesamte Stadt, für einzelne Stadtteile und für einzelne Straßenzüge gibt. Neben diesen Dokumenten, die die geplante Stadtentwicklung beschreiben und sie in einer stadtplanerischen Gesamtstrategie verorten, gibt es, je nach Stadt unterschiedlich ausgeprägt, weitere Dokumente, die sich mit ausgewählten Aspekten beschäftigen, wie z.B. der architektonischen Gestaltung der Stadtteile. Die Besonderheiten, die jeweils für Dublin und Göteborg gültig sind, führe ich im anschließenden Kapitel im Kontext der Städtebeschreibungen aus (Kap. 7).

6.6.1 Planungsdokumente als Ergebnisse eines Prozesses

Die Dokumente der politischen Stadtplanung stellen, im Gegensatz zu den Interviews, die fixierten Ergebnisse des die Planung betreffenden Aushandlungsprozesses dar. Für die Formulierung der Planungsdokumente sind die Leitbilder der Stadtplanung konstitutiv, die ihre Handlungen und Ziele maßgeblich bestimmen. Sie sind für einen bestimmten Zeitraum fixiert und weisen Verbindungen zu früheren Planungen auf, da sie explizit an vorangegangene Projekte und Dokumente anschließen. Da in dem Zeitraum, in dem ein Planungsdokument gültig ist, die daran anschließenden Dokumente für den nächsten Zeitraum konzipiert und formuliert werden, weisen sie neben der fixierten dennoch eine temporäre Dimension auf.

Die Dokumente stellen eine wichtige Seite der Stadtplanung dar: Sie sind die politisch und planerisch bindenden Dokumente und damit die Grundlage der für die Realisierung der Planungen notwendigen Baugesetze. Der Aushandlungsprozess, der zur Erstellung der Dokumente führt, wird in der Regel nicht beschrieben, ebenso wenig wie informelle Gespräche, Absprachen oder politische Abma-

---

[120] Hierbei handelt es sich, je nach Dokument variierend, um Zeiträume von fünf bis zehn Jahren.

chungen.[121] Da es in meiner Arbeit nicht um den Entstehungsprozess von Planungsstrategien geht, sondern um die Ausformungen und Wirkungen einer spezifischen, nämlich auf Kreativität ausgerichteten Planung, liegt dadurch keine inhaltliche Einschränkung für die Verwendung der Dokumente vor. Nichtsdestotrotz ist die Entstehung der Schriftstücke ein zu berücksichtigender Aspekt, gerade wenn die Interviews und die Planungsdokumente zueinander in Bezug gesetzt werden.

6.6.2 Auswertung mittels qualitativer Dokumentenanalyse

Im Unterschied zu Interviews oder Feldnotizen handelt es sich bei den auszuwertenden Planungsdokumenten um schon vorhandenes Datenmaterial, das ursprünglich nicht für sozialwissenschaftliche Untersuchungszwecke produziert wurde. Die Dokumentenanalyse ist ein geeignetes Verfahren zur Auswertung derartigen existierenden (Text-)Materials und dient dazu, „feststehende Ereignisse und Fakten" (Lamnek 1995, 193) in den Blick zu bekommen. Für die Auswertung ist es daher von zentraler Bedeutung, welche Antworten sich in den Planungsdokumenten für die forschungsleitenden Fragen finden lassen. Ähnlich der inhaltsanalytischen Auswertung der Interviews werden auch hier die forschungsleitenden Fragen herangezogen, um das Material zu sichten. Bei dieser Art der Auswertung geht es, wie für die Inhaltsanalyse beschrieben, darum, „welche Aspekte der Realität" (Früh 2011, 77) für die Forschenden wichtig sind – diese sind leitend für die Auswertung. Entsprechend der zu Beginn erläuterten je unterschiedlichen Bedeutung der Leitfragen für die verschiedenen Daten (vgl. Tabelle 2) kommen hier vor allem die Fragen zum Tragen, die die Leitbilder und Themen der Planung sowie das (offiziell) vorliegende Kreativitätsverständnis betreffen. Die Fragen dienen als Raster, mit dessen Hilfe die Dokumente ausgewertet werden; anders als zum Beispiel Lamnek verwende ich allerdings kein „feste[s], standardisierte[s] Kategorienschema" (Lamnek 1995, 193), um die Offenheit für Unvorhergesehens beizubehalten. An die Stelle von vorher definierten Variablen treten vielmehr die Leitfragen, auf die Antworten in den Dokumenten gesucht werden. Anhand dieser die Auswertung leitenden Fragen werden nun die Dokumente analysiert, dabei liegt der Fokus auf der „sachliche[n] Auswertung und [der] Analyse sprachlicher Besonderheiten" (Krumm u. a. 2009, 328f.). Die Dokumentenanalyse empfiehlt sich in dieser Form, da sie

---

[121] Der Prozess des Aushandelns der Ergebnisse als solcher ist nicht im Blick dieser Arbeit, auch wenn er interessante Erkenntnisse über beteiligte Akteure, Interessenkonflikte und soziale Interaktionen bieten würde. In diesem Zusammenhang könnten die Planungsdokumente, seien es Masterpläne, *Design Guidelines* oder Entwicklungspläne, als Kommunikationsmedium, aber auch als Medien der Etablierung und Fixierung von Machtpositionen zwischen den Ebenen der Stadtverwaltung, der BürgerInnen und derjenigen, die die Planungen umsetzen, begriffen werden.

auch Textentstehung und -produzentInnen sowie den AdressatInnenkreis einbezieht (vgl. Krumm u. a. 2009, 329ff.); all dies beeinflusst Inhalt und Form der Dokumente und damit ihre Aussagen. Für meinen Fall bedeutet dies, folgende zusätzliche Fragen zu stellen:

- Zu welchem Zweck entstand das vorliegende Dokument?
- Wer hat es produziert?
- In welchem institutionellen Kontext ist das Dokument entstanden?
- Wer sind die expliziten und impliziten AdressatInnen?
- Für wen ist es zugänglich?

Antworten auf diese Fragen ergänzen die inhaltliche Auswertung der Dokumente. Gerade im Feld der politischen Stadtplanung lassen sich so normative, programmatische und institutionelle Einflüsse herausarbeiten, die, so meine Annahme, konstitutiv für die inhaltliche Planung sind. Unterstützt wird der Einbezug solcher Aspekte durch die ebenfalls vorzunehmende Analyse sprachlicher, insbesondere stilistischer, Besonderheiten, welche in die inhaltliche Textanalyse einbezogen werden. Intentionen und normative Grundannahmen der AutorInnen können so aufgedeckt werden (Krumm u. a. 2009, 331f.).

Da nahezu alle Planungsdokumente, die ich zur Analyse herangezogen habe, im Internet abrufbar sind, ist noch ein weiterer Punkt zu berücksichtigen, auf den Krumm et al. (2009) hinweisen: Zwar sind die Dokumente allesamt im *portable document format* (pdf) abgespeichert, so dass sie statischer sind als *hyptertext*-Dokumente.[122] Dennoch ist die Veröffentlichungsumgebung, in diesem Fall der digitale Erscheinungsort, zu berücksichtigen und der oben angeführten Liste der zu berücksichtigenden Aspekte hinzuzufügen.

6.7 Der Einbezug quantitativer Daten

Neben den genannten Daten, die mithilfe qualitativer Methoden erhoben wurden, kommen an ausgewählten Momenten auch quantitative Daten zum Tragen. Sozialstatistische Daten zu Bevölkerungs- und Berufsstruktur sowie zu der demographischen und infrastrukturellen Entwicklung der Städte und ihrer Gesellschaften helfen, ein deutlicheres Bild der untersuchten Städte zu zeichnen. Ich greife dafür auf die von den jeweiligen staatlichen Einrichtungen – das *Central Statistics Office Ireland* und das schwedische *Statistiska Centralbyrån* – zur Verfügung gestellten Daten zurück. Darüber hinaus stellen sowohl die Stadt Dublin als auch die Stadt Göteborg stadtspezifische statistische Daten bereit, die von den jeweiligen Websites abgerufen werden können.

---

[122] Zur diesbezüglichen Spezifizität von *hypertext*-Dokumenten vgl. Krumm et al. (2009, insbes. 332f.).

Eine Selektion der so erhaltenen Daten findet auf Grundlage allgemeiner Gesichtspunkte sowie der forschungsleitenden Fragen statt. Unter erstere fallen Aspekte, die die gesamtstädtischen Strukturen zu verstehen helfen: die Bevölkerungsstruktur mit besonderer Berücksichtigung von Alter, Bildung und Geschlecht; die Berufsstruktur; die infrastrukturelle Ausstattung der Haushalte mit Fokus auf Informationstechnologien. Unter zweiteres fallen sozialstrukturelle Merkmale der ausgewählten Stadtteile, die die zentralen Transformationsorte darstellen. Hier geht es auf Stadtteilebene ebenfalls um die genannten Aspekte, sofern sie von den jeweiligen Ämtern erhoben werden. Hinzu kommen Aspekte wie die Anzahl der kulturellen und schulischen Einrichtungen und ihre Veränderung seit 1970. Diese Zahl wurde auf Grundlage des Wissens über die Veränderungen der Städte als Referenzwert ausgewählt; die für meine Arbeit interessanten Veränderungen ereigneten sich ab etwa 1970, so dass der Zeitraum von 1970 bis 2009[123] adäquat zur Beschreibung der Entwicklung ist.

Die Schwierigkeit bei der Verwendung der sozialstatistischen Daten besteht darin, dass nicht für alle Variablen vergleichbare Daten zur Verfügung stehen. Die verschiedenen Organisationen, von denen ich die Daten beziehe – neben den oben genannten staatlichen Einrichtungen gehört dazu die *Organisation for Economic Co-operation and Development* (OECD) – erheben ihre Daten zum einen für je unterschiedliche Zeiträume, so dass etwa für den Vergleich der untersuchten Städte nicht die jeweils aktuellsten, sondern lediglich die aktuellsten vergleichbaren Daten verwendet werden können. Aus diesem Grund basieren die vergleichenden Gegenüberstellungen der Städte (vgl. Kap. 7) auf Daten aus dem Jahr 2006. Zum anderen werden von den Organisationen Daten zur Verfügung gestellt, die aufgrund der Erhebungsgrundlage nicht immer vergleichbar sind, etwa wenn Daten zwar für die Stadt Dublin, aber nur für die Region Göteborg verfügbar sind. Diese Schwierigkeit spricht nicht grundsätzlich gegen die Verwendung quantitativer Daten, muss dabei aber berücksichtigt werden.

6.8 Die Feldaufenthalte: Übersicht über die erhobenen Daten

In beiden Städten habe ich mehrwöchige Feldaufenthalte (im Folgenden FA) absolviert. Sie waren von unterschiedlicher Dauer und fanden zu unterschiedlichen Jahreszeiten statt, wie die Tabelle 3 zeigt. Der Grund für die kürzere Gesamtdauer der Aufenthalte in Göteborg liegt darin, dass mir die Stadt schon von vorherigen, mehrwöchigen Besuchen bekannt war; das Kennenlernen der internen Strukturen benötigte daher nicht so viel Zeit wie in Dublin. Der dritte, sehr kurze Aufenthalt in Dublin diente dazu, Informationen über die Wirkungen der

---

[123] Da im Jahr 2009 der Zeitraum der Erhebung qualitativer Daten endete, markiert dieses Jahr auch als Ende des Erhebungszeitraums für die quantitativen Daten.

globalen Wirtschaftskrise zu erhalten. Aufgrund des zeitlich späteren Aufenthaltes in Göteborg hatte ich dort die entsprechenden Fragen schon in die Interviews integrieren können. Die unterschiedliche Anzahl an Interviews, Feldnotizen und zur Verfügung stehenden Dokumenten sowie differierende Interviewlängen zeigt die Unterschiedlichkeit der Fälle. Quantität ist dabei nicht mit Qualität gleichzusetzen, denn zeitlich kürzere Interviews können inhaltlich mehr Informationen bieten als lange, in den Städten herrschen zudem unterschiedliche Praktiken der Gestaltung von (Planungs-)Dokumenten vor.

Welche Unterschiede und Gemeinsamkeiten in den untersuchten Städten im Einzelnen vorliegen, ist Thema des anschließenden Kapitels.

		Dublin	Göteborg
Zeitraum	FA 1	58 Tage (25.2.-23.4.2008)	29 Tage (1.4.-30.4.2009)
	FA 2	32 Tage (1.9.-3.10.2008)	14 Tage (7.9.-21.9.2009)
	FA 3	3 Tage (23.-25.11.2009)	--
Jahr	FA 1	2008	2009
	FA 2	2008	2009
	FA 3	2009	--
Jahreszeit	FA 1	Frühling	Frühling
	FA 2	Herbst	Herbst
	FA 3	Winter	--
Interviews		12	7
Gesamtzeit d. Interviews		9:12:17 Std.	6:49:77 Std.
Länge der Interviewtranskripte		283 A4-Seiten	109 A4-Seiten
Fotos		350	350
Dokumente		Ca. 1600 A4-Seiten	Ca. 1220 A4-Seiten
Archivmaterial		12 A4-Seiten	18 A4-Seiten
Feldnotizen		40 A5-Seiten	77 A5-Seiten

Tabelle 3: Übersicht über die Feldaufenthalte (FA) und die während der Feldaufenthalte erhobenen Daten

7 Die Fallbeispiele: Dublin und Göteborg

Dieses Buch ist auch eine Reise in zwei europäische Großstädte. An dieser Stelle stelle ich Dublin und Göteborg ähnlich einem Reiseführer vor, um es den LeserInnen zu ermöglichen, sowohl Faktenwissen als auch ein Gefühl für die Fälle zu bekommen. Es handelt sich bei diesen beiden Städten um eine Auswahl, die weniger auf eine vergleichende Analyse zur Erarbeitung generalisierender Aspekte abzielt als vielmehr Facetten eines Phänomens und seine eigenlogischen Merkmale erarbeiten will.[124] Neben einer vergleichbaren Bevölkerungszahl und geographischen Lage an einer Küste weisen die Städte auch je spezifische Charakteristiken auf. Dazu gehören die politische Organisation, die Bedeutung des Wassers für die Stadt und die Merkmale der Stadtteile, die im Fokus stehen. Auf die spezifischen Elemente der Stadt, die im Zusammenhang mit dem Thema Kreativität stehen, wird noch nicht eingegangen werden – es handelt sich hier zunächst um eine allgemein gehaltene Beschreibung der Städte.

Dublin, Hauptstadt der Republik Irland,[125] und Göteborg, zweitgrößte Stadt des Königreichs Schweden, sind die Orte meiner Untersuchung. Die Städte liegen in Nordwesteuropa, eine Tatsache, die nicht zuletzt aus gesellschaftlichen, ökonomischen und kulturellen Gründen bedeutsam ist. Eine Untersuchung von Barcelona, Graz, Manchester oder Montpellier hätte möglicherweise andere Ergebnisse hervorgebracht – dennoch zeigt sich unter Bezugnahme auf andere Studien, dass diese beiden Städte in spezifischer Hinsicht als paradigmatische Städte der Wissensgesellschaft bezeichnet werden können. Abbildung 2 zeigt ihre Lage in Europa.

Um die Ergebnisse meiner Untersuchungen zu verstehen, ist ein Überblick über die sozialen und wirtschaftlichen Besonderheiten sowie über die charakteristischen Merkmale der politisch-administrativen Organisation der Städte nützlich.[126] Sie stellen die Grundlage für die Interpretation der Daten dar und bilden

---

[124] Für einen Vergleich sind zwei Fälle zu wenig, so dass es sich hier eher um eine Kontrastierung handelt.
[125] Auch wenn ich mir der politischen Implikationen bewusst bin, werde ich im Folgenden lediglich von Irland sprechen, wenn ich die Republik Irland meine.
[126] Alle statistischen Angaben über die Staaten Irland und Schweden sind, sofern nicht anders angegeben, der Datenbank der *OECD* entnommen, URL: http://www.oecd.org (letzter Zugriff am 11.4.2013). Wie ich in Kapitel 6 erläutert habe, steht die Problematik bei der Verwendung statistischer Daten darin, dass diese bei unterschiedlichen Einrichtungen für verschiedene Zeiträume und häufig auf der Grundlage differierender Definitionen erhoben werden. Dieser Schwie-

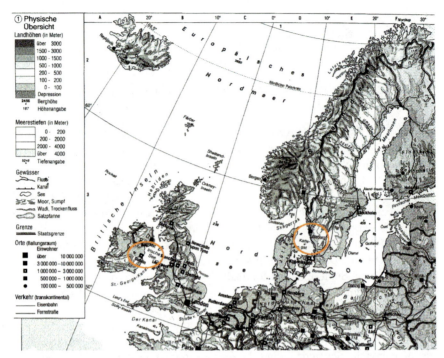

Abbildung 2: Karte über die Lage Dublins und Göteborgs in Europa, markiert ist die geographische Lage der Städte © *Diercke Weltatlas* 2003, S. 114

das Gerüst, mit dessen Hilfe aus den qualitativen Daten fundierte Ergebnisse zum erklärenden Verstehen des Phänomens werden.

7.1 Dublin – Hauptstadt des *Celtic Tiger*

Dublin ist mit gut 500 000 EinwohnerInnen im Stadtkern und etwa 1,2 Millionen EinwohnerInnen im Großraum die größte Stadt Irlands. Knapp 30% der Bevölkerung Irlands leben hier, so viele wie in keiner anderen Region des Landes.[127]

---

rigkeit bin ich mir bewusst, und sie äußert sich darin, dass ich als Referenz unterschiedliche Zeitrahmen verwende, um die Transformation der irischen und schwedischen Gesellschaft zu beschreiben. Nichtsdestotrotz geben diese Daten ein zusätzliches Bild davon, wie es um die Gesellschaften steht.

[127] Die Daten für Dublin sind, soweit nicht anders angegeben, vom *Central Statistics Office Ireland*, URL: http://www.cso.ie (letzter Zugriff am 11.4.2013). Zum Zeitpunkt der Arbeit am Forschungsprojekt waren als aktuellste Daten die für das Jahr 2006 zu erhalten, als Vergleich lagen zudem Daten der Jahre 2002 und 1999 vor.

Irland ist, seit es sich 1946 vom Commonwealth und damit von Großbritannien lossagte, eine selbstständige Republik. Brisant ist die politische Situation auf der Insel aufgrund des weiterhin ungeklärten Status von Nordirland. Es gehört zu Großbritannien, fordert aber Unabhängigkeit und wurde bis vor einiger Zeit auch von Irland als Teilregion beansprucht. Nach einer längeren Zeit der politischen Beruhigung kam es 2011 in Nordirland erneut zu schweren Kämpfen zwischen den protestantischen Unionisten und den katholischen irischen Nationalisten.

7.1.1 Gesellschaftliche Besonderheiten

Dublin ist eine Industriestadt, die sich vor allem mithilfe von EU-Fördermitteln für Irland zu einer der europäischen Metropolen entwickelt hat. Das Land, das lange Zeit agrarisch und stark katholisch geprägt und sehr arm war, trat 1973 der damaligen Europäischen Gemeinschaft (EG) bei. Bis 2006 wurde dem Land seitdem ein Betrag von 39,4 Milliarden Euro zugesprochen. Seitdem hat der Staat viele Veränderungen durchlebt, sowohl in gesellschaftlicher als auch in ökonomischer Hinsicht. Die Hafenstadt Dublin, die ursprünglich vor allem Rinder exportierte, erlebte in der Folge dieser Förderung ab 1990 einen bis dahin noch nicht erlebten Wirtschaftsaufschwung. Ausdruck dieser ökonomischen Entwicklung ist die Bezeichnung *Celtic Tiger*, mit der das Land seitdem in Anlehnung an die *Asian Tigers* beschrieben wird: Der Begriff bezeichnet ursprünglich die ökonomisch rasant wachsenden Staaten Hongkong, Singapur, Südkorea und Taiwan und wurde aufgrund der Ähnlichkeit der wirtschaftlichen Entwicklung für Irland entsprechend verändert (vgl. dazu Breathnach 1998). Dieser Aufschwung schlug sich in der Stadt dahingehend nieder, dass sich immer mehr Unternehmen – darunter vor allem Banken und IT-Firmen – ansiedelten und die bis dahin übliche Emigration irischer BürgerInnen in eine Immigration nicht-irischer BürgerInnen umschlug. Im Zeitraum von 2002 bis 2006 stieg der Anteil der nicht irischstämmigen Bevölkerung in Dublin von 6,2% auf 16,7%, in Irland insgesamt auf 14,2% in 2006 und bis zum Jahr 2009 auf 17,2%. Die größte Gruppe der ImmigrantInnen kommt aus Großbritannien, die zweitgrößte aus Polen. Eine derartige Veränderung der Bevölkerungsstruktur ist für das Land eine ungewohnte Situation – war es bislang stets von Auswanderung und nicht von Einwanderung geprägt.

Ein Interviewpartner, der im IT-Bereich arbeitet und 2008 zum ersten Mal zum Arbeiten in seine Heimatstadt Dublin zurückkehrte, nachdem er mehrere Jahre im Ausland gearbeitet hatte, beschreibt diese Entwicklung folgendermaßen:

> *I left in '94 where it was twenty percent unemployment. Maybe even higher, now it's up until [...] more or less full employment, so that's the big change, everybody who really wants work has a job. A lot of those jobs are in IT, a lot*

of those jobs are in finance, so that's a big, big change [...]. Obviously there's a lot more immigration [...] into the company, into the country even, when I left in '94, that was normal, it was normal for Irish people when they left school or university to go away, go work in America or wherever. Whereas now, now it's normal for people to come here, so that's a big, big change. Since the nineties, ten percent of the population's Polish or something like that. So that's a huge, huge change, [...] a good change. (CCD2, Abs. 42)

Große Unternehmen, die im Bereich der Informations- und Kommunikationstechnologie arbeiten, haben Ableger oder zumindest ihre Callcenter in Dublin. Das europäische Headquarter von *Google* sitzt hier, ebenso Unternehmen der Computerfirmen *Dell* und *IBM*. Als Grund für die Ansiedlung von derartigen Großunternehmen wird allgemein die relativ niedrige (Unternehmens-)Steuer in Irland und Dublin genannt, die bei 12,5% liegt, sowie die Tatsache, dass die Unternehmen aus der IT-Branche diesen Vorteil besonders nutzen können, da sie nicht an ein spezifisches Territorium gebunden sind.

Die im Herbst 2008 in ihrer vollen Stärke ausgebrochene globale Wirtschaftskrise hat Irland allerdings stark getroffen.[128] Das Bruttoinlandsprodukt sank in den Jahren 2008 und 2009, nachdem es bis dahin einen steten Aufschwung hinter sich hatte; die Arbeitslosigkeit stieg ab 2008 und war 2010 mit 13,7% auf dem höchsten Stand seit 1994, außerdem setzte erneut ein Trend zur Emigration ein. In den Wirtschaftssektoren wirken sich die Veränderungen unterschiedlich aus: Der Anteil der Beschäftigten im Agrarsektor ist seit 1998 kontinuierlich gesunken, im Dienstleistungssektor dagegen bis 2008 gestiegen; im Zeitraum von 2008-2010 sank er dort um 4,4%. Der Anteil der Beschäftigten im Industriesektor inklusive des für Irland in den Boom-Zeiten wichtigen Bausektors stieg bis 2008 mit einem zwischenzeitlichen Einbruch in den Jahren 2002 und 2003, bevor er ab 2008 massiv zurückging, was vor allem an eben diesem Bausektor liegt. Aus diesen Gründen muss derzeit von einem kränkelnden keltischen Tiger gesprochen werden. Meine Erhebungsphase endet mit der Endphase des Booms. Pressemeldungen des Frühjahrs 2012 weisen darauf hin, dass Irland jenes Mitglied der PIIGS-Staaten[129] ist, das sich am ehesten aus der Finanzkrise retten kann.

Neben dem ökonomischen Aufschwung und der damit verbundenen Veränderung der wirtschaftlichen Struktur hat sich auch der Bildungsbereich verändert. Der Anteil der gut Ausgebildeten in der irischen Bevölkerung ist im Zeitraum von 2000 bis 2006 kontinuierlich gestiegen und liegt nun bei 30,5% der 25-64-Jährigen, die einen Hochschulabschluss haben, fast eine Verdopplung des Ver-

---

[128] Vgl. dazu die *IMF Summary Data*, URL: http://www.cso.ie/en/statistics/imfsummarydatapage (letzter Zugriff am 11.4.2013).
[129] Als PIIGS-Staaten werden die Länder Portugal, Irland, Italien, Griechenland und Spanien bezeichnet.

gleichswerts von 18,5% im Jahr 2000. Dies ist ein höherer Anteil als in Deutschland (23,9%) und vergleichbar mit den Niederlanden (30,2%) und der Schweiz (29,9%) sowie Schweden (30,5%).[130] Zudem wurde kontinuierlich mehr Geld in Forschung und Entwicklung investiert: Im Zeitraum von 2003 bis 2009 stieg der Anteil der Ausgaben im Bildungsbereich am Bruttoinlandsprodukt von 1,17% auf 1,79%. Außerdem wuchs die Beschäftigung im Dienstleistungssektor kontinuierlich von 48,28% im Jahr 1970 auf 64,76% im Jahr 2007; diese Entwicklung ging im selben Zeitraum mit sinkenden Zahlen im Agrarsektor (16,89% auf 1,66%) und im Industriesektor (35,7% auf 33,57%) einher. Letzterer bleibt, wie man sieht, vergleichsweise stark und weist zwischen 1998 und 2002 sogar einen Höhepunkt auf, denn dort oszilieren die Zahlen zwischen 40,6% und 42,4%. Die Verfügbarkeit von Internet ist ebenfalls gestiegen: So ist von 2000 bis 2010 die Anzahl der Haushalte mit Internetverbindung von 10,4% auf 71,7% gestiegen, womit sich Irland im Mittel derjenigen OECD-Länder bewegt, die diesbezügliche Daten zur Verfügung stellen. Eine ähnliche Entwicklung ist bei der Anzahl der Haushalte festzustellen, die über Zugang zu einem Computer verfügen: Hier stiegen die Zahlen von 32,4% im Jahr 2000 auf 76,5% im Jahr 2010. Für Dublin City sind die Zahlen nicht ganz einheitlich: Die Anzahl der Haushalte mit einem Computer stieg von 39,1% (2002) auf 51,8% (2006), die Anzahl der Haushalte mit Internetverbindungen sank dagegen von 30% (2002) auf 26,8% (2006).[131]

Greift man auf Floridas Konzept der *creative class* zurück, so beträgt ihr Anteil an den Gesamtbeschäftigungszahlen in Irland im Jahr 2000 26,01%, wie eine von Florida durchgeführte vergleichende Studie ausgewählter europäischen Länder zeigt (Florida und Tinagli 2004, 14). Die Wachstumsrate der *creative class* war in Irland seit 1995 mit mehr als 7% die höchste der untersuchten Länder (Florida und Tinagli 2004, 15).

Ein Aspekt, der im Zusammenhang mit dem wirtschaftlichen Aufschwung immer wieder im Bezug auf Dublin genannt wird und der in der Stadt unmittelbar erfahrbar ist, ist, dass dieser ökonomische Aufschwung zu großer sozialer Ungleichheit geführt hat. So stehen – auch wortwörtlich – einer Anzahl an gut verdienenden Menschen eine nicht zu übersehende Anzahl an Personen gegenüber, die betteln, zum Teil obdachlos sind und an dem ökonomischen Aufschwung offensichtlich nicht teilhaben (können). Die Arbeitslosigkeit lag 2010 in Irland bei 13,7%, was einen deutlichen Anstieg gegenüber den Jahren vor der Wirtschaftskrise bedeutete; 2007 etwa lag sie noch bei 4,6%. Die Arbeitslosigkeit unter Jugendlichen von 15 bis 19 Jahren betrug 2009 20,8%, nachdem sie

---

[130] Bei diesen Zahlen ist zu berücksichtigen, dass in den OECD-Ländern unterschiedliche Ausbildungsformen vorliegen. Ein Beispiel: In einigen Ländern wird Pflegepersonal an Hochschulen ausgebildet, in anderen ist es ein Lehrberuf, der dementsprechend nicht in die Statistik der HochschulabsolventInnen einfließt.

[131] Die Daten für Dublin stammen aus dem CENSUS des *Central Statistics Office Ireland*, URL: http://census.cso.ie/census (letzter Zugriff am 11.4.2013).

sich in den Jahren zuvor im Bereich zwischen 10 und 12% bewegt hatte. In Dublin betrug die Arbeitslosenquote 2006 9,1%, womit sie in dem Jahr höher war als das Jahresmittel (4,5%), aber wenig Veränderung gegenüber dem verfügbaren Vergleichswert von 2002 darstellte (9,2%). Damit ist die Arbeitslosigkeit in Dublin im gesamten Zeitraum höher als der irische Landesdurchschnitt.

7.1.2 Geographische Besonderheiten

Dublin liegt an der Ostküste Irlands an der Irischen See nahe des *St. George-Kanals*, der die Verbindung zu Großbritannien darstellt. Dies macht Dublin zu einer wichtigen Hafen- und Handelsstadt. Traditionell spielte der Handel mit den anderen Ländern Europas und in Übersee eine wichtige Rolle, vor allem der Handel mit Rindern. Heute ist der Hafen, gemessen an der umgeschlagenen Fracht, der ökonomischen Bedeutung und der Anzahl an Passagieren, die abgefertigt werden, der wichtigste Hafen Irlands (Bennett 2005, 80). Das Klima ist gemäßigt, aber von häufigem Niederschlag geprägt, eine Tatsache, die für Fragen der Stadtplanung und Stadtgestaltung von Bedeutung ist. So ist auffällig, dass die Innenstadt Dublin kaum durch Leben im Freien gekennzeichnet ist. Zwar gibt es viel (motorisierten) Verkehr, und die Straßen sind gefüllt von Menschen, die sich ihre alltäglichen Wege durch die Stadt bahnen, aber die Anzahl an FlaneurInnen, Straßencafés oder Freizeitaktivitäten im Freien ist sehr niedrig. Laut des *Irish Meteorological Service Online* (MET) regnet es im Osten Irlands zwar nur an knapp 50% der Tage im Jahr,[132] das subjektive Empfinden der BewohnerInnen ist allerdings, nach verschiedenen Gesprächen zu urteilen, ein anderes.[133]

Mit einer innerstädtischen Fläche von etwa 117km^2 ist Dublin relativ dicht besiedelt, es sind knapp 4300 EinwohnerInnen pro km^2, nach geläufigen Stadt-Definitionen also eindeutig eine Großstadt. Im Großraum Dublin lebt etwa ein Drittel der Bevölkerung Irlands, in der Stadt Dublin lebten im Jahr 2006 11,9% der gesamten irischen Bevölkerung. Die Stadt wird von Westen nach Osten vom Fluss *Liffey* durchzogen, der nahe Dublin ins Meer mündet. In der Stadt selbst gibt es eine deutliche soziale und geographische Trennung, die entlang des Flusses verläuft und die Stadt in einen armen nördlichen und einen reichen südlichen Teil trennt: die *Northern Inner City* und die *Southern Inner City*. Diese Trennung ist historisch gewachsen und heute objektiv nicht immer haltbar,[134] findet aber

---

[132] Vgl. dazu die Homepage des MET, URL: http://www.met.ie/climate-ireland/rainfall.asp (letzter Zugriff am 11.4.2013).
[133] Während meiner Feldaufenthalte gab es lediglich an 5 von 90 Tagen keinen Regen.
[134] Eine Interviewpartnerin verwies auf die Tatsache, dass die Lebenshaltungskosten im Norden Dublins inzwischen in einigen Bereichen höher seien als im Süden der Stadt (vgl. DTB1, Abs. 627).

subjektiv ihre Fortführung: Beide Teile haben ein eigenes Stadtzentrum, und auch wenn sich in beiden Teilen verschiedene staatliche Einrichtungen befinden, führt dies kaum zu einer Aufhebung der Trennung. Eine von mir interviewte Bewohnerin Dublins formuliert es so:

> That's the big thing, it's the North and South. I don't tend to cross the Liffey too much, from time to time we might have a client over there, but [...] I would never go there [to the North, ALM] to shop or have a coffee or go for a drink, no, and the only reason that would bring me over there would be business or something very specific, but otherwise, no, I don't ever cross the Liffey ((lacht)). I'm a Southsider, [...] So I'll always stick to the South [...] for us it's like the North is the scarier place y'know, for them, they'll probably say we are, y'know, it's just where you happen to be born and that so, I'm just a Southsider and don't tend to go across the Liffey y'know (CCD1, Abs. 171-182).

Dem Fluss kommt in der Stadt also eine trennende Funktion zu, die besonders anhand der Unterteilung in *Northern* und *Southern Inner City* deutlich wird. Diese Trennung ist bis heute fühl- bzw. bemerkbar, und sie wird von den BewohnerInnen der Stadt unterschiedlich wahrgenommen und auch kontextualisiert.[135] Sowohl für die BewohnerInnen als auch für die StadtplanerInnen ist dies ein bedeutender Aspekt. Wird das alltägliche Leben der BewohnerInnen durch die Existenz des Flusses beeinflusst, stellt er für die PlanerInnen ein maßgebliches Element der Stadt dar, das in der Planung berücksichtigt werden muss. Die subjektiv empfundene und durch den Fluss physisch sichtbare Trennung in der Stadt hat bestimmte Wirkungen auf das Stadtleben und darauf, wie und ob städtische Visionen umgesetzt werden können. Allein die Entwicklung dieser Visionen und die Wahl der in der Planung zu adressierenden Themen wird durch die Existenz des *Liffey* beeinflusst. Eine Verantwortliche der *Dublin Docklands Development Authority* spricht folgendermaßen über Dublin und den Fluss:

> [Communities] north and south of the Liffey [feel] that they are, you know, very distinct and different. [...] So the river's a huge thing and, y'know, traditionally in Dublin the city [...] kinda turned its back on the river, y'know. It's a very Irish thing, the river was a functional thing, not an amenity, so that's what we're working to address. (DDDA1, Abs. 1; 15)

Am östlichen Ende des *Liffey*, bevor er an der Ostküste des Landes in die Irische See fließt, liegt der Hafen der Stadt. Zu Beginn des 18. Jahrhunderts wurde er vom *Dublin Port and Docks Board*, der ersten für den Hafen verantwortlichen

---

[135] So unterscheiden sich beispielsweise die Geschichten, mit denen die Trennung der Stadt in den reichen Süden und armen Norden erklärt und weitergetragen werden, je nach Person, die man dazu befragt.

Behörde, ausgebaut. Inzwischen ist er, aufgrund der Größe der Schiffe und der Menge der umzuschlagenden Güter, aus der Innenstadt hinaus verlegt worden (Breathnach 1998, 80f.). Das ehemalige Hafengebiet ist heute eines der zentralen Transformationsgebiete der Stadt, die im Fokus meiner Beobachtung stehen. An ihm wird Verschiedenes deutlich: Zum einen wird Hafenstädten, die als internationale Umschlagplätze von Waren gelten, eine Aufgeschlossenheit gegenüber Neuem unterstellt, da sie aufgrund ihrer Funktion Orte des Tauschs von Bekanntem gegen Unbekanntes sind. In ihnen kommt es zu einer hohen Fluktuation an Menschen aus unterschiedlichen Ländern, die nur kurze Zeit in der Stadt verweilen. Eine Hafenstadt bestimmter Größe und Funktion kann also traditionell mit Wissens- und Innovationsaustausch verbunden werden. Zum anderen lassen sich an derartigen Hafenstädten die Transformationsprozesse und insbesondere die Entwicklungen in Arbeitsprozessen und -formen besonders deutlich ablesen. In den Häfen ist sichtbar, welche Industrien niedergehen. Sie können daher auch als Symbol für die Transformation von Arbeitsformen im ausgehenden 20. Jahrhunderts gelten, der der Niedergang der traditionellen Werften und klassischen Hafenstrukturen (Ent- und Beladung durch HafenarbeiterInnen[136], direkter Zugang zu den Schiffen etc.) inhärent ist.

7.1.3 Die politisch-administrative Organisation der Stadt

Die lokale Stadtplanung ist maßgeblich von der „politisch-administrativen" (Weber 1999 [1920/21], 72) Organisation der Stadt abhängig. In Dublin sind es verschiedene Einrichtungen, die die Aufgaben der Stadtplanung übernehmen und in Beziehung zueinander stehen. Herausragende Stellungen kommen auf gesamtstädtischer Ebene dem *Dublin City Council* und dem *Dublin City Development Board* zu; erstere ist die demokratisch gewählte und damit parteipolitisch besetzte Stadtverwaltung und erstellt den jeweils sechs Jahre gültigen *Dublin City Development Plan*, während letztere eine dezidiert für Fragen der Stadtentwicklung eingesetzte Behörde ist, die sich aus verschiedenen RepräsentantInnen u.a. der lokalen Regierung, gesetzlichen Einrichtungen und Sozialverbänden zusammensetzt, dem *Dublin City Council* untergeordnet ist und das jeweils zehn Jahre gültige, programmatische Strategiepapier für die Stadtentwicklung entwickelt. Das derzeit gültige Dokument *City of Possibilities* enthält 15 Themenkapitel, die für die städtische Entwicklung Bedeutung haben, darunter Familienfreundlich-

---

[136] Zwar war die Tätigkeit der Be- und Entladung von Schiffen und damit der Beruf des Hafenarbeiters bis ins 20. Jahrhundert männlich dominiert, dennoch finden sich Nachweise über weibliche Hafenarbeiterinnen, etwa in Göteborg. Dort wurde 1985 die erste Frau als Hafenarbeiterin angestellt (Nilson und Fredlund 2005, 82). Da nicht auszuschließen ist, dass in den beiden Städten schon früher Frauen als Hafenarbeiterinnen tätig waren, verwende ich auch in diesem Fall die Schreibweise mit Binnenversalie.

keit, Demokratie und Sicherheit, aber auch die Schlagwörter *greener city, cultural city* und *learning city*. Weiterhin gibt es auf der gesamtstädtischen Ebene zahlreiche, vom *Dublin City Council* entwickelte *Area Action Plans*, die zum Teil noch einmal in *Framework Development Plans, Local Area Plans* sowie *Special Planning Control Schemes* unterteilt sind und detailliert die Planungsstrategien für einzelne Bereiche der Stadt formulieren. Diese Bereiche können, müssen aber nicht mit den administrativen Grenzen der Stadtteile übereinstimmen.

Auch die einzelnen Stadtteile Dublins verfügen über so etwas wie Stadtteilverwaltungen; verlässt man sich auf die im Internet verfügbaren Beschreibungen, wird deutlich, dass damit nicht nur eine gesteuerte Entwicklung der Stadtteile, sondern auch eine Identifikation der BürgerInnen mit ihrem Stadtteil angestrebt wird, da diese beispielsweise zu Partizipation ermuntert werden.[137] Im Rahmen meiner Arbeit wichtige Einrichtungen der Stadtplanung auf dieser Ebene sind die *Dublin Docklands Development Authority*, die *Digital Hub Development Agency* sowie der *Temple Bar Cultural Trust*. Die Rolle des *Temple Bar Cultural Trust* ist insofern anders als die meisten vergleichbaren Einrichtungen in Dublin, als es ihm stärker um kulturelle Fragen und weniger um die konkrete Planung der materiellen Gestaltung des Viertels geht. In allen Fällen bestehen direkte Verbindungen zum (parteipolitisch organisierten) *Dublin City Council*, welches Mitglieder der jeweiligen Ausschüsse stellen resp. ernennen und so mittelbar auf die Arbeit der Einrichtungen Einfluss nehmen kann.

7.1.4 Die Auswahl der untersuchten Stadtteile

Zwar hat die Stadtplanung in Dublin immer das gesamte Stadtgebiet im Fokus, im Kontext der Frage nach der programmatischen Entwicklung als *creative city* ist allerdings insbesondere die Entwicklung dreier ausgewählter Stadtteile von Bedeutung. Sie zeichnen sich durch unterschiedliche Formen der Transformation aus, außerdem werden ihnen in der gesamtstädtischen Planungsstrategie von den verantwortlichen PlanerInnen und LokalpolitikerInnen je eigene Rollen zugewiesen. Abbildung 3 zeigt den Stadtkern von Dublin. Markiert sind die drei Gebiete, die in meiner Untersuchung die zentrale Rolle spielen: der Stadtteil *The Liberties* mit dem Technologiepark *The Digital Hub, Temple Bar* und die *Dublin Docklands*. Abgesehen von den *Docklands*, die sich auf beiden Ufern des Flusses befinden, liegen die Stadtteile im südlichen Teil der Stadt.

---

[137] Ein interessantes Mittel zur Ansprache der BürgerInnen sind dabei die „Top Tips on being a better neighbour", zu finden unter der Rubrik *Neighbourhoods* auf der Website der Stadt Dublin, URL: http://www.dublin.ie (letzter Zugriff am 11.4.2013). Sie beinhalten Hinweise, wie man sich als NachbarIn im besten Fall verhält, und fordern eine Mischung aus nachbarschaftlicher Kontrolle, sozialer Integration und demokratischer Partizipation.

Temple Bar

Temple Bar ist das Vorzeigeviertel Dublins, wenn es um kulturelle Vielfalt, pulsierendes Leben und Kreativität (in einer an dieser Stelle noch unspezifizierten Form) geht. Es ist eines der ältesten Stadtteile Dublins und erlebt seit den 1970er Jahren eine spezifische Veränderung, die entscheidende Merkmale der Gentrifizierung aufweist. *Temple Bar* gehört zu den Teilen der Stadt, die schon während der Ansiedlung der Wikinger an dem Ort, der später Dublin heißen sollte, entstanden (Gowen 1996, 22). Im Lauf des 20. Jahrhunderts verfiel das

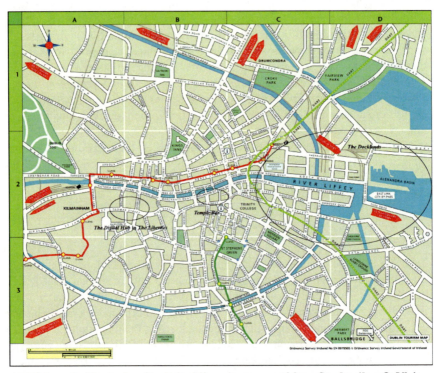

Abbildung 3: Karte der Stadt Dublin mit ausgewählten Stadtteilen © *Visit Dublin*, **URL:http://www.visitdublin.com (letzter Zugriff am 12.5.2013), Bearbeitung ALM**

Viertel zunehmend, und 1966 wurde der Großteil des Gebiets schließlich dazu bestimmt, als städtischer Busbahnhof zu dienen – aus diesem Grund kaufte das staatliche Transportunternehmen *Córas Iompair Éireann* (CIÉ) 1981 große Teile der Gebäude auf. Bis zur Realisierung des Plans wurden die bestehenden Wohnungen mit befristeten Verträgen, sogenannten *short-term rents*, vergleichsweise günstig vermietet. KünstlerInnen zogen daraufhin in dieses Viertel, um dort sowohl zu leben als auch zu arbeiten. In diesem Prozess wurden einige Teile des Gebiets sukzessive renoviert und verändert. Insgesamt trat eine auch ästhetische Aufwertung des Viertels ein. Die Tatsache, dass Kultureinrichtungen wie das *Project Arts Centre*, die *Temple Bar Gallery and Studios* und die *Gallery of Photography* in *Temple Bar* entstanden, trug dazu bei, dass das Viertel innerhalb und außerhalb Dublins zunehmend mit Kultur in Verbindung gebracht wurde. Nach einiger Zeit etablierte sich dieser Stadtteil als das kulturelle Viertel der Stadt schlechthin (Wentges und Quillinan 1996, 16).[138] Ein im Jahr 1985 von *An Taise*, der größten nationalen Organisation für Denkmalschutz, veröffentlichter Bericht über den historischen und kulturellen Wert des Gebiets und seiner Gebäude führte nicht nur dazu, dass das Gebiet auch öffentlich als ein eigenständiger Teil Dublins mit dem Namen *Temple Bar* etabliert wurde, sondern entfachten auch eine öffentliche und mediale Diskussion über seine Zukunft.

Als 1988 die Pläne für den Abriss großer Teile des Viertels dennoch wieder aktuell wurden, formierte sich eine Bürgerbewegung, das *Temple Bar Development Council*, das sich unter anderem die Etablierung des Gebiets als „cultural centre of the city and as a major tourist attraction" (Wentges und Quillinan 1996, 18) zum Ziel machte und während der folgenden Jahre erfolgreich daran arbeitete, diese Ziele in den lokalen und nationalen Stadtentwicklungsplänen zu verankern. 1991 wurde die Bürgerinitiative in die *Temple Bar Properties Ltd*, einer von der Stadt geförderte Gesellschaft zum Erhalt des Viertels, umgewandelt. Die staatliche Unterstützung führte dazu, dass der Plan für die Errichtung des Busbahnhofs fallen gelassen wurde und das Gebiet als städtisches Vorzeigeprojekt für Kulturförderung finanzielle Unterstützung erhielt (Wentges und Quillinan 1996, 16ff.). Bezeichnenderweise geschah dies 1991 und damit im selben Jahr, als Dublin von der EU die Auszeichnung *European Capital of Culture* erhielt – ein Ausdruck dafür, dass der kulturelle Wert des Viertels auch auf transnationaler politischer Ebene erkannt worden war. Zudem wurde es nun auch für andere BewohnerInnen der Stadt populär, in *Temple Bar* zu leben (Wentges und Quillinan 1996, 16). Als Folge setzte die zweite Phase eines Gentrifizierungsprozesses ein, wie er in den klassischen Gentrifizierungstheorien beschrieben wird (vgl. Glass 1964; Lees, Slater und Wyly 2007): Pioniere mussten das Gebiet verlassen, da es für sie nicht mehr bezahlbar war, dort zu leben. Um zu verhindern, dass die Kulturschaffenden auch ihre Arbeitsplätze an andere Orte verlegten, kauften die *Temple Bar Properties Ltd* Immobilien auf und stellten eine Infrastruktur zur Verfügung, so dass Ateliers und Arbeitsplätze weiterhin relativ günstig von KünstlerInnen und Kulturschaffenden gemietet werden konnten.

---

[138] Allerdings muss beachtet werden, dass diese Darstellung der Entwicklung von *Temple Bar* (auch) eine Selbstbeschreibung und damit Selbstdarstellung ist.

An diesem Zeitpunkt lässt sich der Beginn dessen datieren, das ich als gesteuerte Gentrifizierung bezeichne:[139] Der *Temple Bar Cultural Trust Ltd*, der 2001 aus den *Temple Bar Properties Ltd* hervorging, entwickelte gezielt Strategien, KünstlerInnen und Kulturschaffende zumindest zum Arbeiten in diesem Viertel zu halten und kulturelle Veranstaltungen zu unterstützen. Das offizielle Selbstverständnis von *Temple Bar* ist weiterhin das des kulturellen Viertels von Dublin, wie das Interview mit der Direktorin des *Temple Bar Cultural Trust* zeigt.[140] Damit macht sich eine Stadtentwicklungseinrichtung gezielt eine zuerst ungesteuerte Entwicklung zunutze, nämlich die ökonomische und kulturelle Aufwertung des Viertels, und damit auch eine gewachsene Identität. Diese Identität als „cultural quarter", wie es auf der Homepage des *Temple Bar Cultural Trust* heißt,[141] wird aufgegriffen und (auch) ökonomisch genutzt. Zudem wird sie dazu verwendet, die Identitäts- und Image-Bildung der gesamten Stadt zu unterstützen; in kaum einer offiziellen Beschreibung der Stadt fehlt eine Erwähnung von *Temple Bar*. Der Ausspruch: „within Temple Bar […] you have amazing creativity" (DTB1, Abs. 163) entstammt dem Interview mit der Direktorin des *Temple Bar Cultural Trust*. Für sie ist Kreativität eine prägende Eigenschaft dieses kulturellen Viertels.

Derzeit haben in *Temple Bar* lokale Galerien ihre Räume sowie die *National Gallery of Ireland* den Sitz für ihre Photographie-Abteilung. Des Weiteren gibt es kleine Theater, die sogenannte *Wall of Fame*, welche irische MusikerInnen würdigt, Musikgeschäfte, ein international und modisch angesagtes Kleidungsgeschäft und viele Pubs und Cafés sowie Hostels und Hotels, darunter das Hotel *The Clarence*, das zwei Mitgliedern der Pop-Band *U2* gehört.[142] Interessanterweise wirbt dieses Hotel nicht auf der Startseite seiner Internet-Präsenz mit der zentralen Lage in *Temple Bar*, sondern verweist auf seine Lage „in the heart of the city on the famous river Liffey". Erst auf einer weiterführenden Seite werden die Vorzüge des Umstandes erwähnt, dass es in Dublins Kulturviertel verortet ist.

---

[139] Justus Uitermark et al. (2007) arbeiten in einer Studie zu den Niederlanden heraus, wie unter dem Begriff der *state-led gentrification* Planungsstrategien angewendet werden, die staatliche und private Akteure involvieren und die gezielte Aufwertung und soziale Kontrolle eines ökonomisch deprivierten Viertels zur Folge haben. Lees et al. (2007) heben hervor, dass derartige Strategien von den BewohnerInnen häufig als Form der Kolonialisierung verstanden würden (Lees, Slater und Wyly 2007, 221f.). Mein Verständnis einer gesteuerten Gentrifizierung bezeichnet dagegen im Sinn einer Steuerung zweiter Ordnung das intendierte Aufgreifen einer eigendynamischen Entwicklung durch politische Akteure und den Versuch, die Prozesse in eine spezifische Richtung zu lenken.

[140] Vgl. dazu auch Colm Ó. Brian (1996).

[141] Die Website findet sich unter der URL: http://www.templebar.ie (letzter Zugriff am 11.4.2013).

[142] Die Website des Hotels, in dem bemerkenswerter Weise das Interview mit der Vertreterin des *Temple Bar Cultural Trust* stattfand, ist zu finden unter der URL: http://www.theclarence.ie (letzter Zugriff am 11.4.2013).

Der erste Eindruck von *Temple Bar* ist der eines sehr touristischen Viertels, in dem wenig Platz für Dubliner und deren Kreativität zu sein scheint. Auf den zweiten Blick finden sich die besagten Galerien und kulturellen Einrichtungen, zum Teil haben sie explizit Räume in *Temple Bar* gesucht, wie beispielsweise das *Black Church Print Studio* (vgl. DTB2, Abs. 170ff.). Nach Aussage der Repräsentantin des *Temple Bar Cultural Trust* findet heute keine Mischung von Wohnen und Arbeiten in dem Sinn statt, dass die KünstlerInnen und kulturell Tätigen in *Temple Bar* auch wohnen: „I don't think it was necessarily the intention that the artists would live here as well" (DTB1, Abs. 421). Es sei inzwischen zu teuer, auch wenn es weiterhin eine bestimmte Anzahl an Sozialwohnungen im Viertel gebe – ein weiterer Hinweis auf die Gentrifizierung, die hier zu beobachten ist. Die Mischnutzung in dem Viertel besteht darin, dass Kulturschaffende dort arbeiten und Angehörige der wohlhabenden Mittelschicht dort leben:

> *I think it was more the idea that, y'know, Temple Bar is a place where people can live, where people can work, not all at the same time [...] but y'know, that it can facilitate a residential community [...] but it can also provide studio space for artists to work in and it can provide [...] opportunities to kind of to do business and to develop your business and it also provides a place for people to work and go home [...] it is like a village (DTB1, Abs. 375ff.).*

Die Dublin Docklands

Im zweiten exemplarischen Stadtteil, den *Dublin Docklands*, liegt den momentan auffälligen Transformationsprozessen eine ähnliche Programmatik der Mischnutzung zugrunde.[143] Aus administrativer Sicht erstreckt sich der Stadtteil sowohl über die nördliche als auch über die südliche Uferseite des *Liffey*. Nachdem in den 1950er Jahren der Container- und Fährhafen aus der Stadt hinaus verlegt wurde, verlor der innenstadtnahe Hafen seine Funktion; auch angebundene industrielle Betriebe, die traditionell im Hafengebiet angesiedelt waren, verloren an Bedeutung (Moore 2008, 49). Als Reaktion auf diese Tranformationsprozesse, die durch Suburbanisierungsbewegungen in den 1980ern noch eine zusätzliche soziale Dimension erhielten (Moore 2008, 55), wurde ein umfangreicher Entwicklungsplan für das Gebiet erarbeitet, der *Dublin Docklands Area Master Plan*.[144] Seit den späten 1990er Jahren wird versucht, die *Docklands* als Standort des *legal and finance sectors* zu etablieren und dies mit einer Nutzung des Viertels durch BewohnerInnen zu kombinieren. Dabei geht es darum, Wohnen und Arbeiten miteinander zu verbinden und eine Synthese von etablierten und neuen

---

[143] Zu einer ausführlichen Beschreibung der Entwicklung in den *Dublin Docklands* und den beteiligten Planungseinrichtungen vgl. Dirk Schubert (2006).
[144] Online zu finden unter URL: http://www.ddda.ie/businessplanning (letzter Zugriff am 11.4.2013).

Strukturen herzustellen. Dazu wird versucht, zum einen die Identität der bisherigen BewohnerInnen des Viertels mit diesem Viertel zu stärken und das Viertel als solches sozialstrukturell aufzuwerten, zum anderen bemüht man sich, den Bereich v.a. für Unternehmen aus dem Rechtswesen und dem Bankbereich attraktiv zu machen. Inzwischen haben sich hier aber auch Unternehmen aus dem Informationssektor, wie z.B. *Google Europe*, niedergelassen. Interessant ist, dass von der planerischen Seite aus versucht wird, Wohnräume für alle Lebensstadien zu bieten, d.h. es zu ermöglichen, bei sich verändernden Wohnansprüchen, z.b. je nach Familienstand oder Alter, einen Umzug *innerhalb* des Stadtviertels zu ermöglichen (DCC1, Abs. 111). Offensichtlich tragen diese Strategien Früchte, denn seit Mitte der 1990er Jahre steigen die BewohnerInnenzahlen der *Docklands* wieder, wie anhand von *Census*-Daten deutlich wird (Moore 2008, 166). Auch die Arbeitslosenzahlen gehen zurück (Moore 2008, 171).

Insgesamt ist zu beobachten, dass auf verschiedenen Gebieten eine Erneuerung stattfindet und versucht wird, über die Ebene von Kunst und Kultur sowie entsprechende Angeboten das Gebiet sowohl materiell und visuell attraktiv zu machen als auch die Identifizierung der BewohnerInnen mit diesem Stadtteil zu steigern. In der Entwicklung der *Docklands* wird allerdings nicht nur darauf vertraut, dass sie aufgrund der schon vorhandenen Infrastruktur ein attraktiver Standort für Unternehmen sind, die sich dort ansiedeln wollen, wo andere Unternehmen mit vergleichbarem Schwerpunkt ebenfalls sind. Die *Dublin Docklands Development Authority* wirbt zudem mit dem kulturellen (Freizeit-)Angebot des Hafengebiets und versucht dieses als „a must see destination on any sightseeing trip of the capital", wie es auf der Website[145] heißt, zu etablieren.

Die Tatsache, dass die *Docklands* auf beiden Seiten des Flusses *Liffey* liegen, macht es zu dem Gebiet der Stadt, das von den geographisch markierten sozialen Spannungen besonders gezeichnet ist. Wenig vorhandene Brücken sind ein (materieller) Grund für den geringen Austausch über die Ufergrenzen hinweg, welcher mit den neuen Planungsstrategien adressiert wird (DCC1, Abs. 455). Zudem wird versucht, die Bevölkerung der ärmeren Nordseite in den Entwicklungsprozess zu integrieren und eine integrative Sozialstrategie zu realisieren. Um das ehemalige Hafengebiet und den Fluss stärker zu einem Teil der Innenstadt werden zu lassen, wurde am nordseitigen Ufer ein hölzerner Steg entlang des Flusses errichtet; seine Nutzung ist allerdings umstritten, wie an der Bemerkung einer auf der Südseite lebenden Grafikdesignerin abzulesen ist:

> *They did put a boardwalk in on the Liffey on the northside [...] that was a nice thing to do and everything like that but what's after happening is, it's after becoming popular with drug users [...] so they're all there now and nobody wants to go there, it's a place where you would actually physically see*

---

[145] Online zu finden unter URL: http://www.ddda.ie (letzter Zugriff am 11.4.2013).

people shooting up like and so nobody wants to go there anymore. So they did try to create, it was a nice boardwalk, there were going to have little coffee shops along the way and that would've been nice, but I think if maybe on the southside ((lacht)) it would've worked but it didn't work on the northside anyway. (CCD1, Abs. 371ff.)

Die *Docklands* sind damit in vielerlei Hinsicht ein exemplarisches Gebiet für eine sich verändernde Gesellschaft in einer Stadt im Transformationsprozess, deren alte Strukturen, wie etwa die Unterscheidung zwischen einem nördlichen und einem südlichen Stadtteil, schwer überwindbare Beharrungseffekte aufweisen. Sie stellen Räume dar, die bestehen bleiben, auch wenn die Orte selbst – etwa Arbeiterviertel im Norden – sich verändert haben (vgl. dazu Löw 2001, z.B. 202).

The Digital Hub im Stadtteil The Liberties

Das dritte Beispiel für einen zentralen Transformationsort liegt im Südwesten der Stadt. Innerhalb des Stadtteils *The Liberties* entsteht unter dem Namen *The Digital Hub* ein Technologiepark, der für Unternehmen aus dem Informations- und Wissenssektor attraktiv sein soll. Er stellt ein neu geschaffenes Areal für Angehörige des *digital media*-Bereichs dar und ist ein Beispiel dafür, wie in einem innenstadtnahen Gebiet eine spezifische Infrastruktur geschaffen wird, um die Ansiedlung von Angehörigen der *knowledge economy* zu forcieren und gleichzeitig das gesamte Stadtviertel aufzuwerten – so jedenfalls der programmatische Ansatz (Digital Hub Development Agency 2003). Es findet eine explizite Ausrichtung auf die *creative industries* statt, genauer gesagt auf den von Florida als *super-creative core* beschriebenen Kern der *creative class*. Ziel der *Digital Hub Development Agency* ist es, ein „centre of excellence for knowledge, innovation and creativity" zu etablieren, wie es auf der Website[146] formuliert wird. Die *Digital Hub Development Agency* wurde 2003 vom Staat eingesetzt, um die Planung und Gestaltung des Technologieparks zu übernehmen und die Realisierung sowohl der ökonomischen als auch der sozialen Dimension der Entwicklungsstrategie zu gewährleisten. Angehörige des verantwortlichen Direktoriums sind u.a. der *City Manager* der Stadt Dublin, ein Vertreter der irischen *Industrial Development Agency* (IDA) sowie einE RepräsentantIn des Stadtteils.

Der Stadtteil *The Liberties*, in dem sich der Technologiepark befindet, gehört wie *Temple Bar* zu den ältesten Stadtvierteln Dublins. Im 17. und 18. Jahrhundert hatten die dort angesiedelten Unternehmen deutlichen Anteil an Dublins Wirtschaft, doch die Bedeutung des Stadtviertels nahm im Verlauf der Zeit ab. Die Gebäude der *Guinness*-Brauerei befinden sich in diesem Viertel und wurden

---

[146] Die Website des *Digital Hub* ist zu finden unter URL: http://www.thedigitalhub.com (letzter Zugriff am 11.4.2013).

bis Ende des 20. Jahrhunderts als Brauerei genutzt. Obwohl auf der Südseite des *Liffey* gelegen, gehörte es im 20. Jahrhundert nicht zu den ökonomisch prosperierenden Vierteln, die den Ruf des Südteils der Stadt konstituieren. Vielmehr entwickelte es sich zu einem Beispiel sozialer und räumlicher Segregation. Zu Beginn des 21. Jahrhunderts gehört es zu den Stadtteilen Dublins, in denen sich die Paradoxien des wirtschaftlichen Aufschwungs abbilden: Zum einen gibt es mit der *Digital Hub Development Agency* eine Einrichtung, die sich der Förderung der Wissensgesellschaft verschrieben hat und diese im *Digital Hub* realisiert. Zum anderen ist die Arbeitslosigkeit unter den BewohnerInnen dieses Stadtteils hoch und die Bausubstanz zu großen Teilen schlecht; das Stadtviertel hat einen schlechten Ruf in Dublins Bevölkerung. Durch seine innenstadtnahe Lage und potentiell gute Verkehrsanbindungen gerät es aber zunehmend in den Blick der Stadtplanungseinrichtungen (vgl. DDH2, Abs. 583ff.) und Unternehmen und stellt damit das dritte große Transformationsgebiet dar, das Teil meiner empirischen Untersuchung in Dublin ist.

7.2 Göteborg: Hafenstadt in Westschweden

Die Stadt Göteborg in Schweden ist das zweite Fallbeispiel. Göteborg ist mit etwas mehr als 500 000 EinwohnerInnen[147] die zweitgrößte Stadt Schwedens und liegt an seiner Westküste.[148] Ebenso wie im Fall von Dublin handelt es sich um eine Hafenstadt. Neben der Küstenlage ist es auch hier ein Fluss, der die Stadt auf seinem Weg ins Meer durchschneidet und sie maßgeblich prägt: der *Göta Älv*. Er wird, anders als der *Liffey* in Dublin, auch heute noch wirtschaftlich genutzt und stellt einen wichtigen Schiffsweg des Landes dar, auf dem Waren aus dem und in das Land gebracht werden.

7.2.1 Gesellschaftliche Besonderheiten

Göteborg ist nach Stockholm die zweitgrößte Stadt eines lange Zeit agrarisch und industriell geprägten Landes; in Schweden gab es viele Unternehmen in den Schiffs- und Automobilindustrien sowie in der Holzwirtschaft. 1995 erfolgte der, im Vergleich zu Irland, späte Beitritt zur EU, und im Gegensatz zu Irland besitzt Schweden mit der Schwedischen Krone auch weiterhin eine eigene Währung. Das Land hat, auch das unterscheidet es von Irland, die Staatsform einer Parla-

---

[147] Im Jahr 2009 waren es 507 330 EinwohnerInnen, wie im *Statistisk Årsbok 2012* der Stadt Göteborg nachzulesen ist, URL: http://www4.goteborg.se/prod/G-info/statistik.nsf (letzter Zugriff am 11.4.2013).

[148] Zu den Daten für Göteborg vgl. das *Statistika Centralbyrån*, das statistische Zentralamt Schwedens, URL: http://www.ssd.scb.se (letzter Zugriff am 11.4.2013).

mentarischen Monarchie, bei der dem jeweiligen König oder der Königin repräsentative und zeremonielle Aufgaben zukommen. Die politische Macht liegt in den Händen des Parlaments und der Staatsminister.

Als größte Hafenstadt Schwedens war Göteborg stark von der Werftenkrise in den 1980er Jahren betroffen. Inzwischen stellen verschiedene andere große Unternehmen, u.a. der IT- und Elektronik-Branche, den Schwerpunkt der lokalen Wirtschaft dar. Die Krise des schwedischen Wohlfahrtsstaates in den 1990er Jahren wirkte sich auch auf die Wirtschaft aus, da die Verbindung zwischen Staat und Wirtschaft traditionell stärker ist als in anderen Ländern, etwa Irland. Historisch spielte die Stadt als bedeutende Hafenstadt eine wichtige ökonomische Rolle, sowohl für die Region als auch für Gesamtschweden (vgl. dazu Nilson und Fredlund 2005), stellte es doch so etwas wie das Tor zu Skandinavien dar. Aber auch die zu Beginn des 21. Jahrhunderts zu findende Selbstwahrnehmung der GöteborgerInnen als BewohnerInnen einer, wenn auch ehemaligen, Seefahrtsstadt zeigt die Bedeutung des Hafens und ist ein wiederkehrendes Element der Geschichten, die über Göteborg erzählt werden.

In Schweden ist die ökonomische Situation historisch eine andere als in Irland. Die Arbeitslosigkeit beispielsweise lag 1977 bei 1,8%; dieser Wert wurde nach einer Zeit des Anstiegs Ende der 1980er wieder erreicht und zum Teil sogar unterschritten wurde. 1993 stieg die Arbeitslosigkeit sprunghaft auf 9% und erreicht 1997 einen Wert von 9,9%, bevor sie sich in den Jahren zwischen 1999 und 2008 zwischen einem Minimalwert von 5,6% (2000) und einem Maximalwert von 7,7% (2005) bewegte. Danach stieg sie von 6,3% (2008) auf 8,4% (2010). Für die Stadt Göteborg belegen die Zahlen eine stabilere Entwicklung, denn von 2003 bis 2007 sank der Anteil der arbeitslos gemeldeten Personen an der Gesamtbevölkerung der Stadt von 5,1% auf 2,9%, stieg danach allerdings wieder an und lag im Jahr 2010 bei 4,2%, nach einem zwischenzeitlichen Hoch im Jahr 2009 von 5,2%. Einen Grund für diese Entwicklung ist sicher in der globalen Wirtschaftskrise zu vermuten, deren Effekte 2009 besonders zu spüren waren. Damit weist Schweden historisch eine insgesamt sehr viel niedrigere Arbeitslosigkeit auf als andere europäische Länder.

Das Bruttoinlandsprodukt stieg seit Beginn der Aufzeichnungen in Schweden stetig an, bis es 2009 einen Einbruch erlitt, 2010 aber wieder wuchs. Der Anteil der im Dienstleistungssektor Beschäftigten lag 1996 mit 74,8% auf einem hohen Niveau und stieg seitdem kontinuierlich bis auf 79,5% in 2008. Der Anteil der Beschäftigten im Agrar- und Industriesektor blieb in diesem Zeitraum verhältnismäßig stabil: Ersterer sank von 0,23% im Jahr 1996 auf 0,19% (2002), um dann im Jahr 2004 auf 0,24% anzusteigen und seitdem wieder zu sinken; 2008 lag er bei 0,2%. Im Industriesektor dagegen lag der Anteil 1996 noch bei 22,4% und befindet sich mit 19,5% im Jahr 2008 auf einem historischen Tiefpunkt.

Die Bevölkerung Göteborgs wächst, wie auch die Schwedens, kontinuierlich, im Jahr 2011 sind es 520 374 EinwohnerInnen mit einem Anteil von 22,8% an im Ausland geborenen Menschen; ihr Anteil ist seit 2006 gestiegen, nachdem er zuvor von 1998 bis 2005 langsam gesunken war. Das Bevölkerungswachstum in Göteborg ist eingebettet in ein generelles Wachstum der schwedischen Städte.[149] Der Anteil der BewohnerInnen Göteborgs, die über einen Hochschulabschluss verfügen, lag 2008 bei 42,3% der 16-74-Jährigen; dabei lässt sich seit 1985 ein ununterbrochener Anstieg der Anzahl der derart sehr gut Ausgebildeten feststellen, während der Anteil an allen darunter liegenden Ausbildungsniveaus im selben Zeitraum stabil blieb oder sank.

Die finanzielle Förderung von Forschung und Entwicklung ist in Schweden höher als in Irland: Im Zeitraum von 2003 bis 2009 bewegte sich ihr Anteil am Bruttoinlandsprodukt zwischen 3,8% (2003) und 3,4% (2007) und lag 2009, der letzten verfügbaren Zahl, bei 3,6%. Die Versorgung der Haushalte mit Internet lässt sich statistisch nicht für die Stadt Göteborg herausfinden; für die Region Göteborg liegt sie im Jahr 2005 bei 81% und 2007 bei 88%, für 2006 gibt es keine zugänglichen Daten; insgesamt steigt sie in der Region seit 1995 kontinuierlich.[150]

Der Anteil der *creative class* an den Gesamtbeschäftigungszahlen in Schweden betrug im Jahr 2000 21,18%, und mit einer Wachstumsrate von knapp 2% im Zeitraum von 1998 bis 2000 lag Schweden hinter Irland und den Niederlanden an dritter Stelle der untersuchten Länder (Florida und Tinagli 2004, 14f.). Legt man die Florida'schen Indices zugrunde, machen die Angehörigen der *creative class* in Göteborg einen Anteil von 42,04% aus, damit liegt die Stadt in Schweden an zehnter Stelle (Tinagli u. a. 2007, 13).[151] Hierbei muss berücksichtigt werden, dass die Plätze sechs bis zehn weniger als vier Prozentpunkte auseinander liegen, der Werte sind also relativ ähnlich. Betrachtet man die Regionen, so liegt die Region *Västra Götaland*, deren urbanes Zentrum Göteborg ist, bezüglich des Wachstums des Anteils der *creative class* an den Beschäftigungen an zweiter Stelle hinter Stockholm, und zwar für den Zeitraum von 1990 bis 2003 (Tinagli u. a. 2007, 14).

7.2.2 Geographische Besonderheiten

Göteborg liegt an der Westküste Schwedens am *Kattegat* und verfügt über viele Fährverbindungen nach Dänemark, Deutschland und Polen; während der Containerhafen außerhalb der Stadt Richtung Osten liegt, befindet sich der Hafen für

---

[149] Vgl. dazu die Dokumentation der Entwicklung Göteborgs, online zu finden unter URL: http://www.goteborg.se/wps/portal/gotrends (letzter Zugriff am 11.4.2013).

[150] Für diese Daten siehe das *Internetbarometer 2010*, URL: http://www.nordicom.gu.se (letzter Zugriff am 19.3.2012).

[151] Leider ist der Zeitraum, auf den sich diese Berechnung stützt, nicht angegeben. Auf der Grundlage der anderen Daten ist zu vermuten, dass es die Angaben für das Jahr 2005 oder 2006 sind.

die Personenschifffahrt vergleichsweise nah an der Innenstadt. Der *Göta Älv* teilt die Stadt in einen südlichen und einen nördlichen Teil, letzterer ist wie in Dublin der traditionell ärmere, der südliche der reichere, in dem auch das Stadtzentrum mit allen Verwaltungsämtern angesiedelt ist. Aufgrund der Tatsache, dass das Nordufer, an dem sich früher die Werften befanden, eine Halbinsel bildet, *Hisingen*, war es in der Wahrnehmung der GöteborgerInnen lange Zeit kein Teil der Stadt. Verstärkt wurde diese Perspektive durch die tradierte Erzählung, dass sich die Schweden hier gegen die Dänen und Norweger verteidigen mussten – der Fluss diente als Festung, und das nördliche Ufer befand sich auf der feindlichen Seite (GSB2, Abs. 94).[152]

Wie auch in Dublin kann man daher in Göteborg eine trennende Funktion des Flusses konstatieren. Es ist eine räumliche Trennung, die soziale Wirkungen hat: Traditionell galt der nördliche Teil des Flusses als Arbeiterviertel, und noch heute leben auf der Nordseite die ärmeren Menschen, während sich auf der Südseite die Wohnviertel der gut Betuchten befinden.

Während eines Interviews, das auf der Nordseite des *Göta Älv* geführt wurde, erklärte es der Interviewpartner so:

Das war traditionell so, wenn man in Göteborg aufgewachsen ist, dann war Hisingen, wo wir uns jetzt befinden, die große Insel, das wurde als die Umgebung der zweiten Klasse betrachtet. [...] [Aber] das verschwindet jetzt so langsam. (GLSP1, Abs. 82; 86)[153]

Durch die zunehmende Integration des nördlichen Ufers, wie z.B. *Eriksberg* und *Kvillebäcken*, in den Wohnungsmarkt verschiebt sich diese Trennung, denn in den erwähnten Gebieten entstehen vorwiegend hochpreisige Wohnungen. Außerdem kommt dem Wasser in Göteborg auch eine identitätsstiftende und somit einende Funktion zu. Das Sich-aufhalten am Wasser hat einen hohen Stellenwert, die Quai-Promenaden werden zum Spazierengehen, Picknicken und für sportliche Aktivitäten genutzt. Anders als in Dublin, wo man sich nicht zuletzt aufgrund des Wetters sehr viel seltener an den Ufern des *Liffey* aufhält, kommt dem *Göta Älv* in Göteborg ein hoher Kultur- und Freizeitwert zu – auch weil Göteborg zu den sonnigsten Städten Schwedens zählt.[154] Dennoch ist auch hier

---

[152] Interessanterweise wird auf diese Geschichte heute wieder rekurriert, wenn es um die Stadtentwicklung im Viertel *Kvillebäcken* geht, welches auf der Nordseite des Flusses liegt und derzeit im Fokus aktueller Planungsstrategien steht.

[153] Im Folgenden werde ich lange Passagen aus schwedischsprachigen Interviews jeweils ohne methodologische Bemerkung in der Originalform in einer Fußnote anführen. Kürzere Interviewauszüge im Fließtext übersetze ich ohne Angabe des Originaltexts. Das schwedische Original der vorliegenden Passage lautet: „Det har ju varit så historiskt, om man är uppvuxen i Göteborg så är det ju så att Hisingen som vi är på, den stora ön, det har ju varit betraktat som en andra klassens miljö. [...] [Men] det håller på å försvinna [helt nu], va."

[154] Vgl. dazu die Daten auf der Seite von *Sveriges meteorologiska och hydrologiska institut* (SMHI), URL: http://www.smhi.se (letzter Zugriff am 11.4.2013).

eine sozialgeographische Besonderheit zu bemerken: Das meiste Leben am Wasser spielt sich auf der südlichen, der Innenstadt zugewandten Seite des Flusses ab; um auf die andere Seite zu gelangen, müssen entweder mit Bus, Straßenbahn oder Auto längere Strecken zurückgelegt werden, oder es kann der *Älvsnabben* benutzt werden, ein Fährschiff, das als Teil des öffentlichen Personennahverkehrs im Takt den Fluss überquert und verschiedene Anlegestellen an beiden Uferseiten anfährt.

Mit einer Fläche von 198km^2 ist Göteborg eine flächenmäßig große Stadt. Im Jahr 2011 lebten knapp 2630 EinwohnerInnen pro Quadratkilometer. Damit ist die Stadt deutlich weniger dicht besiedelt als Dublin, was der Wahrnehmung einer Bewohnerin der Stadt entspricht, die auf die Frage nach typischen Merkmalen der Stadt antwortete:

Die Seefahrtsstadt, und der Hafen ist ja fantastisch, der große Hafen, der nun etwas weiter außerhalb liegt, der ist einfach enorm. [...] Die Hügel sind auch ein Teil des Göteborgischen. Und die Weiten. Die recht lichte Bebauung. [...] Das denke ich, niedrige und lichte Bebauung. [...] Und das fühlt man auf eine gewisse Weise, denk ich. Dass es nicht so hoch ist. Es ist ziemlich kleindimensioniert. (GSB3, Abs. 136-142)[155]

Diese spezifische, als „kleindimensioniert" beschriebene Bebauung äußert sich auch in den wiederholten Bemerkungen der Interviewten, Göteborg sei eine „kleine Großstadt" und „eine große kleine Stadt auf dem Weg zu einer kleinen Großstadt" (GSB1, Abs. 104). Interessant ist außerdem, dass das heutige Zentrum der Stadt von niederländischen Ingenieuren angelegt wurde; dies lässt sich in der materiellen Gestalt der Stadt an den Kanälen erkennen, die an Grachten erinnern (Nilson und Fredlund 2005, 117).

7.2.3 Die politisch-administrative Organisation der Stadt

Ähnlich wie Dublin hat auch Göteborg eine gesamtstädtisch ausgerichtete und eine Stadtteil-spezifische Planung, die allerdings anders strukturiert sind als in der irischen Hauptstadt. Die Stadtteile verfügen über eigene Verwaltungseinrichtungen, die sich um die spezifischen Belange kümmern, während die übergeordnete Planungseinrichtung, das *Stadsbyggnadskontoret*, für die Formulierung stadtteilübergreifender Ziele und die Entwicklung entsprechender Planungsstrategien zuständig ist. Ihr ist auch eine Anzahl an gewählten, parteipolitischen Baubeauftragten zugeordnet, die sich jährlich mehrmals treffen. Der *Översikts-*

---

[155] „Sjöfartsstad, och hamnen är ju fantastisk också, den stora hamnen, som nu ligger längre ut, är helt enorm. [...] Kullarna är också en del i det göteborgska. Och det låglänta. Ganska ljus bebyggelse. [...] Tycker jag att det är, låg och ljus bebyggelse. [...] Och man känns den på nåt sätt, tycker jag. Att det inte så, så hög [...]. Det är ganska småskaligt."

plan ist eines der wichtigsten Dokumente, die innerhalb des *Stadsbyggnadskontoret* entwickelt werden. Dieser formuliert die stadtplanerischen Visionen der Kommune und bildet den Rahmen für die materielle Gestaltung der Stadt, welche in den *Stadtbyggnadskvaliteter* festgehalten werden. Der *Översiktsplan* ist also ein politisches Instrument und in dieser Hinsicht vergleichbar mit dem *Dublin City Development Plan*. Allerdings weist er im Gegensatz zu letzterem keinen eindeutig definierten Zeitraum auf, in dem er gültig ist, lediglich einen Zeitpunkt, ab dem er Gültigkeit besitzt. Die politische Dimension des Dokuments beschreibt eine Stadtplanerin des *Stadsbyggnadskontoret* im Interview so:

> *Der Översiktsplan ist etwas, das wegweisend ist, es ist also ein politischer Plan, kann man wohl sagen. Was wir mit Göteborg wollen. Und was wir da mit einer Stadt oder Kommune machen wollen. [...] Es ist ein politisches Steuerungsdokument, das gleichsam Einfluss auf unsere Arbeit hat. (GSB2, Abs. 21; 33)*[156]

Auf der Basis dieses übergeordneten Plans werden in *Detaljplaner* die Details der Gestaltung festgelegt. Dazu gehören baurechtliche Aspekte und Pläne, wo und wie Gebäude errichtet werden. Der *Översiktsplan* beinhaltet eine programmatische Dimension, indem er die Ziele der Stadtplanung für einen bestimmten Zeitraum beschreibt, und vermittelt außerdem zwischen der lokalen und nationalen Ebene, da er die staatlichen *Riksinteressen* integriert und auf sie Bezug nehmend die Planungsstrategien entwickelt. Die *Detaljplaner* stellen Pläne da, die die Realisierung in praktischer Hinsicht anleiten sollen. Neben diesen Plänen für stadtplanerische Projekte existieren die *Stadsdelsvisna beskrivningar*, die die Stadtteile mit ihren spezifischen Merkmalen und in ihrer Rolle für die Stadt als Ganze beschreiben.

Realisiert werden die Ziele und Strategien nicht vom *Stadsbyggnadskontoret* selbst, sondern von Einrichtungen wie der *Älvstranden Utveckling AB*, einer von der Kommune geführten Aktiengesellschaft, die für die Ausführung der Planungsvorhaben im Hafengebiet zuständig ist. Die Leitung dieser Einrichtung besteht ebenfalls aus parteipolitischen VertreterInnen, so dass auch hier die Lokalpolitik eine maßgebliche Rolle spielt. Aus den detaillierten Plänen, die von diesen Einrichtungen für die zu verändernden Gebiete entwickelt werden, lassen sich Vorschriften für die Bebauungsart ablesen, und den Unternehmen oder Privatpersonen, die bauen, dienen diese Vorschriften als Rahmen für die Realisierung der Pläne. Diese die Planung realisierenden Einrichtungen sind für die physische Entwicklung und Verwaltung eines Gebietes zuständig und beziehen sich daher in vielen Fällen auf die Errichtung von Wohnhäusern und öffentlichen

---

[156] „Så är översiktsplanen nånting som är vägledande, det är alltså en politisk plan, kan man ju säga. Eh, vad vill vi med Göteborg. Och vad vill vi då med en stad eller en kommun. [...] Det är ett politiskt styrdokument som har liksom effekter för våran arbetsgång."

Gebäuden wie Schwimmhallen, während die Art der Nutzung durch andere Bauherren, darunter sowohl öffentliche als auch private Akteure, bestimmt wird. Diese Unterscheidung zwischen struktureller und inhaltlicher Gestaltung der Stadt unterscheidet sich deutlich von der Art der Planung in Dublin und erstaunt zunächst, da die Rolle des Staates in Dublin stärker zu sein scheint als in Göteborg.

Ein weiteres Beispiel ist der *Lindholmen Science Park*, der Technologiepark Göteborgs, welcher eine Aktiengesellschaft ist, deren Anteilseigner aus kommunalen und privatwirtschaftlichen Akteuren sowie der Technischen Hochschule *Chalmers*, einer Stiftungsuniversität, besteht. Den Vorteil einer solchen Planungsform beschreibt der Repräsentant des *Lindholmen Science Park*, welcher Teil des von *Älvstranden Utveckling AB* betreuten Gebietes ist, so:

> [Die erfolgreiche Zusammenarbeit mit anderen Akteuren, ALM] war der Grund, dass man dieses Unternehmen gegründet hat, das ich jetzt leite und das sukzessive mehr Partner aufgenommen hat, und das nun weiter darauf aufbaut mit einem deutlichen Fokus darauf, welche Art von Akteuren wir hier haben wollen. [...] Das war also ein sehr langer Prozess und wird es auch bleiben, der darauf basiert, dass das politische System Lindholmen unpolitisch lassen kann. Man kann Entwicklung nicht in Wahlperioden voranbringen. (GLSP1, Abs. 66ff.)[157]

Eine weitere lokale Besonderheit der Stadtplanung besteht in Göteborg darin, dass der *Älvrummet*, wörtlich übersetzt *Der Raum am Fluss*, geschaffen wurde: Ein kleines Gebäude, zentral auf der Südseite des Flusses zwischen Einkaufszentrum, Oper und Jachthafen gelegen, in dem Planungsvorhaben ausgestellt werden und Informations- und Diskussionsveranstaltungen stattfinden. Es ist damit ein Element der BürgerInnenbeteiligung an der Stadtplanung, zu der auch gehört, dass alle Entwicklungspläne, bevor sie rechtskräftig werden, eine gewissen Zeit im Gebäude des *Stadsbyggnadskontoret* ausgestellt werden, so dass Kommentare von BewohnerInnen dazu abgegeben werden können. Auf diese wird in der revidierten Fassung des *Översiktsplan* von den StadtplanerInnen Bezug genommen.

---

[157] „[det här] blev grunden till att man då skapade bolaget som jag leder idag och successivt har tagit med fler parter i det, och nu byggt vidare på det här med ett tydligt fokus på vilka typer av aktörer vi vill ha här. [...] Så vi har vart en jättelång process och kommer fortsätta va det, som bygger på att det politiska systemet kan behålla Lindholmen opolitiskt. Man kan inte driva utvecklingen i valperioder."

7.2.4 Die Auswahl der untersuchten Stadtteile

Auch im Fall von Göteborg sind es einige innerstädtische Stadtteile, denen in meiner Analyse besondere Aufmerksamkeit zukommt. Anders allerdings als in Dublin sind sie nicht so eindeutig voneinander zu trennen, und auch die Eindrücklichkeit der Transformationsprozesse ist nicht so ausgeprägt wie in Dublin. Dies bedeutet, dass die Unterschiede zwischen dem, was neu gestaltet ist, und dem, was an Altem vorhanden ist, weniger ins Augen fallen und mir als *temporary citizen* daher nicht immer vollständig offensichtlich und zugänglich waren. Wiederum spielt das Wasser eine entscheidende Rolle für die städtischen Veränderungen: Südlich des *Göta Älv* liegt der älteste Teil der Stadt, das *Centrum*, von dem aus sich die Stadt historisch nach Osten, Westen und Süden hin vergrößert hat. Am Nordufer des Flusses lagen früher Werftanlagen, die inzwischen zu einem großen Teil stillgelegt sind. Nun vollziehen sich hier Veränderungen, die mit denen der *Dublin Docklands* vergleichbar sind. Abbildung 4 zeigt eine Karte der Stadt Göteborg, in der die Bereiche der Stadt markiert sind, die besonders in Transformation begriffen sind und daher wichtige Elemente meiner Untersuchung darstellen.

Erneut ist es das Hafengebiet, das zu den zentralen Transformationsorten zählt, sowie ein innerstädtisches Gebiet, *Haga*.

Abbildung 4: Übersichtskarte der Stadt Göteborg mit ausgewählten Stadtteilen © *Hitta.se Kartor*, URL: http://www.hitta.se/ (letzter Zugriff am 13.5.2013), Bearbeitung ALM

Das nördliche Hafengebiet: Norra Älvstranden

Neben der Bedeutung des Flusses für die Stadt fällt eine weitere Ähnlichkeit der beiden Städte sofort ins Auge, wenn man sie besucht: Auch in Göteborg wird das Hafengebiet massiv umgestaltet, und auch hier ist die Architektur spezifisch – und erinnert verblüffend an Dublin. Das nördliche Ufer des *Göta Älv*, genannt *Norra Älvstranden*, war Jahrhunderte lang durch die Schifffahrt beeinflusst, Überseehandel und Werften prägten die dortigen Stadtteile, und die Lage auf der Halbinsel *Hisingen* führte dazu, dass der dortige Teil von vielen GöteborgerInnen, die im Süden lebten und arbeiteten, nicht als zu Göteborg gehörig betrachtet wurde.[158] Erst die Werftenkrise in den 1980er Jahren führte dazu, dass die Gebiete von *Lindholmen* im Osten und *Eriksberg* im Westen sukzessive einer neuen Nutzung zugeführt wurden. Dabei übergab der schwedische Staat nach dem Niedergang der Werftenindustrie die Gebiete an die Kommune Göteborg, und sie wurden zunächst vor allem für den Wohnungsbau genutzt. Über die Umstände,

---

[158] Dies beschreibt auch Joakim Forsemalm in seiner Dissertation *Bodies, Bricks and Black Boxes*, die eine ANT-informierte, ethnographische Studie zu Machtverhältnissen in Göteborg darstellt und mit *Kvillebäcken* u.a. einen Bereich des nördlichen Hafengebiets untersucht (Forsemalm 2007, zu Kvillebäcken bes. Kap. 4).

die zu der Umnutzung der nördlichen Hafengebiete führte, gibt ein Interview mit den StadtplanerInnen G, W und T im *Stadsbyggnadskontoret* Aufschluss:

> G: *ja, der Staat hatte nun die Werft geerbt, da sie Konkurs gegangen war, und man hatte ihnen Geld geliehen, um Schiffe zu bauen, und plötzlich hatte man die Werft am Hals, die man nicht haben wollte.*
>
> W: *Und da stand die Kommune, sie hatte das Land sozusagen vom Staat bekommen. Und da stand man nun. Man hatte keinen anderen Interessenten als dort zu bauen. Und so musste man irgendwie etwas entwickeln, das für Wohnungen attraktiv war, denn das war das, was nachgefragt wurde. [...]*
>
> T: *Ah, aber ich meine, Wohnungsmangel gibt es überall, sie [Wohnungen, ALM] werden dort nachgefragt, wo man sie baut, weil es nicht so viel Wahl gibt, [...] aber dann war das eher wie ein Zufall, dass es so geworden ist, dort. Eher eigentlich als eine richtige Strategie. (GSB2, Abs. 129ff.)*[159]

Der dem östlichen *Frihamnen*, in dem die Werften größtenteils angesiedelt waren, am nächsten gelegene Teil des *Norra Älvstranden* ist *Lindholmen*. Dieses Gebiet ist inzwischen am deutlichsten von etwas anderem als Wohnungsbau geprägt, nämlich von der Kooperation von Organisationen aus dem Bildungs- und Wirtschaftssektor. Die Technische Universität Göteborgs, *Chalmers*, die allgemeine Universität sowie verschiedene Schulen haben dort ebenso ihren Platz wie Unternehmen aus der IT-Branche und der *Lindholmen Science Park*. Ähnlich wie der *Digital Hub* in Dublin handelt es sich dabei um einen Technologiepark, allerdings mit einer Ausrichtung auf intelligente Fahrzeug- und Transportsysteme, mobiles Internet sowie moderne Medien und Design.[160]

Sichtbares Zeichen des westlichen Teils von *Norra Älvstranden*, *Eriksberg*, ist ein großer, orangefarbener Kran (vgl. Abbildung 7). Er ist ein Relikt der und gleichzeitig eine Erinnerung an die Zeit der Werften in Göteborg und fungiert geradezu als Wahrzeichen. Dabei manifestiert sich mit ihm ein Kontrast zwischen diesem industriellen Mal und der übrigen Umgebung, die inzwischen vor allem durch Wohnhäuser geprägt ist. Abbildung 5 bis Abbildung 7 geben einen Eindruck über die Gestaltung des nördlichen Hafengebietes.

---

[159] „G: Ja, staten hade ju ärvt varven, på grund av att dom gick i konkurs, och man hade lånat till att bygga dom där båtarna, så plötsligt fick man varv på halsen, som man inte ville ha. [...] W: Så att, så att då stod kommunerna, de hade fått marken i princip, då, av staten. Och där står man. Man har ingen annan intressent, än att bygga på det. Så att då måste man ju på något sätt utveckla någonting som är attraktivt för bostäder då, som var, som var det som efterfrågades. [...] T: Ah, men jag menar, det finns ju en bostadsbrist överhuvudtaget, bostäder efterfrågas ju liksom, där man bygger dom, därför att det finns ju inte så mycket val, [...] men då är det mer som en slump, att det blev just så, då. Än ett egentligt, riktig strategi."

[160] Vgl. dazu die Beschreibung von *Lindholmen* auf der Website der *Älvstranden Utveckling AB*, URL: http://www.alvstranden.com (letzter Zugriff am 11.4.2013).

Abbildung 5: Der *Lindholmsplatsen* in *Norra Älvstranden*; dort ist der *Lindholmen Science Park* angesiedelt.

Abbildung 6: Eine umgenutzte Fabrikhalle in *Eriksberg*, die jetzt als Hotel und Theater dient.

Abbildung 7: *Eriksberg*, von links nach rechts: der Kran als Relikt der Werftenindustrie, Wohnungsbau und Personenschifffahrt.

Neben diesen Veränderungen, die am nördlichen Ufer des *Göta Älv* vonstatten gehen, nimmt derzeit ein neues Projekt Gestalt an: die sogenannte *Centrala Älvstaden*, zu übersetzen mit *Die zentrale Stadt des Flusses*. Dabei geht es um die innenstadtnahen, am Nord- und Südufer des *Göta Älv* gelegenen Bereiche der Stadt; auf der Südseite liegen sie in der Nähe des Bahnhofs, auf der Nordseite umfassen sie auch die über die direkt am Ufer gelegenen Bereiche hinausgehenden Stadtviertel. Es ist das ehemalige Gebiet des *Frihamnen*, des Freihafens, das für die städtische Nutzung aufgewertet und entwickelt werden soll. Nach Aussage der für dieses Gebiet zuständigen Stadtplanerin war man im Jahr 2009 im Prozess der Entwicklung einer Vision, die die Planung leiten soll – der Name *Centrala Älvstaden* sei dabei allerdings schon ein Teil der Vision (GSB3, Abs. 42ff.). Die Fluss-nahen Bereiche am Nordufer sind von einer regen Bautätigkeit geprägt, die in erster Linie Wohnhäuser schaffen soll. Der nördlich davon liegende Bereich war bislang zwar schon im Blick der Planung, aber noch nicht der Umsetzung, ebenso wie der Bere ich am Südufer. Große Teile dieses Ufers werden durch eine große Straße, die Straßenbahnlinie sowie die hügelige Geographie von der Innenstadt physisch abgeschnitten; dem zu begegnen wird voraussichtlich ein Element der Planungsstrategien der *Centrala Älvstaden* sein. Zusammengefasst könnte man sagen: Es geht um die Schaffung eines neuen Zentrums. Trotz der sich anbahnenden Transformationen ist dieses Projekt nicht Teil meiner Untersuchung, da es sich in einem zu frühen Stadium der Planung befindet und die Wirkungen auf die materielle und soziale Dimension der Stadt daher noch nicht angemessen untersucht werden können.

Die Innenstadt südlich des Göta Älv

Die als Innenstadt verstandenen Bereiche Göteborgs liegen, wie beschrieben, südlich des Flusses und südlich der großen Verkehrsstraßen *Sankt Eriksgatan* und *Skeppsbron*. Die Innenstadt lässt sich wiederum in verschiedene, auch administrativ unterschiedene Teile gliedern; *Linnéstaden* und *Centrum* sind zwei große und für die Stadt wichtige Stadtteile. Während letzterer die wichtigen Einkaufsstraßen mit zahlreichen Geschäften, Restaurants und Museen sowie viele der Behörden beherbergt, besteht ersterer aus einer großen Anzahl an Wohnhäusern, kleineren Geschäften, Cafés und verschiedenen Kultureinrichtungen. Das Bildungsniveau der BewohnerInnen ist verglichen mit dem Durchschnitt in Göteborg sehr viel höher.[161]

Linnéstaden lässt sich in weitere Bereiche unterteilen, zu denen auch *Haga* gehört. Dies ist neben den Hafengebieten das für meine Untersuchung wichtigste

---

[161] Vgl. dazu die *Stadsdelsvisa beskrivningar* von *Linnéstaden*, URL: http://www.goteborg.se (letzter Zugriff am 11.4.2013).

Gebiet der Stadt, denn es hat ähnlich wie *Temple Bar* Prozesse der Gentrifizierung durchlaufen, die sich in der materiellen Gestalt des Viertels allerdings anders äußern. Das Viertel besteht aus – inzwischen durch die Renovierung pittoresken – Holzhäusern, vielen Cafés und kleinen Läden, die wenig an die Arbeitervergangenheit des Viertels erinnern lassen (vgl. dazu Martins Holmberg 2006, v.a. 225ff.), und die zentrale Straße, die *Haga* von *Olivedal* trennt, die *Linnégatan*, ist durch steinerne, hohe Häuser vom ausgehenden 19. und beginnenden 20. Jahrhundert geprägt. Ein interviewter Künstler in Göteborg rekonstruiert *Haga* als alternativen Lebensort u.a. für KünstlerInnen:

> *Also, in den '70er Jahren, da gab es Stadtteile, die nicht renoviert waren, alte Arbeiterbuden hier in Haga, mitten in der Stadt, und da wohnten viele Studierende und KünstlerInnen und so. (CCG1, Abs. 88)*[162]

In den 1960er Jahren begann in Göteborg eine Debatte darüber, was mit *Haga* geschehen solle; anders als im Fall von *Temple Bar* stand ein vollständiger Abriss nie zur Diskussion, da der (architektonische) Wert des Viertels unumstritten war (Martins Holmberg 2006, 253), politisch war man aber bezüglich der Strategien der Sanierung uneins. Schließlich kam es, wie häufig im Verlauf von Gentrifizierungsprozessen, dazu, dass ausgewählte Gebäude denkmalgeschützt wurden, was den (Um-)Gestaltungsprozess maßgeblich beeinflusste. Auch sogenannte „Hagagruppen" (Martins Holmberg 2006, 295), Zusammenschlüsse von BewohnerInnen in *Haga*, bildeten sich, die ihre Perspektive gegenüber der politischen Planung formulierten und neben den architektonisch wertvollen und daher schützenswerten Gebäuden andere Dinge des Viertels bewahren wollten: öffentliche Räume, Parkplätze, funktionale oder temporär genutzte Gebäude. Ende der 1970er Jahre wurde die Sanierung von *Haga* ein eigenes Thema der Stadtplanung, und parallel dazu entwickelt sich eine autonome Gruppe an BewohnerInnen, die u.a. Häuser besetzten – eine in Schweden sehr ungewöhnliche Form des Engagements, wie mir eine Interviewpartnerin berichtete (GOE1, Abs. 71). Eine dritte Gruppe von Akteuren, ebenfalls BewohnerInnen, führte selber Renovierungen und Erhaltungsmaßnahmen durch, u.a. um der drohenden Komplettsanierung durch die Behörden zu entgehen (Martins Holmberg 2006, 302). Dieser komplexe Prozess zeigt viele Gemeinsamkeiten mit *Temple Bar*, wenn er sich auch materiell sehr anders darstellt, beispielsweise sind die visuell wirkenden Ornamente wie *graffiti* kaum vorhanden.

Zusammen mit *Norra Älvstranden*, dem nördlichen Hafengebiet Göteborgs, stellt *Haga* dasjenige Gebiet in der Stadt dar, das in Fokus meiner Untersuchung ist. Beide sind die zentralen Transformationsorte, in denen die städtischen Veränderungen sichtbar werden.

---

[162] „Alltså på 70-talet så, så fanns det stadsdelar som inte var renoverade, gamla arbetarkåkar i Haga här, mitt inne i stan, och där bodde jättemycket studenter och konstnärer och sådär."

7.3 Dublin und Göteborg als Untersuchungsbeispiele

Dublin und Göteborg weisen bezüglich ihrer gesellschaftlichen, politisch-administrativen und geographischen Merkmale Ähnlichkeiten und Unterschiede auf. Diese ermöglichen es, die beiden Städte als Fallbeispiele heranzuziehen, um das Phänomen der *creative cities* zu untersuchen und einige seiner Facetten in den Blick zu nehmen.

7.3.1 Die Städte im Vergleich

Zur Veranschaulichung der Gemeinsamkeiten und Unterschiede fasse ich die wichtigsten Informationen zu den Städten noch einmal zusammen. Tabelle 4 zeigt eine Gegenüberstellung der quantitativen Besonderheiten der Fallbeispiele in ihrem nationalen Kontext. Berücksichtigt werden muss dabei, dass ich, um Vergleichbarkeit zu garantieren, die Daten von 2006 verwende. Dies hat zwar den Nachteil, dass damit ein Bild der Gesellschaften gezeichnet wird, die in dieser Form nicht mehr existieren; neben der Vergleichbarkeit besteht der Vorteil aber darin, dass diese Daten in etwa eine Gesellschaft beschreiben, wie sie aussah, als ich dort 2008 und 2009 meine Forschung als *temporary citizen* unternommen habe. Zudem liegen keine Daten für den Anteil der Haushalte in der Stadt Göteborg mit Internetzugang vor; für die Region Göteborg liegt die Zahl im Jahr 2005 bei 81% und 2007 bei 88%, für 2006 gibt es keine zugänglichen Daten.

Ein von Richard Florida und Irene Tinagli (2004) errechneter *Euro-Creativity Index*, der die von ihm eingeführten Indices bezüglich Talent, Technologie und Toleranz kombiniert und der internationalen Vergleichbarkeit dienen soll, führt Schweden mit einem Wert von 0,81 auf Platz eins der fünfzehn untersuchten Länder, während Irland mit 0,37 Punkten auf Platz elf rangiert (Florida und Tinagli 2004, 32).[163]

---

[163] Die untersuchten Länder beinhalten, in alphabetischer Reihenfolge, Belgien, Dänemark, Deutschland, Finnland, Frankreich, Griechenland, Großbritannien, Irland, Italien, die Niederlande, Österreich, Portugal, Schweden, Spanien und die USA.

	Irland		Schweden	
		Dublin		Göteborg
EinwohnerInnen	4,24 Mio	506 211	9,08 Mio	489 757
MigrantInnenanteil	14,2%	16,7%	12,9%	20,5%
Arbeitslosenrate	4,5%	9,1%	7,1%	4,1%
EinwohnerInnen mit Hochschulabschluss	30,8%	24,9%	30,5%	16,3%
Bevölkerungsdichte (als Einw./ km²⁾	--	4 300	--	2 600
Beschäftigte im Dienstleistungssektor	--	64,3%	--	78,5%
Wachstumsrate des Anteils des Dienstleistungssektors am BIP	5,7%	--	0,6%	--
Wachstumsrate des Anteils des Industriesektors am BIP	6,2%	--	4%	--
Wachstumsrate des Anteils des Agrarsektors am BIP	-10,6%	--	11%	--
Anteil der Haushalte mit Internet	50%	26,8%	77,4%	--

Tabelle 4: Irland und Schweden im quantitativen Vergleich (Daten von 2006)

7.3.2 Die Effekte der Wirtschaftskrise

Die globale Wirtschaftskrise, die 2008 auch für die Öffentlichkeit Realität annahm, wirkte sich insgesamt wenig auf die untersuchten Städte aus. Auch wenn Irland als Staat sehr stark betroffen war, zeigen sich für die Dubliner Stadtplanung kaum Effekte. In Göteborg sind diese noch weniger ausgeprägt, und auch der Staat selbst war weniger betroffen als Irland.

Die Interviews sowohl in Dublin als auch in Göteborg zeigen eine erstaunliche Besonnenheit im Umgang mit den wirtschaftlichen Schwierigkeiten, die sich aus der sogenannten Wirtschaftskrise ab dem Herbst 2008 ergeben. Zwei Argumentationsstränge lassen sich unterscheiden: Auf der einen Seite zeigen sich diejenigen, die mit Unternehmen der *creative industries* zusammenarbeiten, positiv darüber, dass diese die Krise besser überstehen als erwartet. Im Fall von Göteborg, wo mithilfe eines Kooperationsansatzes zwischen Ökonomie, Politik und Wissenschaft gearbeitet wird, werden der Krise explizit positive Effekte zugesprochen:

> *Aber gerade jetzt, selbstverständlich höre und sehe und weiß ich, dass es den Zulieferern und kleineren Unternehmen und selbst diesen großen Drachen hier nicht gut geht. Das also [...] ist der Nachteil, kann man wohl sagen. [...] Dagegen ist es gleichzeitig für diesen Typ von Milieu, wie ihn Lindholmen repräsentiert, so, dass die öffentlichen Organisationen den Druck in Zeiten der Niedrigkonjunktur erhöhen, also man will Vorkehrungen treffen, die die Effekte der Niedrigkonjunktur mildern und gleichzeitig für die Zukunft bauen. Und dafür ist ein Science Park ein sehr gutes Instrument, um diese Aktivitäten zusammen zu halten. [...] So dass wir mit dem Unternehmen Lindholmen Science Park gerade in einer riesengroßen Hochkonjunktur sind. [...] Denn wir haben es auf eine gewisse Weise leichter als vor zwei Jahren, an Geld und Ressourcen zu kommen, um neue Projekte durchzuführen. [...] [Wir] haben es auch leichter, an Kompetenz und Ressourcen zu kommen, da viele Unternehmen derzeit zu wenig zu tun haben und einen oder zwei oder mehrere Personen abstellen können, um in Teilzeit in unseren Projekten zu arbeiten. [...] In der extremen Hochkonjunktur haben sie nie Zeit, da müssen sie nur liefern. Daher spüren wir die Konjunktur, aber für die Arbeit des Unternehmens, das wir repräsentieren, ist es faktisch positiv. [...] So komisch das auch klingt.* (GLSP1, Abs. 101-113)[164]

Der Bereich *Research and Development* (R&D) scheint damit insofern zu profitieren, als, unter der Voraussetzung, dass trotz allem noch finanzielle Mittel zur Verfügung stehen, in dieser Krisenzeit ArbeitnehmerInnen einen größeren Teil ihrer Arbeitszeit diesem Bereich widmen können – so zumindest die Narration. Dieser folgend, könnte man schließen, dass ein Kooperationsverbund, wie es der *Lindholmen Science Park* ist, gerade in Zeiten der Krise Vorteile bietet.

---

[164] „Men just nu, självklart hör jag och ser och känner att under leverantörer och mindre bolag och även dom här stora drakarna inte mår bra. Så [...] det är nackdelen nu om man säger. [...] Däremot så är det så samtidigt för den här typen av miljö som Lindholmen representerar, att dom offentliga organisationerna ökar ju trycket i lågkonjunkturen, alltså man vill ju göra åtgärder som mildrar effekten av lågkonjunkturen och samtidigt bygger framtiden. Och då är ju en Science Park ett väldigt bra instrument för å hålla ihop sådana aktiviteter. [...] Så att för bolaget Lindholmen Science Park så är vi mitt inne i en jättestor högkonjunktur. [...] Men vi har på ett sätt lättare idag än för två år sen att få tag på pengar och resurser för att göra nya projekt idag [...]. [Vi] har lättare också att få tag på kompetens och resurser, för många företag har ju för lite att göra nu och kan avsätta en människa eller två eller nån på halvtid å jobba på våra projekt nu. [...] I den extrema högkonjunkturen har dom aldrig tid, då ska dom bara leverera. Så vi känner av konjunkturen men för bolagets verksamhet å det vi representerar är den faktiskt positiv. [...] Hur konstigt det än låter."

Auf der anderen Seite wird der Krise wenigstens in Dublin ein geradezu erzieherischer Wert zugesprochen. Nach dem rasanten ökonomischen Aufstieg des Landes sei die Selbstüberschätzung recht verbreitet gewesen (vgl. CCD2, Abs. 48ff.). Zum Teil werden der Krise daher heilende Kräfte zugesprochen, da der irischen Bevölkerung der rasante ökonomische Aufschwung der vergangenen Jahre zu Kopf gestiegen sei, wie ein Dubliner im Interview berichtet:

> *I think probably over the last fifteen years Irish people have just gone a bit crazy, they all had so much money, they were like ah, fantastic, let's go out and buy big expensive cars, [...] have lots of alcohol consumption and you know, let's eat out every night [...]. I think they went over board, they went too far. And I think they're beginning to realize that now. (CCD2, Abs. 48)*

Ein weiterer positiver Effekt sei, so ein Repräsentant des *Digital Hub*, dass eine Rückbesinnung auf den Wert dessen stattfinde, was vorhanden sei – und in allem Schlechten sei auch etwas Gutes enthalten, wie er sagt:

> *[At] a larger national level, yes, I mean, the fact that we've had such a crisis has made people more aware of, perhaps the value of what it is that we have [...] it also has forced inventive and innovative thinking, [...] necessity being the mother of invention is the old folk wisdom, and you do see that in action [...], it's an ill wind that doesn't blow some good (DDH3, Abs. 90ff.).*

Daraus lässt sich schließen, dass in Notzeiten die Notwendigkeit, innovativ zu sein, den Menschen schneller einleuchtet, und Einrichtungen wie der Technologiepark daher auf größere Akzeptanz stoßen, da sie Möglichkeiten darstellen, einen Weg aus einer von der gesamten Bevölkerung gespürten Krise zu finden.

Dies sind Narrationen derjenigen Akteure, die an zentralen Schaltstellen in den Städten arbeiten. Sie zeigen ein interessantes Bild, das auch als eines der *self-fulfilling prophecy* bezeichnet werden kann: Ein bestimmtes Szenario wird skizziert und entsprechende Handlungen werden realisiert, die dazu führen, dass die prophezeite zukünftige Situation eintritt (vgl. dazu auch Merton 1948). In diesem Fall besteht das Ziel darin, die Niedrigkonjunktur in der Krisenzeit für die Entwicklung neuer Projekte zu nutzen und so, auch mithilfe positiven Denkens, erfolgreich durch die Krise zu kommen – in ökonomischer und emotionaler Hinsicht.

8 Kreativität und Nachhaltigkeit als Leitbilder der Städte

Welche Merkmale weist nun eine Stadtplanung auf, die mit den Konzepten der Kreativität und *creative city* arbeitet? Das vorliegende Kapitel behandelt das Ergebnis der empirischen Untersuchung, dass die beiden untersuchten Städte in je stadtspezifischen Weisen mit dem Konzept der Kreativität arbeiten. Aber dies ist nicht das einzige. Vielmehr ist festzustellen, dass eine Kopplung der Ausrichtung auf Kreativität mit einer Ausrichtung auf Nachhaltigkeit stattfindet. Ein Repräsentant der Dubliner Stadtplanung bringt auf den Punkt, welche Leitbilder für die städtische Entwicklung maßgebend sind: „Our vision is to have a creative sustainable city" (DCC2, Abs. 69). Die Verbindung dieser beiden Leitbilder ist in beiden Städten zu beobachten und weist neben stadtübergreifenden Gemeinsamkeiten auch lokale, das heißt eigenlogische Merkmale auf. In Dublin werden Kreativität und Nachhaltigkeit in ähnlicher Gewichtung als Leitbilder kommuniziert, in Göteborg dominiert der Aspekt der Nachhaltigkeit. Außerdem sind sie auf ein je anderes Publikum gerichtet und erfüllen damit einen unterschiedlichen Zweck in der Planung der Städte. Beide Leitbilder stellen zudem Begriffskomplexe dar, die mit verschiedenen Inhalten gefüllt werden. Es lassen sich übereinstimmend ein doppelt konnotiertes Kreativitätsverständnis und ein dreidimensionaler Nachhaltigkeitsbegriff identifizieren. Letzterer trägt institutionalisierte Züge, indem er auf institutionell verankerte Definitionen von Nachhaltigkeit zurückgreift. Im Fall der Kreativität basiert die doppelte Konnotation auf Alltagswissen und ist über die Interviews und die Planungsdokumente zu erschließen. Die Begriffe sind mit ihren spezifischen Bedeutungen entscheidend für die lokale stadtplanerische Arbeit. Es zeigt sich, dass die jeweils zu unterscheidenden Verständnisse der Konzepte unterschiedliche Wirkungen auf die Gestaltung der Städte haben.

Wie ich in Kapitel 5 erläutert habe, rechnet man eine Planungsform den „normativen Theorien der Stadtplanung" (Streich 2005, 54) zu, wenn in der Stadtplanung mit Leitbildern und Zielvorstellungen gearbeitet wird. In den beiden untersuchten Fällen wird das Leitbild Kreativität in ein übergeordnetes Leitbild der Stadtentwicklung eingebettet: Nachhaltigkeit. Die programmatische Entwicklung hin zur *creative city* ist also nicht das alleinstehende Ziel der Planung, vielmehr stellt es ein zentrales Element einer integrativen – d.h. mehrere Themen in sich vereinigenden – Stadtplanung dar. In Dublin wird dieser integrative Charakter ausdrücklich formuliert, das Ziel der Stadtplanung ist ein „integrated approach to urban planning" (Dublin City Council 2005, 14). In Göteborg werden „Vielfalt, Kreativität, Toleranz und Offenheit" (Stadsbyggnadskontoret 2009, 14) als Leitbilder der Stadt beschrieben, wobei eine explizite Bezugnahme auf Richard Floridas Konzept der *creative class* vorgenommen wird (Stadsbyggnadskontoret 2009, 71). In Dublin findet eine noch deutlichere Ausrichtung auf Kreativität statt: Die „innovative and creative cities" (Dublin City Council 2005, 32) dienen als Teil der „guiding philosophy" (ebd.), in den Interviews wird die Stadt Dublin maßgeblich als eine kreative konzipiert (vgl. exempl. DCC2, Abs. 69; DDH1, Abs. 325).[165] Die Bezeichnung der kreativen Stadt wird unterschiedlich mit Bedeutung aufgeladen. Grundsätzlich lassen sich zwei verschiedene Verwendungen und damit einhergehend zwei verschiedene Bedeutungsfelder unterscheiden: Auf der einen Seite wird Kreativität mit Wissen und neuen Technologien in Verbindung gebracht; eine kreative Stadt ist dann synonym mit einer *knowledge city* (vgl. bspw. DSP3) oder einer *kunskapsstad*[166] (Stadsbyggnadskontoret 2008, S. 14). Auf der anderen Seite findet eine Verbindung mit einer ästhetischen Bedeutung statt, hier wird der Bezug zu Kunst und Kultur hergestellt. In diesem Fall wird von einer *cultural city* (vgl. DCDB o. J.) oder einer *evenemangstad*[167] (Stadsbyggnadskontoret 2008, S. 14) gesprochen. Die Tatsache, dass das Konzept der Kreativität als sehr offen aufgefasst wird, wird hier positiv gewendet, und es wird mit eigenen, von den jeweiligen Schwerpunkten abhängigen Bedeutungen gefüllt. Dabei sind auch unterschiedliche Zielgruppen im Blick; so richtet sich die *knowledge city* eher an ein ökonomisch orientiertes Publikum, während die *cultural city* eher die BesucherInnen der Stadt im Blick hat.

8.1 Kreativität in der Stadtplanung: doppelt konnotiert

Die zentralen wissenschaftlichen Referenzen für die Beschäftigung mit *creative cities*, Richard Floridas Arbeiten, zeichnen sich dadurch aus, dass sie das, was mit Kreativität gemeint ist, offen lassen. Kreativität ist für Florida das Werkzeug, mit dem Menschen Innovation hervorbringen (Florida 2004, 44) – oder, wie es bei Andreas Reckwitz (2009) heißt, Kreativität ist die „Fähigkeit, Neues zu

---

[165] Dabei muss berücksichtigt werden, dass die InterviewpartnerInnen über Informationen über mein Forschungsprojekt verfügten. Diese waren nicht detailliert, zeigten aber mein Forschungsinteresse an der *creative city*. Dass ein solches Wissens die InterviewpartnerInnen beeinflusst, war mir bewusst, zur Kontaktaufnahme war das Ausgeben dieser Informationen aber unerlässlich (vgl. Kap. 6). Zudem ist nicht davon auszugehen, dass sie von der *creative city* gesprochen hätten, wenn dieses Konzept in keiner Weise in ihren Planungen Berücksichtigung findet.
[166] Im Deutschen zu übersetzen mit ‚Stadt des Wissens'.
[167] Im Deutschen zu übersetzen mit ‚Stadt des Ereignisses'.

schaffen und die Stabilität des Tradierten hinter sich zu lassen" (Reckwitz 2009, 5). Kreativität scheint so zunächst eine anthropologische Fähigkeit zu sein, die das Handeln des Menschen auszeichnet. Um für die Stadtplanung und das Konzept einer kreativen Stadt anwendbar zu sein, muss dieser Begriff aber noch weitere Bedeutungen aufweisen. Neben einer menschlichen Fähigkeit ist Kreativität denn auch eine gesellschaftliche Anforderung, die in der Postmoderne zunehmend Bedeutung erlangt. Nur über diese Wendung lässt sich erklären, warum Florida der *creative class* eine derartig große Bedeutung nicht nur für die Wirtschaft einer Gesellschaft, sondern auch für die Gesellschaft als solche und damit für die Städte als ihre Orte zusprechen kann. Für Reckwitz' Konzeption eines Kreativsubjekts liegt dies auf der Hand: Poststrukturalistische Subjektkonzeptionen gehen von einem Subjekt aus, das im Einflussbereich von Diskursen und damit verbundenen gesellschaftlichen Anforderungen zu sehen ist. Im Kontext eines hegemoninalen und verschiedener widerständiger Diskurse unterwirft es sich bestimmten Anforderungen, um als Subjekt intelligibel zu sein, also überhaupt als Mitglied einer Gesellschaft Anerkennung zu finden.[168]

Eine derartige Perspektive liegt Florida allerdings fern. Das Ergebnis seiner Analyse ist dennoch ein sehr ähnliches: Aufgrund ökonomischer Transformationen und veränderter Anforderungen in ganz unterschiedlichen Arbeitsfeldern ist Kreativität zu einer wichtigen Kompetenz von Gesellschaftsmitgliedern geworden. In immer mehr und gerade in besser bezahlten Berufe wird als zentraler *skill* von den ArbeitnehmerInnen verlangt, dass diese ihre Arbeitsbereiche eigenständig und jenseits von vorgegebenen Bahnen bearbeiten (vgl. z.B. Florida 2004, 113ff.).[169]

Auch die Vielzahl an freiberuflich Tätigen erweckt zumindest den Anschein, als sei die eigenständige Arbeit und damit die professionelle Nutzung der eigenen Kreativität zu einem *Muss* avanciert. Diejenigen, die nach Floridas Definition der *creative class* zuzurechnen sind, weisen zuerst einmal eine gemeinsam geteilte ökonomische Basis auf: Sie verdienen ihr Geld in Berufen, die entweder dem *super-creative core* oder den *creative professionals* zuzurechnen sind. Darüber hinaus identifiziert er, und das macht seine Arbeit soziologisch interessant, einen signifikanten Wertewandel auf Seiten der Kreativen (vgl. Kap. 3). Für Florida besteht die Bedeutung des Wertewandels darin, dass dieser eine Abkehr von einem rein monetär motivierten Berufsleben beinhaltet, also – anders als in industriellen Gesellschaften – andere entscheidende Faktoren für die Berufswahl

---

[168] Louis Althusser (1977) beschreibt mit dem Konzept der Anrufung, frz. *interpellation*, derartige Prozesse und gilt als zentrale Referenz für spätere poststrukturalistische Arbeiten wie die von Judith Butler (z.B. 1990).

[169] Inwiefern die Annahme, dass dies in einem Großteil der Berufe heute der Fall ist, tatsächlich zutrifft, ist allerdings empirisch zu prüfen. So besteht ein Großteil der Dienstleistungsberufe und gerade auch der herkömmlichen Industrieberufe aus einer Vielzahl an Routinen, die wenig Freiraum für Eigenständigkeit, Neues und Kreativität lassen.

vorliegen als die reinen Verdienstmöglichkeiten. Und wenn es andere als monetäre Gründe sind, einen Beruf zu wählen, dann wirkt sich dies in einem zweiten Schritt auch auf die Entscheidung aus, wo Menschen leben: nicht dort, wo sie das meiste Geld verdienen können, sondern dort, wo sie ihren Neigungen am besten nachgehen können und ein stimulierendes Umfeld vorfinden. Ein solches Umfeld sieht Florida in bestimmten Metropolregionen oder „creative centers" (Florida 2005, 44).

An dieser Stelle setzt die Stadtplanung an. Indem Florida bestimmte Städte als attraktiv für die *creative class* identifiziert und mit den *3 T* sogar die Elemente derartiger Städte formuliert (Florida 2005), wird seine Theorie für viele StadtplanerInnen und Personen des Stadt-Marketings interessant. Was aber ist in den unzähligen Städten gemeint, wenn von Kreativität und einer kreativen Stadt gesprochen wird? Meine Fallstudien zeigen diesbezüglich überraschende Übereinstimmungen, die auch mit den Ergebnissen anderer Studien einhergehen. Es lässt sich ein doppeltes Kreativitätsverständnis identifizieren: Kreativität meint einerseits die Fähigkeit, ästhetisch-künstlerische Produkte zu erschaffen, und andererseits die Kompetenz, technologische Innovationen hervorzubringen. Zugrunde liegt beiden Kreativitätsverständnisse, dass damit eine menschliche Eigenschaft und die Freiheit, Unbekanntes auszuprobieren, verbunden ist, wie es eine Angehörige der Dubliner *creative class* bezeichnet: „it's just being given the freedom to explore and research ideas […] we do push the boundaries as much as we possibly can" (CCD1, Abs. 190). Während John Liep (2001) eine derartige Unterscheidung zwischen Innovation und Kreativität ablehnt und Kreativität in einem allgemeinen Sinn als „activity that produces something new through the recombination and transformation of existing cultural practices" (Liep 2001, 2) definiert, legt die lokale städtische Wirklichkeit eine Differenzierung nahe. Die Unterteilung in zwei verschiedene Arten von Kreativität führt die StadtplanerInnen dazu, „people with a creative bent" von solchen „with a technology bent" (DDH2, Abs. 82-84) zu unterscheiden, die je unterschiedliche Anforderungen an die städtische Infrastruktur stellten – so die Wahrnehmung der StadtplanerInnen.

Die Gegenüberstellung, die hier erfolgt – kreativ vs. technologisch – ist meiner Ansicht nach einerseits ein Ausdruck der begrifflichen Unschärfe, die diese Debatte um Kreativität mit sich bringt, sowie der Tatsache, dass im alltäglichen Sprachgebrauch Kreativität häufig mit Kultur in einem engeren Sinn in Verbindung gebracht wird. Um es aber als Leitbild für einen größeren städtischen Bereich anwenden zu können, findet eine Ausweitung auf technologische Beschäftigungsfelder statt, welche mit der Florida'schen Theorie gut in Einklang zu bringen ist.

Grundsätzlich ist die Befassung mit dem Konzept Kreativität in Dublin ausgeprägter als in Göteborg; dort lässt sich eine insgesamt kritischere Auseinandersetzung damit feststellen. Das bedeutet, dass Kreativität und die kreative Stadt als externe, wissenschaftliche Konzepte rezipiert und in den lokalen stadtplanerischen Diskurs aufgenommen, aber kaum als ausschließlich planungsleitende Konzepte verwendet werden. Das führt dazu, dass in Göteborg häufiger kritische Stimmen bezüglich des potentiell elitären Charakters einer Fokussierung auf Kreativität zu hören sind, während eine derartige Problematisierung in Dublin nicht stattfindet. In beiden Städten sind zudem die Aussagen übereinstimmend, die Kreativität (a) als eine Eigenschaft der StadtbewohnerInnen, das heißt der Menschen (vgl. z.B. CCD1, Abs. 24; CCG2, Abs. 32), und (b) als eine der Stadt als solcher zugesprochene Eigenschaft beschreiben (vgl. z.B. DTB1, Abs. 169; GSB2, Abs. 84). Das Leitbild Kreativität ist daher nicht nur inhaltlich doppelt konnotiert, als ästhetisch-künstlerische und technologische Innovation, sondern wird auch in einer doppelten Weise für die Charakterisierung der kreativen Stadt verwendet: Es dient einerseits dem Entwurf einer Stadt *der Kreativen* (Verständnis (a)) und andererseits dem einer an sich *kreativen* Stadt (Verständnis (b)).

Die Differenzierung von einer „cultural creativity" und einer „technological creativity" (Florida 2002b, 744), wie sie auch Florida vornimmt, liegt quer zu der Unterscheidung der kreativen Stadt als Stadt *der Kreativen* und als *kreativer* Stadt und durchzieht sie ebenfalls.[170] Eine solche Trennung hat idealtypischen Charakter und erleichtert die analytische Arbeit maßgeblich. Zudem weisen die auf diese Weise unterschiedenen Kreativitätsverständnisseeine je verschiedene räumliche Verortung in den Städten auf. Damit handelt es sich neben einer idealtypischen begrifflichen auch um eine Unterscheidung, die real vorfindliche materielle und räumliche Konsequenzen für die Städte hat.[171]

8.1.1 „Creativity as arts and culture"

Die Interviews und die Planungsdokumente zeigen, dass Kreativität die Fähigkeit meint, innerhalb des Kunstfeldes Neues hervorzubringen, d.h. *Kunst zu machen*. Dabei sind es sowohl die handelnden Personen, die kreativ sind, als auch die Umgebung, die vermittels ihrer Existenz und ihrer kreativen Arbeit ebenfalls Kreativität zugesprochen bekommen. Exemplarisch wird das anhand von *Temple Bar* deutlich. Dieses Viertel, dessen Entwicklung hin zu einem Vorzeige-Stadtviertel maßgeblich von KünstlerInnen getragen wurde, wird von einer Verantwortlichen des *Temple Bar Cultural Trust* beschrieben als „within Temple Bar we have the fabulous concentration of cultural facilities, you have amazing creativity" (DTB1, Abs. 163). Diese Kreativität wird aufgeschlüsselt in „there's

---

[170] Auf die Unterschiede zwischen der *kreativen* Stadt und der Stadt *der Kreativen* komme ich in Kapitel 11 ausführlicher zu sprechen.
[171] Kreativität ließe sich auch als leerer Signifikant beschreiben, der je nach Kontext mit einem der beiden Begriffe gefüllt wird. Dies erscheint mir für diesen stadtsoziologischen Kontext nicht angemessen, würde sich aber beispielsweise für eine Analyse des semantischen Feldes um Kreativität anbieten. Zum Begriff des leeren Signifikanten vgl. Laclau (1996).

workshops, there's rehearsals, there's people recording, there's people performing, acting, painting, drawing, y'know, you have so much creativity" (DTB1, Abs. 165). Damit ist der Bereich der bildenden Künste beschrieben, dessen räumlicher Ausdruck das Stadtviertel *Temple Bar* ist.

Mit einem solchen Kreativitätsverständnis geht eine Fokussierung auf bestimmte Elemente des Städtischen einher. Es findet von Seiten der Stadtplanung eine Forcierung der Weiterentwicklung von künstlerisch orientierten Stadtvierteln wie *Temple Bar* statt, die mit Subventionen für Ateliers einhergehen, um zumindest den Arbeitsort von KünstlerInnen sicherzustellen, wenn aufgrund steigender Preise schon nicht ihr Verbleiben in dem Viertel als BewohnerInnen gewährleistet werden kann bzw. dies auch nicht intendiert ist (vgl. Interview DTB1, z.B. Abs. 421). Neben dieser stadtteilorientierten Politik sind auch die Maßnahmen zur Förderung von Kunst im öffentlichen Raum ein Zeichen für die politische Förderung eines ästhetisch-künstlerischen Kreativitätsverständnisses. Sowohl in Dublin als auch in Göteborg findet man die Förderung derartiger Kunstprojekte. Diese dienen neben der Hervorhebung der künstlerischen Ausrichtung der Stadt auch der Förderung bzw. Materialisierung der lokalen Identität, indem Elemente der lokalen Geschichte künstlerisch verarbeitet und öffentlich zugänglich gemacht werden. Ein Beispiel ist die Skulptur *The Famine Memorial*, die in Dublin zur Erinnerung an die große Hungersnot in den Jahren 1845-1849 in die Gestaltung der *Docklands* integriert wurde (Abbildung 8).

Abbildung 8: *The Famine Memorial, Custom House Square*, Dublin 2008

Darüber hinaus werden kulturelle Veranstaltungen unterstützt und in das Selbstverständnis als kreative Stadt integriert. Ähnliches beschreibt Andreas Reckwitz (2009) in seinem Aufsatz über die kreative Stadt, die durch sechs zu trennende Merkmale charakterisiert werde. Darunter fallen die „Etablierung der Kunstszene" (Reckwitz 2009, 23f.), ein vergleichsweise hoher Anteil an Angehörigen der *creative industries* sowie das im vorliegenden Kontext entscheidende Merkmal der „Musealisierung/Eventifizierung der Hochkultur" (Reckwitz 2009, 26f.). Meint Reckwitz damit vor allem die zahlenmäßige Zunahme von Museen sowie eine Ausweitung der „Sphäre des Museumswürdigen" (Reckwitz 2009, 27), so lässt sich die in den von mir untersuchten Städten zu verzeichnende Fokussierung künstlerisch-kultureller Aktivitäten und ihre wirtschaftliche und politische Unterstützung ebenfalls damit fassen (ebd.). Wie ich in Kapitel 9 zeigen werde, weist ein derart gelagertes Kreativitätsverständnis deutliche Wirkungen auf die materielle Gestalt der Städte sowie auf ihre Gestaltung durch die StadtplanerInnen auf.

Was bedeutet dies nun? Ähnlich wie es Martina Löw und ihre KollegInnen mit dem Konzept der „Eigenlogik der Städte" (Berking und Löw 2008; Löw 2008) tut, spricht Reckwitz den Städten einen eigenen Charakter zu, der maßgeblich auf der Tatsache beruht, dass die Städte selbst schon „kulturell" (Reckwitz 2009, 9) seien, und zwar in dem Sinn, dass das Vorhandene – welches sowohl die Materialität umfasst als auch die Menschen, die über Praktiken und Diskurse mit der Materialität verwoben sind – spezifisch kulturell ausgebildet ist. Bleibt in Reckwitz' Argumentation der Kulturbegriff zum Teil unbestimmt, so lassen sich doch zwei Aspekte herausfiltern, die im Kontext der Frage nach der Gestaltung von Städten durch die Stadtplanung von Bedeutung sind. Zum einen geht es grundsätzlich darum, dass jede Kultur sich in ihrem physischen Umfeld niederschlägt und dort ihren Ausdruck findet: Es liegen also kulturspezifische Stadt-Ästhetiken vor. Zum anderen zeigen sich konkrete Ästhetisierungsprozesse (vgl. dazu Reckwitz 2009, 27), die vor allem in zentrumsnahen Stadtvierteln wie *Temple Bar* oder *Haga* zu beobachten sind.

Mithilfe des Leitbilds der Kreativität und der kreativen Stadt in diesem ästhetisch-künstlerischen Verständnis gelingt es der Stadtplanung, sowohl gesellschaftliche als auch materiell-bauliche Transformationsprozesse miteinander zu verbinden. Das Leitbild dient als Klammer, über die diese Prozesse miteinander verbunden werden.

8.1.2 „Creativity as innovation"

Neben der ästhetisch-künstlerischen Konnotation findet sich die technologisch-innovative Dimension von Kreativität, die in beiden Städten das Verständnis von Kreativität prägt. Damit ist eine explizite Verbindung zu Floridas Konzeption von Kreativität herzustellen, wenn dieser hervorhebt: „innovation is [creativity's] product" (Florida 2004, 44). Das, was bei Florida allgemein formuliert ist, meint in den untersuchten Städten die Herstellung von neuen technischen Produkten durch die Anwendung der menschlichen Fähigkeit Kreativität. Die Angehörigen der *creative class* selber ziehen an dieser Stelle auch ein ökonomisches Unterscheidungskriterium ein, mit dem sie ein allgemeines Kreativitätsverständnis von der Kreativwirtschaft abgrenzen (vgl. CCG2, Abs. 32), welcher sie in erster Linie die Tätigkeiten im Bereich der technologisch-innovativen Kreativität zuordnen. Damit greifen sie zurück auf die in den Interviews häufig anzutreffende Unterscheidung zwischen Kreativität als genuin menschlicher Fähigkeit, als die sie auch Heinrich Popitz (2002) begreift, und ihrer ökonomischen Nutzbarmachung in spezifischen Berufsfeldern, etwa in der Kreativwirtschaft (vgl. CCG2, Abs. 32ff.).

Die Stadtplanung beider Städte fokussiert diese Berufsgruppen der technologisch-innovativen Kreativität in prominenter Weise bei der Errichtung der Technologieparks. Diese stellen die Infrastruktur für kreativwirtschaftliche Berufe dar und sollen perspektivisch einen der ökonomischen Pfeiler der Städte darstellen. Den in diesen Feldern arbeitenden Kreativen werden andere Bedürfnisse und infrastrukturelle Anforderungen unterstellt als den in der Kunstszene arbeitenden Kreativen. So seien sie, und das betrifft den Bereich der Stadtplanung sehr stark, besonders von neu gebauten, architektonisch postmodern gestalteten Gebäuden angezogen, während die künstlerisch orientierten Kreativen eher in umgenutzten Altbauten arbeiteten (vgl. DDH2).

Dies widerspricht allerdings den Ergebnissen anderer Studien (dazu z.B. Matthiesen 2004; Kong und O'Connor 2009), die zeigen, dass gerade umgenutzte Industriebrachen (auch) für die und von den Angehörige der Kreativwirtschaft genutzt werden. In Göteborg wird für die in den *creative industries* Arbeitenden das nördliche Hafengebiet umgebaut und mit Neubauten ausgestattet. Im Dubliner *Digital Hub* werden, entgegen der Aussagen der StadtplanerInnen, derzeit vor allem Altbauten umgenutzt. Indes stimmt die Inneneinrichtung mit Vorstellungen an postmoderne Architektur überein (Abbildung 9, Abbildung 10).

Abbildung 9: Inneneinrichtung des *Digital Depot*, eines Teils des *Digital Hub*
© *The Digital Hub Development Agency* 2007

Abbildung 10: Café im *Digital Depot*, © *The Digital Hub Development Agency* 2007

Interessant ist nun, dass über das Verständnis von Kreativität als technologisch-innovativer Kompetenz eine Verbindung zur sogenannten *knowledge economy* und in einem weiteren Schritt zur Wissensgesellschaft hergestellt wird. Letztere dient den PlanerInnen als Fluchtpunkt der Planung und als Begründung vor allem für ökonomisch-orientierte Maßnahmen. Gerade in Dublin wird diese Ausrichtung besonders explizit kommuniziert. Auf einen ähnlich gelagerten Zusammenhang weisen beispielsweise Gert-Jan Hospers (2003b) sowie Sako Musterd und Wim Ostendorf (2004) hin, wenn sie herausarbeiten, dass die Konzepte von *creative city* und *knowledge city* tendenziell synonym verwendet werden. Marco Bontje et al. (2009) identifizieren darauf aufbauend ein neues Konzept, das der *creative knowledge industries*.

Dabei liegen zwischen der *knowledge economy* und der *creative economy* Unterschiede vor, auf die beispielsweise Marc Martí-Costa und Marc Pradel i Miquel (2012) hinweisen. Die Autoren zeigen in ihrer Studie zu der Bedeutung von KünstlerInnen im Kontext einer zwischen Kreativ- und Wissensgesellschaft changierenden Stadtpolitik in Barcelona, dass die KünstlerInnen an dem Moment an politischer Bedeutung verlieren, an dem ein Fokus auf die *knowledge economy* einsetzt. Indem das Leitbild der *creative city* rhetorisch mit dem der *knowledge city* verschmilzt, verschieben sich der Fokus sowie die politische und wirtschaftliche Unterstützung auf die wissensintensiven (Klein-)Unternehmen. Martí-Costa und Pradel i Miquel arbeiten seitens der Stadtplanungsinstitution in Barcelona ein verändertes Kulturverständnis heraus, welches Kultur nun weniger in den Künsten als vielmehr in den Universitäten und Forschungseinrichtungen ansiedelt (Martí-Costa und Miquel 2012, 104). Derartige Differenzen zwischen einem grundsätzlich der Kultur zugehörigen Kreativitätsbegriff und einer Verbindung von Technologie mit Wissen werden auch von Florida beschrieben. Er zieht eine Unterscheidung zwischen dem von Daniel Bell beschriebenem *knowledge worker* (Bell 1973, z.B. 8) und der von ihm beschriebenen *creative class* (Florida 2007), indem er auf den egalitäreren Charakter der *creative class* hinweist. Durch die Tatsache, dass Kreativität eine genuin menschliche und damit jedem und jeder zur Verfügung stehende Eigenschaft ist, ist die Teilhabe an ihr theoretisch für alle möglich. Die Unterscheidung zwischen den Wissensarbeitern und den Kreativen beruht daher nicht so sehr auf ihrer ökonomischen Ausrichtung als vielmehr auf Zugangsmöglichkeiten: Die zentrale Kompetenz des *knowledge worker*, Wissen, wird über (Aus-)Bildung erlangt, und der Zugang zu ihr ist oft beschränkt und damit ungleich verteilt. Aus diesem Grund ist das Bell'sche Konzept aus Floridas Perspektive elitärer. Diese Perspektive steht allerdings in einem Widerspruch zu Floridas ursprünglicher Konzeption der *creative class*, bei deren Beschreibung er darauf hinweist, dass die für die *creative class* nötigen Kompetenzen auch Bildung und eine spezifische Sozialisation erforderlich machen (Florida 2004, 79f.). In diesem Kontext der Unterscheidung von *creative class* und *knowledge worker* lassen sich nun auch die in den Interviews geäußerten Unterscheidungen zwischen den „technologists" und den „creative people" (DDH2, Abs. 300) verstehen sowie die Differenzierung zwischen Kreativität und Innovation (vgl. DDH2, Abs. 96ff.; CCG2, Abs. 32). Das Verständnis von Kreatitvität ist dabei stark kontextabhängig und relational: Geht es alleine um die Kreativität und damit verbundene (Selbst-)Verständnisse, wird begriffsimmanent zwischen den Dimensionen der ästhetisch-künstlerischen und der technologisch-innovativen Kreativität unterschieden. Innovation ist in diesem Fall ein Element von Kreativität. Wird der Kontext der *creative city*-Debatte um Konzepte des Wissens, der Stadt des Wissens und/oder der Wissensgesellschaft erweitert, findet eine Trennung zwischen Kreativität auf der einen und Innovation auf der anderen Seite statt. Innovation ist dann kein Element der Kreativität, sondern ein eigenständiges Konzept. In diesem Fall wird schließlich nicht mehr zwischen denjenigen mit einem *technology* respektive *creative bent* unterschieden, sondern zwischen den *technologists* und den *creative people*.[172]

8.1.3 Exkurs: Die Unterscheidung von Kreativität und Kultur

Nicht nur Kreativität ist ein konzeptionell unscharfer Begriff – auch Kultur ist es. In den untersuchten Städten, aber auch in vielen wissenschaftlichen Texten zu diesem Thema ist eine Unschärfe in der Verwendung der beiden Begriffe festzustellen. Kreativität als Handlungskompetenz auf der einen und Kultur als Gesamtheit der Produkte menschlichen Handelns auf der anderen Seite ist analytisch eine sinnvolle Unterscheidung, die empirisch aber Überlappungen und Brüche aufweist.

Im Fall des Dubliner Stadtteils *Temple Bar* wird Kreativität mit ‚Kunst und Kultur' gleichgesetzt: Die Existenz von KünstlerInnen, Kulturprojekten und Kulturschaffenden ist gleichbedeutend mit dem Vorhandensein von Kreativität. Kreativ ist die Stadt dann, wenn sie künstlerische Produkte und künstlerisches Produzieren ermöglicht, diese Produkte quasi mit hervorbringt. Kultur wird in *Temple Bar*, das zeigen die Interviews, als Kunst im weitesten Sinn verstanden: seien es Malerei, Photographie, Musik oder Tanz (vgl. DTB1, Abs. 165). Damit wird das angloamerikanische Verständnis von *the arts* als „the various branches of creative activity, such as painting, music, literature, and dance" (Pearsall 2002, 75) verwendet, wie es im *Concise Oxford English Dictionary* zu finden ist. Grundsätzlich spielt der Begriff Kultur in den verschiedenen Entwicklungsplänen der einzelnen Stadtteile und der Stadt Dublin als Ganzer eine wichtige Rolle. Neben dem vor allem in *Temple Bar* zu findenden Verständnis von Kultur als

---

[172] Interessanterweise rief die EU für das Jahr 2009 das *Jahr der Kreativität und Innovation* aus (vgl. URL: http://create2009.europa.eu, letzter Zugriff am 11.4.2013). Dies verdeutlicht, dass die Konzepte der Innovation und der Kreativität auch auf einer institutionalisierten Ebene eng miteinander aneinander gekoppelt werden.

Kunst wird in den die gesamte Stadt betreffenden Stadtentwicklungsplänen des *Dublin City Development Board* eine explizite Unterscheidung zwischen Kultur („culture") und den Künsten („the arts") vorgenommen. Wenn dort von Kultur gesprochen wird, ist das sehr weite Feld der von Menschen hervorgebrachten Dinge gemeint, das auch Elemente wie Sprache, ethnische Vielfalt u.ä. beinhaltet (z.B. Dublin City Development Board 2005, 33). Damit ist auf den auch in der Soziologie wichtigen Unterschied zwischen zwei Kulturbegriffen hinzuweisen. Kultur kann einerseits als Gegensatz zu Natur verstanden werden und damit alles vom Menschen Gemachte und mit Sinn versehene bezeichnen: „,Kultur' ist ein vom Standpunkt des *Menschen* aus mit Sinn und Bedeutung bedachter endlicher Ausschnitt aus der sinnlosen Unendlichkeit des Weltgeschehens." (Weber 1992, 229:223, Herv.i.O.) Jeglicher menschlicher Eingriff in das natürliche Vorkommen ist eine Form von Kultur. Auch die Gestaltung einer Stadt ist ein spezifischer kultureller Akt, die Gestalt der Stadt damit das Produkt einer derartigen kulturellen Handlung. Andererseits bezeichnet Kultur die verschiedenen, den bildenden Künsten zugeordneten Ausdrucksformen wie Musik, Tanz und Malerei. Die ‚schönen Künste', *the arts* – dies ist der Kulturbegriff, der auf der anderen Seite eines Spektrums der Begriffsverständnisse steht. In der Stadtplanung finden sich nun in den verschiedenen Kontexten beide Kulturbegriffe mit unterschiedlichen Wirkungen auf die Stadtplanung.

Für die Planung einer *kreativen* Stadt wird der Kulturbegriff gerade dann bedeutsam, wenn er wie im Fall der bildenden Künste inhaltlich den Bereich der Kreativität berührt. Dies geschieht in Stadtvierteln, in denen auf die Förderung der Kunstszene gesetzt wird, aber auch dort, wo über das Konzept der Kreativwirtschaft oder *creative industries* ein wirtschaftliches Feld nutzbar gemacht wird, das mittelbar mit Kreativität und Kultur verbunden ist. Mit dem Bedeutungsgewinn, den Kreativität auch im ökonomischen Bereich seit Mitte der 1990er Jahre verzeichnen kann, geht das Erstarken der *creative industries* einher. Diese können als Ausweitung des beruflichen Feldes der *cultural industries* betrachtet werden, welche in den 1970er Jahren aus der Ökonomisierung der Künste entstanden sind (Howkins 2004, 14ff.).[173] Dabei bleibt eine Differenz zwischen den auf der einen Seite durch ihre ökonomische Ausrichtung konstituierten und häufig mit Informationstechnologien arbeitenden *creative industries* und einer Kunst, die sich als Selbstzweck versteht und von John Howkins in seinem Buch zur Kreativwirtschaft auch „creative arts" (Howkins 2004, 14)

---

[173] Garnham (2005) sowie Pratt (2008) weisen darauf hin, dass innerhalb der angelsächsischen Politik eine zumindest rhetorische Verschiebung von den *cultural industries* hin zu den *creative industries* zu verzeichnen ist. Die Autoren identifizieren politische, gesellschaftliche und pragmatische Gründe für diese Verschiebung. Diese Gründe beinhalten unter anderem ein Verständnis von Kreativität als gegenüber Kultur vergleichsweise egalitäres Konzept sowie eine auf die Kreativwirtschaft bezogene Standardisierung, die die Verteilung von wirtschaftlichen Zuwendungen vereinfache (vgl. dazu Martí-Costa und Miquel 2012, 94).

genannt wird. Dieses Spannungsfeld zwischen der, wie der Name anzeigt, ökonomisch ausgerichteten Kreativwirtschaft und der idealisiert als nicht wirtschaftlich orientiert konzeptionalisierten Kunstszene ist es, das sich gerade in den *creative cities* verräumlicht. Übertragen auf analytische Konzepte, die Stadtaufwertungsprozesse wie die Gentrifizierung beschreiben, sind es die Angehörigen der Kunstszene, die als Pioniere die ersten Schritte der Gentrifizierung tun. Dagegen werden die beispielsweise von Jens Dangschat als „gentrifier" (Dangschat 1988, 281) bezeichneten Akteure der Gentrifizierung, die eher dem Bereich der *creative industries* zugehörig sind, erst in der dritten Phase des Prozesses zu den Hauptakteuren.

In den untersuchten Städten ist zu beobachten, dass eine politische und ökonomische Unterstützung der kreativ Arbeitenden, etwa über die Bereitstellung von Infrastrukturen, stattfindet, indem die auf dem Prinzip der Gentrifizierung beruhenden Aufwertungsprozesse (auch) gesteuert eingesetzt werden. In bestimmten Vierteln gehören nun nicht mehr nur die KünstlerInnen zum Zielpublikum, sondern explizit auch die Angehörigen der *creative industries*. Im Prozess der Instrumentalisierung der Gentrifizierung liegt der Fokus nunmehr stärker auf der Gruppe der „gentrifier" (Dangschat 1988, 281) und kaum auf den Pionieren.

Eine Differenz zwischen Kunstszene und Kreativen bleibt allerdings bestehen. Es ist in den Interviews eine, wenn auch unterschiedlich stark ausgeprägte, Reserviertheit der Angehörigen der *creative class* zu identifizieren, wenn sie auf Floridas Konzept angesprochen und in dieses eingeordnet, d.h. als Angehörige der *creative class* bezeichnet werden, wie ich es im vorliegenden Satz selbst getan habe. Dabei sind es vor allem diejenigen, die sich dem Kunstfeld zurechnen, die mit Abneigung reagieren (vgl. z.B. DTB2, Abs. 547). Dies ist darauf zurückzuführen, dass viele von ihnen zumindest in der Außendarstellung die von ihnen hergestellte Kunst nicht als ein ökonomisches Produkt verstanden wissen wollen. Dies stützt die auch normativ hergestellte Unterscheidung zwischen Kunst und Kreativwirtschaft, wobei letztere offensichtlich weniger Berührungsängste haben, wie David Ley (2003) in seiner Studie zu gentrifizierten Stadträumen in Kanada beschreibt:

> *The related but opposing tendencies of cultural and economic imaginaries appear; spaces colonised by commerce or the state are spaces refused by artists. But [...] this antipathy is not mutual (Ley 2003, 2535).*

Die Unterscheidung zwischen Kreativität und Kultur verläuft also entlang einer im Kontext der Stadtplanung bedeutsamen ökonomischen Trennlinie, welche auch die materielle Umsetzung des Leitbilds Kreativität und ihre räumliche Verortung in der Stadt betrifft.

8.2 Nachhaltigkeit in der Stadtplanung: ein Paradigmenwechsel

Die Analyse der untersuchten Städte zeigt, dass neben Kreativität ein weiteres Konzept als Leitbild der Stadtplanung verwendet wird: Nachhaltigkeit. Was sagen die Dokumente und die Interviews darüber aus, was mit Nachhaltigkeit gemeint ist? Interessanterweise zeigt das Material einen komplexen Begriff, der aus drei verschiedenen Dimensionen besteht. Demzufolge umfasst der Nachhaltigkeitsbegriff eine soziale, eine ökologische und eine ökonomische Ebene. Das Konzept in dieser Weise zu verstehen trägt einem Paradigmenwechsel auf lokaler bis internationaler Ebene Rechnung. Letztere umfasst in erster Linie supranationale Institutionen wie die Vereinten Nationen (UN) und die Europäische Union (EU). Mit der Unterscheidung der drei Ebenen verwendet dieses induktiv aus dem empirischen Material herausgearbeitete zweite Leitbild implizit die UN-Definition von Nachhaltigkeit, die diese Dimensionen umfasst. Bezogen auf die Stadtplanung lässt sich, so formulieren es die Göteborger StadtplanerInnen, ein diesbezüglicher Paradigmenwechsel in den 1990er Jahren festmachen (vgl. GSB2, Abs. 70).[174]

Die Orientierung am Leitbild der Nachhaltigkeit findet ihren Ausdruck in entsprechend formulierten Planungsstrategien. Es wird in den Städten implizit auf das Drei-Säulen-Modell der Nachhaltigkeit Bezug genommen, das im Rahmen des 1992 im brasilianischen Rio de Janeiro stattfindenden *Earth Summit* der UN entwickelt wurde. Dieses Modell beschreibt Ökologie, Ökonomie und Soziales als die Grundpfeiler einer nachhaltigen Entwicklung der Gesellschaft. Diese Unterscheidung ist auch bei der *Organisation for Economic Co-operation and Development* (OECD) zu finden, die in einem Bericht über nachhaltige Entwicklung die Verknüpfung bzw. Verknüpfbarkeit von Ökonomie, Gesellschaft und Umwelt beschreibt (Strange und Bayley 2008). Bernd Streich (2005) stellt ein ähnliches, aber um ein viertes Element erweitertes Modell vor: den „Tetraeder der Nachhaltigkeit" (Streich 2005, 35). Dieser umfasst neben den drei genannten Dimensionen das Kulturelle als eine vierte Dimension der Nachhaltigkeit. Unter Kultur werden laut Streich im stadtplanerischen Kontext die „baulich-räumliche Umwelt und gestaltete Kulturlandschaften" (ebd.) verstanden. Damit wird eine Verbindung hergestellt zwischen gesellschaftlichen Dimensionen und der Ebene der Stadtgestaltung, die neben der gesellschaftlichen eine materielle Komponente aufweist. Die Ausweitung des Konzeptes Nachhaltigkeit von einer Dimension,

---

[174] Grundsätzlich lässt sich die Entstehung von Paradigmen, welche die Stadtplanung leiten, auf die 1960er Jahre datieren. Abhängig vom jeweiligen planungstheoretischen Ansatz weist die paradigmenorientierte Stadtplanung je spezifische Ausprägungen auf. Das Paradigma der Nachhaltigkeit entsteht im Zeitraum von Ende der 1980er bis Anfang der 1990er Jahre (Streich 2005, 53) – ein Befund, der mit der Wahrnehmung der Göteborger Stadtplanerin übereinstimmt.

der Ökologie, auf drei bis vier Dimensionen, unter denen die Ökologie nur einen Teilbereich bezeichnet, findet nicht nur Unterstützung. Kritisiert wird, dass das Konzept zur Beliebigkeit verkommen könnte und die ökologische Dimension hinter die anderen, z.B. die ökonomische, zurücktrete (Streich 2005, 35f.). Ähnlich argumentieren auch Konrad Ott und Ralf Döring (2007), wenn sie die fehlende theoretische Basis des Drei-Säulen-Modells beklagen und die Gefahr sehen, die inhaltlich wichtige Dimension der Ökologie könne zur Beliebigkeit verkommen (Renn u. a. 2007, 30).

In den von mir untersuchten Städten lassen sich zwar innerhalb des Drei-Säulen-Modells je unterschiedliche Gewichtungen feststellen, aber die ökologische Dimension tritt nicht hinter die anderen beiden zurück. Eine vierte Dimension der materiellen Gestaltung der Stadt, wie sie Streich mit der der Kultur beschreibt, lässt sich dagegen nicht finden, wenn auch der Begriff der Kultur verwendet wird. Darunter wird aber das je Spezifische der Gesellschaft verstanden und eine Verknüpfung mit der sozialen Dimension hergestellt

8.2.1 Die Verwendung des Nachhaltigkeitskonzeptes in den Städten

Die untersuchten Städte weisen in ihrer Verwendung des Leitbildes der Nachhaltigkeit stadtspezifische Formen auf, was die Merkmale der Dimensionen und die Art ihrer Verknüpfung angeht. Gemeinsam ist ihnen, dass alle drei Dimensionen von Nachhaltigkeit[175] Anwendung finden. Vereinfacht lässt sich unterscheiden, dass in Dublin die ökologische Dimension die Hintergrundfolie bildet, vor der alle anderen, aber insbesondere eine ökonomisch nachhaltige Entwicklung zu sehen sind, während die Dimensionen in Göteborg vergleichsweise gleichmäßig zum Tragen kommen. Im Fall von Dublin lässt sich also an die KritikerInnen des Drei-Säulen-Modells anknüpfen, welche durch diese Ausweitung einen möglichen Bedeutungsverlust der ökologischen Dimension befürchten.

In Göteborg schließen die StadtplanerInnen explizit an UN- und EU-weit verwendete Konzepte an, die in die nationalen und lokalen Strategien integriert und entsprechend dokumentiert werden.[176] Besonderes Augenmerk wird in den Göteborger Planungsdokumenten auf die Vermittlung der Bedeutung der sozialen Dimension von Nachhaltigkeit gelegt. In den Dokumenten lässt sich das daran ablesen, dass die Begründungsfiguren in den Texten ausführlicher sind als in den Abschnitten zu den beiden anderen Dimensionen. Außerdem gibt es ein eigenes Programm zur Förderung der sozialen Nachhaltigkeit, welches die be-

---

[175] In den untersuchten Städten heißt Nachhaltigkeit *sustainability* respektive *hållbarhet*.
[176] Vgl. dazu auch die *Tillväxtstrategi Göteborg* (Business Region Göteborg o.J., v.a. 75f.) sowie Peter Berglund in der *Storstadssatsning* (Göteborgs Stad u.a. 2005, v.a. 3) und die *Stadsbyggnadskvaliteter* (Stadsbyggnadskontoret 2008, v.a. 11).

sondere Bedeutung der sozialen Dimension belegt.[177] Es hebt die Bedeutung der sozialen Dimension neben der ökologischen und ökonomischen hervor und setzt sich u.a. die Bekämpfung von Segregation zum Ziel – ein Aspekt, der auch in den Interviews eine zentrale Rolle einnimmt (z.B. GSB1, Abs. 10ff.).

Eine derart gegliederte Nachhaltigkeitskonzeption wird in den Stadtentwicklungsdokumenten in Dublin ebenfalls verwendet. Es geht hier um eine allerdings anders gelagerte mehrfache Ausrichtung der nachhaltigen Stadtplanung: Die kulturelle, die ökonomische und die soziale Dimension werden unterschieden und sollen vor dem Hintergrund einer ökologisch nachhaltigen Entwicklung gefördert werden (Dublin City Council 2005, 3). Die Kopplung dieser Dimensionen zeigt sich auch in den Interviews, sowohl mit den Angehörigen der *creative industries* als auch mit den PlanerInnen. Exemplarisch sei eine Interviewsequenz mit zwei Repräsentanten des *Digital Hub* genannt, in der die beiden Interviewpartner (C und B) Folgendes erläutern:

> C: *the campus of the Digital Hub that is fundamentally connected to a very dynamic, very inspirational local community, is a much more sustainable campus [...] and to do a number of things that are connected together, and because our thoughts are that it's the connection of these individual things together, that will create the dynamic environment that will be attractive to industry, that will be inspirational to research, and that will connect a community, in such a way as to create some sort of sustainable future for all. [...]*
>
> B: *there is a premise that the Digital Hub will be economically sustainable* (DSP2, Abs. 555-703).

Im Verlauf dieser Sequenz werden die soziale und die ökonomische Dimension von Nachhaltigkeit miteinander verbunden, ein wiederkehrendes Motiv in verschiedenen Interviews. Die Interviewpartner betonen die nicht-ökologischen Dimensionen von Nachhaltigkeit stärker als die ökologische. Interessanterweise findet im Entwurf zum Stadtentwicklungsplan für die Jahre 2011-2017 eine stärkere Fokussierung der ökologischen Dimension der Nachhaltigkeit unter dem Titel *Greening the City* statt (Dublin City Council 2011).

Auffällig ist in Dublin zudem die Betonung des integrativen Aspekts einer nachhaltigen Stadtentwicklung.[178] Soziale Nachhaltigkeit im Sinn von sozialer Integration ist ein zentrales Element der Stadtentwicklung und wird als Teil einer

---

[177] Vgl. dazu die „Socialt hållbar utveckling år 2020" („Sozial nachhaltige Entwicklung bis 2020", Übers. ALM), zu finden unter URL: http://www.goteborg.se/wps/portal/s2020 (letzter Zugriff am 11.4.2013).

[178] Dieses integrative Potential der Nachhaltigkeit war ein zentraler Diskussionspunkt bei der Veranstaltung *Maximising the City's Potential – Creating Sustainable Communities* der Stadt Dublin am 22. April 2008; eine Dokumentation der Konferenz ist zu finden unter URL: http://www.dublincity.ie/YourCouncil/CouncilPublications (letzter Zugriff am 11.4.2013).

integrativen, also übergreifenden Planungsstrategie entworfen. Auch in Göteborg zeigt sich, dass die auf soziale Integration ausgerichtete Strategie strukturell der sozialen Dimension von Nachhaltigkeit zuzuordnen ist. In beiden Städten ist es ein vergleichbares Ziel der StadtplanerInnen, soziale und sozialräumliche Segregation zu bekämpfen und darüber die soziale Integration zu fördern. In Göteborg wird darüber hinaus auch von den Angehörigen der *creative class* die Reduktion der sozialen und räumlichen Segregation als erstrebenswert geäußert (z.B. CCG1, Abs. 158). Interessant ist, dass sowohl die Segregation sozial und ökonomisch schwacher als auch starker StadtbewohnerInnen problematisiert wird, und dies besonders in Göteborg. Dies stellt einen Unterschied zu der geläufigen Diskussion um sogenannte Parallelgesellschaften dar, die sich in Europa in der Regel um Fälle drehen, in denen sozialräumlich und/oder ethnisch segregierte Stadtviertel auch wirtschaftlich schwach sind – und nicht um Fälle, in denen ökonomisch Wohlhabende sich räumlich abgrenzen (Schiffauer 1997; Häußermann und Siebel 2000).

Diese Ausrichtung auf eine integrative Stadt findet sich in Göteborg gebündelt im Leitbild der *blandstad*, auf das in den Interviews häufig Bezug genommen wird, und zwar sowohl von den StadtplanerInnen als auch von den Kreativen (z.B. GSB2, Abs. 25; GOE1 Abs. 32; CCG1, Abs. 4). Dieses Leitbild verfolgt das Ziel einer in verschiedener Hinsicht durchmischten Stadt: sozial, kulturell, ökonomisch, und zwar in Bezug auf die Nutzung der Stadt. Zentral ist für das Konzept der *blandstad* der soziale Aspekt, der auch als soziale Nachhaltigkeit gefasst werden kann.

Daneben wird auch die materielle Gestaltung in das Leitbild der Nachhaltigkeit integriert, da die Umnutzung alter Gebäude einen schonenden Umgang mit vorhandenen Ressourcen darstellt (Dublin City Council 2005, 206). Die Umnutzung des Hafengebietes in Dublin wird beispielsweise einer nachhaltigen Entwicklung unterzogen, es soll eine „sustainable social and economic regeneration of area" (Dublin City Council 2005, 9) vollzogen werden. Diese nachhaltige Nutzung vorhandener städtischer Strukturen wird in die Diskussion um das kulturelle Erbe der Stadt eingebettet, welches auch materielle Elemente umfasst. Ausgewählte Gebäude der Stadt werden in die nachhaltige Umgestaltung der Stadt integriert. Damit leisten sie (auch) einen Beitrag für die Gestaltung der Städte auf der Grundlage vorhandener und je lokalspezifischer Merkmale.

Die inhaltliche Klammer, die diese Zeitspanne von der Vergangenheit zur Zukunft verbindet,[179] bilden die städtischen Leitbilder, allen voran das der Nachhaltigkeit. Die Auslegung dessen, was Nachhaltigkeit bedeutet, ist für jede Stadt unterschiedlich. Die charakteristische Deutung ist von den lokalen Traditionen und Kontexten der einzelnen Stadt geprägt. Die Orientierung an einer globalen Debatte um Nachhaltigket ist der gemeinsame Nenner dieser Entwicklung der

---

[179] Zum Aspekt der Zeitlichkeit vgl. ausführlich Kapitel 10 dieser Arbeit.

Städte, aber in der konkreten stadtplanerischen Praxis weisen sie lokale Differenzen auf, die schließlich die eigenlogische Gestalt(ung) der Städte ausmachen.

8.2.2 Exkurs: Die drei Dimensionen der Nachhaltigkeit

Nachhaltigkeit ist nicht erst seit den 1990ern ein Thema gesellschaftlicher Entwicklung. Im Kontext der Forstwirtschaft wird dieser Begriff schon im 18. Jahrhundert erwähnt, als die zur Verfügung stehenden Holzbestände aufgrund gesteigerten Bedarfs knapp zu werden drohten (Grunwald und Kopfmüller 2006, 15). Auch bei John Stuart Mills und Robert Malthus finden sich Überlegungen zu einem ressourcenschonenden Wirtschaften (Grunwald und Kopfmüller 2006, 16). Ins breite gesellschaftliche Bewusstsein rückten die Debatten um eine nachhaltige Entwicklung ab dem Ende der 1960er Jahre. Der Bericht des *Club of Rome* aus dem Jahr 1972, *Die Grenzen des Wachstums*, wirkte zusammen mit der ersten Ölkrise gleichsam als Weckruf für eine intensive Auseinandersetzung mit der Begrenztheit der zur Verfügung stehenden natürlichen Ressourcen und den gesellschaftlichen Folgen (Grunwald und Kopfmüller 2006, 16f.). In den 1980er Jahren wurde die Debatte, die bislang einen eindeutig ökologischen Fokus aufwies, dezidiert um die Aspekte der sozial und ökonomisch nachhaltigen Entwicklung erweitert. Aus dem 1992 stattfindenden *Earth Summit* in Rio de Janeiro gingen schließlich die sogenannte *Agenda 21* und ein erweiterter Nachhaltigkeitsbegriff hervor, welcher neben der ökologischen nun auch die ökonomische und die soziale Dimension zum Thema der Diskussion machte (vgl. exempl. Bauriedl 2007a, 17). Nachhaltigkeit beschreibt darin das Ziel des Prozesses der nachhaltigen Entwicklung, welche „kein ausschließlich wissenschaftlich bestimmbarer Begriff [ist], sondern ein gesellschaftlich-politisches und damit *normatives* Leitbild" (Grunwald und Kopfmüller 2006, 7, Herv.i.O.). Die sogenannten Ein-Säulen-Konzepte beinhalten schon die drei Dimensionen der Nachhaltigkeit, sprechen aber im Gegensatz zu Drei- und Mehr-Säulen-Konzepten der Ökologie das Primat zu (vgl. exempl. Renn u. a. 2007, 27f.). Die Mehr-Säulen-Konzepte sprechen dagegen vor dem Hintergrund der Frage nach Gerechtigkeit und dem Erbe für zukünftige Generationen von der „Notwendigkeit einer gleichrangigen Berücksichtigung der einzelnen Dimensionen nachhaltiger Entwicklung" (Grunwald und Kopfmüller 2006, 46, Herv.i.O.). In der Nachhaltigkeitsdebatte findet sich im angloamerikanischen Raum auch das „Triple E Model": *ecology, economy, equity*. Der Begriff *equity* bezeichnet dabei (Verteilungs-)Gerechtigkeit oder Gleichheit und ist daher mit dem, was im deutschsprachigen Raum als soziale Nachhaltigkeit bezeichnet wird, gleichzusetzen.

Ökologische Nachhaltigkeit

Das traditionelle Verständnis von Nachhaltigkeit ist das der ökologischen Nachhaltigkeit, dem es um „ein umweltveträgliches Ressourcenmanagement" (Wollny 1999, 22) geht. In der Folge der Umweltbewegungen in den industrialisierten Gesellschaften im letzten Drittel des 20. Jahrhunderts fand eine Institutionalisierung der Debatte um Umweltschutz statt. In diesem Zusammenhang wurde auch Nachhaltigkeit lange Zeit in erster Linie in einer ökologischen Dimension verstanden: Ein zunehmender Verlust der Biodiversität, der wachsende „Gehalt an Kohlendioxid in der Atmosphäre" (Renn u. a. 2007, 21) sowie die steigende Nutzung der natürlich zur Verfügung stehenden Ressourcen führten zu einem erhöhten Bewusstsein für die ökologischen Aspekte des menschlichen Zusammenlebens (Renn u. a. 2007, 21f.). Die Grundidee einer ökologisch nachhaltigen Perspektive ist es, dass „[natürliche] Ressourcen […] nur soweit in Anspruch genommen werden [dürfen], wie deren Potenzial auch künftigen Generationen noch zur Verfügung steht." (Renn u. a. 2007, 27) Hinzu kommt ein gesundheitlicher Aspekt: Nachhaltig angebaute Lebensmittel werden als weniger schädlich für den Menschen betrachtet, und die weltweite Versorgung mit sauberem Wasser kann mit einer ökologisch nachhaltigen Landwirtschaft und Industrie eher garantiert werden (vgl. z.B. Wollny 1999, 21). Mit dem nachhaltigen Umgang mit Ressourcen ging auch ein insgesamt nachhaltiger Umgang mit der Umwelt einher: Böden werden weniger belastet, Tiere und Pflanzen weniger geschädigt, das Klima geschont. Ein Ausdruck dieser Nachhaltigkeitsdebatte in ihrer ökologischen Ausprägung war in Deutschland das Verbot von FCKW, das der Problematisierung des sogenannten sauren Regens folgte und deutliche Wirkungen sowohl auf den gesellschaftlichen Diskurs als auch die Praktiken der Einzelnen hatte.

Ökonomische Nachhaltigkeit

Unter ökonomischer Nachhaltigkeit werden Strategien gefasst, die die wirtschaftliche Entwicklung in Nationen und Städten als nicht auf kurzfristiges und rein quantitatives Wachstum, sondern auf langfristig stabile Industrien und Arbeitsplätze ausgerichtet verstehen. Diese Dimension umfasst insofern eine deutliche globale Perspektive, als der Zusammenhang von wirtschaftlichem Wachstum und dem Verbrauch von natürlich Ressourcen nur verstanden werden kann, wenn die globalen Abhängigkeiten in den Blick genommen werden (vgl. exempl. Wollny 1999, 23f.). Auch heute sind es weiterhin vor allem die Schwellenländer, in denen durch die Gewinnung von Rohstoffen die Grundlage für das wirtschaftliche Wachstum der Industrieländer gelegt wird. Die Konsequenzen der Ausbeutung zeigen sich in diesen Ländern oft erst zeitlich verzögert und vermittelter, beispielsweise durch Wetterveränderungen, die durch den globalen Klimawandel hervorgerufen werden. Dies ist die ökonomische Seite des Verbrauchs der natürlichen Ressourcen. Darüber hinaus gibt es in den Gesellschaften selbst, d.h. auf einer nationalen und lokalen Ebene, Entwicklungen, die darauf abzielen, ein insofern nachhaltiges wirtschaftliches Wachstum anzustreben, als dieses einem möglichst großen Teil der Gesellschaft zu Gute kommen soll. Auch hier geht es es eher um ein qualitatives als ein quantitatives Wachstum (Grunwald und Kopfmüller 2006, 47ff.). Dieser Aspekt von Nachhaltigkeit wird in Dublin besonders fokussiert, die anderen Dimensionen werden z.T. als nicht-intendierte Konsequenzen der ökonomischen Entwicklungen betrachtet (vgl. z.B. DDH1).

Soziale Nachhaltigkeit

Die soziale Dimension von Nachhaltigkeit ist, verallgemeinert gesprochen, auf die Bekämpfung von gesellschaftlicher Ungleichheit gerichtet (vgl. etwa Wollny 1999, 12ff.). Gerechtigkeit als Ziel einer nachhaltigen Entwicklung findet in der sozialen Dimension ihren besonderen Ausdruck. Hierunter fällt die möglichst gerechte Verteilung von Bildung, Geld, Chancen und gesellschaftlicher Partizipation (Grunwald und Kopfmüller 2006, 49f.). Entsprechend dem jeweiligen nationalen und auch lokalen Kontext lassen sich unterschiedliche Konkretisierungen der Ziele einer sozial nachhaltigen Entwicklung feststellen. So stehen in den westlich-industrialisierten Gesellschaften, wie sie auch die schwedische und die irische darstellen, die Verminderung von sozialer Segregation und die Verbesserung der Chancengleichheit im Bereich Bildung und Arbeitsmarkt im Vordergrund. In sogenannten Schwellenländern stehen daneben noch viel grundsätzlichere Aspekte wie die Unversehrtheit des Lebens, die Versorgung mit Lebensmitteln oder politische Rechte im Mittelpunkt einer sozial nachhaltigen Entwicklung. Trotz der Unterschiede haben alle diese Punkte gemein, dass sie den einzelnen Menschen zu einem „sichere[n], würdige[n] und selbst bestimmte[n] Leben" (Grunwald und Kopfmüller 2006, 49) befähigen wollen. Dieser Aspekt, der letztlich auf die Schaffung und Sicherung „des sozialen Friedens" (ebd.) gerichtet ist, wird in Göteborg besonders betont, was ich als Resultat der sozialstaatlichen Tradition des schwedischen Staates verstehe. In Dublin findet diese soziale Dimension auch ihren Ausdruck, allerdings eher in den Stadtplanungsdokumenten als in den Interviews. In den Dokumenten wird besonderes Augenmerk auf die Darstellung der Dubliner Gesellschaft als kulturell divers gelegt und somit eine Verbindung von kultureller und sozialer Nachhaltigkeit hergestellt, welche typisch für bestimmte Konzeptionen der sozialen Nachhaltigkeit ist (vgl. Fischer-Kowalski u. a. 1995).

Kritik am Mehr-Säulen-Modell der Nachhaltigkeit

Die schon erwähnte Kritik an Mehr-Säulen-Modellen der Nachhaltigkeit beruht auf der Annahme, dass eine Ausweitung des Konzepts zu Beliebigkeit führen könnte. Außerdem könnten derartige Modelle den Eindruck erwecken, die Dimensionen seien auch unabhängig voneinander denkbar. Dabei ist die Verschränktheit der verschiedenen Dimensionen das zentrale Merkmal der Modelle, die die Interdependenzen der Entwicklungen betonen wollen. So geht es gerade nicht darum, auf Kosten des sozialen Friedens und des ökologisch-nachhaltigen Umgangs mit der Umwelt ökonomisch zu wachsen – oder vice versa. Die Kritik setzt nun aber auch an der Annahme an, dass eine gleichzeitige Entwicklung entlang dieser drei Dimensionen möglich sei. Es bleibe, so Armin Grunwald und Jürgen Kopfmüller, „letztlich offen, ob und unter welchen Bedingungen eine derartige Integration gelingen kann." (Grunwald und Kopfmüller 2006, 53)[180] Die Konzeptionalisierung der lokalen Stadtplanung in den untersuchten Städten als integrativ trägt dieser Kritik Rechnung und versucht, die Interdependenzen der einzelnen Dimensionen und andere Entwicklungsparadigmen zusammen zu bringen.

8.3 Die Bedeutung des Lokalen und Globalen für städtische Leitbilder

Die in der lokalen Stadtplanung formulierten Nachhaltigkeitskonzepte und entsprechenden Strategien weisen starke Bezüge zu Entwicklungsstrategien auf, die auf supranationaler Ebene formuliert werden. Gerade die EU und die UN sind wichtige Akteure in der Nachhaltigkeitsdebatte. Damit stellen sie Beispiele für institutionalisierte globale Einflüsse dar, die im Bereich der Stadtentwicklung und Stadtplanung bedeutend sind. Aber auch für das Leitbild der Kreativität lassen sich ähnliche globale Bezüge herausarbeiten. Ich fokussiere an dieser Stelle die institutionalisierten Einflussfaktoren und lasse die Rolle anderer global agierender Akteure wie beispielsweise globale Finanzmärkte, internationale Unternehmen u.ä., die beispielsweise die sogenannten *global cities* konstituieren, größtenteils außen vor.

8.3.1 Globale Einflüsse auf die Stadtplanung

Globale Einflüsse auf die Stadtplanung stellen vor allem die programmatischen Strategien der supranationalen Institutionen wie der EU und internationaler Organisationen wie der UN dar. Im Fall der UN ist insbesondere deren Organisation für Bildung, Wissenschaft, Kultur und Kommunikation (UNESCO) wichtig für Formulierung stadtplanerischer Strategien. Von Seiten der EU wurde das Programm URBAN initiiert, das von 1994 bis 1999 lief und anschließend von

---

[180] Zu einer generellen Kritik an Konzepten der Nachhaltigkeit und ihrer Umsetzung vgl. Felix Ekardt (2005).

URBAN II (2000-2006) abgelöst wurde. Diese Programme legen einen Schwerpunkt auf die Verbesserung der sozialen und wirtschaftlichen Situation in bestimmten, größtenteils innerstädtischen Gebieten und verfolgen einen integrativen Ansatz. Nachhaltigkeit und die Stärkung der Entwicklung einer Informationsgesellschaft sind Eckpfeiler des Programms URBAN II und stellen deutliche Bezugspunkte für konkrete Stadtplanungsprojekte dar, wie sie sich in Dublin und Göteborg finden. URBAN II lässt sich insgesamt als Ausdruck und Referenz für das derzeit gültige Paradigma der nachhaltigen Stadtplanung verstehen und beeinflusst die lokalen Stadtentwicklungen auf eine vermittelte Weise. Stadtpolitik bleibt zwar für die Mitgliedsstaaten der EU im Zuständigkeitsbereich der jeweiligen Staaten (Frank 2008, 108), und es gibt „keine direkten Beziehungen zwischen der supranationalen und der lokalen Ebene" (ebd.). Die EU-Programme haben also keinerlei rechtlich bindende Funktion. Allerdings lassen sich seit den 1980er Jahren Entwicklungen ausmachen, die einen indirekten Einfluss der EU auf die lokalen Prozesse zeigen. Über Förderprogramme wie URBAN können sich Städte auf spezifische Fördermaßnahmen bewerben und damit EU-Mittel zur Stadtentwicklung einwerben, worüber die EU faktisch Einfluss auf die Entwicklung von Städten in den Mitgliedsstaaten erhält.

Fokussiert die EU in erster Linie die Leitbilder der Nachhaltigkeit und der Wissensgesellschaft, so ist für die Planung der *creative cities* ein Programm der UNESCO besonders wichtig: das seit 2004 bestehende *Creative Cities Network*. Dies ist ein Zusammenschluss von Städten zur Verbesserung ihrer sozialen, ökonomischen und kulturellen Entwicklung. Dieses Städte-Netzwerk ist mit der übergreifenden Politik der UNESCO zur Förderung kultureller Diversität verknüpft und entstand aus der *Global Alliance for Cultural Diversity Initiative*, die 2002 ins Leben gerufen wurde. Das *Creative Cities Network* dient der Unterstützung der lokalen Kreativwirtschaft und dem diesbezüglichen globalen Austausch.[181] Interessant ist die Unterscheidung zwischen einem eher ökonomischen und einem eher sozialen Fokus, welche die Städte des Netzwerks beide aufweisen sollen. Die Städte werden in diesem Sinn als „creative hubs" und als „sociocultural clusters" verstanden. Erstere haben das Ziel, die sozio-ökonomische und kulturelle Entwicklung vermittels der Kreativwirtschaft zu fördern, während zweitere die unterschiedlichen sozio-kulturellen Gemeinschaften (im Sinn von *communities*) zusammenbringen sollen. Verbunden werden diese Ziele unter den Leitbildern der „cultural diversity" und eines „sustainable urban development". Hier findet sich also eine ebensolche Kopplung der Leitbilder wie auf der lokalen Ebene in den untersuchten Städten – weder in Dublin noch in Göteborg wird allerdings eine explizite Referenz auf das UNESCO-Programm hergestellt. Her-

---

[181] Weitere Informationen zu diesem Netzwerk finden sich auf der Website der UNESCO, URL: http://www.unesco.org (letzter Zugriff am 11.4.2013). Alle folgenden Zitate entstammen der diesbezüglichen Beschreibung auf der Website.

vorhebenswert ist bei diesem Programm außerdem der angestrebte globale Austausch, der nicht nur zwischen Städten in Industriestaaten, sondern explizit zwischen Städten in industrialisierten und in Schwellenländern hergestellt werden soll.

Das Netzwerk unterscheidet sieben Kategorien, für die sich eine Stadt bewerben kann: Literatur, Film, Musik, *arts and crafts*, Design, *media arts* und Gastronomie. Jede Stadt, die sich erfolgreich für eine dieser Kategorien bewirbt, ist dann für jeweils ein Jahr eine *UNESCO Creative City* in eben diesem Bereich. Eine Stadt des Designs[182] ist also ebenso eine kreative Stadt wie eine Stadt der Gastronomie oder des Kunsthandwerks. Dublin war beispielsweise im Jahr 2010 *UNESCO City of Literature* – und damit eine institutionell anerkannte *creative city*. Die Institutionalisierung der *creative city* von Seiten der UNESCO ist auch deshalb interessant, weil die UN eine explizit normative Haltung zu bestimmten Inhalten des Programms einnimmt, wie z.B. zur Förderung von Kreativität. Diese, verstanden als „major component not only of spiritual life, but also of the material and economic life of persons and populations"[183], fungiert als normatives Leitbild der von der UNESCO initiierten und unterstützten Strategien. Der Aspekt des Normativen findet sich also auch auf der globalen und institutionalisierten Ebene der Kreativitätsdebatte und nicht nur im Alltagskontext. Gleichzeitig ist der Begriff der Kreativität auch hier vergleichsweise offen und umfasst etwa mit der Gastronomie zusätzliche Elemente zu denen, die in den von mir untersuchten Städten zur Sprache kommen.

Neben diesen globalen Beziehungen ist die Planung einer Stadt in die nationalen, regionalen und lokalen Kontexte eingebunden und durch sie beeinflusst. Mit lokalen Kontexten bezeichne ich hier die lokale Planungskultur, aber auch die je spezifischen lokalen Verhältnisse und Traditionen (in) einer Stadt und ihre geographischen und physischen Besonderheiten – also ihre Eigenlogik (Berking und Löw 2008). Die nationale und die regionale Ebene implizieren dagegen beispielsweise spezifische Gesellschafts- und Staatsverständnisse, in die die Stadtplanung eingebettet ist. Vor allem in föderalistischen Staaten wie Deutschland spielt die regionale Ebene eine große Rolle, da viele Entscheidungen auf der Ebene der Bundesländer und nicht auf nationaler Ebene getroffen werden. In

---

[182] Bislang gibt es elf Städte des Designs, an denen man die globale Ausrichtung dieses UNESCO-Programms ablesen kann: Santa Fe, Buenos Aires, Berlin, Montreal, Nagoya, Kobe, Shenzhen, Shanghai, Seoul, Saint-Etienne und Graz. Allerdings ist bei dieser Aufzählung zu berücksichtigen, dass bestimmte Voraussetzungen, auch institutioneller Art, vorhanden sein müssen, damit es überhaupt zu einer Bewerbung kommt: Informationen über das Programm sowie Erfahrungen in derartigen Bewerbungsverfahren müssen vorliegen, Anreize für die Bewerbung müssen vorhanden sein und erkannt werden, nicht zuletzt braucht es finanzielle Mittel und personelle Ressourcen, um eine Bewerbung vorzunehmen. Dies können alles Gründe sein, warum sich manche Städte, vor allem in Schwellenländern, gar nicht erst bewerben (können).

[183] Zu finden unter der Rubrik *Normative Action – Creativity* auf der Website der UNESCO, URL: http://unesco.org/ (letzter Zugriff am 11.4.2013).

Irland kommt der regionalen Ebene weniger Bedeutung zu, da es zentralistischer organisiert ist und neben der Hauptstadt wenig andere Städte oder Regionen aufweisen, die ökonomisch und politisch von überregionaler Bedeutung sind. Schweden befindet sich in einer Zwischenposition. Einzelne Regionen, vor allem in Südschweden sowie rund um Göteborg an der Westküste und rund um Stockholm an der Ostküste sind im nationalen Kontext bedeutsam, anderen Regionen beispielsweise in Nordschweden kommt dagegen kaum Bedeutung zu.

Die Spezifika der jeweiligen Kontexte der Stadtplanungen finden ihren Ausdruck in nationalen Entwicklungsplänen und Planungsstrategien. In Irland sind dies der *National Development Plan* und die *National Spatial Strategies*, in Schweden sind darunter die im *Riksinteresse* als mit nationaler Bedeutung gekennzeichneten Planungsbereiche zu fassen. In diesen auf nationaler Ebene formulierten Dokumenten sind, jeweils für einen bestimmten begrenzten Zeitraum, Leitbilder und Strategien für die nationale Stadt- und Regionalentwicklung ausgewiesen. Außerdem werden die physischen und räumlichen Besonderheiten einer Analyse unterzogen und darauf aufbauend Handlungsempfehlungen für bestimmte Regionen entwickelt. Hier zeigen sich deutliche Unterschiede, die auf die verschiedenen nationalen Planungskulturen zurückzuführen sind: Während im irischen *National Development Plan 2007-2012* konkrete Beschreibungen von Leitbildern und zukünftigen Handlungen vorliegen, die auch die Nennungen bestimmter Summen, die veranschlagt werden, beinhaltet, findet sich im schwedischen *Riksinteresse* vor allem die Auflistung derjenigen Gebiete in Schweden, die aus nationaler Perspektive besonderen ökonomischen, sozial-kulturellen und/oder geographischen Wert aufweisen. In diesem Fall zeigt erst der Blick in die jeweiligen Planungsdokumente der Kommunen, d.h. auf der lokalen Ebene, welche Leitbilder handlungsleitend sind, welche Visionen ihnen zugrunde liegen und wie sie umgesetzt werden sollen. Dies ist das Merkmal der lokalen Planung: Hier werden die auf der nationalen und regionalen Ebene formulierten Empfehlungen und Leitlinien in die lokalen Planungsstrategien integriert und mit dem lokalen Wissen um die Traditionen und Besonderheiten der Städte angereichert. Diese Darstellung der Beziehung zwischen lokaler und nationaler Ebene verweist auf charakteristische Unterschiede zwischen den untersuchten Städten. Ein Grund für diese Unterschiede ist, dass die Städteplanung in Schweden in den Bereich der kommunalen Selbstverwaltung fällt (Streich 2005, 553). Daraus ergibt sich eine weitaus stärkere Bedeutung und Eigenständigkeit der lokalen Ebene als im Fall von Irland, welches – damit Großbritannien sehr ähnlich – stark zentralistische Züge aufweist (Castles 1999, v.a. 34).

Damit sind die lokale und die nationale Ebene in Irland sehr viel stärker miteinander verbunden als in Schweden, da Planungsstrategien und Handlungsanweisungen auf der nationalen Ebene für die lokalen Institutionen formuliert werden. Berücksichtigt werden muss außerdem, dass Dublin als Hauptstadt des Landes in sich selbst eine enge Verknüpfung an nationalstaatlichen und lokalen

Aspekten trägt, also die lokale und die nationale Ebene aufgrund des Zusammenfallens an ein und demselben Ort schwer voneinander getrennt werden können.

8.3.2 Im Spannungsfeld lokaler Kontexte und globaler Entwicklungen

Das Leitbild der kreativen Stadt wird sowohl in Dublin als auch in Göteborg erst auf der lokalen Ebene formuliert und konzeptionalisiert. Auf diese Weise ist es deutlich in den lokalen Kontext eingebettet und mit ihm verknüpft. Außerdem finden sich in den lokalen Planungsdokumenten Bezüge zu den genannten UN- und EU-Programmen und -Leitbildern. Das URBAN II-Programm hat dabei eine besondere Stellung und ist in beiden Städten deutlich in die lokale Planung integriert. Es wird explizit darauf Bezug genommen, was sich dadurch erklären lässt, dass beide Städte an diesem Programm partizipieren und entsprechende finanzielle Unterstützung von der EU erhalten. Ebenso liegen aber auch implizite Bezüge vor, beispielsweise werden die thematischen Eckpfeiler von URBAN II, Nachhaltigkeit und die Förderung der Entwicklung hin zur Informationsgesellschaft, in die lokale Planungsvision aufgenommen, ohne dass eine Referenz zu den EU-Programmen angegeben wird. Über die programmatische Ausrichtung der lokalen Stadtplanung wird so eine Kopplung von lokaler und globaler Ebene hergestellt. Bezüge von den lokalen Planungsdokumenten zur regionalen und nationalen Ebene finden sich dagegen lediglich vermittels der Hinweise, dass die Entwicklung einer Stadt zur *creative city* gesellschaftliche und ökonomische Bedeutung für die Region und den Staat besitzt. In den Strategien auf der regionalen und nationalen Ebene findet die *creative city* keine Erwähnung; hier sind soziale und ökonomische Aspekte vorherrschend, welche ohne eine Bezugnahme auf die möglicherweise positiven ökonomischen und sozialen Wirkungen einer Ausrichtung auf Kreativität vorgenommen werden. Eine programmatische Ausrichtung als *creative city* ist nur auf der lokalen und der globalen Ebene zu beobachten.

Weisen Städte, die sich als kreative Städte konzeptionalisieren, spezifische Merkmale der Verbindung von Lokalem und Globalem auf? Die Vermutung liegt nahe, dass sie eine Facette dessen darstellen, was als ‚Glokalisierung' bezeichnet wird. Es gibt verschiedene Spielarten dieses Konzepts, und je nach Perspektive gelten unterschiedliche Autoren als Urheber. Ich stelle mit Erik Swyngedouw, Zygmunt Bauman und Roland Robertson die Glokalisierungs-Konzeptionen dreier ausgewählter Wissenschaftler vor, die trotz unterschiedlicher Schwerpunkte große Ähnlichkeiten aufweisen. Allen drei ist eigen, dass sie während der Globalisierungsdebatte in den 1990er Jahren feststellten, dass in (wissenschaftlichen) Diskussionen die Beziehung zwischen Globalem und Lokalen, zwischen Homogenisierung und Heterogenisierung, simplifiziert wurde. Ihr zentrales gemeinsames Argument ist, dass entgegen verbreiteter Annahmen die zunehmende globale Vernetzung – von Ökonomie, Kulturen, Gesellschaften insgesamt – nicht abgelöst von lokalen Prozessen und nur im Wechselspiel mit diesen betrachtet werden könne. Fokussiert Erik Swyngedouw (1992) die ökonomischen Prozesse, so stehen bei Bauman (1996) politische Veränderungen im Mittelpunkt der Analyse, und Robertson (1995) betrachtet aus einer soziologisch-analytischen Perspektive die räumlichen und zeitlichen Dimensionen der Globalisierung und die Verknüpfung zur Universalismus-Partikularismus-Debatte.

Swyngedouw und die Lokalität globaler Kapitalströme

Erik Swyngedouw (1992) beschreibt als Glokalisierung das Phänomen, dass sich im Kontext einer postfordistischen Neuordnung der Welt die Beziehungen von Globalem und Lokalem verändert haben. Gleichzeitig zur Verankerung des Kapitalflusses in globalen Zusammenhängen findet eine Stärkung lokaler und regionaler Bezüge statt. Diese Veränderungen seien zwei Seiten eines Prozesses, so Swyngedouw. Was dieser Kopplung von Globalem und Lokalem aber eigentlich zugrunde liege, sei ein Kampf des Kapitals um die Kontrolle über Räume (Swyngedouw 1992, 60). Das seit den 1970er Jahren zu verzeichnende Wegbrechen des Nationalstaats als Regulierungsinstitution führe zusammen mit zunehmend global organisierten Unternehmen dazu, dass auf einer globalen Ebene Informationen und Kapital fließe, die Produktionsprozesse und damit die „Realisierung des Kapitals" (Swyngedouw 1992, 59, Übers. ALM) allerdings weiterhin[184] auf einer lokalen Ebene stattfinde. Durch den Bedeutungsverlust des Nationalstaats seien die notwendigen Regulierungsinstitutionen auf einer regionalen oder lokalen Ebene angesiedelt, so dass die je spezifischen lokalen Bedingungen die Produktionsprozesse maßgeblich beeinflussten. Diese anhand der globalen Kapitalströme beschriebene Doppelbewegung von Ausbreitung im und Kontrolle von Raum, also Globalisierung, und Dezentralisierung sowie Kämpfe um Orte, d.h. Lokalisierung, nennt Swyngedouw „glocalisation" (Swyngedouw 1992, 40).

Bauman und die neue Weltunordnung

Etwas anders gelagert ist Zygmunt Baumans Beschreibung des Prozesses der Glokalisierung. Für ihn beschreibt sie die nach dem Kalten Krieg beginnende „[n]eue Weltordnung, die zu oft als Weltunordnung mißverstanden wird," (Bauman 1996, 657) welche durch den gleichzeitigen Bedeutungsverlust von (territorialen) Grenzen und die Zunahme an Fragmentiertheit und Entstehung neuer Grenzen charakterisiert ist. Es komme, so Bauman, bezüglich „der weltweiten Umverteilung von Souveränität, Macht und Handlungsfreiheit […] [zu]

---

[184] Swyngedouw weist richtig darauf hin, dass die Realisierung und Zirkulierung von Kapital schon immer auf einen lokalen Ort angewiesen waren und es weiterhin sind (Swyngedouw 1992, 59).

Synthesis und Auflösung, Integration und Dekomposition" (Bauman 1996, 658). Zugrunde liegt Baumans Analyse die Annahme, dass die Globalisierung – ein Begriff, den Bauman unter Bezugnahme auf Robertson lieber durch den der Glokalisierung ersetzt sehen würde (ebd.) – nicht mit einer Vereinheitlichung einherginge, sondern vielmehr mit einer „lokale[n] Selbstdifferenzierungsindustrie" (ebd.). Auf einem globalen Markt stünden Möglichkeiten zur Auswahl, diese Auswahl werde aber lokal getroffen. Das Besondere und Neue an der Globalisierung sei die Tatsache, dass eine Welt entstünde, in der gerade keine wechselseitige Abhängigkeit zwischen Armen und Reichen mehr bestünde, sondern die für den globalen Markt funktionslosen Orte zahlenmäßig zunähmen, es also zunehmend zur Entstehung strukturell überflüssiger Gebieten komme – deren BewohnerInnen damit auch „strukturell Überflüssig[e]" (Bauman 1996, 660) seien.[185]

Gerade aufgrund dieser doppelten Entwicklung von Globalem und Lokalem sei Glokalisierung ein angemessenerer Begriff zur Erfassung dieses postmodernen Phänomens. Ein gesellschaftliches Resultat dieser Entwicklung sei die gestiegene Mobilität der Einzelnen, entweder als „Tourist" oder als „Vagabund" (Bauman 1996, 661). Ist der Tourist als derjenige, der selbstgewählt die Welt als grenzenlos erfährt und sowohl hier als auch dort zuhause ist, das Symbole für die globale Dimension des Phänomens und für die „postmoderne Freiheit" (Bauman 1996, 662), so personifiziert der Vagabund denjenigen, der aus ökonomischen oder sozialen Zwängen mobil sein muss, die Kehrseite und „die postmoderne Version des Sklaventums" (ebd.). Für die kreative Stadt stellt sich damit folgende Frage: Ist die Ausrichtung auf die *creative class* als Gruppe von TouristInnen im Bauman'schen Sinn ein Versuch, der potentiellen Funktionslosigkeit zu entkommen und Teil des globalen Spiels zu werden (oder zu bleiben)? Und bedarf es dann überhaupt, wie in einigen, vor allem poststrukturalistischen, Theorien (vgl. z.B. Reckwitz 2009) angenommen, die nicht-kreative Stadt als Abgrenzungsfolie bzw. konstitutives Außen?

Robertson und das Lokale als Element des Globalen

Roland Robertson (1995) schließlich führt in seinem Artikel *Glocalization: Time-Space and Homogeneity-Heterogeneity* eine Problematisierung der Globalisierungstheorien durch und kontextualisiert das Phänomen der Globalisierung mit der Frage nach der (Wechsel-)Beziehung von Homogenisierung und Heterogenisierung sowie Universalismus und Partikularismus (Robertson 1995, 27). Der Begriff Glokalisierung, seiner Analyse nach aus der Wirtschaft kommend, welche ihn als Umschreibung für ein auf lokale Besonderheiten ausgerichtetes Marketing verwendet und damit einer japanischen Redensart entlehnt (Robertson

---

[185] Zu dem Aspekt der ‚strukturell Überflüssigen' vgl. meine Ausführungen in Kapitel 2, insbesondere die Anmerkungen zu Castells (2000) und Korff (1993).

1995, 28f.), ist aus einem Grund geeignet, die vor sich gehenden gesellschaftlichen Prozesse zu beschreiben: Er führt in sich die Betonung der sowohl räumlichen als auch zeitlichen Dimension dieser Prozesse. Für Robertson sind diese im Begriff Globalisierung – verstanden als „compression of the world as a whole" (Robertson 1995, 35) zwar auch impliziert, die räumliche Dimension ginge in der Debatte aber meistens verloren (Robertson 1995, 40). Robertson betrachtet das Lokale als Element des Globalen; beides ist nicht getrennt voneinander zu denken (oder zu analysieren), sondern ist miteinander verwoben und bedingt sich wechselseitig (ebd.). Deutlich werde dies beispielsweise, wenn die Betonung lokaler Besonderheiten, häufig subsumiert unter dem englischen Begriff *diversity*, verschleiere, dass die postulierten Heterogenitäten in ihrer Andersartigkeit selbst wiederum sehr homogen sind.

Diese Analyse trifft auf lokale *communities* genauso zu wie auf die Identitäten unterschiedlicher sozialer Subkulturen. Andererseits sind bestimmte globale Entwicklungen, welche vermeintlich homogen sind, beispielsweise die sogenannte „McDonaldization of society" (Ritzer 2004), in ihren jeweiligen lokalen Kontexten, in denen sie sich erst realisieren (können), wiederum sehr heterogen. Ähnliches gilt für gesellschaftliche Normen, Lebensweisen und Ideale, wie auch Robertson verdeutlicht: Mögen sie auch, im Kontext der Postkolonialismus-Theorien häufig diskutiert, als Ausdruck hegemonialer und kolonialisierender, dabei oft westlicher, Mächte gelten, so würden sie im Prozess der Übertragung in die lokalen Verhältnisse dennoch transformiert (Robertson 1995, 38ff.). Damit zeigt sich, und das ist Robertsons zentrales Anliegen in seinem Aufsatz, dass im Zuge veränderter Beziehungen in der Welt die Bedeutung des Lokalen gegenüber dem Globalen nicht an Bedeutung verloren habe, sondern im Gegenteil das eine ohne das andere nicht zu denken ist und damit verbunden Homogenisierung und Heterogenisierung als sich wechselseitig bedingende Facetten desselben Phänomens zu betrachten sind: der Glokalisierung.[186]

8.3.3 Glokalisierung und Stadtplanung

Der gemeinsame Nenner der Glokalisierungstheorien und der Analyse der Stadtplanung der kreativen Stadt ist die Beobachtung, dass globale und lokale Prozesse gleichzeitig und in wechselseitiger Abhängigkeit verlaufen – die Bedeutung des Lokalen also nicht, wie häufig unter dem Schlagwort der Globalisierung

---

[186] Robertson weist außerdem darauf hin, dass Globalisierung kein so neues Phänomen ist, wie häufig suggeriert wird. Vielmehr seien im 19. Jahrhundert mit der Entstehung einer Weltgesellschaft und der Weltzeit die Grundlagen für die heutigen Globalisierungsprozesse gelegt worden (Robertson 1995, 35ff.). An diesen Beispielen der Entstehung der Weltgesellschaft und der Weltzeit werden auch die räumliche und die zeitliche Dimension der Globalisierung/Glokalisierung noch einmal sehr deutlich.

verkürzt dargestellt, abnimmt. Mit Swyngedouw (1992) kann argumentiert werden, dass es auch in der programmatischen Stadtentwicklung die Orte sind, an denen sich Visionen und Leitbilder realisieren, selbst wenn diese wie die *creative city* starke globale Beziehungen aufweisen. Dies leuchtet im Fall der Städte unmittelbar ein. Andererseits trifft Baumans (1996) Beobachtung, dass es zu einer räumlichen Differenzierung von für den globalen Markt wichtigen und funktionslosen Orten kommt, auch für die Stadtentwicklung zu. Wird in den Interviews mit StadtplanerInnen immer wieder ein Wettbewerb der Städte, in dem man bestehen müsse, als Begründungsmuster aufgerufen (z.B. DCC2, Abs. 438), so ist damit ein Wettbewerb auf einer globalen Ebene gemeint. Es geht um die Konkurrenz um die Bauman'schen TouristInnen, vermieden werden muss, so die Haltung, ein Abrutschen in die globale Bedeutungslosigkeit. Gleichzeitig sind Städte aber immer die Orte genau des Spannungsfeldes zwischen globalen und lokalen Effekten, sie sind der Ort, an dem der globale Markt lokal wird und die Auswahl durch die KonsumentInnen stattfindet, welche konstitutiv ist für den Markt. Und in den Städten treffen auch die TouristInnen und die VagabundInnen aufeinander. Dabei sind, im Unterschied zu Baumans Annahme, die avisierten TouristInnen der kreativen Stadt, d.h. die *creative class*, auch abhängig von den VagabundInnen, nämlich den Dienstleistern.[187] In diesem Sinn ist die Selbstkonzeptionalisierung als kreative Stadt ein Phänomen, das nur mittelbar in die Glokalisierungs-Debatte einzuordnen ist. Es lässt sich weder vollständig darunter subsumieren noch wird es mit Glokalisierung ausreichend beschrieben, da dieses Konzept den Fokus nicht auf die Tatsache legt, was mit global verhandelten Diskursen geschieht, wenn sie lokal übersetzt werden. Lediglich Robertson (1995) betont, dass für Werte, Lebens- oder Glaubensvorstellungen, gesellschaftliche Ideale dasselbe gilt wie für alle anderen Phänomene der Globalisierung: In dem Moment, in dem sie in einen neuen lokalen Kontext übertragen werden, verändern sie sich. Dies ist genau das, was Barbara Czarniawska (2005) mit der Theorie der *traveling concepts* beschreibt, dem ich mich im Folgenden zuwende.

8.3.4 Ideen auf Reisen

Czarniawska und KollegInnen untersuchten, was geschieht, wenn Ideen von ihrem Ursprungskontext in einen anderen Kontext übertragen werden. Mit Ideen sind dabei sowohl Konzepte als auch Praktiken und Objekte gemeint, die im Prozess der Übersetzung, wie sie es nennen, je unterschiedlich transformiert werden. Dabei zeigt sich, dass im Verlauf der Übersetzung unvermeidlich Veränderungen der Ideen vor sich gehen:

---

[187] Zur Abhängigkeit der *creative class* von der *service class* vgl. auch Florida (2004, z.B. 76).

a thing moved from one place to another cannot emerge unchanged: to set something in a new place is to construct it anew. [...] Ideas must materialize, at least in somebody's head; symbols must be inscribed. (Czarniawska 2005, 8f.)[188]

Orvar Löfgren (2005) zeigt in seiner Analyse der Übersetzung des Konzepts der *experience economy* aus dem angelsächsischen in den skandinavischen Kontext, dass diese Übertragung im Spannungsfeld zwischen globaler Standardisierung und lokaler Differenzierung angesiedelt ist. Im Versuch, Lokales, etwa die Positionierung der Stadt als Erlebnisraum, global verständlich zu machen, laufen StadtplanerInnen ständig Gefahr, das Spezifische des Lokalen zu verlieren, welches in der Logik der Argumentation aber gerade den spezifischen Wettbewerbsvorteil ausmacht (Löfgren 2005, 26f.). Löfgrens Analyse ist für meine Untersuchung gerade deswegen besonders interessant, weil die *experience economy* ein anderer Begriff für das ist, was in Großbritannien als *creative industries* bezeichnet wird und von dort aus den Siegeszug nach Europa antrat, zumindest nach Deutschland, Österreich, Spanien und Irland.[189] Mithilfe der *experience economy* wurde in der von Löfgren untersuchten schwedischen Stadt Norrköping ein Revitalisierungsprogramm in Gang gesetzt, das ähnliches versucht wie das Konzept der *creative city* und einen ökonomischen Aufschwung mit einer Image-Aufwertung der Stadt zu verbinden sucht. Die *experience economy* als Teil der *new economy* zu konzipieren war, wie Löfgren beschreibt, der Versuch, letzterer nach dem Abschwächen ihres Aufstiegs und schließlich ihrem Platzen eine nachhaltigere Dimension zu verschreiben (Löfgren 2005, 21). Gleichzeitig implizierte es im städtischen Kontext die Intention, die niedergegangene Verarbeitungsindustrie durch etwas Neues zu ersetzen. Die Übersetzung eines Konzeptes in lokale Kontexte sei häufig „a kind of cultural cloning" (Löfgren 2005, 24), da funktionierende Anwendungen in den jeweiligen Kontext übertragen würden. Derartige erfolgreiche Anwendungen werden in der Stadtplanung als *best practice*-Beispiele bezeichnet, die eine Orientierungshilfe oder sogar eine Schablone für die Arbeit der lokalen Stadtplanung darstellen. Löfgren identifiziert zwei Prozesse als charakteristisch für die Übersetzung des von ihm untersuchten Konzepts: die Verkleinerung und die Intensivierung (Löfgren 2005, 25f.). Im ersten Fall werden im Übertragungsprozess von der globalen auf die lokale Ebene die Dimensionen verändert: Der Versuch, einen *entertainment*

---

[188] Eine ähnliche Argumentationsfigur verfolgt auch der ursprünglich aus Frankreich stammende Poststrukturalismus mit der Vorstellung, dass einer Wiederholung immer auch Bedeutungsverschiebungen inhärent sind. Dies beschreibt beispielsweise Jacques Derrida (1988), aber auch bei Judith Butler findet sich eine ähnlich gelagerte Theorie, vgl. beispielsweise ihr in Deutschland am meisten rezipiertes Buch *Gender Trouble* (Butler 1990), sowie dazu Anna-Lisa Müller (2009).

[189] Davon zeugt die Existenz sogenannter Kreativwirtschaftsberichte in den genannten Ländern.

cluster im kleinstädtischen Maßstab herzustellen, realisiert sich dann beispielsweise in der Zusammenlegung von Eishockeystadion, Einkaufszentrum und Kegelbahn. Im zweiten Fall werden im lokalen Kontext bestimmte Aspekte des Konzepts herausgegriffen und betont, so dass sich die Gewichtung der einzelnen Elemente verändert. Beide Prozesse bewirken, dass sich das reisende Objekt, in diesem Fall das Konzept der *experience economy*, im Übersetzungsprozess verändert. Daran zeigt sich, welche Transformationen im Lauf der „travel of ideas" (Erlingsdóttir und Lindberg 2005, 48) vor sich gehen. Für die Organisationsforschung beschreiben es Gudbjörg Erlingsdóttir und Kajsa Lindberg (2005) folgendermaßen:

> *In order for an idea to travel across an organization field, it must be separated from its institutional surroundings (disembedded) and translated into an object such as a text, a picture, or a prototype (packaged). Such an object then travels through the relevant field of organizations to another time and place, where it is translated to fit the new context (unpacked). Finally, the object is translated locally into a new practice (reembedded), and, with time, the black box of institution may close itself around the idea. Such an idea will then be taken for granted in its new surroundings and will, in its turn, be disembedded in order to travel through time and space again. (Erlingsdóttir und Lindberg 2005, 48)*

Auf das Konzept der *creative cities* lässt sich dies nun vergleichsweise problemlos übertragen. Die Übersetzung der Idee in ein Objekt findet in einem ersten Schritt über Verschriftlichungen statt: über wissenschaftliche Bücher wie Floridas *Cities and the Creative Class* oder Landrys *The Creative City*. StadtplanerInnen an unterschiedlichen Orten und zu unterschiedlichen Zeiten greifen (im wahrsten Sinne des Wortes) diese Texte auf und transformieren die darin enthaltenen Konzepte für den lokalen Kontext. Die Praxis des Umgangs mit dem Konzept der *creative city* findet ihre Materialisierung wiederum in Projektberichten, Broschüren, Stadtentwicklungsdokumenten – als Texte, aber auch in Bildern oder Grafiken. Es bilden sich institutionalisierte Netzwerke, beispielsweise das *Creative Cities Network* der UNESCO, in dem ein Austausch über die lokalen Praktiken stattfindet. Mit der Erstellung von *best practice*-Beispielen, die in andere lokale Kontexte übertragen werden, geht die Reise der Idee schließlich in eine neue Runde.

Im Fall der *creative cities* wird die Verbindung von Globalem und Lokalem nun aber auch explizit angestrebt. Der Bezug auf die wissensintensiven Industrien und die Kreativwirtschaft stellt einen Bezug auf ein zumindest in den westlich-industrialisierten Gesellschaften verbreitetes, wenn nicht globales, Wirtschaftssystem dar. Durch den Versuch, Städte aufgrund ihrer spezifischen lokalen Merkmale attraktiv für diese global auffindlichen und latent mobilen Industrien zu machen, werden globale mit lokalen Entwicklungen zu verbinden gesucht. Die Ausrichtung auf eine vermeintlich global agierende *creative class* wird mit einer Stärkung lokaler Merkmaler, also der jeweiligen Eigenlogik der Städte kombiniert.[190] Der Kampf um die Aufmerksamkeit der *creative class* wird mithilfe dieser lokalen Eigenlogiken geführt. Dies ist eine Modifizierung des Standortvorteils, der sich in vergangenen Jahrzehnten in erster Linie auf vorhandene Rohstoffe, eine unternehmerfreundliche (Steuer-)Politik oder gut ausgebaute Infrastrukturen bezog. Nun besteht der Standortvorteil zwar weiterhin darin, eine Stadt mit bestimmten Qualitäten zu sein, allerdings mit anderen. Diese müssen nicht immer die von Florida identifizierten *3 T* sein. Vielmehr ist es eine Gemengelage an, ebenfalls lokal spezifischen, Wünschen an Städte, welche von den potentiellen ArbeitgeberInnen und ArbeitnehmerInnen formuliert werden. Dazu gehören Infrastrukturen wie die Versorgung mit Breitband-Internet und gute internationale Verkehrsanbindungen, aber auch etwas, das die Interviewten in Dublin und Göteborg durchweg als „Atmosphäre" beschreiben (z.B. GSB3, Abs. 130; CCD2, Abs. 72). Diese stellt das stadtspezifische Element dar. Infrastrukturen können, sofern ausreichende finanzielle Mittel und eine entsprechende Geographie vorhanden sind, an nahezu allen Orten – im Sinn der Löw'schen geographischen Markierungen – geschaffen werden. Eine Atmosphäre dagegen stellt die „eigene Potentialität" (Löw 2001, 204) von Räumen dar und entsteht „durch die Wahrnehmung von Wechselwirkungen zwischen Menschen oder/und aus der Außenwirkung sozialer Güter im Arrangement" (Löw 2001, 205). Die Atmosphäre ist das unsichtbare, sinnlich wahrnehmbare Element, welches den Raum neben seiner Materialität ausmacht. Wie auch der Raum selbst entstehen Atmosphären über die relationale „(An)Ordnung an Orten" (ebd.). Welcher Art die Atmosphäre ist, die mithilfe des *spacing* hergestellt wird, und wie sie wahrgenommen wird, ist kulturell und sozial bedingt. Dies impliziert eine weitere Herausforderung für StadtplanerInnen: Durch die Gestaltung einer Stadt werden bestimmte Anordnungen von sozialen Gütern erleichtert und andere erschwert. Damit wird auch die Herstellung und Wahrnehmung von Atmosphären beeinflusst, da diese zusammen mit dem *spacing* entstehen. Je nach Zielgruppe, die im Blick der StadtplanerInnen ist, werden die (An)Ordnungen entsprechend ausgerichtet. Sowohl die Zielgruppen als auch die anderen RezipientInnen der Stadtplanung – zwei zu unterscheidende Gruppen, wie ich weiter unten zeige – nehmen mit der Materialität der Räume auch ihre Atmosphäre wahr. *Wie* sie sie allerdings wahrnehmen, ist maßgeblich abhängig von ihrer Sozialisation. Beschäftigte in der Kreativwirtschaft nehmen einen Raum wie den im *Lindholmen*

---

[190] Für die internationale Modeindustrie arbeitet Lise Skov (2010) ein ähnliches Phänomen heraus. Sie zeigt, dass Designer mithilfe von lokalen Bezügen Alleinstellungsmerkmale in der global agierenden Modeindustrie herstellen und so dazu beitragen, dass Lokales in Globales integriert wird (Skov 2010, 1). Derartige Lokalbezüge würden dann wiederum von politischen Planungs- und Marketingeinrichtungen aufgegriffen, um beispielsweise ein spezifisches Image einer Stadt zu generieren (Skov 2010, 11f.).

Science Park in Göteborg anders wahr als Arbeitslose ohne Schulabschluss, einheimische Frauen anders als Migrantinnen. Mag die Ausstattung von Räumen globale Ähnlichkeiten aufweisen oder sogar austauschbar sein, so sind es weder die materiellen Elemente der Räume noch ist es ihr geographisch markierter und damit lokal spezifischer Ort oder die dort geschaffene Atmosphäre.

Trotz der lokalen Spezifizität der Orte und ihrer Räume ist in der öffentlichen Debatte, aber auch innerhalb der StadtplanerInnen der Vorwurf zu hören, dass die Gestaltung von Städten heute zu homogen seien. Dazu ist mindestens zweierlei zu sagen: Zum einen ist das *creative city*-Konzept unter Anlehnung an Czarniawska und Löfgren als ein *traveling concept* zu verstehen. Die Übersetzung des Konzepts in andere Kontexte geschieht unter anderem über eine *best practice*-Politik. Ein Austausch findet innerhalb professioneller Netzwerke über solche Projekte statt, die als besonders gelungen angesehen werden. Die Bewertung dieser Projekte als Modell-Projekte führt dazu, dass die dort jeweils angewandten Strategien auf ähnlich ausgerichtete Projekte übertragen werden, und zwar häufig ohne Berücksichtigung der jeweils unterschiedlichen lokalen Kontexte. Es findet also nicht nur die von Löfgren herausgearbeitete Intensivierung und Minimalisierung statt, sondern auch eine Generalisierung oder, in globalisierungstheoretischem Vokabular, eine Homogenisierung. Sich an erfolgreichen Beispielen zu orientieren ist aber auch aus dem Grund nachvollziehbar, da sich diese Städte häufig bei denselben Institutionen und Programmen um Geld für Entwicklungsprozesse bewerben – unterstellt wird, dass ein im Antrag und in der Umsetzung erfolgreiches Projekt zur Nachahmung empfohlen ist, um selber erfolgreich zu sein. Dies führt dann zu vergleichbaren Gestaltungsformen und inhaltlichen Ausrichtungen beispielsweise von Aufwertungsprojekten in innerstädtischen Stadtteilen oder den Hafengebieten.

Allerdings kann es bei der Übertragung von Strategien ohne Berücksichtigung ihres Anwendungskontextes oft zum Scheitern von Projekten kommen, da die Eigenlogiken sich widerständig gegenüber den Strategien zeigen.

Zum anderen stellt sich die Frage, inwiefern wir derzeit nicht auch die Herausbildung eines neuen Stadttypus beobachten, der zwangsläufig über ästhetische und strukturelle Ähnlichkeiten verfügen *muss*. Andreas Reckwitz (2009) stellt in seiner Analyse der kreativen Stadt die Entstehung einer neuen Stadtform, die „postmoderne" oder auch „kulturorientierte" (Reckwitz 2009, 16) Stadt, in eine historische Entwicklungslinie mit der bürgerlichen und funktionalen Stadt. Ich möchte diese Linie etwas anders zeichnen und keine kulturorientierte, sondern die *Green Creative City* als neuen Typus vorschlagen. Die von mir untersuchten Städte weisen Ähnlichkeiten auf, die, zusammen mit Ergebnissen aus anderen Studien, auf das Entstehen eines derartigen Stadttypus hinweist. Dieser zeichnet sich als Ort der Wissensgesellschaft aus, welcher durch den Einbezug von Nachhaltigkeit und Kreativität als Planungsleitbilder zu einem spezifischen wird, wie ich in Kapitel 11 ausführlich zeigen werde.

Abschließend wende ich mich hier nun der Frage zu, in welcher Beziehung Stadtplanung und NutzerInnen der Stadt stehen und greife dafür auf die von Erving Goffman (1959) verwendete Analogie zur Theateraufführung zurück.

8.4 Stadtplanung als Aufführung

Bislang habe ich die Merkmale von Leitbildern der Stadtplanung im Fall der *creative cities* und ihre Bedeutung für die Planung der Städte beschrieben. Dies ist aber nur eine Dimension eines komplexen Prozesses. Eine Stadtplanung, die mithilfe von Leitbildern eine inhaltliche Richtung der Entwicklung einer Stadt formuliert, hat diesbezügliche Zielgruppen und RezipientInnen. Die Zielgruppen nenne ich auch Publikum: Sie werden explizit von den Verantwortlichen der Stadtplanung angesprochen, auf sie ist die ‚Aufführung Stadtentwicklung' ausgerichtet, wie ich sie in Anlehnung an Erving Goffman (1959) bezeichne. RezipientInnen sind dagegen diejenigen, die die Stadtentwicklung erfahren – unabhängig davon, ob sie angesprochen sind oder nicht. In der Regel überschneiden sich beide Gruppen, die Angehörigen des Publikums sind auch „Planungsbetroffene" (Streich 2005, 42). Genauer formulert impliziert aber die Gruppe der RezipientInnen die des Publikums und weist darüber noch andere soziale Gruppen auf, die von der Stadtplanung nicht als Publikum in den Blick genommen werden, aber von der Stadtplanung und -entwicklung betroffen sind, wie Obdachlose, Prostituierte oder illegal Eingewanderte. Die verschiedenen Gruppen von Akteuren, die die RezipientInnen ausmachen, können über ihre Machtressourcen und institutionellen Verankerungen in einer Gesellschaft unterschieden werden (Streich 2005, 43). Ihnen werden unterschiedliche Bedeutungen im Planungsprozess zugesprochen, und die Art, wie sie in den Planungsprozess einbezogen und in ihm adressiert werden, weist lokale, d.h. stadtspezifische Unterschiede auf. Auch bei den Verweisungszusammenhängen der Leitbilder lassen sich unterschiedliche Publikumsorientierungen feststellen. Die Kopplung von Kreativität und Nachhaltigkeit als stadtplanerische Leitbilder zeigt im Licht der Frage, wer damit adressiert wird, interessante Einblicke in das je vorliegende Konzept Stadt.

Meine Hypothese ist, dass beide Leitbilder der Planung – Kreativität und Nachhaltigkeit – in je unterschiedlichem Maß auf ein ausgewähltes Publikum zielen und damit eine je unterschiedliche Ausrichtung nach innen (BewohnerInnen) respektive nach außen (ArbeitgeberInnen und TouristInnen) stattfindet. Der Begriff des Publikums erscheint mir in diesem Kontext zweckmäßiger als der von Bernd Streich vorgeschlagene Begriff der „Planungsbetroffenen" (Streich 2005, 42) oder die von Renate Mayntz eingeführte Bezeichnung des „Steuerungsobjekt[s]" (Mayntz 1987, 94), und zwar aus zweierlei Gründen: Zum einen impliziert der Ausdruck, ein Betroffener zu sein, eine Passivität, die den von der Stadtplanung Angesprochenen weder von den PlanerInnen zugesprochen wird noch die sie im städtischen Transformationsprozess aufweisen. Das subjektive Empfinden mag zwar in einigen Fällen das eines/einer passiven, die politischen Entscheidungen zu erdulden habenden Stadtbewohnersbewohnerin sein. Die Rolle selbst ist im Prozess der Stadtentwicklung aber eine aktive. Zum anderen impliziert der Begriff des Publikums ein Element der Inszenierung, das für die Analyse der politischen Stadtplanung sehr angemessen erscheint und das auch von Mayntz nicht erfasst wird. Was Goffman in *The Presentation of Self in Everyday Life* zur Beziehung von Publikum und Schauspieler schreibt, lässt sich auch auf die Beziehung von Stadtplanung und Zielgruppen übertragen. Goffman geht es in seiner Analyse sozialer Interaktionen unter anderem um die Bedeutung von „backstage" (Goffman 1959, z.B. 114) und „frontstage" (Goffman 1959, z.B. 129), auf der jeweils unterschiedliche Verhaltensweisen sozial akzeptiert sind und angewendet werden. Mit der Theater-Metapher beschreibt Goffman anschaulich, in welcher Weise soziales Verhalten von den unterschiedlichen Kontexten beeinflusst ist, in denen es vollzogen wird. Nicht zuletzt sind damit auch eine spezifische Sprache (Goffman 1959, 129) und bestimmte körperbezogene Handlungen (Goffman 1959, 114ff.) verbunden. Für die Analyse stadtplanerischen Handelns ist die Beziehung zum Publikum der Aufführung allerdings wichtiger als das Verhalten. Personen spielen, so Goffman, unterschiedliche Rollen im sozialen Leben. Diese werden, um in der Theater-Metapher zu bleiben, vor einem bestimmten Publikum aufgeführt. Goffman identifiziert die Existenz verschiedener Publika und deren Bedeutung für das soziale Handeln von Individuen:

> *When individuals witness a show that was not meant for them, they may, then, become disillusioned about this show as well as about the show that was meant for them. [...] The answer to this problem is for the performer to segregate his audience so that the individuals who witness him in one of his roles will not be the individuals who witness him in another of his roles. (Goffman 1959, 136f.)*

Vor einem Theaterpublikum kann es zu einem Verlust von Authentizität des oder der Schauspielenden kommen, wenn ein Publikum einen Schauspieler sowohl in der Rolle des Hamlet als auch als Hofnarr in *King Lear* sieht. In sozialen Interaktionen wiegt dieser Authentizitätsverlust noch schwerer, da die soziale Reputation, wenn nicht sogar die Identität, maßgeblich von einer nach außen, also auf der Vorderbühne, bruchlosen Identität abhängt. Aus diesem Grund wird vermieden, dass sich die Publika der unterschiedlichen Aufführungen oder Rolleninszenierungen überschneiden.

Modifiziert lässt sich dieses Modell nun auf die Stadtplanung übertragen. Nach außen wird mithilfe von Leitbildern eine in sich konsistente Vision für die Stadtentwicklung formuliert. Diese richtet sich an ein spezifisches Publikum, welches die Güte der Inszenierung beurteilt. Wird sie als überzeugend bewertet, findet sie keinen oder nur wenig Widerspruch; wird sie abgelehnt, wird die Stadtplanung beispielsweise mittels öffentlicher Proteste sanktioniert. Für StadtforscherInnen eröffnet sich die Gelegenheit, in Interviews und Beobachtungen einen Einblick in die Hinterbühnen der Stadtplanung zu erhalten. Dies sind die Orte, an denen die StadtplanerInnen aus ihrer Rolle heraustreten und sich auch wider diese Rolle verhalten können (Goffman 1959, z.B. 115). Dies wird in den Interviewsequenzen deutlich, in denen sich Widersprüche offenbaren, offizielle Aussagen von subjektiven Meinungen konterkarriert oder einfach die pragmatischen Gründe genannt werden, die zu einer Entscheidung führten und die auf der Vorderbühne als programmatische Entscheidung kommuniziert wird. Die Zielgruppen der Planung beeinflussen also zu einem beträchtlichen Teil die *performance* der Stadtplanung; man könnte so weit gehen zu sagen, dass die Existenz von programmatischen Dokumenten und Leitbildern ohne Zielgruppen nicht denkbar wäre.

Die Analyse der Planungsdokumente in beiden Städten zeigt, dass zwei zu unterscheidende Fokussierungen in der städtischen Planung vorliegen: Die eine beschäftigt sich mit den BewohnerInnen der Stadt und greift die Themen der Nachhaltigkeit und Sozialverträglichkeit auf – dies bezeichne ich als die Ausrichtung nach innen. Die andere zielt auf potentielle Arbeitgeber und Arbeitnehmer, ihre Unternehmen und auf BesucherInnen der Stadt und arbeitet mit den Begriffen Kreativität und kreativ – dies nenne ich die Ausrichtung nach außen. Die Grenzen zwischen den Gruppen darin, dass erstere eine permanente Beziehung zur Stadt aufweisen, während die der zweiten Gruppen temporär oder lediglich potentiell ist.

Die Angehörigen der *creative class* sind zentraler Referenzpunkt für eine auf Kreativität ausgerichtete Stadtplanung, während die Gesellschaft als sozialintegrative Kraft als Publikum der auf Nachhaltigkeit ausgerichteten Stadtplanung konzipiert wird. Diese beiden Publika sind, der skizzierten Argumentation Goffmans folgend, möglichst voneinander getrennt zu halten, damit etwaige Brüche und Unstimmigkeiten zwischen den je formulierten Visionen der Stadtentwicklung nicht auffallen. Es gibt allerdings, und hier trägt die Analogie zu Goffman nicht mehr, einen entscheidenden Unterschied: Die BewohnerInnen der Städte sind in beiden Fällen Teil des Publikums. Sie können die Arbeit der Stadtplanung auf Konsistenz innerhalb der Visionen überprüfen und, wenn nötig, entsprechend sanktionieren. Daher ist meiner Ansicht nach auf sie das sozial integrativ ausgerichtete Leitbild der Nachhaltigkeit stärker zugeschnitten als das Leitbild der Kreativität, und ersterem kommt, in einer analytischen Hierarchie, das Primat zu. Bezug nehmend auf die Konzeptionen der *creative class* von Richard Florida (2004) und der *cultural creatives* von Paul H. Ray und Sherry Ruth Anderson (2001) bezeichne ich die von der Stadtplanung als Zielgruppe Ausgewählten als *Green Creatives*, welche nachhaltige und kreative Werte in sich vereinen. In der Figur der *Green Creatives* verschmelzen beide Gruppen, so dass eine vermeintliche Differenz zwischen kreativ und (ökologisch und sozial) nachhaltig ausgerichteten Lebensformen reduziert wird.

Die Bedeutung des Publikums wird von den StadtplanerInnen insofern reflektiert, als sie ihre Arbeit gerade deswegen als schwierig begreifen, da diese dort ansetzt, wo viele unterschiedliche Interessen zusammen kommen (vgl. GSB3, Abs. 52). Außerdem würden überholte Planungsparadigmen einen Beharrungseffekt aufweisen (GSB3, Abs. 60), der die konkrete Planung erschwere und die Umsetzung neuer Leitbilder behindere. Diese alten Planungsparadigmen sind nicht mehr mit dem neuen Publikum kompatibel und können Brüche und Widersprüche verursachen. Die StadtplanerInnen in Göteborg nehmen sich als Werkzeug der politischen Akteure wahr, deren Strategien sie stadtplanerisch umsetzen (sollen). Die Aufgabe, Leitbilder und Strategien zu kommunizieren und vermittelnd zu wirken, sprechen sie ebenso diesen politischen Akteuren zu und beklagen, auf der Hinterbühne, dass Konflikte mit dem Publikum, den BewohnerInnen, häufig auf mangelnde Kommunikation zurückzuführen seien (vgl. z.B. GSB3, Abs. 62).

Mit der Fokussierung der *Green Creatives* durch die lokale Stadtplanung ist sowohl einen Ausrichtung nach innen als auch nach außen impliziert, die ich in den folgenden Abschnitten erläutere.

8.4.1 Die Ausrichtung nach innen: Nachhaltigkeit

Mit der Ausrichtung auf Nachhaltigkeit wird auf zentrale Aspekte eines dominanten Diskurses des ausgehenden 20. und beginnenden 21. Jahrhunderts zurückgegriffen. Dieser raum-zeitlich vergleichsweise stabile Diskurs verweist auf einen verantwortungsvollen Umgang mit der Stadt, ihren BewohnerInnen und der Umwelt. Deutlich wird diese Ausrichtung beispielsweise in Göteborgs Selbstbeschreibung als *Solar City 2050*. Eine derartige Fokussierung richtet sich in erster Linie an diejenigen, die in einer permanenten Beziehung zur Stadt stehen, d.h. BewohnerInnen der Stadt sind, und zielt auf einen angemessenen Umgang mit für die Zukunft antizipierten Problemen, wie etwa als Folge des Klimawandels. Diese Ausrichtung auf Nachhaltigkeit kann in drei thematische Bereiche mit einer je eigenen Zeitlichkeit unterteilt werden, auf die die Stadtplanung Bezug nimmt:

- Bewahren des Vergangenen/Gewachsenen (Vergangenheit)
- derzeitige Situation mit ihren positiven Aspekten und Unzulänglichkeiten (Gegenwart)
- Vision für eine nachhaltige Stadt (Zukunft)

Die Argumentationsstrukturen für eine nachhaltige Entwicklung der Stadt verlaufen Stadt-immanent, Bezüge nach außen werden nur insofern hergestellt, als die verwendeten Planungskonzepte inhaltlich von dem globalen Diskurs der Nachhaltigkeit informiert sind. Die Ansässigen können sich in jedem dieser drei Punkte verorten. Zielpublikum ist in erster Linie die Gruppe der BewohnerInnen, welche den in den Themenbereichen erstellten Diagnosen zustimmen oder sie ablehnen können, dabei aber in jedem Fall aktiv oder passiv an der Stadtentwicklung partizipieren.

8.4.2 Die Ausrichtung nach außen: Kreativität

Anders stellt sich die Situation im Fall der Bezugnahme auf Kreativität dar. Hier geht es sehr viel stärker um eine Außendarstellung der Stadt und um eine Positionierung innerhalb eines bestimmten Feldes von Städten.[191] AdressatInnen einer solchen Ausrichtung sind in erster Linie Menschen, die (noch) nicht in der jeweiligen Stadt leben und daher eine potentielle oder temporäre Beziehung zur Stadt besitzen: Personen auf der Suche nach neuen Arbeits- und Lebensorten, Unternehmensleitungen, die nach einem neuen Standort suchen, BesucherInnen. Damit werden andere Elemente aufgerufen und in den Vordergrund gestellt als es im Fall des Leitbilds Nachhaltigkeit geschieht: die Stadt als attraktiver Lebensraum, den es aufgrund von Arbeit oder Reise aufzusuchen gilt.[192] Die StadtbewohnerInnen werden in erster Linie in ihrer Rolle – durchaus im Goffman'schen Sinn – als ArbeitnehmerInnen, UnternehmerInnen oder auch TouristInnen angesprochen, aber nicht als BewohnerInnen der Städte. Die Tatsache, dass der verwendete Kreativitätsbegriff zunächst einmal unbestimmt bleibt, erleichtert es, potentielle InteressentInnen der Stadt anzusprechen – denn auch sie können den Begriff mit ihrem eigenen Verständnis von Kreativität füllen. Die verwendeten Argumentationsstrukturen für das Leitbild der Kreativität verweisen darauf, dass es auf der Grundlage von als problematisch empfundenen Situationen entstanden ist: nämlich vor dem Hintergrund der sich verändernden wirtschaftlichen Struktur der Staaten.

---

[191] Interessanterweise konkurrieren Städte in den meisten Fällen nur mit einer Auswahl von anderen Städten. Dass sich Berlin zu Kuala Lumpur oder Schorndorf in Beziehung setzt, ist unwahrscheinlich. Sehr viel wahrscheinlicher ist dagegen, dass Berlin mit London, Amsterdam und Barcelona um die Aufmerksamkeit der Öffentlichkeit konkurriert. Diesen Aspekt arbeitet Martina Löw detailliert in *Soziologie der Städte* heraus (Löw 2008).

[192] Die Ausgabe 34/2007 des Wochenmagazins *Der Spiegel*, die sich *Europas coole Städte* zum Thema machte, formuliert den Besuch der aufgeführten Städte in einer fast normativen Weise und reiht sich damit ein in die Fülle der sogenannten *must-haves* – aber als *must-go to*.

8.4.3 Die *Green Creatives*

Oben habe ich beschrieben, wie sich die verschiedenen stadtplanerischen Leitbilder an ein je verschiedenes Publikum wenden. Allerdings kann es dazu kommen, dass ein Leitbild mit der Lebensweise einer bestimmten RezipientInnen-Gruppe nichts zu tun hat bzw. so wahrgenommen wird. Eine Verantwortliche von Dublins *Temple Bar Cultural Trust* beschreibt im Interview, dass der Diskurs um Kreativität an der Alltagsrealität der BewohnerInnen vorbeigehe: „on the one hand you can talk about the creative economy, many people [...] on the ground talking [...] I don't care" (DTB1, Abs. 601). Dann besteht die Gefahr, dass das „impression management" (Goffman 1959, 139) fehl schlägt und unauthentisch wirkt, also einen Vertrauensverlust auslöst. Im Fall der Stadtplanung kann dies schwere Folgen haben, da die Umsetzung der planerischen Strategien und damit ihr Erfolg maßgeblich von der Akzeptanz der Zielgruppen abhängen. Vertrauensverlust führt zu einer Abnahme der Akzeptanz und zu einer erschwerten Arbeit der StadtplanerInnen. Goffman entwirft zwei Handlungsoptionen für den Fall, dass die Trennung von verschiedenen Publika misslingt: das Eingliedern des neuen Publikums und eine darauf angepasste, fortgeführte Handlung oder die Erweckung der Illusion, dass das neue Publikum immer schon (auch) angesprochen gewesen sei (vgl. Goffman 1959, 139f.). Genau dies erklärt, warum sich beide Leitbilder in ihrer Formulierung von Zielgruppen immer etwas überlappen: Es darf nie der Eindruck erweckt werden, jemand sei ausgeschlossen. Offene, integrative Formulierungen sind Teil eines solchen, an den nicht explizit Angesprochenen gerichteten „clear-cut welcome as someone who should have been in the region all along." (Goffman 1959, 140) Zu beobachten ist nun, dass dies schließlich darin kulminiert, dass sich eine AdressatInnengruppe herausbildet, die beide Zielgruppen vereint: die *Green Creatives*. Indem in die Ausrichtung auf Kreativität eine vor allem ökologisch nachhaltige Dimension integriert wird, werden implizit die von Goffman formulierten Strategien angewendet, um auf das Fehlschlagen der Trennung von Publika zu reagieren.

Gerade im Fall von Göteborg lässt sich das Leitbild der Nachhaltigkeit nicht auf eine Ausrichtungsdimension festlegen; es sind die BewohnerInnen, die damit angesprochen werden, aber es dient auch als Zeichen nach Außen, als positiver Standortfaktor im oben beschriebenen Sinn. Wird in Dublin das Leitbild Kreativität als zentrales Element einer Image-Bildung verwendet, ist es in Göteborg die Nachhaltigkeit, mit der so verfahren wird, wie beispielsweise die Selbstkonzeptionalisierung als *Solar City 2050* zeigt.

Wichtig ist, dass sowohl Kreativität als auch Nachhaltigkeit in den beiden Städten unterschiedlich konnotiert sind. Es geht in beiden Fällen um mehr als die ökologische Nachhaltigkeit, aber im Fall von Göteborg lässt sich eine wesentlich stärkere Ausdifferenzierung dieses Leitbildes feststellen. Dagegen wird in Dublin das Leitbild der Kreativität stärker als programmatisches, kollektiv wirksames Element der Stadtplanung verstanden, während es in Göteborg eher als wissenschaftliche Referenz und Zeichen der Anknüpfung an den derzeitigen Diskurs verwendet wird.

9 Die kreative Stadt: Materialisierung der Leitbilder

Die *creative cities* sind Beispiele für Städte, in denen sich ein stadtplanerisches Leitbild materialisiert. Die Gestaltung der Stadt ist die zentrale Aufgabe der Stadtplanung, somit kommt bei der Untersuchung (programmatischer) Stadtplanungen der Materialität und ihrer Rolle in der und für die Städte besondere Bedeutung zu. Ich sehe im Fall der *creative cities* die Materialisierung eines Diskurses und eines doppelt konnotierten Kreativitätsverständnisses am Zuge und werde in diesem Kapitel mit dem *Creative Marker* eine typische Gestaltungsform dieser Städte vorstellen. Es ist zu beobachten, dass neben dem Leitbild der Kreativität auch das der Nachhaltigkeit seinen gebauten Ausdruck findet und über diese Gestaltung der Materialität spezifische Räume der Kreativität und Materialität geschaffen werden. In einem Exkurs beschäftige ich mich unter Bezugnahme auf Elias' und Scotsons (1990 [1965]) Konzept der *Etablierten und Außenseiter* abschließend mit der Frage, warum durch derartige Gestaltungsprozesse soziale Konflikte in den Städten entstehen können.

Meine Hypothese ist, dass sich Leitbilder und damit auch die ihnen zugrunde liegenden Diskurse in der Materialität der Stadt ausdrücken und sich daraufhin spezifische Räume ausbilden. Die Leitbilder werden durch die Materialität begreifbar, sie materialisieren sich in den Gebäuden und räumlichen Anordnungen der Städte. Die Frage ist, wie sie dies tun – bilden die Architektur, die räumliche Gestaltung und die Materialität einer Stadt insgesamt die für sie verantwortliche politische Planung ab? Ist damit Architektur ein Spiegel der Planung? Dies würde bedeuten, dass der Architektur und der materiellen Gestaltung der Stadt in erster Linie eine Abbildfunktion zukäme. Was aber ist mit der Stadt und dem Vorhandenen selbst, das die Planung beeinflusst? Da dies in dem von mir zu entwickelnden Konzept Berücksichtigung finden muss, ist eine monokausale Beziehung von Planung und Materialität für diesen Kontext nicht anwendbar. Vielmehr scheinen sich die Wirkungen in einem Mehreck von politischer Planung, Umsetzung der Planungsstrategien, Gestaltung des Raums, Gestalt des vorhandenen Raums und NutzerInnen abzuspielen. Hier zeigt sich die Anwendbarkeit der Löw'schen Raumdefinition und die konzeptionelle Bestimmung von Raumkonstitutionen über das *spacing* und die Syntheseleistungen (Löw 2001, 158f.).

Aufbauend auf diesem Verständnis lässt sich die Beziehung von Stadtplanung und Materialität der Stadt folgendermaßen verstehen: Die Stadtplanung setzt bei der Gestaltung der Objekte an. Über die Neu- bzw. Umgestaltung der Objekte wird dann im Konstitutionsprozess der städtische Raum verändert, da die für die Konstitution nötigen Objekte modifiziert werden (Abbildung 11).

Der Stadtplanung kommt daher im Prozess der Raumkonstitution bezogen auf die Materialität eine doppelte Rolle zu: Sie verändert die vorfindlichen Objekte in ihrer materiellen Qualität, indem sie sie entweder neu hervorbringt (durch den

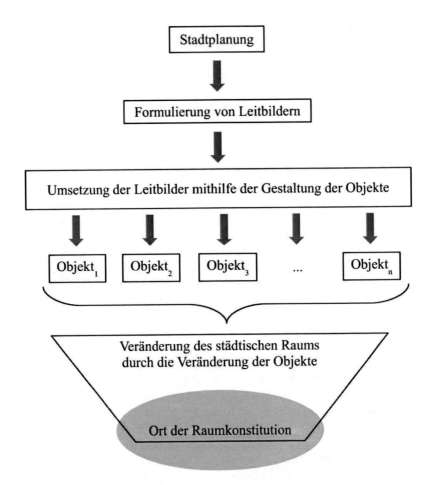

Abbildung 11: Veränderungen des städtischen Raums durch die Stadtplanung, angelehnt an Löws *Raumsoziologie* (2001)

Bau von neuen Gebäuden oder Plätzen) oder modifiziert (durch die Veränderung vorhandener Gebäude oder Plätze). Zudem nimmt sie selber ein *spacing* vor, indem sie durch Umgestaltungen die Platzierungen der sozialen Güter aktiv verändert. Dieses stadtplanerische Handeln basiert auf Leitbildern und trägt maßgeblich zu einer neuen Raumkonstitution bei. Zudem strukturiert es die Raumkonstitutionen der NutzerInnen vor, da es bestimmt, welche Objekte zur Raumkonstitution zur Verfügung stehen

Welche Form nehmen nun diese Gestaltungsprozesse in *Green Creative Cities* an, und inwiefern lassen sich stadtübergreifende respektive „eigenlogische" (Berking und Löw 2008) Merkmale finden? Materialität und Architektur spielen in Dublin, einer Stadt, die sich selbst als kreativ bezeichnet, eine große Rolle. An ihnen wird sozialer Wandel deutlich, und er wird mit ihnen markiert. Diese Markierungen wiederum werden von der politischen Planung genutzt, um die Identität als kreative Stadt zu festigen und nach außen zu verdeutlichen. Dazu werden architektonische und grafisch-visuelle Elemente eingesetzt, die je nach vorliegendem Kreativitätsverständnis und zu transportierender Aussage variieren. Für Göteborg lassen sich, entsprechend der weniger stark ausgeprägten Fokussierung auf Kreativität, an wenigen, im Vergleich aber ähnlichen Punkten Niederschläge einer programmatischen Planung in der Materialität finden. Auch für das Leitbild der Nachhaltigkeit zeigen sich spezifische Gestaltungsformen, welche zusammen mit denen der Kreativität die *Green Creative City* konstituieren.

9.1 Materialität als Spiegel gesellschaftlicher Entwicklungen

In der *Strategic Review* des *Dublin City Development Board* wird der Zusammenhang von politischem Leitbild und Materialität mit einer Spiegel-Metapher beschrieben: „Changes in the physical environment have mirrored changing policy objectives" (Dublin City Development Board o.J., 28). Wie ich in meiner Reflexion der derzeitigen Architektur-Debatte in der Soziologie gezeigt habe (vgl. Kap. 5), ist damit nur eine Dimension eines interdependenten Verhältnisses von Gesellschaft und Architektur beschrieben, aber es ist für die Gestaltung der Stadt durch die Stadtplanung ein wichtiges.

Städtische Leitbilder sind die maßgeblichen Instrumente der Stadtplanung, um die Gestaltung einer Stadt argumentativ zu unterfüttern und die Formulierung von Richtlinien für die Gestaltung des städtischen Raums zu begründen. Bei Renate Mayntz und Volker Schneider (1995) heißt es zu der Implementierung technischer Infrastruktur, einem zentralen Arbeitsfeld der Stadtplanung:

> *Technische Innovationen sind keine zufällig erzeugten Varianten, sonder absichtliche Problemlösungen – auch wenn es sich dabei oft nicht um praktische, sondern um rein kognitive Probleme handelt, und auch, wenn nicht artikulierte Bedürfnisse, sondern (oft genug falsch) antizipierte künftige Verwendungsweisen richtungsweisend sind. (Mayntz und Schneider 1995, 81f.)*

Diese Darstellung zeigt zwei wichtige Punkte: Zum ersten sind Eingriffe in die vorhandene materielle Struktur einer Stadt ‚absichtliche Problemlösungen' von Seiten der Stadtplanung. Die Probleme, für die Lösungen entwickelt werden, sind zum zweiten ‚kognitive Probleme'. Das bedeutet, dass der Arbeit der StadtplanerInnen eine Wahrnehmung der städtischen Situation zugrunde liegt, mit der sie bestimmte Situationen als problematisch bewerten und auf dieser Bewertung aufbauend Lösungsstrategien entwickeln. Leitbilder und die Formulierung von Stadtentwicklungsplänen können dementsprechend als Lösungsstrategien *par excellence* bezeichnet werden: Der Identifikation von wahrgenommenen Problemen wird mit der Entwicklung von Lösungen begegnet. Diese sind in einen kohärenten Rahmen eingebettet, welcher durch die Leitbilder – in den von mir untersuchten Städten sind diese Kreativität und Nachhaltigkeit – gebildet wird. Im Mayntz'schen Vokabular können die Leitbilder auch als „Steuerungsinstrumente" (Mayntz 1987, 93, im Orig. herv.) bezeichnet werden, welche zur Erreichung eines spezifischen „Steuerungsziels" (Mayntz 1987, 94) eingesetzt werden. Letzteres verdeutlicht stärker als der Begriff der Lösungsstrategie die Tatsache, dass den zur Erreichung des Ziels eingesetzten Handlungen, etwa der Erstellung von Planungsdokumenten oder der (Um-)Gestaltung der städtischen Materialität, eine spezifische Intention zugrunde liegt und ist daher in diesem Kontext durchaus anwendbar.

Vor allem die Planungsdokumente sind die Mittel, um die materielle Gestaltung der Stadt zu konzipieren. Dabei liegen Unterschiede zwischen den untersuchten Städten vor: In Dublin gibt es ausführliche Richtlinien, die die Verwendung des Materials für die (Neu-)Gestaltung der Stadt vorschreiben und Begründungen dafür geben, die von den Leitbildern inspiriert sind. In Göteborg sind es dagegen vor allem Empfehlungen für die Gestaltungsform, die formuliert werden, wobei grundsätzlich die Vielfalt im und des Gebauten angestrebt wird. In einem Interview mit StadtplanerInnen zeigen sich diese sehr bestimmt in ihrer Abgrenzung gegenüber strengen Gestaltungsrichtlinien und betonen, dass sie stattdessen auf Empfehlungen setzen:

> *Wir haben etwas, das Städtebauliche Qualitäten heißt, [...] das ist nicht so stark wie Design Guidelines, [...] Qualitätsbeschreibung ist wohl das verbreitetste Wort [...] das ist ein Buch mit Referenzen und in dem man einiges lesen kann über die Sachen, die für die physische Ausgestaltung wichtig sind. [...] es muss doch auch einen Freiraum geben, im sogenannten Baugesetz (byglovet) [...]. Dass es auch einen Gestaltungsanreiz gibt, um zu bauen, und dass man etwas machen kann, so dass es einen Freiraum gibt für den, der tatsächlich baut oder [das Grundstück, ALM] besitzt. (GSB2, Abs. 189-197)*[193]

---

[193] „Vi har nåt som heter stadsbyggnadskvaliteter [...] det är inte så starkt som en designguide, [...] kvalitetsbeskrivning är väl det vanligaste ordet [...] det är en bok med referenser och där man

Dieser Abgrenzung von allzu strengen Richtlinien liegt im Selbstverständnis der PlanerInnen die Überzeugung zugrunde, dass die NutzerInnen der Stadt einen entscheidenden Anteil an der Gestaltung der Stadt tragen. Dieses Selbstverständnis beinhaltet ein weiteres Element, das ich als Gestaltung des städtischen Raums bezeichnen möchte. Im selben Interview beschreibt eine Planerin, dass „es doch häufig der Zwischenraum [ist], den wir planen" (GSB2, Abs. 211). Das, was sie als ‚Zwischenraum' beschreibt, der von ihnen als Planenden gestaltet wird, ist nach meiner Analyse ein spezifischer städtischer Raum der Stadtplanung, der durch die Modifikation der Objekte an einem spezifischen Ort und durch die Anordnung dieser Objekte geschaffen wird.

Der städtische Raum, der aufgrund der Platzierung und der Syntheseleistung (Löw 2001, 158f.) der StadtplanerInnen konstituiert wird, ist dabei *ein* Raum von potentiell so vielen, wie es NutzerInnen der Städte gibt. Diese verschiedenen Raumkonstitutionen überlagern sich, da aufgrund geteilter Erfahrungen sowie ähnlicher Sozialisation die Prozesse der Platzierung und der Syntheseleistung ähnlich sind (vgl. Kap. 5). Es ist daher wahrscheinlich, dass es eine bestimmte Anzahl an Raumkonstitutionen an einem Ort gibt, die sich voneinander unterscheiden lassen und die intern ebenfalls Unterscheidungen aufweisen, welche aber analytisch als Variationen einer einzigen Raumkonstitution beschrieben werden können. Die Raumkonstitution durch die StadtplanerInnen ist die für diese Arbeit entscheidende Raumkonstitution, welche von den Raumkonstitutionen der NutzerInnen der Städte unterschieden werden kann. Die Überlagerung und Unterscheidung der verschiedenen Raumkonstitutionen lässt sich auch grafisch darstellen (Abbildung 12): Der von den StadtplanerInnen konstituierte Raum impliziert verschiedene Nutzungsmöglichkeiten, so dass er in der Grafik die Raumkonstitutionen verschiedener NutzerInnengruppen beinhaltet. Diese Gruppen sind etwa RentnerInnen, KünstlerInnen, gut ausgebildete junge Männer, die aufgrund ihrer je ähnlichen Sozialisation, Erfahrungen und Vorstellungen übereinstimmende Räume konstituieren und daher als Gruppen zusammengefasst werden können. Nichtsdestotrotz liegen Raumkonstitutionen von NutzerInnen vor, die nicht in die der StadtplanerInnen eingeschlossen sind – etwa der sich im öffentlichen Raum nicht nur temporär, sondern konstant aufhaltenden Obdachlosen.

---

låser en del saker som är viktiga för den fysiska utformningen.[...] det måste ju också finnas ett utrymme, i det så kallade bygglovet [...]. Att där finns ju också ett gestaltningsincitament för att bygga, och att man kan göra nånting så att det finns utrymme för den som faktiskt bygger, eller äger."

Die verschiedenen, sich überlagernden Raumkonstitutionen weisen einen Bereich auf, der ihnen allen eigen ist (in Abbildung 12 schraffiert). Meine Annahme ist, dass aufgrund ähnlicher Sozialisationsprozesse in der jeweiligen Stadt und bestimmter übergreifend geteilter Narrative, die die Identität der Stadt und ihre Vergangenheit betreffen, die Raumkonstitutionen bestimmte gleichartige Elemente aufweisen. Diese je übereinstimmenden, kollektiv geteilten Elemente sind das, was Städte voneinander unterscheidet und ihre je spezifische Eigenlogik ausmacht. Diese eigenlogischen Merkmale einer Stadt lassen sich aufgrund ihrer je eigenen „kumulativen Strukturen lokaler Kulturen und ihrer Sedimentbildung in der Materialität der Städte" (Berking und Löw 2008, 11) untersuchen.

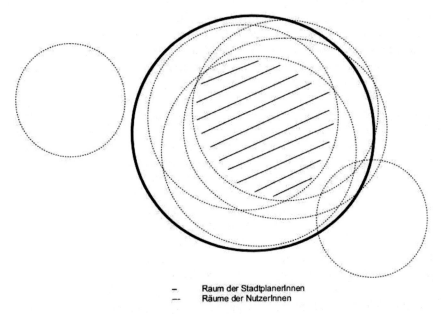

– Raum der StadtplanerInnen
-- Räume der NutzerInnen

Abbildung 12: Verschiedene Raumkonstitutionen in einer Stadt

Für die Untersuchung der Wirkungen einer programmatischen Stadtplanung heißt dies, dass die Materialität einer Stadt von besonderer Bedeutung für die Herausbildung einer spezifischen Gestalt und Identität ist. Auf sie und ihre (Um-)Gestaltung richten sich die auf Leitbildern basierenden Planungsstrategien, und sie ist wiederum maßgeblich für die Raumkonstitutionen, die vorgenommen werden und eine Eigenlogik der Städte entstehen lassen. Diese Eigenlogik ist, so zeigen meine Fallbeispiele, mit dafür verantwortlich, dass Städte, die mit dem Leitbild der creative city arbeiten, vergleichbare, aber nicht identische Materialitäten ausbilden.

Abbildung 13: Der *Grand Canal Square* in den *Dublin Docklands*

9.1.1 Die Architektur (in) der kreativen Stadt

In Dublin lässt sich eine sehr explizite Auseinandersetzung mit dem Thema Architektur feststellen. Diese ist besonders stark ausgeprägt in den Stadtteilen, in denen in großem Maß neu gebaut wird, wie es in den *Dublin Docklands* der Fall ist. Dort ist auch eine bestimmte Form der Architektur wichtig: Es wird auf Aufmerksamkeit erregende Gebäude gesetzt, wie z.B. im Fall des *Grand Canal Square*, der zum Zeitpunkt meiner teilnehmenden Beobachtung im Bau war (Abbildung 13). Dort entsteht nach einem Entwurf von Daniel Libeskind das *Grand Canal Theatre*, welches sich durch gläserne, ineinander verschachtelte Fassadenelemente auszeichnet, und das von Manuel Aires Mateus entworfenen *Grand Canal Square Hotel*, dessen Merkmal die weißen Quader an der Fassade sind.

Auch wenn in Göteborg weniger explizite Vorgaben zur architektonischen Gestaltung der Stadt zu finden sind, wird ihr dennoch von Seiten der Stadtplanung Bedeutung zugesprochen. Der Stadtentwicklungsplan fordert eine Anpassung des Neuen an das Vorhandene, die allerdings nicht mit einer Nachahmung gleichbedeutend ist. Anpassung kann auch mit einer Abweichung, z.B. im Material oder in der Form, einhergehen, denn ausschlaggebend ist das aus der Gestaltung entstehende Gesamtbild (Stadsbyggnadskontoret 2008, z.B. 39). Die eigenlogische Struktur der Stadt und damit ihre spezifische, auch materielle Identität droht verloren zu gehen, wenn die Architektur eine zu große (globale) Homogenität aufweist (vgl. GSB1, Abs. 26ff.). Dies zeigt, wie stark die architektonische Gestaltung einer Stadt diskursabhängig ist – das Resultat des Bauens in Göteborg zeigt Spuren einer derzeit global vorherrschenden Form des Bauens, jedenfalls aus der Perspektive der StadtplanerInnen. Nach der Aussage eines Planungsverantwortlichen waren derartige Bezüge und der daraus entstehende Eindruck des Gleichförmigen nicht intendiert (ebd.). Daran zeigt sich, dass der Planung einer (kreativen) Stadt nicht eine ebenso planbare materielle Umsetzung folgt, sondern dass an dieser Stelle der Umsetzung von Planung und der Realisierung von Leitbildern Brüche auftreten können – in diesem Fall durch die Bauträger.

Eine *kreative* Stadt kann nicht alleine mithilfe von Planungsstrategien entstehen. Sobald sie realisiert wird, d.h. die Strategien umgesetzt werden, bieten sich Einfallstore für widerständiges Handeln, für Modifikationen. Ähnlich wie im Fall von (sprachlichen) Wiederholungen, die nie ohne kleine Modifikationen der zu Wiederholenden vorgenommen werden können (Derrida 1988), verhält es sich hier. Die Übertragung von in Sprache formulierten Leitbildern und Strategien in Bauplänen, von den Bauplänen in die Materialisierung am Ort, von der Materialisierung einzelner Gebäude und Plätze zur Raumkonstituierung durch die NutzerInnen – dieser Prozess beinhaltet mindestens drei Momente, an denen Veränderungen der ursprünglichen Idee eintreten, seien sie intendiert oder nicht.

Ohne die physische Umsetzung der Strategien bliebe die *creative city* aber die Idealvorstellung einer kreativen Stadt, die nicht realisiert wird bzw. werden kann. Welche Bedeutung bauliche Großprojekte potentiell bekommen können, arbeitet Mark C. Childs (2008) heraus. In einer Studie, die sich mit der narrativen Struktur von städtischem Design beschäftigt, spricht er derartigen Bauvorhaben zu, Ausdruck einer vorherrschenden diskursiven Ordnung sein zu können: „[Large-scale] projects [...] can be a component of creating a political or economic hegemony" (Childs 2008, 183). Die Materialität der Stadt entsteht nach dieser Lesart auch in Beziehung zu Erzählungen über die Stadt, d.h. zu den Syntheseleistungen der NutzerInnen einer Stadt. Aus der Perspektive der BefürworterInnen einer heterogenen Stadt kann dies problematisch sein, denn die verschiedenen alternativen Diskurse finden sich nicht in der hegemonialen Form der Stadtgestaltung. Childs nimmt darauf Bezug, wenn er einen Ausgleich zwischen dem „dominating master narrative [...] and [...] settings for alternative stories" (Childs 2008, 184) empfiehlt. In diesem Sinn kann dann den unterschiedlichen sozialen Gruppen der Stadt und ihren Bedürfnissen und Ansprüchen auch mittels der Materialität einer Stadt Rechnung getragen und der Versuch der Integration unternommen werden. Dabei setzen einige der StadtbewohnerInnen Hoffnung in die materielle Gestaltung der Stadt und explizit in die Schaffung neuer Architektursymbole, z.B. in den *Docklands*, wie es im Interview mit einem Vertreter des

Dublin Chamber of Commerce zum Ausdruck kommt, wenn er sagt: „Hopefully the Docklands will provide us with a few buildings where we can go: ‚aw, that's great'" (DCh1, Abs. 486). Dass die Gestaltung der Materialität auf der Basis der Erschaffung vieler neuer Gebäude nicht ausreicht, wird deutlich, wenn eine Bewohnerin darauf hinweist, dass die *Docklands* zwar gut gestaltet seien, aber „the atmosphere is lacking I suppose" (CCD1, Abs. 357) – und das Fehlen der Atmosphäre (vgl. dazu Löw 2001, z.B. 204ff.), welche ein, wie ich im vorangegangenen Kapitel gezeigt habe, wichtiges Element der Einzigartigkeit von Städten ist, ist für sie ein Grund, diesen Teil der Stadt selten aufzusuchen.

Einen zentralen Unterschied und damit einen Hinweis auf ihre jeweilige Eigenlogik weisen die beiden untersuchten Städte bezüglich der von der Stadtplanung antizipierten materiellen Veränderungen und der Art der antizipierten stadtplanerischen Einflussnahme auf. Wie schon angedeutet, wird in Dublin sehr viel stärker als in Göteborg mit *Design Guidelines* gearbeitet, die die Gestaltung der Gebäude, städtischen Räume und Stadtteile kontrollieren. Dabei lassen sich die Vorstellungen von Beeinflussung auf einer Skala von ‚starke Vorgaben geben' bis ‚kaum Vorgaben geben' anordnen. Zur Verdeutlichung seien hier zwei entsprechende Interviewauszüge exemplarisch gegenüber gestellt. So heißt es im Interview mit einem Stadtplaner des Göteborger Planungsamtes zur architektonischen Gestaltung des Hafengebietes:

*Ich habe unter anderem die Auffassung, die man in Schweden ‚Folge John' nennt, wenn ein richtig bekannter Architekt anfängt, auf eine bestimmte Weise zu zeichnen, folgen ihm alle anderen. Und davon, das fürchte ich leider, davon sieht man da draußen Spuren. Und dem versuchten wir entgegenzuwirken, […] und dann haben wir es [Västra Sannegårdshamnen, ALM] aufgeteilt, dass ein Bebauer nur einen Häuserblock bekommen hat, so sollten es unterschiedliche Gebäude in jedem Block sein. In jedem Fall habe ich in meiner Einfalt gedacht, wenn sie verschiedene Architekten nehmen, dann bekommen wir unterschiedliches Aussehen. Aber nicht nur, dass sie gleich zeichnen, man kann nicht sehen, dass es verschiedene Architekten sind, das war also nicht der richtige Griff ((lacht)). […] Man muss nur rausgehen und es sich angucken, kann man wohl sagen. […] geh dorthin und sieh dir an, wie es geworden ist, es ist nicht gut geworden, finde ich, **es ist zu ähnlich**. (GSB1, Abs. 26-30, Herv. ALM)[194]*

---

[194] „Jag har den uppfattningen bland annat, som i Sverige (kallar) Följa John, börjar en riktigt känd arkitekt att rita på ett visst sätt så följer resten efter. Och det, det tyvärr tycker jag att man ser spår därutifrån. […] Och då försökte vi motverka det genom ett stort som heter västra Sannegårdshamnen, […] och så delade vi upp så att en byggare fick bara ett kvarter så skulle det vara olika byggare på varje kvarter. För i alla fall trodde jag i min enfald, då kommer dom att ta in olika arkitekter, och så får vi olika uttryck. Men bara att dom ritar likadant alltihop, så det går ju inte att se att det är olika arkitekter, så det var inte rätt grepp ((lacht)). […] Det är bara att åka ut

Der hier angestrebten, wenn auch gescheiterten Vision unterschiedlicher Stile innerhalb eines Bebauungsgebietes steht die Bebauungsvision beispielsweise der *Dublin Docklands* entgegen, welche exemplarisch in der Begründung für die Existenz der entsprechenden *Design Guidelines* zu finden ist. In ihnen heißt es:

> *It is anticipated that the promotion of creativity and good design* within a unified concept *will result in a vibrant, lively personality unique to the Docklands area.* (DDDA 2008, 2, Herv. ALM)

Dieser Unterschied zwischen dem angestrebten „unified concept" der *Dublin Docklands* und dem antizipierten „unterschiedliche[n] Aussehen" des *Västra Sannegårdshamnen* ist gerade deswegen bedeutsam, als es sich in beiden Fällen um die Gestaltung der Hafengebiete handelt. *Västra Sannegårdshamnen* ist ein Quartier im nördlichen Hafengebiet von Göteborg, welches immensen materiellen Umgestaltungen unterzogen wird, gleiches gilt für die *Dublin Docklands*. Es handelt sich in beiden Fällen um zentrale Transformationsorte der Städte, nämlich um die ehemaligen Industriehäfen. Hier geht es in viel stärkerem Maß als in anderen Stadtteilen um Neugestaltung und Neubau, die Gestaltungsfreiheiten sind grundsätzlich ebenfalls größer, weil kaum denkmalgeschützte Gebäude existieren. Diese Freiheit wird im Fall von Dublin dazu genutzt, engmaschige Richtlinien zu entwerfen, um ein einheitliches Stadtteilbild zu erhalten, während in Göteborg zumindest der Wille formuliert wurde, der Vielfalt einen baulichen Ort zu geben und so die für die Raumkonstitution nötigen Objekte möglichst heterogen werden zu lassen. Gleichwohl gibt es auch in Göteborg fixierte Reflexionen der architektonischen Gestaltung der Stadt. Hervorgehoben wird die *formspråk*, die Formensprache der Gebäude:

> *In einem traditionellen Stadtteil gibt es eine große Vielfalt von Formensprachen, aber in einem bestimmten Rahmen, einer Grammatik, die vom Material, der Technik und den Stilidealen unterschiedlicher Epochen gegeben wird.* (Stadsbyggnadskontoret 2008, 38, Übers. ALM)

Diese Analogie zur Sprache verweist auf das in Kapitel 5 erwähnte Verständnis der Stadt als Text und gibt einen interessanten Hinweis auf das Verständnis und die Bedeutung von Einheitlichkeit und Variation. Die Syntax einer Sprache, d.h. ihre formalen Strukturregeln, gibt einen Rahmen vor, innerhalb dessen in begrenzter Anzahl Variationen möglich sind, damit die Sprache verständlich bleibt. Unterschiedliche Epochen weisen nun, wie verschiedene Sprache, unterschiedliche Grammatiken auf. Wenn innerhalb eines Stadtteils Gebäude aus unterschiedlichen Epochen anzutreffen sind, dann unterscheiden sich die epochenspezifischen Gruppen untereinander: Vielfalt ist zu beobachten. Innerhalb der Gruppen

---

och titta så kan man väl säga. […] åk ut och titta hur det blir då, det blev inte bra, tycker inte jag, alltså, det blev för likt."

finden nur Variationen eines baulichen Stils statt: Einheitlichkeit ist zu beobachten. Indem ein Stadtteil wie das Dubliner Hafengebiet aufgrund von *Design Guidelines* einen bestimmten Stil, eine Formensprache der Gebäude vorgibt, ist auch diese epochenspezifisch. Angestrebt wird, dass das Hafengebiet einen materiellen Ausdruck des 21. Jahrhunderts darstellt (vgl. DDH2, Abs. 788). Eine Vorstellung von dem, was ‚das 21. Jahrhundert' für die StadtplanerInnen bedeutet, gibt die mithilfe der städtischen Leitbilder formulierte Vision einer kreativen und nachhaltigen Stadt.

Derartige Transformationsprozesse im großen Stil lassen sich in ehemaligen Industriebrachen besser als in innerstädtischen, dicht bebauten Stadtteilen realisieren und materiell umsetzen, da es vor allem um die Schaffung eines neuen gebauten Ausdrucks, um eine neue Formensprache geht. Diese in der Gegenwart verankerte, auf die Zukunft gerichtete Planung hat allerdings ein Problem: Möglicherweise geht über sie die Identifikation der NutzerInnen mit der Stadt verloren, da eine neue Identität quasi aus dem Nichts erschaffen wird, denn es liegt keine gebaute Tradition außerhalb der Werftanlagen vor. Dieses Phänomen, in Industriebrachen und anderen, funktional ungenutzten städtischen Orten Aufwertungsstrategien anzuwenden und die Orte zu attraktiven Wohnorten zu machen, beschreiben Loretta Lees, Tom Slater und Elvon Wyly als „new-build gentrification" (Lees, Slater und Wyly 2007, 138). Ihrer Ansicht nach liegen zwar Unterschiede zum klassischen Gentrifizierungsprozess vor, da im Fall von Industriebrachen keine ortsansässige Bevölkerung vertrieben wird. Dennoch weist die Förderung der wohlhabenden urbanen Mittelschichten strukturelle Ähnlichkeiten mit gentrifizierten Innenstadtgebieten auf, denn auch diese Förderung führt mittelbar zu „displacement of lower-income people by an incoming middle class – even if the processes of displacement are perhaps less overt." (Lees, Slater und Wyly 2007, 140)

Dieser Herausforderung, einen Weg zwischen Tradition und gewachsener Identität auf der einen und Zukunftsgerichtetheit und Neugestaltung auf der anderen Seite finden zu müssen, wird mit dem Versuch begegnet, in die Gestaltung der Stadt sowohl neue als auch vorhandene Elemente zu integrieren. Im Göteborger Dokument zur Gestaltung von Stadtteilen wird zwischen Anpassung an vorhandene Baustile und Nachahmung von existierenden Gebäuden als möglichen Praktiken der Stadtplanung unterschieden (Stadsbyggnadskontoret 2008, 39). Erstere nimmt die Elemente der Umgebung auf, ohne sie zu imitieren und ist daher die erstrebenswerte planerische und bauliche Strategie. Die Arbeit der PlanerInnen ist also im Spannungsfeld zwischen einer identitätsstiftenden, mit innerstädtisch-wiedererkennbaren Strukturen versehenen und einer unterscheidbaren, mit innerstädtisch-unterschiedlichen Elementen ausgestatteten Gestaltung der materiellen Struktur der Stadt angesiedelt. Es findet ein Oszillieren zwischen Einzigartigkeit und Wiederkennung statt – ein ähnlicher Prozess wie der von Löfgren (2005) für die Übersetzung der *experience economy* in den skandinavischen Kontext beschriebene (vgl. Kap. 8). Wie stark der Wunsch nach Homogenität seitens der RezipientInnen der Stadtplanung sein kann, formuliert eine Grafikdesignerin aus Dublin, die im Interview forderte, dass der Aspekt der kontextualisierten Planung nicht nur in Dublin, sondern in ganz Irland stärker berücksichtigt werden müsse:

> *I don't believe the planning is considered enough. We tend to give permission to build things that just don't fit in. [...] And just if everyone's shop-front could blend nicely together and compliment each other [...] I'm not saying everything has to be so the exact same, it's boring, but just something that would compliment each other and a bit classier, y'know, more sophisticated. (CCD1, Abs. 224-232)*

In einer Stadt liegen demnach ganz unterschiedliche Vorstellungen von dem vor, was eine erstrebenswerte Gestalt der Stadt ist.[195] Gleichzeitig sind die unterschiedlichen Bedürfnisse der verschiedenen sozialen und ökonomischen Gruppen einer Stadt zu berücksichtigen. Leichte Erreichbarkeit bestimmter Orte in der Stadt kontrastiert oft mit der vorhandenen Straßenführung oder Bebauung, so dass Wege gefunden werden müssen, um „günstige Voraussetzungen für Unternehmen [zu schaffen], ohne gleichzeitig die grundlegenden Züge im Charakter der Stadt zu schwächen." (Stadsbyggnadskontoret 2008, 6, Übers. ALM) Dabei muss zwischen der Gestaltung von Stadtteilen unterschieden werden, die einer vollständigen Transformation unterzogen werden – wie es in den Hafengebieten der Fall ist – und denen, in denen eine Modifikation des Bestehenden stattfindet, wie es in den innerstädtischen Stadtteilen die Regel ist. Dort geht es vor allem darum, Neues in das Vorhandene zu integrieren; in vielen Fällen muss dabei auch der gesetzliche Denkmalschutz berücksichtigt werden. Dieser Aspekt ist im Dubliner Stadtteil *The Liberties* ein zentraler Punkt, in dem der Technologiepark *The Digital Hub* entsteht, welcher z.T. in unter Denkmalschutz stehenden ehemaligen Gebäuden der *Guinness*-Brauerei angesiedelt ist, wie ich im Verlauf dieses Kapitels zeige. Wie stark die Gestaltung des Stadtteils und die soziale Akzeptanz des *Digital Hub*, eines Projekts zur ökonomischen und sozialen Stadtteilaufwertung, zusammenhängen, zeigen die Interviews. Dort wird wiederholt betont, dass die Langsamkeit der vonstatten gehenden physischen Transformation die Integration des Projekts in die bestehende lokale Gemeinschaft positiv beeinflusst habe (z.B. DCC2, Abs. 532ff.). In diesem Projekt sind es zunächst positive ökonomische und soziale Veränderungen, wie Arbeitsplätze, Weiterbil-

---

[195] An dieser Stelle lässt sich auch an die Schlossplatz-Debatte in Berlin denken, die seit Anfang des 21. Jahrhunderts geführt wird, sowie an den schon vollzogenen Wiederaufbau des Braunschweiger Schlosses, welches jetzt mit den *Schlossarkaden* ein Einkaufszentrum beherbergt. Auch hier handelt es sich um ein Changieren zwischen Vergangenheit und Zukunft.

dungsmaßnahmen und Schulprojekte, die im Stadtteil bemerkbar werden, während sich die physischen Veränderungen zeitlich verzögert vollziehen.

In allen genannten Fällen geht es um die Gestaltung der Stadt auf der Basis von Architektur. Zu der Materialität gehören aber auch, wie ich in Kapitel 5 beschrieben habe, die Ornamente, die der Materialität eine noch stärker visuelle Dimension zukommen lassen. Ihnen wende ich mich nun zu.

9.1.2 Ornamente in der kreativen Stadt

Als weitere Stadtteile, in denen Modifikationen des Vorhandenen stattfinden, lassen sich diejenigen identifizieren, die Prozesse der Gentrifizierung durchlaufen haben und in denen die Effekte dieser Prozesse nun als Teil der Stadt(teil)identität programmatisch verwendet werden. Insbesondere trifft dies auf den Dubliner Stadtteil *Temple Bar*[196] zu. In etwas anderen Ausprägungen lässt sich ein ähnlicher Prozess auch im Göteborger Stadtteil *Haga*[197] feststellen. Insbesondere im Fall von *Temple Bar* weist der Transformationsprozess dieses innerstädtisch gelegenen Stadtviertels spezifische Merkmal der klassischen Gentrifizierung auf.

Der Materialität kommt auch bei diesem Transformationsprozess des städtischen Raums eine große Bedeutung zu, da an ihr die Veränderungen sichtbar werden – ganz im Sinne von Lees et al., die die Gentrifizierung als einen „visible urban process" (Lees, Slater und Wyly 2007, 3) beschreiben. Die materielle Veränderung in *Temple Bar* weist ein besonderes Merkmal auf, das das Viertel von anderen gentrifizierten Vierteln unterscheidet. Die im Verlauf der sukzessiven Aufwertung von *Temple Bar* von den BewohnerInnen hinterlassenen, materiell sichtbaren Spuren – Ornamente, wie ich sie in Kapitel 5 definiert habe – trugen dazu bei, dass das Viertel eine Identität als KünstlerInnen-Viertel erlangte. Dabei half, dass die Anwesenheit von KünstlerInnen sich auch in der ästhetisierten Gestaltung des Viertels niederschlug, beispielsweise in *graffiti* und bemalten Hauswänden. Diese werden, seitdem es seit Ende der 1990er Jahre den *Temple Bar Cultural Trust* gibt, auch von Seiten der lokalen Politik als Gestaltungselemente in diesem Stadtteil gefördert. Abbildung 14 bis Abbildung 16 zeigen, wie sich das ursprünglich illegale *graffiti* zu einem zentralen Gestaltungselement in *Temple Bar* entwickelt hat.

---

[196] Siehe dazu z.B. die Homepage des *Temple Bar Cultural Trust*, URL: www.templebar.ie (letzter Zugriff am 11.4.2013).
[197] Zum Stadtteil *Haga* siehe z.B. URL: http://www.alltidgot.com/ (letzter Zugriff am 11.4.2013).

Abbildung 14: Auftragsarbeit der *Freebird Records* an einer Hauswand, Ecke *Crown Alley/Cope St*, Dublin 2008

Abbildung 15: Sieger des Wettbewerbs *Invoke Street Art* des *Temple Bar Cultural Trust*, Gestaltung eines Schaltkastens, *Eustace St*, Dublin 2008

Abbildung 16: Gestaltung der Hausfassade, *Temple Ln South*, Dublin 2008

Abbildung 15 deutet dabei etwas sehr Interessantes an. Hier handelt sich um die Gestaltung eines Schaltkastens an einer der Straßenecken, die den geographischen Beginn von *Temple Bar* markieren. Interessant ist, dass es zum einen die Ästhetisierung eines infrastrukturell notwendigen Elements des städtischen Raums darstellt. Zum zweiten wird bei der Gestaltung – die auf den Wettbewerb *Invoke Street Art* zurückgeht – auf kulturell verankerte Assoziationen mit Kunst zurückgegriffen, der Schaltkasten ist ähnlich einem *pop art*-Gemälde gestaltet. Zum dritten befindet sich an der Schmalseite des Kastens eine Plakette mit einem Hinweis auf den Künstler und die Website des Wettbewerbs. In einem anderen Fall verweist eine solche Plakette eines ebenfalls künstlerisch gestalteten Schaltkastens auf die Website der *Temple Bar Traders*, eines Zusammenschlusses von Unternehmern in *Temple Bar*,[198] sowie auf das Sponsoring der Schaltkasten-Gestaltung durch sie. Damit sind sie Beispiele für eine gewachsene Identität, die dezidiert weitergetragen wird.

9.1.3 Architektur und Ornamente als Reflexion der Planung

Insgesamt lässt sich sagen, dass eine programmatische Ausrichtung der Stadtentwicklung auf Kreativität mit entsprechenden Versuchen einhergeht, auf die Materialität der jeweiligen Stadt einzuwirken. In den *Dublin Docklands* wird Kreativität explizit mit der Materialität des zu Bauenden in Verbindung gebracht: In den *Design Guidelines* dient Kreativität als leitendes Prinzip für den „Docklands Style" (Dublin Docklands Development Authority 2010, 2 resp. 12). Im *Dublin City Development Plan 2005-2011* wird zudem die Verbindung von Nachhaltigkeit und städtischer Gestalt hervorgehoben (Dublin City Council 2005, 2f.): Die Vision der nachhaltigen Stadt verwirklicht sich, so die dort formulierte Programmatik, in einer spezifischen Gestalt(ung) derselben. Begreift man die Ausrichtung am Thema der Nachhaltigkeit ebenfalls als die Wirkung eines Diskurses, der sich in Planungsstrategien niederschlägt, lässt sich folgern, dass sich dieser Diskurs – nach der Realisierung der Planungen – in der materiellen Gestalt der Stadt manifestiert.

Eine den lokalen städtischen Planungen zugrunde liegende Idee ist demnach, dass das Gebaute Ausdruck der Programmatik der Planung ist. Ein Zitat aus einem Stadtentwicklungsdokument aus Dublin zeigt, wie in der Praxis der Zusammenhang von politischen Zielen und physischen Veränderungen konzeptionalisiert wird:

---

[198] Ähnliche Zusammenschlüsse finden sich in verschiedenen Städten, so auch in Bielefeld, wo sich in der Initiative *Rund um den Siggi* verschiedene, im Stadtteil angesiedelte (Klein-)UnternehmerInnen zusammenfinden, URL: http://www.rundumdensiggi.de (letzter Zugriff am 11.4.2013). Derartige Zusammenschlüsse weisen eine Stadtteilorientierung auf und bauen auf die lokale Identität mit dem jeweiligen Stadtteil.

Changes in the physical environment have mirrored changing policy objectives with new housing densities facilitating the shift towards apartment living within the city leading to the creation of a whole series of 'urban quarters' where employment, residential development and recreational and cultural spaces coexist in harmony. *(Dublin City Development Board 2007, 28, Herv.i.O., fette Herv. ALM)*

Die Spiegel-Metapher, die hier anklingt, findet sich auch an anderen Stellen, beispielsweise in den *Shopfront & Signage Guidelines*, und ist ein deutliches Zeichen dafür, dass auch die StadtplanerInnen selbst die Stadtplanung und die materielle Stadtgestalt als zusammengehörig verstehen und eine Einflussnahme von ersterer auf letzterer als möglich betrachten. Was das Spiegelbild letztendlich genau zeigt, bleibt dabei offen – ein Spiegelbild kann das Abgebildete verzerren, verschönert darstellen, verfremden. In jedem Fall ist eine Differenz zwischen Abgebildetem und Abbildung, zwischen Gespiegeltem und Spiegelbild festzustellen. Mithilfe der Spiegel-Metapher wird deutlich, dass der Schritt zwischen den formulierten Strategien und der Umsetzung der Moment einer Stadtplanung ist, der sich durch die größte Unwägbarkeit auszeichnet, wie es nicht zuletzt das Interview mit dem Göteborger Stadtplaner zeigt, das ich weiter oben schon herangezogen habe. In seinem Fall wurde versucht, eine unterschiedliche Gestaltung des Göteborger Hafenareals u.a. durch die Auswahl verschiedener ArchitektInnen zu erreichen; diese Initiative schlug fehl, da sich die Baustile derart ähnelten, dass nach der Realisierung kaum Unterschiede zu entdecken waren (GSB1, Abs. 26ff.).

Die Gestaltung des Raums durch die StadtplanerInnen bringt mit sich, dass die Leitbilder ihre physische Entsprechung finden. Dies wirkt sich auch auf den städtischen Raum aus, wenn man die von mir zugrunde gelegte Konzeption heranzieht: Leitbilder liegen der Stadtplanung zugrunde, welche bestimmt, wie der städtische Raum (um-)gestaltet wird. Ansetzen kann die Stadtplanung in erster Linie an dem Moment der Anordnung der Dinge, also an der vor allem materiellen Dimension des städtischen Raums. Die Entwicklung von Leitbildern und die Realisierung dieser Leitbilder im Gebauten tragen maßgeblich dazu bei, den städtischen Raum zu bilden. Damit sind sowohl Veränderungen als auch Stabilisierungen in der Konzeption des Raumes gemeint. Wie die Leitbilder der Kreativität und Nachhaltigkeit in den untersuchten Städten materiell realisiert werden, zeige ich im Folgenden.

9.2 Gebautes als Ausdruck von Kreativität

Das Leitbild der Kreativität findet in beiden untersuchten Städten seinen gebauten Ausdruck. Die analytische Unterscheidung der zwei Kreativitätsverständnisse (vgl. Kap. 8) zeigt sich deutlich in der (Um-)Gestaltung der Städte. Die technologische Innovation und die künstlerisch-ästhetische Kreativität lassen sich je spezifischen materiellen Gestaltungen zuordnen. Im letzten Fall wird auf gewachsene Gestaltungsformen Bezug genommen, indem beispielsweise *graffiti* als Ornamente (weiter-)verwendet oder explizit eingesetzt werden. Im Fall der technologischen Innovation dagegen sind es bauliche Elemente, die in die Restrukturierung des städtischen Raums integriert werden, wie die unter Denkmalschutz stehenden Gebäude, die zu Orten der Technologieparks umgenutzt werden, oder Neubauten in einem spezifischen Baustil, die auf die Nutzung durch die *creative class* zugeschnitten sind.

Technologieparks: Ausdruck der Kreativität als Innovation

Kreativität als technologische Innovation zu verstehen bedeutet für die Stadtplanung auch, diesem Verständnis einen sinnlich wahrnehmbaren Ausdruck im städtischen Raum zu geben. Als paradigmatische Beispiele für eine solche (Um-)Gestaltung des städtischen Raums können die Technologieparks gelten, die in den beiden untersuchten Städten im Verlauf der vergangenen Jahre entstanden sind. Hier zeigen sich ähnliche Strukturen wie die, die Martina Heßler (2007) in ihrer Analyse dreier deutscher Wissenschaftsstandorte als maßgebliche Elemente der *creative cities* beschreibt. Welche Merkmale weisen nun diese neu geschaffenen und den städtischen Raum gestaltenden Technologieparks auf? Es lassen sich zwei grundsätzliche Formen unterscheiden: Zum einen finden sich, exemplarisch in Dublin, Technologieparks, die in schon existenten Gebäude errichtet werden und diese damit einer neuen Nutzung zuführen. Zum anderen finden sich Neugestaltungen ganzer städtischer Gebiete, die in deutlichem Umfang Neubauten beinhalten. Dies zeigt sich besonders in Göteborg, in geringerem Ausmaß auch in Dublin. Die Besonderheit, die beide dieser Formen auszeichnet, ist ihre innerstädtische Lage bzw. ihre Einbeziehung in die Gestaltung einer modifizierten, da erweiterten Innenstadt. In stadtgestalterischer Hinsicht nehmen die an zentralen Transformationsorten befindlichen Technologieparks eine zentrale Rolle ein und bezeugen die Bedeutung, die das Leitbild der Kreativität für die StadtplanerInnen besitzt.

Im Folgenden beschreibe ich die zwei Formen, in denen die Technologieparks auftreten, genauer und beziehe dabei auch fotografisches Datenmaterial ein.

Technologieparks als Umnutzung des städtischen Raums

In Dublin wurde im Jahr 2003 der *Digital Hub* ins Leben gerufen, ein auf digitale Medien spezialisierter Technologiepark. Stadtgestalterisch weist er einige Besonderheiten auf: Er ist in einem der ältesten Stadtteile Dublins gelegen, dem innerstädtischen *The Liberties*, welcher durch Gebäude aus dem 19. Jahrhundert geprägt wird. Stadtgeschichtlich bedeutsam ist dieser Stadtteil, da er einen der Gründungsorte der Stadt darstellt. In der jüngeren Geschichte war er für die Stadt und ihre BewohnerInnen allerdings vor allem deswegen wichtig, da er die *Guinness*-Brauerei beherbergte, die einer der großen Arbeitgeber der Stadt war. Heute sind noch einige wenige Gebäude der Brauerei in ihrer ursprünglichen Form und Einrichtung als Ausstellungsorte für TouristInnen erhalten. Andere Teile werden für andere Zwecke genutzt, unter anderem für den Technologiepark *The Digital Hub*. Da der Großteil der ehemaligen Brauerei-Gebäude denkmalgeschützt ist, findet die Umgestaltung ausschließlich im Inneren der Gebäude statt.

Die Umnutzung hat einen funktionalen und einen sozialen Effekt: Einerseits kommt es zu einer Aneignung von Gebäuden, die in ihrer ursprünglichen Funktion überflüssig geworden sind. Bier wird dort nicht mehr gebraut, und nur einige der Gebäude eignen sich, um Touristen die Geschichte der Brauerei vor Augen zu führen, visuell und materiell. Die Überführung in die Nutzung durch Unternehmen aus dem Bereich der digitalen Medien stellt eine Transformation eines traditionellen Industriestandortes in das 21. Jahrhundert dar. Damit wird die grundsätzliche Aufgabe der Gebäude als Orte der Wirtschaft beibehalten, aber ihre Funktion ändert sich, da anstelle von Bier nun auf Informationstechnologien basierende Dienstleistungen hergestellt werden. Anders formuliert: *The Liberties* bleiben ein Ort des spezialisierten Wissens, aber die Art des Wissens und damit auch die Anforderungen an die WissensarbeiterInnen ändern sich. Andererseits hat die Umnutzung soziale Folgen, die nicht nur die WissensarbeiterInnen, sondern auch die BewohnerInnen des Viertels betreffen: Es findet eine Aufwertung des Viertels statt. Diese ist ökonomischer Art, da neue Arbeitsplätze geschaffen werden. Sie weist aber auch eine soziale Dimension auf, da *The Digital Hub* mit den Schulen im Viertel und den BewohnerInnen kooperiert. Der Umgang mit neuen Technologien, die Aneignung spezifischer Kompetenzen und die Vermittlung von Kontakten zu Unternehmen sind dabei die von den Stadtverantwortlichen intendierten Folgen der sozialen Aufwertung der *Liberties*. Ein Repräsentant des *Digital Hub* formuliert es in einem Interview folgendermaßen:

> *we from the very beginning ensure [...] that the local community would feel comfortable about engaging with the project, and with feeling comfortable about engaging with the technology [...] [we, ALM] encourage them to want to, at least think about options that they might consider as they plan their lives forward through education and into employment, that they would begin to see that there's a world of work [...] you know, in this area [...] if you want to participate fully in all the opportunities that the twenty-first century [...] is offering, then you do need to have a digital literacy (DDH2, Abs. 453-463).*

Das 21. Jahrhundert wird als eines mit veränderten lebens- und arbeitsweltlichen Anforderungen konzipiert, und die volle Partizipation an diesem Leben erfordert neue Kompetenzen. Bildung wird von den Verantwortlichen als ein zentrales

Element der Verbesserung der sozialen und ökonomischen Situation der BewohnerInnen des Viertels verstanden. Dieser Aspekt ist wichtig für die Planungsverantwortlichen, da es sich bei *The Liberties* um einen im historischen Verlauf zunehmend deprivierten Stadtteil handelt, der lange Zeit ein Beispiel für negative sozialräumliche Segregation und damit die Verstärkung der sozialen Ungleichheit durch die residentielle Segregation an diesem Ort darstellte. Den Charakter des benachteiligten Stadtviertels hat er zwar noch nicht abgelegt, aber es gibt sichtbare Zeichen sozialökonomischer Aufwertung. Ein besonders interessanter Aspekt der Umnutzung durch Technologieparks ist die Kombination von Altem und Neuem, welche sich in der Architektur selber zeigt. Da ein Großteil der Gebäude, die derzeit vom *Digital Hub* genutzt werden, unter Denkmalschutz stehen, dürfen sie äußerlich und in ihrer Gebäudestruktur und Anordnung nicht verändert werden. Das bedeutet, dass die Veränderungen, die sich in der Funktion der Gebäude zugetragen haben, von außen kaum wahrnehmbar sind. Im In-

Abbildung 17: Die Inneneinrichtung des *Digital Depot*, Dublin 2007 © *Digital Hub Development Agency*, vs. Außenansicht des *Digital Hub* in der *Thomas St*, Dublin 2008

nen-Außen-Vergleich dagegen zeigen sich die massiven Transformationen, die in der Getaltung der Gebäude aufgrund der veränderten Funktion vorgenommen wurden. Ziel ist nicht mehr die Herstellung von Bier, sondern die Produktion von Wissen und digitalen Dienstleistungen. Folglich sind die Gegenstände, die dazu benötigt werden, andere. Die Bilder in Abbildung 17 zeigen die Unterschiede zwischen der äußeren und der inneren Gestaltung des *Digital Depot* in der *Thomas Street*.[199]

---

[199] Bilder der nun veränderten Inneneinrichtungen in den Gebäuden der ehemaligen *Guinness*-Brauerei sind auf der Website des *Digital Hub* zugänglich, URL: http://www.thedigitalhub.com/move-to-the-hub (letzter Zugriff am 11.4.2013).

Das gebaute Alte wird also mit funktional Neuem kombiniert, und diese veränderte Anordnung der Objekte lässt einen veränderten Raum entstehen, da sich durch die Modifikation der Objekte auch die Raumkonstitution der NutzerInnen verändert. Es entsteht der Raum der technologischen Innovation. Es gibt aber noch eine zweite Version dieses Raums der technologischen Innovation, dem ich mich nun zuwende.

Technologieparks als Neugestaltung des städtischen Raums

In Göteborg findet sich ein zweiter Fall der Konstruktion eines Raums der Innovation, der sich vom eben beschriebenen deutlich unterscheidet. In Göteborg ist in der zentrumsnah gelegenen ehemaligen Werftenanlage mit dem *Lindholmen Science Park*[200] ein Technologiepark entstanden, der eine ehemalige Brachfläche einer neuen Nutzung zuführt. In diesem Technologiepark finden sich Unternehmen der neuen Medien, Internettechnologien und intelligenten Fahrzeugsysteme. Im Gegensatz zum *Digital Hub* stellt der *Lindholmen Science Park* eine Umgestaltung und nur in einem nachgeordneten Sinn eine Umnutzung dar. Das Gebiet am nördlichen Ufer des Flusses *Göta Älv* war bis in die 1980er Jahre der Ort der regionalen Werftenindustrie. Der Niedergang dieser Industrie verursachte in doppelter Hinsicht eine Krise in Göteborg, wie der Repräsentant des *Lindholmen Science Park* im Interview beschreibt:

> *Göteborg durchlebte eine sehr tiefe Krise, sowohl in Hinsicht auf Arbeitslosigkeit als auch eine emotionale Krise, die Werftenindustrie und das Bauen von Booten war mehrere hundert Jahre alt und in the heart of everybody in Gothenburg. (GLSP1, Abs. 46)*[201]

Die industriellen Transformationsprozesse, die sich ereignet haben, zeigen deutliche soziale Effekte, unter die ich an dieser Stelle die emotionale Bedeutung der Industrie und der Krise subsumiere. Man kann also sagen, dass die ökonomischen Veränderungen, die sich in den 1980er Jahren in Göteborg vollzogen haben, starke soziale Auswirkungen hatten und sich in der Folge sowohl die ökonomische als auch die soziale Struktur der Stadt veränderte.

Der Technologiepark ist für diese Veränderungen ein materieller Ausdruck. Zudem ist er ein Symbol für die neue Fokussierung auf Unternehmen, die sich

---

[200] Der Technologiepark trägt ausschließlich diesen englischen Namen; *Lindholmen* ist dabei die im Namen enthaltene schwedische Stadtteilbezeichnung und somit eine geographische Markierung.

[201] „Göteborg genomlevde en jättedjup kris, både i termer av arbetslöshet men också en emotional crisis, varvsindustrin och bygga båtar var flera hundra år gammalt, å, in the heart of everybody in Gothenburg". Der englische Nebensatz am Ende ist für dieses Interview typisch, das durch das wiederholte Einfügen englischer Ausdrücke und Halbsätze charakterisiert war. Ich führe dies darauf zurück, dass der Interviewte sehr US-amerikanisch geprägt war und im Kontext seiner Arbeit sehr häufig auf Englisch kommuniziert, nicht zuletzt über seine Arbeit und die Funktion des Technologieparks.

auf die Produktion von Kreativität im Sinn technologischer Innovation spezialisieren. Damit ist, wie auch im Fall des *Digital Hub*, ein Teil der *creative class* im Fokus der Stadtplanung und der Wirtschaftsunternehmen. Es verändert sich nicht nur die wirtschaftliche Bedeutung der Stadt, sondern auch die sozialen Verhältnisse in ihr transformieren sich. Über die im Technologiepark ansässigen Unternehmen verändert sich die Bevölkerungsstruktur der Stadt, neue Beschäftigte ziehen hinzu, andere verlassen die Stadt oder werden aufgrund veränderter Anforderungen aus dem Arbeitsleben ausgeschlossen. Über die Kooperation mit der Technischen Hochschule *Chalmers* findet auch hier eine Integration des Kreativitätsverständnisses in den Bildungsbereich statt. Mittelbar werden darüber schließlich die veränderten Anforderungen und Kompetenzen der Arbeitswelt in die sozialen Strukturen der Stadt hineingetragen – man kann soweit gehen zu sagen, dass die Sozialstruktur einer Stadt insgesamt Ausdruck der jeweiligen gesellschaftlichen Verhältnisse ist. Diese stadtsoziologisch bedeutsame Feststellung ist, wie ich zu Beginn dieser Arbeit gezeigt habe, nicht neu, sondern durchzieht die stadtsoziologischen Reflexionen spätestens von Georg Simmel (1995 [1903]) bis heute.

Wenn wir nun zu der zweiten Form der Technologieparks und der Neugestaltung des städtischen Raums zurückkehren, so zeigt sich in der materiellen Gestaltung des *Lindholmen Science Parks* ein wiederkehrendes Merkmal in der entsprechenden Architektur. Sie ist geprägt von Glas und Stahl und stellt einen Versuch dar, auch im äußeren Erscheinungsbild ein Symbol für den Technologiepark und den Wandel der Gesellschaft und ihrer ökonomischen Ausrichtung darzustellen (vgl. Abbildung 21). Im Gegensatz zum Technologiepark, der Bestehendes umnutzt, wird die neu geschaffene Architektur dieser Form der Technologieparks auch explizit zu Werbezwecken genutzt, sie bekommt geradezu ikonischen Charakter für dieses spezifische Verständnis von Kreativität und seine Realisierung in der Stadt. Umgenutzte Gebäude erhalten ihre Bedeutung als Symbol für eine transformierte Gesellschaft entweder durch die Betonung des Bruchs zwischen Altem und Neuem oder aber durch die Hervorhebung des neugestalteten Innen der Gebäude. Neugestaltete Gebäude dagegen werden von der Stadtplanung als Ganzes verwendet, um die Transformation zu symbolisieren und durch die spezifische Gestaltung und Anordnung die Syntheseleistung der NutzerInnen zu beeinflussen, die nicht zuletzt durch ihre Wahrnehmung der Gebäude und ihrer Anordnung den Raum der technologischen Innovation konstruieren. Die Rolle der Stadtplanung ist hier insofern nicht zu unterschätzen, als sie durch Gestaltungsvorschriften die Umsetzung spezifischer Leitbilder wie Kreativität vorantreibt und deren Realisierung in den Gebäuden und den Anordnungen zu beeinflussen versucht.

Einschränkend ist an dieser Stelle hervorzuheben, dass der Moment der Realisierung derjenige ist, an dem der Einfluss der Stadtplanung an sein Ende kommt und das Realisierte von den NutzerInnen im besten Fall als Angebot zur (veränderten) Syntheseleistung aufgefasst wird. Die Entstehung eines Raums der technologischen Innovation liegt demnach nicht ausschließlich in den Händen der StadtplanerInnen, sondern wird maßgeblich von den NutzerInnen mitgestaltet. In einem weiteren Schritt lässt sich sogar sagen, dass der Raum der technologischen Innovation, der durch die einzelnen StadtplanerInnen hergestellt wird, sich ebenfalls immer voneinander unterscheidet, ebenso wie die von den NutzerInnen konstruierten Räume der technologischen Innovation (vgl. Kap. 9.1). Aus diesen Räumen, die durch die Konstruktionsprozesse entstanden sind, lassen sich diejenigen Räumen, die sich am meisten überschneiden, zusammenfassen und von denjenigen unterscheiden, die die deutlichsten Unterschiede aufweisen. Je kleiner die Unterschiede zwischen den Raumkonstruktionen, desto eindeutiger werden die Räume verstanden und desto erfolgreicher sind (auch) die Gestaltungsversuche der StadtplanerInnen.

Kunst als Mittel der Gestaltung des städtischen Raums

Neben dem technologisch-innovativen Verständnis von Kreativität weist das Leitbild, wie ich in Kapitel 8 gezeigt habe, eine zweite Bedeutungsebene auf, die ich als ästhetisch-künstlerische Dimension beschreibe. Auch sie führt zu einer Veränderung des städtischen Raums, wenn sie als Leitbild für die (Um-)Gestaltung der Stadt verwendet wird. Die von mir dokumentierten, auf sie zurückzuführenden städtischen Transformationen lassen sich mit der Gentrifizierung als städtischer Veränderung verknüpfen. Anhand des Beispiels des Stadtteils *Temple Bar* in Dublin zeige ich, in welcher Weise die Orientierung an dieser Dimension von Kreativität den städtischen Raum verändert.

Temple Bar ist ein vergleichsweise kleines Stadtviertel in der Innenstadt Dublins südlich des Flusses *Liffey*. Er grenzt im Westen an den Stadtteil *The Liberties* an, in dem durch die Entstehung des Technologieparks seit jüngerer Zeit die oben beschriebenen Transformationsprozesse zu beobachten sind. Auch in *Temple Bar* lassen sich Veränderungen feststellen, allerdings weisen sie einen anderen Charakter auf und dauern schon länger an als in *The Liberties*. In der Tourismusbranche gilt *Temple Bar* als Dublins Vorzeige-Stadtviertel, da es das pulsierende Leben der Stadt versinnbildlicht.[202] Es verfügt über eine hohe Anzahl an Kneipen, Bars und Restaurants, verschiedene Kulturinstitutionen und pittoreske Gebäude sowie eine Vielzahl von Ornamenten, d.h. visuellen Gestaltungselementen wie Wandbemalungen und *graffiti*.[203] Doch was hat es stadtsoziologisch mit *Temple Bar* auf sich? Das Viertel weist in seinem Transformations-

---

[202] Vgl. zu diesem Aspekt das Interview mit der Direktorin des *Temple Bar Cultural Trust* sowie Colm Ó. Brian (1996).

[203] Wie an den in diesem Kapitel gezeigten Bildern aus *Temple Bar* sichtbar wird, unterscheidet sich die Mehrzahl der hier vorfindlichen *graffiti* von illegal gesprühten und/oder ästhetisch eher simplen *tags* und stellt meist die Gestaltung großer Teile einer Hausfassade im *graffiti*-Stil dar.

prozess Strukturen auf, die als „classical gentrification" (Lees, Slater und Wyly 2007, 10) beschrieben werden können. Dies bedeutet, dass das Viertel einen ökonomischen Aufwertungsprozess durchlaufen hat, der aus einem deprivierten Stadtteil mit schlechter Bausubstanz, niedrigen Mieten und geringem sozialen Status der BewohnerInnen einen ökonomisch prosperierendes Quartier entstehen ließ, dessen Bausubstanz maßgeblich verbessert wurde und dessen Bevölkerung sich hin zu finanzstärkeren BewohnerInnen verändert hat. Die jüngere Geschichte *Temple Bars* als die einer Gentrifizierung hat sich, so zeigen die Interviews und die Durchsicht der Planungsdokumente und stadtgeschichtlichen Beschreibungen, geradezu zu einem bestimmenden Narrativ entwickelt. Das künstlerisch-ästhetische Kreativitätsverständnis bezieht sich nun auf diese Tradition als gentrifiziertes Stadtviertel und als Dublins „cultural quarter"[204]. Akteure des Gentrifizierungsprozesses, den *Temple Bar* durchlaufen hat, kamen vor allem aus der Kunstszene, die sich dort zu einer Zeit ansiedelte, als viel Wohnraum zur Verfügung stand und die Mieten niedrig waren.[205] Im Verlauf der 1970er Jahre entwickelte sich *Temple Bar* zu einem Stadtviertel mit vielen neugegründeten Kultureinrichtungen und einer hohen Anzahl an KünstlerInnen, die dort ihren Wohn- und/oder Arbeitsplatz besaßen (DTB1, 38ff.). Dies äußerte sich in der Gestaltung des Viertels: Viele Gebäude wiesen Spuren von *graffiti* auf oder waren in der Fassade selbst gestaltet, es fand eine ästhetische Aufwertung der oft heruntergekommenen Gebäude statt. In einem einige Jahre dauernden Prozess wurde der Abriss der Gebäude verhindert – ein gewichtiger Grund waren die gewachsenen Kultureinrichtungen und das Engagement der ansässigen KünstlerInnen, die der Stadtverwaltung die Bedeutung dieses Viertels vermitteln konnte. Die Tatsache, dass ein ausgeschriebener Architekturwettbewerb zur Gestaltung des Viertels von dem Architekturbüro *Group 91* aus *Temple Bar* gewonnen werden konnte, führte dazu, dass die lokale Bevölkerung vergleichsweise starken Einfluss auf die weitere Gestaltung des städtischen Raums nehmen konnte (vgl. DTB2, Abs. 194ff.). Mit der Gründung einer Stadtteilverwaltung im Jahr 1991 wurde schließlich der Grundstein für die strukturierte Planung, Entwicklung und Gestaltung des Viertels gelegt.

Dies ist nun der Moment, an dem das ästhetisch-künstlerische Kreativitätsverständnis der Stadtplanung seinen Ausdruck in der Gestaltung des Raums findet. Die Stadtentwicklungseinrichtung macht sich gezielt eine zunächst ungesteuert verlaufende Entwicklung zunutze, nämlich die ökonomische und kulturelle Aufwertung des Viertels, und damit auch eine gewachsene Identität. Diese Identität als kulturelles Viertel wird aufgegriffen und (auch) ökonomisch genutzt. Zudem wird sie dazu verwendet, die Identitäts- und Image-Bildung der gesamten Stadt

---

[204] Diese Beschreibung ist auf der Website des *Temple Bar Cultural Trust* zu finden, URL: http://www.templebar.ie (letzter Zugriff am 11.4.2013).
[205] Zu einer ausführlichen Beschreibung *Temple Bars* vgl. Kapitel 7.

zu unterstützen; in kaum einer offiziellen Beschreibung der Stadt fehlt eine Erwähnung von *Temple Bar*. Der schon erwähnte Ausspruch: „within Temple Bar [...] you have amazing creativity" (DTB1, Abs. 163), ist dafür paradigmatisch. Kreativität ist aus stadtplanerischer Sicht eine prägende Eigenschaft dieses kulturellen Viertels und findet seinen Ausdruck weniger in der architektonischen, als vielmehr in der ornamentalen Gestalt des Viertels.

In einem durch das *rephotographing* möglich gemachten Vergleich der wahrnehmbaren Gestalten des Stadtteils zeigt sich, dass zum einen versucht wurde, viele Gebäude in ihrer ursprünglichen Form und Gestaltung zu erhalten (vgl. Abbildung 18 und Abbildung 19 sowie ihre Gegenüberstellung[206] in Abbildung 20). Nicht zuletzt die Architektur war ein Argument für den Erhalt *Temple Bars*, wie es im Interview deutlich wird: „this [18th century architecture and buildings, ALM] needed to be protected" (DTB1, Abs. 72). Das Beispiel der *Temple Lane* zeigt, dass die Gebäudestruktur erhalten geblieben ist und die farbliche Gestaltung überarbeitet wurde.

Zum anderen wird sowohl von der Stadtteilverwaltung als auch von HausbesitzerInnen die Tradition der bemalten Hauswände, z.B. mit *graffiti*, weitergetragen, allerdings jetzt in legalisierter Form. So finden sich nun Gebäude, die in Auftragsarbeit von *street art*-KünstlerInnen bemalt werden, oder Wettbewerbe, die die visuelle Gestaltung von sozialen Gütern im öffentlichen Raum zum Ziel haben. Ein eindrückliches Beispiel ist der vom *Temple Bar Cultural Trust* ausgehende *Invoke Street Art*-Wettbewerb, der die Gestaltung von Schaltkästen in *Temple Bar* zum Ziel hatte (vgl. Abbildung 15).

---

[206] Im Folgenden werden aus Gründen der Übersichtlichkeit die zu vergleichenden Abbildungen in der Regel zunächst einzeln dar- und dann in einem kleineren Format einander gegenübergestellt.

Abbildung 18: Zustand der Hausfassade, *Temple Ln South*, Dublin 1984
© *National Photographic Archive*

Abbildung 19: Zustand der Hausfassade, *Temple Ln South*, Dublin 2008

Abbildung 20: Fassaden der *Temple Ln South*, Dublin, im Vergleich 1984 vs. 2008

Ähnlich wie in den Interviews zeigt sich so in der Gestaltung des städtischen Raums der Rückgriff auf ein spezifisches Verständnis von Kreativität. Basierend auf dem Leitbild der Kreativität entsteht durch die Anordnung vor allem von Objekten ein spezifischer städtischer Raum der ästhetisch-künstlerischen Innovation. An diesem Raum ist allerdings etwas besonders, vor allem im Vergleich zum städtischen Raum der technologischen Innovation. Um den Raum in *Temple Bar* zu gestalten, greifen die StadtplanerInnen maßgeblich auf gewachsene Strukturen zurück und damit auch auf die durch die NutzerInnen vergenommenen Anordnungen und Syntheseleistungen. Die Tradition *Temple Bars* als Kulturviertel ist als eine über die Jahrzehnte gewachsene zu begreifen, die untrennbar mit den Pionieren der Gentrifizierung und dem Gentrifizierungsprozess selbst verbunden ist. Sie haben über spezifische Syntheseleistungen und durch entsprechende Anordnungen von Objekten das Stadtviertel zu einem werden lassen, das in der Wahrnehmung der Menschen mit Kunst und Kultur verbunden ist - das bedeutet außerdem, dass sie die Syntheseleistungen anderer Menschen maßgeblich beeinflusst und ein spezifisches Narrativ haben entstehen lassen: *Temple Bar* als KünstlerInnenviertel. Der konstruierte Raum der ästhetisch-künstlerischen Innovation findet seinen Ort in *Temple Bar*, und diese Ver-Ortung ist für die Stadtplanung von zentraler Bedeutung. Die Arbeit der Stadtplanung benötigt Orte, denn nur dort können die Eingriffe in die städtische Struktur realisiert werden. Indem die Planungsverantwortlichen auf *Temple Bar* als identifizierbaren Ort von Kreativität zurückgreifen, versuchen sie, gewachsene Raumkonstitutionen fortzuführen. Folgt man dieser Annahme einer Ver-Ortung von Raumkonstruktionen, so zeigt sich, dass Kreativität durch die Strategien der Stadtplanung bestimmte Orte zugewiesen bekommt, an denen sie prosperieren soll.

Eine solche Ver-Ortung eines stadtplanerischen Leitbildes, wie sie in diesem Fall in *Temple Bar* mit dem ästhetisch-künstlerisch konnotierten Kreativitätsverständnis vorgenommen wird, liefert nun Bestätigungen für das, was Andreas Reckwitz als Ästhetisierung der und als konstitutiv für die kreative Stadt beschreibt (Reckwitz 2009, 27f.): Politisch werden bestimmte Ästhetiken in bestimmten Stadtvierteln gefördert, um zum einen eine gewachsene Identität aufrechtzuerhalten, zum anderen die Konstitution eines spezifischen Raumes – der Kreativität – zu schaffen. Derartige Viertel sind quasi die verdichteten Orte der ästhetisierten Stadt, die zusammen mit den anderen Orten in einer Stadt – den Geschäftsvierteln, Industriegebieten, Verkehrsknotenpunkten – die spezifisch-kulturelle Stadt bilden. In derartigen ästhetisierten Vierteln lassen sich anhand der physischen und räumlichen Ordnungen die je hegemonialen Ästhetiken vorfinden, zum Teil ergänzt durch Formen subversiver Ästhetiken, wobei diese zumeist, wie beispielsweise *graffiti*, geduldet und in einigen Fällen selbst instrumentalisiert und so der hegemonialen Ästhetik einverleibt werden. Diese Kulminationspunkte der ästhetisierten Stadt bilden zusammen mit den anderen

Orten der Stadt, die stärker funktional ausgerichtet sind,[207] eine gemeinsame Stadtgestalt. Es ist interessant, dass trotz der Forcierung derartiger ästhetisch/ästhetisierend ausgerichteter Stadtentwicklungsprozesse keine Stadt ohne diese funktionalen Stadtteile auskommt, in denen Autos verkauft werden, Platz für Supermarktketten mit großen Parkplätzen ist, die für die (billige) Versorgung sorgen, und Wohnviertel diejenigen BewohnerInnen der Städte aufnehmen, die in der Regel den größten Anteil bilden und nicht am Wettbewerb um Symbole und Kreativität teilnehmen (können). Diese peripheren Orte stellen, in poststrukturalistischer Terminologie, das konstitutive Andere dar, das im Diskurs unsichtbar gemacht wird, aber gleichzeitig unverzichtbar ist.

Trotz der Tatsache, dass diese funktionalen Orte für eine Stadt nötig sind, werden sie in dieser Form der Stadtplanung nicht fokussiert. Diese betont vielmehr das kulturell Spezifische einer Stadt und lässt sich daher angemessen mit dem begreifen, was Charles Landry (2008) als *cultural planning* bezeichnet. Ich denke aber, dass am Beispiel *Temple Bars* ein weiterer Aspekt sehr deutlich wird: Es handelt sich hier um „eigensinnige" (Berking und Löw 2008, 9) Strukturen – ein gewachsenes Stadtviertel, das eine spezifische Identität herausgebildet hat – welche von der Stadtplanung in ihrem Wert erkannt wurden und nun gezielt unterstützt werden. Die Tatsache, dass es sich bei diesen Strukturen um künstlerisch-kreative handelt, ermöglicht es der Stadtplanung, dieses Viertel zu einem Teil der programmatischen Stadtplanung werden zu lassen und an das leitende Planungsparadigma der Kreativität anzuschließen.

9.2.1 *Creative Marker*: das Besondere der kreativen Stadt

Die untersuchten Städte weisen bezüglich ihrer Materialität verschiedene spezifische Merkmale auf. Diese Charakteristiken sind an das je vorliegende Verständnis von Kreativität gekoppelt und unterscheiden sich damit innerhalb der Stadt, aber aufgrund der grundsätzlich eigenlogischen Strukturen der Städte auch zwischen diesen. Ein stadt-übergreifendes Merkmal, das an das technologisch-innovative Kreativitätsverständnis gekoppelt ist, fällt in den neugestalteten Vierteln besonders ins Auge. Dieses materiell Besondere der kreativen Stadt beschreibe ich mit dem Architekturtypus des *Creative Markers*. Dieser Begriff identifiziert einen bestimmten Gebäude-Typus als wiederkehrendes Element der Gestaltung der *creative cities*, welcher ein konstitutives Merkmal dieses Stadttypus ist. Er weist Verbindungen zu anderen Architekturformen wie der sogenann-

---

[207] Eine ähnliche Doppelbewegung findet sich in Richard Floridas Beschreibung der *creative class*, deren Aufkommen mit einer zahlenmäßigen Vergrößerung der *service class* einhergeht (Florida 2004, 76), denn jemand muss die Wäsche der Kreativen reinigen, sie mit *coffee to go* und rund um die Uhr mit Essen versorgen und die Straßenbahnen fahren, um so die funktionale Grundlage des Lebensstils der *creative class* zu sichern.

ten *signature architecture* und den *iconic buildings* auf und integriert Formelemente früheren Bauens wie des *international style*.

Damit ist eine spezifische „Formensprache" (Stadsbyggnadskontoret 2008, 38), wie es in den Göteborger *Stadsbyggnadskvaliteter* heißt, zu identifizieren. Die einzelnen als *Creative Marker* zu identifizierenden Gebäude weisen untereinander Variationen auf, lassen sich aber gegenüber anderen Architekturen zu einer Gruppe zusammenfassen und von ihnen abgrenzen. Charakterisiert werden sie über die Verwendung von Glas und Stahl in der Fassade, deren Verwendung in den *Design Guidelines* der *Dublin Docklands* explizit empfohlen wird:

> *The use of glass is strongly recommended for its reflective properties, aiding a sense of playfulness and liveliness across facades and ultimately mirroring the changing face of the maritime environment. (DDDA 2008, 6)*

Neben diesen verwendeten Materialien tritt eine besondere Form, die sich von anderen Gebäuden unterscheidet. In den meisten Fällen sind sie mindestens drei Stockwerke hoch und weisen mindestens ein Gestaltungselement auf, das sie von *form follows function*-Gebäuden unterscheidet. Balkone an Glasfassaden (Abbildung 23), ein dreieckiger Grundriss (Abbildung 24), eine Grundform als gekippter Zylinder (Abbildung 22) o.ä. Damit werden in einer materiell veränderten, aber strukturell ähnlichen Weise Ornamente aufgenommen, denn die Architektur wird über reine Funktionen hinaus als etwas gestaltet, das auch eine explizit kommunikative Dimension aufweist. Abbildung 21 bis Abbildung 25 zeigen eine Auswahl derjenigen Gebäude, die unter diesen Begriff des *Creative Marker* fallen, wie ich ihn bis hierhin beschrieben habe.

Abbildung 21: Hauptgebäude des *Lindholmen Science Park*, *Lindholmsplatsen*, Göteborg 2009

Abbildung 22: Das im Bau befindliche *National Conference Centre, North Wall Quay*, Dublin 2008

Abbildung 23: Wohnhaus in der *Pearse St*, Dublin 2008

Abbildung 24: Wohnhaus am *Sir John Rogerson's Quay*, Dublin 2008

Abbildung 25: Gebäudearrangement in den *Docklands*, Dublin 2008

Ähnlich wie bei der als *signature architecture* bekannten Architektur, die das Gebäude gebauter Ausdruck eines bestimmten Architekten und so etwas wie seine materialisierte Unterschrift sein lässt, stechen diese Gebäude aus der materiellen Gestaltung der Stadt hervor. Gleichzeitig liegt dabei aber in den Gebäuden, vor allem den Wohnhäusern, eine Homogenität, die dem Speziellen des Stadtteils gegenüber steht. Andreas Reckwitz beschreibt eine solche „Solitärarchitektur" (Reckwitz 2009, 29f.) als ein Element der „Selbstkulturalisierung der Stadt" (Reckwitz 2009, 3). Hans Ibelings (2003) beschreibt die Merkmale der zeitgenössischen Architektur, welche er „supermodern" (Ibelings 2003, 67) nennt, als gerade durch diese Homogenität gekennzeichnet. War Spezifität und Kontextgebundenheit, etwa zur Stadt als räumlicher Umgebung des Gebäudes, Kennzeichen postmoderner Architektur,[208] so identifiziert Ibelings gerade die Homogenität als Merkmal der Supermoderne, welche mit der massiven Verwendung von Glas – möglich gemacht durch technologischen Fortschritt – an die Architektur der Moderne anschließe:

> *As such, we are closer than ever before to achieving the modernist ideal of a totally transparent architecture. [...] In a way, contemporary architecture is thus a superlative version of the modern architecture of the interwar years and the first decades after the Second World War. (Ibelings 2003, 102)*

Der *international style* der 1920er und 1930er Jahre, der sich architektonisch in gläsernen Fassaden niederschlug, findet in der zeitgenössischen Architektur also seine Weiterführung und wird durch den technologischen Fortschritt erleichtert. Die supermoderne Architektur unterscheide sich, so Ibelings, von der postmodernen aufgrund ihrer Abgelöstheit vom Kontext und damit auch von einem lokalen Bezug und ähnele damit sehr den global agierenden, delokalisierten Unternehmen der Weltwirtschaft (Ibelings 2003, 88).

Gerade viele neu gestaltete Hafengebiete in den Städten Europas und Nordamerikas weisen bezüglich ihrer architektonischen Gestaltung die von Ibelings beschriebenen Ähnlichkeiten auf.[209] Wie ich in Kapitel 8 gezeigt habe, finden sich Gründe dafür in den Globalisierungsprozessen des ausgehenden 20. und beginnenden 21. Jahrhunderts. Gesellschaftliche Entwicklungen und die architektonische Gestaltung der Umwelt dieser Gesellschaft stehen damit in einem sehr engen Verhältnis. Auch Ibelings sieht im Fall der Globalisierung einen derartigen Zusammenhang, deren Architektur die der Globalisierung zugesprochenen Homogenisierungstendenzen bestätigen würde:

---

[208] Charles Jencks beschreibt in *Die Sprache der postmodernen Architektur* bildreich die Merkmale einer derartig bezeichneten Architektur, ihre Beziehung zum Raum sowie ihre Einbettung in den städtischen Kontext (Jencks 1988, bes. 104–146).

[209] Mit *Remaking the Urban Waterfront* (Fisher u. a. 2004) findet sich eine informative Übersicht über internationale Umgestaltungsprozesse von Hafengebieten.

> Evidence for all these contradictory effects of globalization can be found in the built environment. [...] [The] strongest arguments seem to favour the homogenization viewpoint. [...] One [indication, ALM] is the fact that cities and agglomerations around the world have undergone comparable developments and assumed similar shapes. (Ibelings 2003, 67)

Eine lokale, stadtspezifische Bindung der Gebäude ist nach Ibelings eine Illusion (Ibelings 2003, 69). Zeitgenössische Architektur zeichne sich durch eben diese Losgelöstheit von ihrem (geographischen) Kontext aus und weise damit auch einen entscheidenden Unterschied zu postmoderner Architektur auf. In den untersuchten Städten finden sich allerdings nicht nur derartige homogenisierende Effekte durch und in der Architektur, wie ich sie mit der Bildreihe von Abbildung 21 bis Abbildung 25 gezeigt habe. Vielmehr findet über die gezielte Einbeziehung umstehender Gebäude und die Anordnung von Objekten um die *Creative Marker* herum eine Einbettung in den lokalen Kontext statt, wie Abbildung 26 bis Abbildung 30 verdeutlichen. Die intendierte Anordnung der Objekte durch die Stadtplanung schafft ein Angebot für die NutzerInnen, einen lokal spezifischen Raum zu konstituieren. Gleichzeitig produziert auch die Stadtplanung einen Raum, indem sie bestimmte Objekte zueinander in Beziehung setzt und durch ihre intendierte Gestaltung bestimmte Syntheseleistungen unterstützt und andere ausschließt. So werden im Fall von Göteborg etwa die Tradition als Seefahrerstadt durch die Integration des Krans der alten *Eriksberg*-Werft aufrechterhalten (Abbildung 27) und ein Gefühl der Verbundenheit zur nordischen Natur aufgerufen (Abbildung 29). Durch diese Verbindung globaler und lokaler Elemente werden die Gebäude zu Bespielen für *Creative Marker*. Distinktion von anderen *iconic buildings* gewinnen sie, und damit zeigt sich die lokale Kontextgebundenheit, durch die sie umgebende Materialität, durch andere Gebäude und Ornamente. Zudem gewinnen sie gerade durch die Unterschiedlichkeit gegenüber dem Alten an symbolischer Kraft (z.B. Abbildung 28).

Abbildung 26: Rückseite des *Lindholmen Science Park*, Göteborg 2009

Abbildung 27: Wohnhäuser an der alten *Eriksberg*-Werft, Göteborg 2009

Abbildung 28: Integration von Neuem und Altem in die Architektur, *Westmoreland St*, Dublin 2008

Abbildung 29: Hölzerne Skulptur einer Eiderente vor dem *Lindholmen Science Park*, Göteborg 2009. Eiderenten sind in der Gegend um Göteborg sehr verbreitet; das schwarz-weiße Gefieder ist das Balzkleid des Erpels.

Abbildung 30: Gebäude des *Dublin City Council* mit der *Christ Church Cathedral* im Hintergrund, Dublin 2008

Gebäude, die mehr als reine Funktionalität und damit den Charakter der Ikonizität besitzen, gibt es schon seit langer Zeit. Ein Beispiel für derartige *iconic buildings* sind etwa Kirchenbauten, die in christlich geprägten Gesellschaften eine eindeutige Bedeutung über ihre Architektur transportieren. Für Charles Jencks (2006) gibt es diese *iconic buildings* noch immer, auch wenn sie sich von den Monumenten aus der religiös geprägten Zeit unterscheiden, und er konstatiert sogar „the public's growing taste for iconic building [sic!]" (Jencks 2006, 10). Ikonischen Charakter erhalten Objekte, wenn ihnen eine über die reine Funktion und individuelle Bedeutungen hinausgehende symbolische Dimension zukommt, die von den Wahrnehmenden aufgenommen und dekodiert werden kann. Hier befindet man sich also bei der kommunikativen Dimension der Materialität, die ich in Kapitel 5 herausgearbeitet habe. Es können dabei Bezüge zu vorhandenen Kodierungen hergestellt werden, wenn etwa die Form eines Gebäudes an bestimmte, gesellschaftsübergreifende Dinge erinnert, an die wiederum bestimmte Bedeutungen geknüpft sind, wie etwa Norman Fosters *Swiss Re*-Gebäude in London, das wahlweise an einen Finger, eine Zigarre oder einen Phallus erinnert, wie Jencks anschaulich zeigt (Jencks 2006, 14).

Neben solchen konkreten Verweisen gibt es Bezüge zu abstrakteren Konzepten wie im Fall der Kirchenbauten zum Christentum. Für die heutige Zeit kann das Opernhaus in Oslo als Beispiel gelten oder das Guggenheim-Museum in Bilbao: Beiden stehen symbolisch für eine auf Kultur basierende Stadtentwicklung (Oslo) und -erneuerung (Bilbao).[210] Am Beispiel des Guggenheim-Museums, das von Frank Gehry gebaut wurde, zeigt sich zudem, wie fließend in einigen Fällen (und sicher auch bei Fosters Gebäude) die Grenzen zur *signature architecture* sind. Welche Unterschiede liegen nun zwischen dem, was ich *Creative Marker* nenne, und den *iconic buildings* vor? Findet sich eine Schnittmenge oder gehen erstere vielleicht sogar vollständig in der Gruppe der letzteren auf?

Indem ich davon ausgehe, dass die von mir identifizierten *Creative Marker* auf eine zusätzliche Bedeutungsdimension verweisen, können sie als spezifische Form der *iconic buildings* verstanden werden. Für meine Konzeption dieses Gebäudetyps ist allerdings seine intendierte Einbettung in dem lokalen Kontext von entscheidender Bedeutung. Mit diesem lokalen Bezug wird die global beobachtbare Ähnlichkeit der Gebäude relativiert, und es entsteht ein eigener Typus von Architektur. Die *Creative Marker* erlangen ihre Bedeutung als Markierung der lokalspezifischen Kreativität also erst durch die Kontextgebundenheit und nicht durch ihre alleinige Gestaltung. Damit verfügen sie erst in ihrer eigenlogischen Anordnung an einem bestimmten Ort über die zusätzliche Bedeutung, die ihnen den Charakter eines ikonischen Objekts der Stadtplanung zuweist.

---

[210] Andrew Smith und Ingvild von Krogh Strand (2011) arbeiten in einer informativen Studie die Rolle des Osloer Opernhauses für die Stadtentwicklung sowie die Begründungsmuster heraus, die die Verantwortlichen zur Durchsetzung des Projekts verwendeten.

Die Tatsache, dass sie ikonische Gebäude *der Stadtplanung* sind, wird dadurch deutlich, dass sie von den interviewten BewohnerInnen der Städte in der Regel nicht genannt werden, wenn auf die Besonderheiten der städtischen Materialität zu sprechen gekommen wird. In diesen Zusammenhängen werden eher die historischen Gebäude der jeweiligen Stadt genannt (z.B. DCh1, Abs. 474) oder die Relikte der Industriegeschichte wie der Kran der *Eriksberg*-Werft in Göteborg (z.B. GSB3, Abs. 88). Der *Creative Marker* kann daher, in Referenz und Abgrenzung zur *signature architecture*, als materialisierte Unterschrift der StadtplanerInnen der *creative cities* gelten.

Ich fasse diese Gebäude, die sich durch eine spezifische Architektur auszeichnen und nach meiner Analyse konstitutiv sind für *creative cities*, als Markierungen eines technologisch-innovativ geprägten Kreativitätsverständnisses. Sie werden explizit von der Stadtplanung eingesetzt, um eine spezifische Vision der Stadtgesellschaft zu verdeutlichen und materiell sicht- und wahrnehmbar zu machen – nicht zuletzt, da die Objekte vorsprachlich wirken und so eine eigene Potentialität aufweisen. *Creative Marker* weisen global Ähnlichkeiten in ihrer architektonischen Gestalt auf: Glas und Stahl sind die vorwiegend verwendeten Materialien. Auch die Integration von Elementen, die nichts zur Funktion des Gebäudes, aber zu einer Abgrenzung gegenüber früheren Gebäudeformen beitragen, wie ein dreieckiger Grundriss, sind ein charakteristisches Merkmal. Durch die Aufnahme lokaler Bezüge in die Ausgestaltung des Gebäudes oder des umliegenden Platzes werden diese globalen Bezüge relativiert, so dass der *Creative Marker* eine je stadtspezifische Gebäudeform darstellt. Er ist in seiner materiellen Struktur zudem Teil des Raums der Kreativität, der so entsteht bzw. entstehen soll, wie ich im Folgenden zeige.

9.2.2 Räume der Kreativität

Indem ich, auf Löw (2001) aufbauend, zeige, dass die Strategien der StadtplanerInnen zu einer Ver-Ortung der Kreativität führen, wird das Paradox greifbar, mit dem sich eine Stadtplanung konfrontiert sieht, wenn sie Kreativität als Leitbild verwendet. Eine Annahme, die in vielen Interviews, vor allem mit Kulturschaffenden, Erwähnung fand, ist, dass Kreativität von Prozessen abhängig ist, die der Spontaneität und nicht der Planung bedürfen – eine Planung von Kreativität demzufolge nicht möglich oder kontraproduktiv sei. Ein wiederkehrender Topos in Interviews mit StadtplanerInnen sowie in Planungsdokumenten ist nun, „Räume für Kreativität zu schaffen" (GSB 2, Abs. 114). Kreativität wird möglich gemacht, indem Räume des Möglichen geschaffen werden, aber nicht Kreativität selbst. Damit ist gemeint, Treffen zwischen Personen zu erleichtern und Anregungen zu geben, damit Neues – sowohl in technologischer als auch in ästhetisch-künstlerischer Hinsicht – möglich wird. Die *Digital Hub Development*

Agency sieht ihre Aufgabe daher darin, „[to] structure our infrastructure und make it a place where lots of connections can happen" (DDH2, Abs. 310), so dass „a new exciting space" (DDH2, Abs. 300) entstehen kann. Sie versteht sich selbst als diejenigen, die Objekte an einem Ort gestalten, welche von den NutzerInnen, raumtheoretisch gesprochen, über Platzierungen und Syntheseleistungen zu einem Raum konstituiert werden, in dem Kreativität entstehen kann.

Um derartige Räume für Kreativität zu schaffen, braucht es bestimmte Orte, an denen sich Personen treffen können und Austausch stattfinden kann. Offensichtlich sind in vielen Fällen virtuelle Räume, die mithilfe des Internets geschaffen werden können, nicht ausreichend – ein Beispiel dafür, dass die Wissensgesellschaft „a game between persons" (Bell 1973, 127) ist.[211] Ein Beispiel für die Attraktivität bestimmter Orte ist *Temple Bar*, hier ist es ein von den NutzerInnen ursprünglich selbst gewählter Ort, der zu einem Raum der Kreativität wurde. Die Technologieparks sind andere, von außen und damit als Folge von *top-down*-Prozessen geschaffene Orte der Kreativität, die für die Angehörigen der *creative class* attraktiv zu sein scheinen. Die Tatsache, dass sowohl gewachsene als auch zielgerichtet geschaffene Orte einen Raum für Kreativität zustande kommen lassen, bietet nun eine Lösung für das Paradox, vor dem die Stadtplanung in derartigen Fällen steht: vor dem Paradox der Planung des scheinbar Unplanbaren. Indem sie einerseits Technologieparks schafft und damit den Räumen der technologischen Innovationen einen Ort gibt und andererseits auf gewachsene Orte der ästhetisch-künstlerischen Innovation zurückgreift und diese im ursprünglichen Sinn weiter zu gestalten versucht, plant sie Orte, an denen der Raum für das Unplanbare vorhanden ist.

Räume zu schaffen ist ein zentrales Motiv der neu entstehenden Technologieparks. In Dublin versucht man, die unterschiedlichen Formen von Kreativität zusammenzubringen: „[the *Digital Hub*, ALM] is a new space that's connecting, people with a creative bent, and [...] people with a technology bent" (DDH2, Abs. 82ff.). Am Ort des Technologieparks sollen diejenigen, die in technologisch-innovativer Hinsicht kreativ arbeiten, und diejenigen, die ästhetisch-künstlerisch kreativ sind, zusammenfinden und im gemeinsamen Austausch neue Räume schaffen. In Göteborg ist die Gestaltung der „physischen Umwelt [... als] Treffpunkt" (GLSP1, Abs. 145, Übers. ALM) ein zugrunde liegendes Motiv, aber die antizipierten Vorgänge werden anders beschrieben, wie etwa hier vom Repräsentanten des *Lindholmen Science Park*:

---

[211] Karin Knorr Cetina und Urs Bruegger (2002) weisen demgegenüber darauf hin, dass im Fall des globalen Finanzmarktes neben die „embodied presence" (Knorr Cetina und Bruegger 2002, 911) in starkem Ausmaß die „response presence" (ebd.) treten würde. Auf der Basis ethnographischer Daten aus dem Finanzmarkt, dessen Angehörige nach Florida (2004) auch zur *creative class* gehören, kommen sie zu dem Schluss, dass in spezifischen Kontexten der *face-to-face*-Kontakt durch virtuelle Kontakte ersetzt werden kann. Inwieweit und warum dies für andere Teile der *creative class* gerade nicht zutrifft, bleibt zu untersuchen.

Menschen müssen essen, man braucht Kaffee, man braucht ein Sofa, um sich hinzusetzen, wenn man müde ist, man muss die Umwelt so arrangieren, dass spontane Treffen geschehen können. Und ich glaube, dass wir ein Stück des Weges dahingehend zurückgelegt haben, ein kreatives Milieu hier in Lindholmen zu haben, [...] vieles handelt davon, wie man es sowohl architektonisch gestaltet, wie gestaltet man ein kreatives Milieu, aber dann ist es ja auch die Frage, welche Menschen bevölkern das Milieu? Welche Menschen sind das, und idealerweise hat man eine große Diversität, man hat Studierende, Forschende, Lehrende, kleine Unternehmen, große Unternehmen, gesellschaftliche Funktionen, und darüber hinaus Männer und Frauen und verschiedene Altersgruppen und unterschiedliche ethnische Herkünfte und [...] dass sich alle auf irgendeine Weise hier befinden, nicht wahr? (GLSP1, Abs. 145)[212]

Hier zeigt sich ein Unterschied zwischen den beiden Technologieparks bezüglich der Art, wie sie Räume der Begegnung und damit vermittelt der Kreativität schaffen wollen. Beiden geht es darum, unterschiedliche Menschen zusammenzubringen, aber während in Dublin in erster Linie die Professionen dabei eine Rolle spielen, verweist man in Göteborg implizit auf die Florida'sche Forderung nach in allen Belangen heterogenen NutzerInnen des *Lindholmen Science Park*. Dabei geht es nicht nur um individuelle Merkmale, sondern auch um die Art der Einrichtungen, die vor Ort sind: Unternehmen verschiedener Größe, Bildungseinrichtungen und gesellschaftliche Institutionen.

Räume der Kreativität, die häufig als paradigmatisch beschrieben werden, sind die des Unternehmens *Google*. MitarbeiterInnen sind dort mit mobilen Computern ausgestattet, können sich an verschiedenen Orten im Gebäude auf Sitzsäcken, Sofas und in kleinen Besprechungsräumen zurückziehen, es gibt Kicker und Aufenthaltsräume sowie vielfältige kostenfreie Versorgungsmöglichkeiten mit Essen, Süßigkeiten und Getränken – und daneben Großraumbüros, in denen jedeR einen eigenen Arbeitsplatz hat.[213] Einer der Mitarbeiter, der in Dublin im Hauptsitz von *Google Europe* arbeitet, beschreibt, dass

---

[212] „Människor behöver äta, man behöver kaffe, man behöver en soffa att sätta sig i när man är trött, man behöver arrangera miljön så att spontana möten kan ske. Eh, och jag tror vi har nått en bit på vägen i å ha en kreativ miljö här på Lindholmen, [...] mycket handlar om hur man, både utformar det arkitektoriskt, hur utformar man en kreativ miljö, men sen är det ju också vilka, vilka befolkar miljön? Vilka människor det är, och det här ideala, att man får en väldigt stor diversity, man har både studenter, forskare, lärare, små företag, stora företag, samhällsfunktioner, och ovanpå det då män och kvinnor och olika åldrar och olika etniska bakgrunder, och [...] att alla, alla finns där på något sätt, va?"

[213] Derart haben sich mir bei einem Besuch des Unternehmens in Dublin die Arbeitsräume präsentiert.

praktisch dadurch, wie die ganze Umgebung hier ausgerichtet ist, [wie] das Büro eingerichtet ist, [wird] auch praktisch unterschwellig kommuniziert, [kreativ zu sein], das Ganze hat auch einen sehr kreativen touch und das soll eben die Leute inspirieren. (CCD3, Abs. 373f.)

Dagegen fühlt sich der Repräsentant des *Lindholmen Science Park* durch derartige Gestaltungsformen an „einen Kindergarten" (GLSP1, Abs. 149, Übers. ALM) erinnert. Welche Objekte zur Verfügung gestellt werden, damit Räume der Kreativität geschaffen werden, ist, so lässt sich daraus schließen, maßgeblich vom Kreativitätsverständnis der Planungsverantwortlichen abhängig. Damit liegen auch innerhalb eines spezifischen zu identifizierenden Kreativitätsverständnisses – hier des technologisch-innovativen – Binnendifferenzierungen vor. Diese wiederum beeinflussen die eigenlogischen Ausprägungen der derart geplanten Räume der Kreativität und tragen dazu bei, dass sich unterschiedliche Formen von *creative cities* ausbilden. Möglicherweise kann es aufgrund dieser Binnendifferenzierungen auch innerhalb einer Stadt zu unterschiedlichen Ausformungen der Räume der Kreativität kommen, wenn unterschiedliche StadtplanerInnen mit je eigenen Kreativitätsverständnissen diese Räume gestalten (vgl. dazu auch Abbildung 12). Inwiefern sich die Resultate unterscheiden, müsste in weitergehenden Forschungen untersucht werden.

Hier zeigt sich außerdem die Relationalität des Konzepts der Kreativität, welches in diesen Projekten den Referenzrahmen darstellt: Das, was an Infrastruktur geplant wird, und das, was als Resultat als kreativ gemessen wird, ist abhängig von dem, was die Verantwortlichen als Kriterien für Kreativität festlegen. Nicht nur die Technologieparks und IT-Unternehmen wie *Google* unterscheiden sich darin, sondern auch die stärker mit einem ästhetisch-künstlerischen Kreativitätsverständnis arbeitenden Einrichtungen.

Abschließend lässt sich festhalten, dass der Raum, der für eine Stadt konstitutiv ist, in der kreativen Stadt ein besonderer ist. Er wird durch die Arbeit der programmatisch auf Kreativität ausgerichteten Stadtplanung sowie durch die Angehörigen der *creative class* ausgemacht und lässt sich darum als kreativer Raum beschreiben. Verschiedene Räume der Kreativität erstrecken sich dann über die Stadt und bilden in ihr „a creative corridor" (DDH1, Abs. 88). Die Menschen nutzen den Raum auf eine Weise, der für sie, wenn nicht exklusiv, so doch typisch ist. Wichtig werden dabei – jeweils aus der Sicht von StadtplanerInnen und (wissenschaftlich) Beratenden – Orte, an denen eine Mischung von Leben, Arbeiten und Wohnen möglich ist. So ist die leitende Frage einer Vertreterin der Stadt Dublin: „How do we create the environment that artists can live, work and exhibit in the city?" (DCC1, Abs. 79) Dies zeigt sich in den von mir untersuchten Städten besonders deutlich dort, wo eine radikale Veränderung der städtischen Struktur vorgenommen wird, wie es in den *Dublin Docklands* und im Göteborger *Norra Älvstranden* der Fall ist. Interessanterweise zeigen die Gespräche mit den Angehörigen der *creative class* keine entsprechend hohe Erwartungshaltung an derartige Möglichkeiten. Eine Mischung der Bereiche Arbeiten – Leben – Wohnen scheint zumindest nicht das zentrale Kriterium dafür zu sein, wo sie sich niederlassen.

Folgt man Lefèbvre (1991), dass ein Raum durch die Planung, durch seine Nutzung und sinnliche Erfahrung sowie durch seine Repräsentation und symbolische Darstellung konstituiert wird, so lassen sich in allen dieser drei Ebenen Elemente des Kreativen finden. Die BewohnerInnen, die im Blick sind und die den Raum nutzen, sind die Angehörigen der *creative class*; die Stadtplanung richtet ihre Strategien am Leitbild der Kreativität aus; die Repräsentation des Raums findet mittels der *Creative Marker* statt. Auf diese Weise lässt sich aus einer raumtheoretischen Perspektive begründen, warum man in diesen Fällen von kreativen Städten – und nicht nur von Städten der Kreativen – sprechen kann: Sie werden über einen kreativen Raum konstituiert.[214] Aber es gibt in den untersuchten Städte noch ein weiteres Leitbild, dass in der Materialität der Städte seinen Ausdruck findet und dem ich mich nun zuwende: Nachhaltigkeit.

9.3 Gebautes als Ausdruck von Nachhaltigkeit

Weniger deutlich sichtbar findet das Leitbild der Nachhaltigkeit seinen Ausdruck im Gebauten der Stadt. Die drei Dimensionen der Nachhaltigkeit bewirken unterschiedliche Veränderungen im städtischen Raum, die mal stärker, mal schwächer in die Materialität des Raums eingreifen. Grundsätzlich lassen sich im Fall der Nachhaltigkeit nur für die soziale Dimension Raumkonstruktionen feststellen, während die ökologische und die ökonomische Dimension auf der Ebene der Realisierung von Bauvorhaben ihre Auswirkungen zeitigen. Damit sind sie zwar mittelbar an Raumkonstruktionen beteiligt, da sie die Merkmale der anzuordnenden Dinge bestimmen, aber die Schaffung eines Raumes steht nicht unmittelbar im Vordergrund der StadtplanerInnen.

Die soziale Dimension: Schaffung von Orten der Begegnung

Nachhaltigkeit in einer sozialen Hinsicht zu verstehen bedeutet für die StadtplanerInnen, auf eine soziale integrative Stadt hinzuarbeiten, in der unterschiedliche Menschen leben. Damit wird die Stadt als ein Ort – im Löw'schen Sinn – konzipiert, der die Konstruktion unterschiedlicher Räume für unterschiedliche Menschen ermöglicht. Diese Betonung der sozialen Dimension und der Ermöglichung der Schaffung von adäquaten Räumen wird nicht nur in den Planungsdokumenten aufgegriffen, auch in den Interviews kommen diese beiden Aspekte

---

[214] Die Konstitution von Räumen durch sogenannte *Culturepreneurs* arbeitet Bastian Lange (2007) am Beispiel Berlins heraus.

zur Sprache. Das Schaffen von Räumen für Begegnungen wird dabei interessanterweise von den StadtplanerInnen vor allem in Göteborg als zentrale Aufgabe der Stadtplanung und Teil einer nachhaltigen Entwicklung beschrieben. Der Zugang zu öffentlichen Plätzen oder Stadtteilen sowie die Reduktion der sozialräumlichen Segregation sind dabei herausragende Anliegen (z.B. GSB1, Abs. 12). Dies wird daran gekoppelt, die Vielfalt und Toleranz in der Stadt fördern zu wollen, wobei explizit an Florida angeknüpft wird (Stadsbyggnadskontoret 2009, 85). Auch der *Digital Hub* in Dublin bekommt in Verbindung mit seiner Integration in die lokale Gemeinschaft eine sozial nachhaltige Dimension (DDH2, Abs. 553ff.). In diesem Verständnis lassen sich bezüglich der sozialen Nachhaltigkeit und ihres Ausdrucks in der Materialität der Stadt Analogien zur Schaffung von Räumen für Kreativität finden, da beides Orte sind, an denen Treffen und damit Interaktion möglich werden.

Die ökologische Dimension: Verwendung nachhaltiger Baumaterialien

Die ökologische Dimension der Nachhaltigkeit macht den genauesten Blick nötig, um daran die Wirkungen auf den städtischen Raum zu erkennen. Sie sind einerseits in der Verwendung bestimmter Materialien zu sehen, andererseits in den spezifischen Arten zu bauen und Vorhandenes zu nutzen.

Ein wichtiges Element einer ökologisch nachhaltigen Gestaltung der Stadt stellt die Umnutzung schon vorhandener Gebäude dar: Sie ist aus der Sicht der Stadtplanung der sinnbildliche Ausweis eines schonenden Umgangs mit vorhandenen Ressourcen (Dublin City Council 2005, 206) und ein positiver Beitrag zur Nachhaltigkeit und spielt daher eine „pivotal role in sustainable development" (Dublin City Council 2005, 102). In diesem Sinn kommt dem Kulturerbe eine zentrale Bedeutung für das Selbstverständnis der Stadtentwicklung als nachhaltig zu.

In Göteborg wird dies eingebettet in das Ziel der Verdichtung der Stadt, welche den Bedarf an Wohnungen befriedigen soll, ohne unnötig natürliche Ressourcen, hier im Sinn der Flächennutzung, zu verwenden. Hervorgehoben wird dabei, und dies betrifft wiederum den Aspekt der sozialen Nachhaltigkeit, die Bedeutung der Mischung von verschiedenen Haustypen (Stadsbyggnadskontoret 2009, 64ff.), um zum einen die architektonische Gestaltung der Stadt variabel zu halten, zum anderen aber der Diversität der Bevölkerung Rechnung zu tragen, die an ihre Umgebung unterschiedliche Wünsche und Anforderungen hätten. Auch in den Dubliner Plänen kommt der Verdichtung als Instrument einer nachhaltigen Stadtentwicklung besondere Bedeutung zu, und auch hier wird sie explizit an das Ziel der Verminderung sozialräumlicher Segregation gekoppelt (Dublin City Development Board 2005, 103). Eine nachhaltige Stadtentwicklung baulich umzusetzen war auch Thema des Interviews mit der hauptverantwortlichen Planerin im *Dublin City Council*, die betonte, wie wichtig es sei, dass Dublin in die Höhe statt in die Fläche wachse und die Dichte vergrößere (DCC1, Abs. 157ff.). Interessant ist, dass in beiden Städten die Verdichtung als Ziel formuliert wird, denn die beiden Städte sind derzeit sehr unterschiedlich dicht besiedelt, Dublin sehr viel stärker als Göteborg (vgl. Kap. 7), so dass es für letztere stärker einleuchtet als für erstere.

Ein weiterer Aspekt der ökologisch nachhaltigen Gestaltung der Stadt ist die Förderung des öffentlichen Personennahverkehrs und damit die Abkehr vom Paradigma des PKW als hauptsächlichem Transportmittel. In Dublin ist dies ein zentraler Aspekt der programmatischen Planung der gesamten Stadt (Dublin City Council 2005, 3) und wird zudem als wichtiges Element der Gestaltung der *Docklands* ausgewiesen (Dublin Docklands Development Authority 2003, z.B. 7), in Göteborg findet sich dieses Ziel explizit im gesamtstädtischen Entwicklungsplan (Stadsbyggnadskontoret 2009, 78) und ist in den Interviews, die ich mit den StadtplanerInnen geführt habe, wiederkehrendes Thema (z.B. GSB2, Abs. 23). Dabei wird zudem auf den beharrenden Charakter alter Planungsparadigmen wie dem der autofreundlichen Stadt Bezug genommen, die einen Wandel auch der Planungsstrategien erschweren. So befindet sich die Umsetzung von Leitbildern und Planungsstrategien immer auch in einem Spannungsfeld von Tradition und Vision, was an diesem Beispiel der nachhaltigen Stadtentwicklung sehr deutlich wird. Dieser Aspekt der Zeitlichkeit, der damit impliziert ist, wird im folgenden Kapitel 10 ausführlicher beschrieben.

Die ökonomische Dimension: Nutzung des Vorhandenen

Stärker noch als die ökologische Form der Nachhaltigkeit ist auch die ökonomische nicht sofort in der materiellen Gestaltung ersichtlich. Sie erschließt sich aber aus einer Betrachtung der Nutzung der zur Verfügung stehenden Flächen. Nicht nur weist der zunehmende Trend der Nutzung der Innenstädte und der Verdichtung eine ökonomische Dimension auf, die sich gegen die Suburbanisierungstendenzen der vergangenen Jahrzehnte richtet, sondern auch die Nutzung von Vorhandenem wie beispielsweise denkmalgeschützten Gebäuden wird aus einer ökonomischen Perspektiven als positiv gewertet. So formuliert es beispielsweise ein Repräsentant des Dubliner *Digital Hub*:

> *we're certainly taking advantage of the infrastructure that's here already, [...] the other thing I would say is that there is certainly some innovation in terms of the way those buildings are being used, and the way they're designed to be used [...] because certainly, as an agency, we're striking a balance between trying to create economically viable infrastructure, and infrastructure that tries to facilitate the clustering and the collaboration that needs to go on (DDH2, Abs. 671-681, Herv. ALM).*

Das zielgruppenorientierte Angebot von Büroflächen bekommt hier eine ökonomisch nachhaltige Bedeutung. Zwei Zielgruppen – die *technologists* und die *creatives* (DDH2, Abs. 673ff.) – werden unterschiedliche Bedürfnisse attestiert, welche sich auch ökonomisch nachhaltig realisieren lassen, indem Vorhandenes umgenutzt und durch Neues bereichert wird.

Am Beispiel des *Digital Hub* zeigt sich aber auch eine weitere Dimension der ökonomischen Nachhaltigkeit: Unter dieser Devise wird unter anderem die Anzahl der Büroräume auf Kosten der gemeinsam zu nutzenden Orte maximiert (DDH2, Abs. 685ff.) – ein interessanter Aspekt, da damit dieser Dimension gegenüber der sozialen Nachhaltigkeit der Vorzug gegeben wird. Anstatt Orte der Begegnung zu schaffen und somit Anreize zu geben, Räume für einen interaktiven Austausch zu schaffen, steht die Wirtschaftlichkeit des Projekts im Vordergrund. Diese stärkere Gewichtung einzelner Aspekte der Nachhaltigkeit gegenüber anderen ist einer der Kritikpunkte innerhalb der Debatte um Nachhaltigkeit an einem solchen dreigliedrigen Konzept, wie ich in Kapitel 8 gezeigt habe. Es kann allerdings auch ein Ausweis dafür sein, dass die Entwicklung des Technologieparks zwar unter der Maßgabe der Nachhaltigkeit steht, diese aber für die Gestaltung in der Realität nur bedingt – nämlich in ihrer ökonomischen Ausprägung – von Bedeutung ist. Damit läge hier ein Beispiel für den Unterschied zwischen *talk* – dreigliedrige Nachhaltigkeit als Leitbild – und *action* – Fokussierung der ökonomischen Dimension – vor, welcher die Stadtplanung begleitet und ein Zeichen dafür sein könnte, dass die „modische[n] Momente" (Streich 2005, 85) von Leitbildern in manchen Fällen überwiegen und die Ebene des *talk* darstellen, während auf der Ebene der Umsetzung (*action*) andere Gründe für bestimmte Entscheidungen ausschlaggebend sind. So beschreibt der Vertreter des *Dublin Chamber of Commerce* im Interview, dass es innerhalb der lokalen politischen Stadtplanung immer auch darum geht zu wissen, was diskursiv gerade *en vogue* ist: „in terms of who's on we find [...] that skyrocket would have been Richard Florida" (DCh1, Abs. 263).

Am Beispiel der Umnutzung vorhandener Gebäude wird auch die Verschränkung der drei Dimensionen der Nachhaltigkeit im Kontext der Stadtplanung deutlich: In ökologischer Hinsicht stellt die Umnutzung denkmalgeschützter Bauten, die Teil des Kulturerbes einer Stadt sind, einen bedachten Umgang mit den zur Verfügung stehenden (natürlichen) Ressourcen dar. Ökonomisch ist es eine kostengünstige Form, neue Arbeits- und Wohnräume zu schaffen, und in sozialer Hinsicht tragen derartige Nutzungen der historisch gewachsenen Gebäude dazu bei, die Wahrnehmung der Stadtplanung durch die ansässigen BewohnerInnen positiv zu beeinflussen und die Identifizierung mit der Stadt aufrechtzuerhalten. Auf vorhandene Syntheseleistungen kann so aufgebaut werden, und eine Kontinuität der Konstitution der städtischen Räume ist gewährleistet.

Ähnlich sieht es im Fall der Schaffung verdichteter Stadtviertel aus: Dichte Bebauung ist flächensparend und damit ressourcenschonend, und durch die Mischung von Haustypen und die Forcierung der Errichtung barrierefreier Wohnungen sollen dort attraktive Nachbarschaften entstehen, die das Ziel haben, die soziale Integration zu fördern (DCC1, Abs. 287ff.). Welche Rolle diesem Aspekt und damit der Verminderung sozialer Konflikte zukommt, zeige ich im Folgenden anhand eines Exkurses, der die Studie *Etablierte und Außenseiter* von Norbert Elias und John L. Scotson (1990 [1965]) zum Ausgangspunkt nimmt.

9.4   Exkurs: Außenseiter und Etablierte

Die Etablierung eines Technologieparks in einem innerstädtischen Wohnviertel, wie es in Dublin mit dem *Digital Hub* der Fall ist, führt fast zwangsläufig dazu, dass zwei unterschiedliche soziale Gruppen aufeinander treffen. So gibt es die Ansässigen, die einen spezifischen Raum für sich in ihrem Stadtteil konstituiert haben. Ihnen stehen diejenigen gegenüber, die erst damit beginnen, den Stadtteil aufgrund der Aufwertungsmaßnahmen zunehmend zu nutzen. Die im *Digital Hub* arbeitenden Personen leben in der Regel nicht im Stadtteil (vgl. CCD2, Abs. 78ff.), verbringen aber einen Gutteil ihrer Arbeitszeit dort, konstituieren ihren eigenen Raum und werden Teil der Raumkonstitutionen der Ansässigen. In raumtheoretischen Termini gesprochen, sind es nun andere Lebewesen, die zusammen mit den Objekten relational für die Raumkonstitution angeordnet werden. Damit verändern sich nun nicht nur die Räume, die an diesem spezifischen Ort von den Einzelnen hervorgebracht werden. Soziologisch interessant sind auch die Interaktionen der beiden sozialen Gruppen, der Etablierten und der Außenseiter, wie man sie in Anlehnung an Norbert Elias und John L. Scotson (1990 [1965]) nennen könnte. Elias und Scotson untersuchten eine von ihnen *Winston Parva* genannte Vorortgemeinde in England Ende der 1950er Jahre. Der ökonomische Hintergrund ist folglich ein anderer als in meiner Fallstudie. Die von Elias und Scotson entwickelten soziologischen Schlussfolgerungen lassen sich aber auch für den mir vorliegenden Fall anwenden. So arbeiten die beiden Autoren heraus, dass der Zuzug von Personen in ein bestehendes Stadtviertel – oder eine „Gemeinde" (Elias und Scotson 1990 [1965], 235), wie sie es nennen – zu Spannungen zwischen diesen beiden sozialen Gruppen führt, die sie „Etabliert[e]" (Elias und Scotson 1990 [1965], z.B. 7) und „Außenseiter" (ebd.) nennen. Hintergrund der Spannungen ist die Tatsache, dass die alteingesessenen Personen die von ihnen etablierte soziale Ordnung und damit ihren Status durch die Hinzuziehenden gefährdet sehen. So schreiben Elias und Scotson:

Die Spannungen zwischen den alten und den neuen Einwohnern waren von besonderer Art. Der Kern der Alteingesessenen legte den Standards und Normen, der ganzen Lebensweise, die sie unter sich entwickelt hatten, einen hohen Wert bei. Alle diese Dinge hingen zutiefst mit ihrer Selbstachtung zu-

sammen [...]. Die Neuankömmlinge, die in die ‚Siedlung' zogen, wurden als eine Bedrohung der bestehenden Ordnung erlebt [...]. (Elias und Scotson 1990 [1965], 237f., Herv.i.O.)

Elias und Scotson verweisen darauf, dass die Etablierten in einem soziologischen Sinn als „alt" (Elias und Scotson 1990 [1965], 239ff.) zu verstehen seien. In diesem soziologischen Sinn alte Gruppen sind nicht zuletzt dadurch zu charakterisieren, dass sie über den Zeitraum ihrer (geographischen) Ansässigkeit und ihrer Gruppenzugehörigkeit ein spezifisches „Benehmen nach einem gemeinsamen Kanon [modelliert haben], das sie vor anderen auszeichnet." (Elias und Scotson 1990 [1965], 240) Dieses gruppenspezifische Verhalten wird nun durch die Neuen in Frage gestellt, und die alte Gruppe sieht ihren Status gefährdet. Dabei weist die etablierte Gruppe zunächst einmal den im Vergleich zur Außenseiter-Gruppe höheren Status auf, sieht diesen aber durch letztere in Gefahr. Hier liegt nun die Differenz zwischen *Winston Parva* und *The Liberties* in Dublin. Die Unterscheidung zwischen den ‚alten' Etablierten und den ‚neuen' Außenseitern lässt sich zwar durchaus anwenden: Etabliert sind die ansässigen BewohnerInnen, die einen großen Teil ihres Lebens in diesem Viertel verbracht haben. Außenseiter sind die in den wissensintensiven Ökonomien arbeitenden Personen, d.h. die Angehörigen der *creative class*. Im Sinne ihres ökonomischen Status sind letztere nun gegenüber ersteren im Vorteil, denn ihr ökonomischer Status ist höher. Bezüglich des sozialen Status möchte ich hier eine Vermutung anstellen, die in weiteren Studien zu untersuchen sein wird: Im politischen Diskurs ist der soziale Status der Angehörigen der *creative class* der höhere, da sie diejenigen sind, die es in eine Stadt zu locken gilt. Sie versprechen mit ihrer Arbeit in den Wissensökonomien nicht nur ökonomische Prosperität, sondern auch ein positives Image für die Stadt. Im gesellschaftlichen Diskurs bleibt meiner Ansicht nach offen, wem der höhere soziale Status zukommt. Diejenigen, die Kreativität als positiv konnotierte gesellschaftliche Anforderung verstehen, werden der *creative class* den höheren Status zusprechen. Diejenigen, die im Sinn einer *Recht auf Stadt*-Perspektive[215] für einen Verbleib aller sozialen Gruppen in der (Innen-)Stadt plädieren, sprechen den Etablierten in *The Liberties* dagegen möglicherweise den höheren sozialen Status zu.

Wichtig ist an dieser Stelle, die Verbindung von sozialen und materiellen Befindlichkeiten im Blick zu behalten. Ausgrenzungsprozesse haben in einem

---

[215] Die internationale *Recht auf Stadt*-Bewegung fordert, verallgemeinert gesprochen, für alle BewohnerInnen einer Stadt die Möglichkeit, am städtischen Leben teilzuhaben und nicht aufgrund fehlenden ökonomischen oder sozialen Kapitals (auch räumlich) ausgeschlossen zu werden. Im deutschsprachigen Kontext hat die Bewegung ihre Wurzeln in Hamburg und bezieht sich theoretisch auf Henri Lefèbvres *Le droit à la ville*, aber auch auf die Arbeiten David Harveys. Ein wichtiger wissenschaftlicher Vertreter der Bewegung ist der Soziologe Andrej Holm. Zur deutschen Website der Bewegung URL: http://www.rechtaufstadt.net (letzter Zugriff am 11.4.2013).

stadtplanerischen Kontext insofern eine materielle Dimension, als ganz im Sinn der Segregationsforschung soziale Ausgrenzungsprozesse durch räumliche Segregation und materielle bzw. infrastrukturelle Ausstattungen verstärkt oder reduziert werden. Hartmut Häußermann und Walter Siebel (2000) weisen darauf hin, dass „die sozialräumliche Struktur der Stadt als Abbild sozialer Ungleichheit" (Häußermann und Siebel 2000, 130) verstanden werden muss, die aus sich überlagernden und verstärkenden Problemlagen entsteht, und so „aus einem Wohnquartier von Benachteiligten [...] durch die Überkonzentration ein Quartier der Benachteiligung werden [kann]" (Häußermann und Siebel 2000, 132). Bei derartigen Segregationsprozessen ist die soziale nicht von der materiellen Dimension zu trennen, denn Stadtteile mit einem hohen Anteil sozial Benachteiligter zeichnen sich in der Regel auch durch eine materielle Benachteiligung in dem Sinn aus, dass Straßen und andere Infrastrukturen verfallen, Wohnanlagen (auch von den Stadtverwaltungen) vernachlässigt werden und die Gestaltung von öffentlichen Plätzen liebloser ausfällt als in anderen Teilen der Stadt. Dabei wird das Risiko derartiger Stadtteile von StadtplanerInnen deutlich erkannt. Am Beispiel der *Liberties* in Dublin zeigt sich aber auch das Problem: Aufwertungsstrategien wie die, einen Technologiepark in einem deprivierten Viertel anzusiedeln und damit den Stadtteil in einem ersten Schritt materiell aufzuwerten, indem neue Gebäude gebaut und vorhandene Gebäude saniert und umgestaltet werden, führen zu sozialen Spannungen wie denen, die Elias und Scotson beschreiben. Es ist weniger die Missachtung des Engagements der StadtplanerInnen seitens der Etablierten als vielmehr die Angst vor dem Verlust des Status als Etablierte. Verdrängungsprozesse im Zuge von materieller Aufwertung konnten die BewohnerInnen der *Liberties* im angrenzenden Stadtteil *Temple Bar* beobachten, welches, wie ich bereits erklärt habe, einen klassischen Gentrifizierungsprozess durchlaufen hat, in dessen Folge ein Bevölkerungsaustausch stattfand. Anzunehmen ist, dass derartige Erfahrungen zu einer Haltung führt, die von Reserviertheit bis Abneigung viele Facetten aufweist. Der Hinweis der Dubliner StadtplanerInnen, dass die zeitlich verzögerte materielle Veränderung des Stadtteils insofern positiv zu bewerten ist, als die Etablierten zunächst positive Effekte der ökonomischen Aufwertung an sich selbst erfahren (DDH1, Abs. 179ff.), ist hier besonders zu berücksichtigen.

Interessant ist zudem der Hinweis von Elias und Scotson, dass die zunehmende Mobilität industrialisierter Gesellschaften auch zu zunehmenden sozialen Spannungen führen werde, da der Prozess der Zuwanderung von Außenseitern in bewohnte Stadtviertel und damit die Konfrontation von Etablierten und Außenseitern ebenfalls zunehme (Elias und Scotson 1990 [1965], 247f.). Verbindet man diese Annahme mit Richard Floridas These, dass sich gerade die Angehörigen der *creative class* durch besondere Mobilität auszeichnen (Florida 2008, 223ff.), und mit Baumans Unterscheidung der postmodernen Touristen und Vagabunden als den zwei Prototypen der globalisierten Welt mit ihren Sonnen- und Schattenseiten (Bauman 1996, 661), bekommt Elias' und Scotsons Studie eine sehr aktuelle Bedeutung zur Erklärung sozialer Spannungen in industrialisierten Städten.

Der Fokus dieses Kapitels lag auf der Materialität der kreativen Stadt und hat die spezifischen materiellen und räumlichen Merkmale der *creative cities*, wie sie sich in Dublin und Göteborg zeigen, vorgestellt. Das folgende Kapitel widmet sich der Dimension der Zeit und ihrer Bedeutung für die lokale Stadtplanung und, vermittelt darüber, auch für die materielle Gestaltung der kreativen Stadt.

10 Die Zeitlichkeit der Planung der kreativen Stadt

Der städtische Raum, der in der kreativen Stadt geschaffen wird, entsteht aus einer Kombination verschiedener Elemente: der Platzierung vorhandener Objekte, d.h. der existenten Architektur und physischen Struktur der Stadt, der mit der lokalen Tradition verbundenen Syntheseleistung, d.h. dem Aufrufen spezifischer Erinnerungen und Bedeutungen des Gebauten, sowie der Konstruktion neuer Syntheseleistungen auf der Grundlage der städtebaulichen Leitbilder und der ihnen zugrunde liegenden gesellschaftlichen Visionen. In diesem Kapitel verfolge ich die These, dass die Planung und Gestaltung von kreativen Städten durch eine spezifische Zeitlichkeit charakterisiert ist. Zeitlichkeit kann insgesamt als in der Natur von Planung liegend betrachtet werden – das aus der Vergangenheit gewachsene Heutige wird mit einer auf die Zukunft gerichteten Vision geplant. Materielle und symbolische Verweise auf die Vergangenheit und auf die Zukunft werden kombiniert, um die Stadt der Gegenwart zu gestalten. Mit dieser Planung wird auch versucht, zukünftige Syntheseleistungen der NutzerInnen zu lenken: Über die Neu- und Umgestaltung des städtischen Raums werden neue oder modifizierte Interpretationsangebote gemacht. Inwiefern diese Angebote von den NutzerInnen angenommen werden oder von ihnen eigene Interpretationen des Neugestalteten geschaffen werden, liegt allerdings außerhalb des Einflusses der StadtplanerInnen. Die Gestaltung der Stadt auf der Grundlage einer spezifischen Kombination von Vergangenem und Zukünftigem wird mit den Leitbildern der Kreativität und Nachhaltigkeit verbunden; die Selektion dessen, was kombiniert wird, ist abhängig von dem jeweils vorliegenden Verständnis von Kreativität und Nachhaltigkeit. Dieser zeitliche Bezug ist daher charakteristisch für die *Green Creative Cities*.

Voraussetzung für die Planungen der StadtplanerInnen ist eine gemeinsame Interpretation der Vergangenheit: Ein vorherrschendes Narrativ muss bezüglich der städtischen Vergangenheit vorliegen, um es als Basis für die Transformationen verwenden zu können. Außerdem muss Einigkeit bezüglich der Vision der zukünftigen Gestalt der Gesellschaft und ihrer Bedürfnisse bestehen, da nur auf dieser Grundlage Strategien für die Umgestaltung des städtischen Raums entwickelt werden können. In der Formulierung und Veröffentlichung von Leitbildern findet der Konsens über die städtische und gesellschaftliche Vision seinen Ausdruck. In den vorliegenden Fällen sind es Kreativität und Nachhaltigkeit, die die Zukunft prägen sollen. Die Stadtgesellschaft der Zukunft wird darauf aufbauend als eine Wissensgesellschaft konzipiert. Ökonomisch basiert sie auf Arbeitsfeldern, deren Grundlage Kreativität ist. In sozialer Hinsicht werden Werte eines sozial und ökologisch nachhaltigen Lebens zur Norm erhoben, wie es in der Fokussierung der *Green Creatives*, deren Lebensstil ökologische Werte beinhaltet (vgl. Kap. 8), deutlich wird. Indem diese verschiedenen Bereiche von der Stadtplanung adressiert werden, soll es einem möglichst großen Teil der Stadtgesellschaft ermöglicht werden, zukünftig am gesellschaftlichen Leben mit transformierten Anforderungen teilzuhaben. Die Aufgabe der Stadtplanung ist es nun, Orte zu gestalten, an denen diese Ziele Verwirklichung finden und es den NutzerInnen möglich wird, entsprechende Räume zu konstituieren und an der Vision der StadtplanerInnen zu partizipieren. Im Idealfall fallen die Raumkonstitution der StadtplanerInnen und die der NutzerInnen zusammen und bilden eine übereinstimmende Konstitution des städtischen Raums der Wissensgesellschaft (vgl. Kap. 9). Durch die Bezugnahme auf lokal spezifische und gewachsene Traditionen entsteht im Handeln der StadtplanerInnen eine je eigene, stadtspezifische Raumkonstitution, die den jeweiligen „Eigenlogiken" (Löw 2008, 241) Rechnung trägt.

10.1 Die Nutzung des Alten zur Gestaltung des Neuen

In der Gestaltung der Städte durch die StadtplanerInnen wird aktiv Bezug auf die städtische Vergangenheit genommen. Nicht nur zeigen das die Interviews und die Stadtplanungsdokumente, in denen sich explizite Verweise auf sie finden, sondern auch die Gestalt der Städte ist ein (materieller) Ausdruck dieser Bezugnahme. Ein zentraler Bestandteil ist der Erhalt bestehender Gebäude und physischer Strukturen und die darauf aufbauende Umnutzung dieser architektonischen Elemente.

In Dublin lässt sich diese Strategie am Beispiel der *Guinness*-Brauerei sehr gut nachvollziehen. Diese Gebäude, im innerstädtischen Stadtteil *The Liberties* gelegen, stehen unter Denkmalschutz und dürfen daher in ihrer äußeren Gestalt nicht verändert werden. Wie zuvor gezeigt (vgl. Kapitel 9), werden sie für die Schaffung des Technologieparks *The Digital Hub* umgenutzt. Indem an einem vormals industriell genutzten Ort der Stadt, dessen Bedeutung sich tief in das städtische Gedächtnis der BewohnerInnen eingebrannt hat, ein Ort der technologischen Innovation des beginnenden 21. Jahrhunderts entsteht, nämlich der digitalen Medien, findet die angestrebte ökonomische und gesellschaftliche Transformation ihren gebauten Ausdruck.

StadtplanerInnen beider Städte verbinden die Gestaltung der Städte auf Grundlage vorhandener Gebäude explizit mit der Vision einer kreativen Stadt und der Zukunft der Städte, wie ein Repräsentant des *Digital Hub* verdeutlicht:

> *the physical manifestation here [in the Digital Hub, ALM] will be very obvious as well [...], it will be one that befits a creative city [...] it will have, you know, refurbished heritage buildings of a high architectural quality, and new modern [...] architectural outputs sort of, side by side with that [...] and the whole thing being [...] an example of how, you know, a modern twenty first century city can actually take the value of its past and its heritage and hold onto it, in fact, and [...] make it a significant part of it's future identity as well (DDH2, Abs. 786ff.).*

Die Verbindung von Altem und Neuem in architektonischer Hinsicht wird als grundlegend für die Gestaltung einer Stadt angesehen, die den Anforderungen und Herausforderungen der Zukunft erfolgreich begegnen kann. Darüber hinaus verstehen die StadtplanerInnen die lokale Tradition und Geschichte der jeweiligen Stadt als konstitutives Element ihrer zukünftigen städtischen Identität. Bestimmte Gebäude spielen dafür eine bedeutende Rolle, und der Status eines Gebäudes als denkmalgeschützt ist die institutionalisierte Form dieser Bedeutung. Die Verwendung denkmalgeschützter Gebäude als konstitutiv und damit unabdingbar für die neue Stadtidentität zu bezeichnen, impliziert dabei aber auch eine positive Wendung der gegebenen Verhältnisse und einen pragmatischen Umgang mit ihnen: Derartige Gebäude dürfen per Gesetz nicht in ihrer äußerlichen Gestalt verändert werden. Dies stellt zunächst einmal eine Einschränkung der Möglichkeiten stadtplanerischen Handelns dar. Um dies nicht als Einschränkung und das eigene Handeln als begrenzt zu verstehen, wird es positiv gewendet und als Element in die stadtplanerische Strategie integriert.

Neben ihrer infrastrukturellen Bedeutung wird derartigen Gebäuden, die die Vergangenheit symbolisieren, auch ein Wert als Inspirationsquelle zugewiesen, wie es eine Grafikdesignerin in Dublin beschreibt: „amazing architecture [...] that kind of thing would inspire me" (CCD1, Abs. 223). Ihr Anspruch an die städtische Stadtplanung ist abwägendes und überlegtes Handeln, das seinen Ausdruck in einem städtischen Design findet, in dem das Alte und das Neue zu einem kohärenten Ganzen zusammengefügt werden und Strategien existieren, die eine solche Einheit störende Elemente wie *graffiti* kontrollieren:

> *so it'd be nice maybe if [the city planners, ALM] could just make everything compliment each other and at the same level in some shape or form [...] and maybe a place where people could do graffiti because instead of just graffiting in these like random places and ruining [...] freshly built walls and things like that maybe if they actually had [...] proper dedicated places for graffiti and a few of them [...] that would help (CCD1, Abs. 233-247).*

Der Wunsch nach bedachter Stadtplanung und entsprechendem Umgang mit den historischen Überresten der Städte ist ein durchgängiges Thema für die Befragten. Allerdings ist die Frage, was ein gelungenes städtisches Design und inwieweit es wünschenswert ist, dass ungeplante Gestaltungen z.B. mithilfe von *graffiti* kontrolliert und reglementiert werden, umstritten – interessanterweise sowohl unter den Angehörigen der *creative class* als auch unter StadtplanerInnen.

Neben derartig umgenutzten Gebäuden wie denen der *Guinness*-Brauerei in Dublin sind es die ehemals für die Hafenindustrie genutzten Gebiete am Wasser, die als historisch gewachsene Elemente der Stadtgestalt in die Gestaltung der neuen Stadt integriert werden. Auch hierbei handelt es sich um die gebauten Symbole der ehemals dominanten und für die Städte identitätsstiftenden Industrien. Hier sind es weniger Gebäude als vielmehr die Strukturen, die erhalten und sichtbar bleiben, wie die durch die Werften geprägte Gestaltung des Ufergebiets.

Abbildung 31 bis Abbildung 36 zeigen auf der Grundlage des *rephotographing* die Umgestaltung der Hafengebiete in Dublin und Göteborg.

Abbildung 31: Teile der *Docklands* in Dublin in einer Archivaufnahme von 1988 © *Irish Architectural Archive*

Abbildung 32: Derselbe Teil der *Docklands* in Dublin in einer Aufnahme von 2008.

Abbildung 33: Vergleich der *Docklands* in Dublin, 1988 vs. 2008

Abbildung 34: Die *Eriksberg*-Werft im nördlichen Hafengebiet Göteborgs in einer Archivaufnahme von 1963 © *Älvstranden Utveckling AB*; markiert ist der Kran der Werft.

Abbildung 35: Erhaltene Strukturen der *Eriksberg*-Werftanlage, Göteborg 2009; markiert ist wiederum der Kran der ehemaligen Werft.

Abbildung 36: Vergleich der *Eriksberg*-Werftanlage, Göteborg, 1963 vs. 2009

Deutlich zu erkennen ist die Beibehaltung der physischen Struktur bei gleichzeitiger Veränderung der Nutzung. Auch in diesem Fall dient die Bezugnahme auf die Vergangenheit der Städte als wichtige Hafenstädte und die Integration der physischen Strukturen dazu, eine materielle und symbolische Brücke in die Zukunft zu schlagen. Der „emotionalen Krise" (GLSP1, Abs. 46, Übers. ALM), die der Niedergang der Werftenindustrie in Göteborg bei den StadtbewohnerInnen ausgelöst hat, wird insofern Rechnung getragen, als mithilfe der Neugestaltung der alten Gebiete ein Interpretationsangebot geschaffen wird, um diese Krise zu überwinden und auf der Tradition aufbauend eine ökonomische und gesellschaftliche Zukunft zu gestalten.

Florian Urban (2011) beschreibt einen derartigen Umgang mit der Materialität einer Stadt als den Versuch, ihre Architektur als „built historiography that inscribes a harmonized account of the past into the urban fabric" (Urban 2011, 2) zu nutzen. Indem die Gebäude sorgfältig ausgewählt werden, die im Planungsprozess erhalten bleiben oder abgerissen werden, findet ein Selektionsprozess statt, der die Elemente der städtischen Vergangenheit in erinnerns- und vergessenswert unterteilt. Wie Urban am Beispiel eines Stadtentwicklungsprojekts in Glasgow zeigt, werden explizit bestimmte Gestaltungselemente, etwa Fensterformen, aufgenommen, um ausgewählte Aspekte der Vergangenheit zu erinnern (Urban 2011, 3). Neubauten nehmen zudem Bezug auf diese Auswahl und stützen so die spezifische Interpretation des Vergangenen, die die Ausblendung anderer Elemente impliziert. Für industrielle Hafenstädte, wie ich sie untersucht habe, gehören zu den ausgeschlossenen Aspekten beispielsweise die schlechten Lebens- und Wohnverhältnisse der HafenarbeiterInnen und ihrer Familien oder die Umweltverschmutzung durch Schwerindustrien.[216] Damit lässt sich eine Verbindung zu Sharon Zukins (1989) Annahme herstellen, nach der ehemalige Fabrikgebäude gerade deswegen als Wohnraum (um-)genutzt würden, da sie ihre historische Bedeutung verloren hätten und ein auf sie bezogenes „sensual [...] attachment" (Zukin 1989, 71) lediglich aufgrund ihrer spezifischen Ästhetik entstünde (vgl. Kap. 2).

Wie wichtig das Vorhandensein einer auch materiellen Tradition für die Gestaltung der Transformationsorte ist, stellen StadtplanerInnen für die Entwicklung des Hafengebietes in Göteborg im Gespräch heraus:

> *Das einfachste ist nun, wenn man eine historische Umgebung oder so etwas hat, auf die man aufbauen und ein Motiv daran knüpfen kann, das über die Zeit Bestand hat. [...] Was in Älvstranden und an einigen anderen Orten etwas kompliziert war, war, dass wir [es] total verändert haben, [...] dass es eine neue Umgebung wird. Kann man da einige Regeln aufstellen, die wegweisend sind und die einen Ausdruck bewirken, der wünschenswert ist. Das ist*

---

[216] Dieser Gedanke ist inspiriert von den Diskussionen in der *Session 64, Port Cities as Venues of Change and Exchange*, auf der SACRPH-Konferenz 2011 in Baltimore.

etwas schwieriger. Und vorher [etwas] zu bestimmen, das kann auch den Nachteil haben, dass es sehr gleichförmig wird. Und vor allem bekommen die besseren Ideen keinen Platz. Und das wollen wir doch nicht. (GSB2, Abs. 205)[217]

Christopher Tunnard (1951) beschreibt in den 1950er Jahren die Integration von Vergangenem für die Gestaltung der Zukunft als die zentrale Aufgabe einer zu der Zeit neu entstehenden Stadtplanung: „a completely different approach to city planning will be necessary in order to integrate the past with the present while we are planning the future." (Tunnard 1951, 219) Auch Sako Musterd (2005) verweist in seiner Untersuchung der Stadt Amsterdam auf die Bedeutung historisch gewachsener Strukturen, auf die Bezug genommen werden kann, um die Neuausrichtung einer Stadt nachhaltig geschehen zu lassen (Musterd 2005, 228). Nachhaltig wird hier in dem Sinn verwendet, dass die Stadtplanung eine nicht nur auf bestimmte planerische Moden und Diskurse reagierende, sondern vielmehr eine langfristig gestaltende, zielorientierte ist – und sich damit aus dieser Perspektive von Leitbildern unterscheidet, die derartigen Moden unterworfen sind (vgl. dazu Streich 2005, 85).

In der Stadtplanung spielt die Vergangenheit einer Stadt daher nicht nur deswegen eine Rolle, weil sie bestimmte materielle Strukturen zur Verfügung stellt, auf die aufgebaut werden kann oder muss. Sie ist auch für die Raumkonstitution wichtig, da auf der Basis der historisch gewachsenen, stadtspezifischen Erinnerungen, Identifikationen und Vorstellungen Syntheseleistungen vollzogen werden, für die diese Vergangenheit konstitutiv ist. Die Raumkonstitutionen integrieren so Vergangenes und Gegenwärtiges, indem historisch entstandene Elemente der Syntheseleistungen und die Platzierung aktuell vorhandener Objekte zum Raum angeordnet werden. Während die Bezugnahme auf die Vergangenheit durch die Verwendung der bestehenden Materialität offensichtlich wird und daher charakteristisch für Stadtentwicklungen im Allgemeinen ist, zeige ich im Folgenden, dass auch die Zukunft einen wichtigen Bezugspunkt für die Planung der *Green Creative City* darstellt – eine Zukunft, die niemand kennt, für die aber in der Gegenwart auf der Basis des in der Vergangenheit gesammelten Wissens eine Vision entwickelt wird.

---

[217] „Det enklaste är ju om man har en historisk miljö, eller nåt sånt, där man kan motivera att man kan hänga upp det här på ett motiv som står sig lite över tiden. [...] Vad som har vart lite komplicerat på Älvstranden och en del andra platser där man säger att vi byter totalt, [...] eller det blir en ny miljö. Kan man då sätta upp några regler som, som kan vara vägledande och som ger, ger det uttryck som är önskvärt. Det blir lite svårare. Och att bestämma innan, det kan ha nackdelen att då blir det väldigt likformigt. Och framför allt dom bättre idéerna får inte nåt utrymme. Och det vill vi ju inte."

10.2 Vision der Zukunft: die Stadt als Ort der Wissensgesellschaft

Die Bezugnahme auf die Wissensgesellschaft als Vision für die gesellschaftliche Zukunft sowie die Gestaltung einer auf die Bedürfnisse einer solchen Gesellschaft zugeschnittenen Stadt resultiert aus einem diesbezüglich hergestellten Konsens innerhalb der lokalen Stadtplanung und findet ebenfalls ihren Ausdruck in der materiellen Struktur der Städte. Der für eine solche Vision nötige Konsens seitens der StadtplanerInnen wird von einer Interviewten in Dublin explizit formuliert: „You need all the people to have that common vision [...] that Dublin is a knowledge-based society" (DDH1, Abs. 359ff). Diese Vision schlägt sich in Strategien zur Förderung der wissensintensiven Industrien nieder und findet ihren materiellen Ausdruck in der Gestaltung bestimmter aufgewerteter Stadtviertel. Diese sind, und damit schließe ich an die vorher vorgestellte Umnutzung historischer Gebäude und Anlagen an, in Göteborg und Dublin die innerstädtischen Orte der niedergegangenen Industrien, also die Hafengebiete und in Dublin zusätzlich das Areal der *Guinness*-Brauerei. Allerdings ist ein bedeutender Unterschied bei der Gestaltung der Hafengebiete darin zu sehen, dass in diesen auf der Grundlage der vorhandenen Struktur des Ortes eine architektonische Neugestaltung stattfindet. Die geographischen Beschaffenheiten des Ortes sind also, ganz im Löw'schen Sinn, durch den zuvor dort konstituierten Raum der Hafenindustrie vorgeprägt: Die Uferbereiche sind entsprechend der Bedürfnisse der Werften und Containerschiffe gestaltet. Der nun neu konstituierte Raum entsteht, zusammen mit den entsprechenden Syntheseleistungen der NutzerInnen, durch den Neubau von Gebäuden und die relationale Anordnung dieser Gebäude im Bezug auf die vorhandenen örtlichen Strukturen. Daraus geht ein neuer, transformierter Ort hervor, der Raum für die Wissensindustrien bietet.

In Göteborg entsteht im Hafengebiet der *Lindholmen Science Park*, und in Dublin befindet sich dort das *International Financial Services Center* sowie verschiedene Finanzunternehmen und große Anwaltskanzleien wie *McCann-FitzGerald*. Dieser Ort der Wissensindustrien hat einen stadtübergreifend ähnlichen architektonischen Ausdruck.

Geprägt wird die Architektur durch die Verwendung von Glas und Stahl, wie ich in Kapitel 9 am Beispiel der *Creative Marker* gezeigt habe. Stärker als in Göteborg wird in Dublin Einfluss auf die Gestaltung derartiger Gebiete mithilfe von *Design Guidelines* genommen. Diese Richtlinien beschreiben die zu verwendenden Materialien sowie präferierte Bauweisen und Gestaltungselemente. Die physische Gestalt eines Gebäudes wird explizit mit einer spezifischen Interpretation dieses Gebäudes und des gesamten Ortes in Verbindung gebracht; gläserne Fassaden sollen dabei „the changing face of the maritime environment" (Dublin Docklands Development Authority 2010, 6) spiegeln und beinhalten damit eine Bezugnahme auf die Zukunft, welche in der materiellen Gestaltung des Gebietes seine Entsprechung finden soll.

10.2.1 Kreativität und Wissen: eine neue Koalition?

Die Veränderungen der Struktur vieler industrieller Gesellschaften zeigt sich exemplarisch an Irland und Schweden, wie die Daten zur wirtschaftlichen Veränderung verdeutlichen (vgl. Kap. 7). Zwei Aspekte westlicher Gesellschaften des ausgehenden 20. Jahrhunderts sind im Kontext meiner Arbeit bedeutsam: Sowohl Dienstleistungen als auch Wissen sind zentrale Kategorien, deren Bedeutungszuwachs die ökonomische Struktur der Gesellschaften verändert, aber auch diese Gesellschaften insgesamt. Bernd Streich (2005) weist interessanterweise darauf hin, „daß die Wissensgesellschaft auf einem wichtigen, einzigartigen Schlüsselfaktor beruht – auf menschlicher *Kreativität*." (Streich 2005, 21, Herv.i.O.) Schließt man sich dieser Auffassung an, so ist die Erkenntnis, dass eine Kopplung von Wissensgesellschaft und dem städtischen Leitbild der Kreativität stattfindet, nicht überraschend.

Meiner Ansicht nach ist der Sachverhalt allerdings komplexer als von Streich dargestellt. Ich möchte hier Wissen als konstitutives Element der *creative class* bezeichnen, wie es auch Florida tut, wenn er unter Bezugnahme auf Peter F. Drucker (1993) herausstellt, dass Wissen und Information zu den „Materialien [... und] Werkzeugen" von Kreativität zählen (Florida 2004, 44, Übers. ALM).

Als paradigmatisch für diese neue Koalition von Kreativität und Wissen können die entstehenden Technologieparks gelten. In ihnen finden die Kooperationen von Bildungs- und Wirtschaftsunternehmen des Dienstleistungs- und Informationssektors ihren Ort, und sie werden, wie die Interviews zeigen, programmatisch für die Etablierung einer *creative city* und einer Wissensgesellschaft verwendet. Die Technologieparks werden beispielsweise als Teile der entstehenden „creative area within Dublin City" (DDH1, Abs. 98ff.) konzipiert, und die Verwendung eines auf Florida basierenden Kreativitätsverständnisses explizit dazu genutzt, den begrifflich unklaren Diskurs um die Wissensgesellschaft (DCh1, Abs. 265ff.) mit Bedeutung zu füllen. Die Erkenntnis, dass die wissensbasierten Ökonomien für Dublin wichtig sind, habe, so der Vertreter des *Dublin Chamber of Commerce*, schon früher eingesetzt als die Diskussion um Floridas *creative class* (vgl. DCh1, Abs. 265ff.), war jedoch stets begrifflich und konzeptionell unklar; die von Florida angebotenen Terminologien wurden daher als „great framework for explaining [the transformations]" (DCh1, Abs. 362) verstanden und in die eigene Arbeit integriert. Zudem stellt die Ausrichtung auf diese neuen Ökonomien ein Beispiel für eine als nachhaltig konzipierte Umstrukturierung der städtischen Wirtschaft dar, deren soziale Dimension die städtische Bevölkerung auf die Anforderungen der Wissensgesellschaft vorbereiten soll.

Die Schaffung der Technologieparks sind kein singuläres Phänomen der untersuchten Städte, sondern eine vergleichsweise verbreitete Form heutiger Entwicklungen, wie sowohl die Interviews (GLSP1, Abs. 56) als auch andere Studien (vgl. exempl. Porter 2000; Hospers 2003b) zeigen. Technologieparks stellen in den Planungen der StadtplanerInnen die Orte dar, an denen der für die *creative class* nötige Informations- und Kompetenzaustausch stattfinden kann. Sie sind Generatoren für Wissen und Innovation und, soweit sich aus den von mir untersuchten Fallbeispielen in Kombination mit den Ergebnissen anderer empirischer Studien ableiten lässt, konstitutive Elemente der *creative cities*. In ihnen manifestiert sich der Kreativitätsbegriff, der Kreativität mit technologischer Innovation gleichsetzt. Zu beachten ist allerdings, dass diese *Cluster* zwar notwendige, aber keine hinreichenden Elemente für die Konzeption von Städten als kreativ darstellen. Hinzu kommt die ästhetisch-kulturelle Dimension, die sich in den Städten über andere Planungen realisiert. Besondere Produktivität erlangen beide Felder der Kreativität, wie zumindest die PlanerInnen in Dublin betonen, durch Kooperation, so dass der Technologiepark *The Digital Hub* gerade auch als Ort des Austausches und der Kommunikation zwischen „people with a technology bent" und „[people with a, ALM] creative bent" (DDH2, Abs. 82-84) dienen und perspektivisch Kooperationen ermöglichen soll (vgl. DDH2, Abs. 98ff.; Abs. 112ff.). Diese Perspektive materialisiert sich im *Digital Hub* in der Gestaltung von Kommunikationszonen: Neben einem Café im Eingangsbereich gibt es beispielsweise kleine Besprechungsinseln, die mit Telefon, Internet, Tisch und Stühlen ausgestattet sind (vgl. dazu meine Ausführungen in Kap. 8 und 9).

10.2.2 Reaktionen auf die Veränderungen der Zukunft

Die ökonomischen und physischen Veränderungen, die in den Städten zu beobachten sind und von den StadtbewohnerInnen wahrgenommen werden, bleiben, genauso wie die gesellschaftlichen Veränderungen als solche, nicht ohne soziale Wirkungen. In beiden Städten registrieren die StadtplanerInnen eine verunsicherte Haltung der EinwohnerInnen:

> *Aber da sind viele, die Angst vor der Veränderung haben, so ist das. Oder, ja, Angst, das ist vielleicht zu hart [...]. Hm. Ängstlich. ((lacht)) Abwartend. (GSB2, Abs. 290)*[218]

Der Grund für diese abwartende Haltung ist zweierlei: das Nicht-Wissen über das, was kommt, und die architektonische Gestaltung der Städte. Umso wichtiger

---

[218] „Men det är många som är rädda för förändringen, det är det. Eller ja, rädda, det kanske är för hårt [...]. Mm. Rädda. ((skrattar)) Avvaktande."

sind die *Creative Marker*, die das Lokale und Bezüge zu der je gewachsenen städtischen Identität integrieren. Zwar zeigten sich in beiden Städten sowohl die StadtplanerInnen als auch die Angehörigen der *creative class* sehr überzeugt von dem Einfluss, den die physische Gestaltung von Städten auf ihre EinwohnerInnen hat (vgl. z.B. DCC1, Abs. 467; GSB3, Abs. 72). Ihre Wahrnehmung der Entwicklungen in den erneuerten Gebieten, z.B. in den Hafengebieten, war allerdings von Enttäuschung geprägt (vgl. DCh1, Abs. 474-486). Die Homogenität des Designs wurde bedauert und mit globalen Transformationsprozessen in Hafengebieten kontextualisiert, wie ein Stadtplaner in Göteborg anmerkte:

> *Denn es ist ja nicht nur hier, das, was sie neofunktionalistischen Stil nennen, [...] und so sind es gerade Häuser und flache Dächer, sie sehen alle gleich aus. Und das ist nicht nur Göteborg, das gibt es in Stockholm [...] oder Helsingborg oder in Malmö, das ist egal. Und Du kannst sicher auch in andere internationale Städte gehen, da sieht es genauso aus. [...] Und ich bin etwas enttäuscht [...] ich finde es schade, dass sie sich zu sehr ähneln. (GSB1, Abs. 124)*[219]

Diese Ähnlichkeiten insbesondere der Hafengebiete zeigen auch verschiedene andere empirische Studien, welche Städte untersuchen, die innerhalb der vergangenen zwanzig Jahre einen Umgestaltungsprozess durchlaufen haben. Zwei Städte sollen hier exemplarisch angeführt werden: London und Baltimore.[220] Während London als Beispiel für eine prosperierende Metropole gelten kann, die im Zuge der wirtschaftlichen Veränderungen auch eine Umgestaltung der *Docklands* vornahm, erinnert Baltimore sehr viel stärker an die beiden von mir untersuchten Städte, welche sich aus einem ökonomischen und gesellschaftlichen Zwang heraus wandeln mussten, wenn sie nicht bedeutungslos werden wollten. Die Transformationen der Städte Baltimore, Dublin und Göteborg sind nicht zuletzt auf bedeutende ökonomische Zwänge zurückzuführen: Der Niedergang der Hafenindustrien brachte sie viel stärker in ökonomische und damit verbunden auch soziale Bedrängnis als dies in London der Fall war.

Der Gefahr zu begegnen, die Loyalität gegenüber der Stadt durch eine Neugestaltung aufs Spiel zu setzen, ist dabei ein nicht zu unterschätzendes Element der stadtplanerischen Arbeit. Die Kombination von Neu- und Umgestaltung und

---

[219] „För det är ju inte bara här, det dom kallar nyfunkisstil dessa, [...] och så är det raka hus och platta tak, dom ser likadana ut. Och det är ju inte bara Göteborg, finns Stockholm [...] eller Helsingborg, eller i Malmö, det spelar ingen roll. Och du kan säkert gå i andra internationella städer, det ser likadant ut. [...] Och jag är lite besviken då [...] och då tycker jag att det är synd att (det) blir för lika."

[220] Davide Ponzini und Ugo Rossi (2010) etwa untersuchen die Transformation Baltimores vor dem Hintergrund der Florida'schen *creative city*-Theorie. Die Entwicklung der Hafengebiete in London sowie drei anderen Großstädte werden in Han Meyers (1999) *City and Port* vor allem vor dem Hintergrund von stadtplanerischen Apekten vergleichend dargestellt.

damit die Verbindung von Altem und Neuem scheint daher gerade dann ein häufig anzutreffendes Motiv zu sein, wenn die materiellen Veränderungen in einer Stadt mit ökonomischen und sozialen, d.h. insgesamt gesellschaftlichen Umbrüchen und Transformationen zusammenfallen. Wie ich gezeigt habe (vgl. Kap. 9), kann insbesondere die Kombination des Alten und lokal Gewachsenen mit dem Neuen ein hilfreiches Mittel der Reduktion von Unsicherheiten sein, wie es am Beispiel des *Creative Marker* deutlich wird.

Die Gestaltung des Hafengebietes kann also als materieller Ausdruck eines Transformationsprozesses verstanden werden. Dies beinhaltet auch ein bestimmtes Verständnis der Bedeutung, die der Materialität einer Stadt zukommt. Sie kann im besten Fall die Visionen der StadtplanerInnen widerspiegeln und die Überführung von einem gesellschaftlichen Zustand zum anderen illustrieren. Mehr als das: Durch den Neubau von Gebäuden an einem Ort, d.h. durch die Schaffung neuer Objekte, wird zwangsläufig eine neue Raumkonstitution initiiert. Durch die neuen Gebäude verändert sich sowohl die Platzierung der Dinge, das *spacing*, als auch die Syntheseleistung, die für die Konstitution des Raums nötig sind (Löw 2001, z.B. 158f.). Die mit dem Ort verbundenen Erinnerungen und Vorstellungen, die im Gedächtnis der NutzerInnen verankert sind, bleiben zwar vorhanden, ergänzen sich aber mit neuen Syntheseleistungen durch die Wahrnehmung der neuen Gebäude und ihrer Beziehungen zueinander bzw. werden durch sie modifiziert.

An diesem Beispiel der neu gestalteten Hafengebiete lässt sich eindrücklich zeigen, wie an einem Ort unterschiedliche Raumkonstitutionen existieren können: Eine Touristin ohne Vorwissen über die Geschichte der *Dublin Docklands* erbringt eine andere Syntheseleistung, da sie mit den Objekten, die sie wahrnimmt und körperlich erfährt, andere Vorstellungen verbindet als ein ehemaliger Hafenarbeiter, der nach der Auslagerung der Hafenindustrie und wirtschaftlichen Umstrukturierungen arbeitslos geworden ist.[221] Dass eine derartige Neugestaltung eines Gebietes, zumal in der Nähe der historischen Innenstadt liegend, nicht unproblematisch ist, verdeutlicht der Kommentar eines Vertreters des *Dublin Chamber of Commerce*:

> *we've got much more of a focus [...] on these sort of service based industries, knowledge-based industries, the Docklands being filled with that, but also still a bit of concentration on our tourism business, [...] so we need to keep that Georgian Dublin alive, and any of these sort of gentrification which occurs needs to be within that context, it can't be an ugly sky scraper just in the middle of a Georgian city [...] it's got to be well-balanced, you know, preening dis-*

---

[221] Bei diesem derart gewählten Beispiel sind zudem noch die Geschlechterzugehörigkeiten zu berücksichtigen, die, wie Löw beschreibt, einen maßgeblichen Einfluss auf die Raumkonstitution haben, da sie „als *Strukturprinzipien*" (Löw 2001, 174, Herv.i.O.) das Handeln der Einzelnen durchziehen.

tricts where the Docklands will be [...] and then you can go into the old city, and then [...] we remain vibrant (DCh1, Abs. 432-434).

Die Herausforderung für die Stadtplanung ist es, eine Balance zwischen den architektonischen und industriellen Symbolen der Vergangenheit und den Bedürfnissen der wissensintensiven Industrien, die die Zukunft darstellen, zu finden. Beide Elemente werden als bedeutsam für die Aufrechterhaltung der Dynamik der Stadt verstanden, wie sie für die Zukunft antizipiert wird.

10.3 „The old will blend very well with the new."

Die Kombination von Vergangenem und Zukünftigem ist eine spezifische Form, wie StadtplanerInnen mit der Notwendigkeit der Neugestaltung einer Stadt und den damit verbundenen Unsicherheiten seitens der StadtbewohnerInnen umgehen. Gelingt eine derartige Kombination, kann sie sowohl das Städtische als auch das Gesellschaftliche im Sinn der StadtplanerInnen verändern.[222] Das Zurückgreifen auf gewachsene Traditionen dient dazu, sich der Loyalität der StadtbewohnerInnen zu versichern, und in der Verbindung mit einer auf die Zukunft gerichteten Vision von Gesellschaft und Stadt eröffnet gerade sie neuen Generationen Möglichkeiten zur Identifikation.

Die empirischen Beispiele zeigen, dass mit dem spezifischen Verständnis von Kreativität eine Vision der zukünftigen Gesellschaft verbunden ist: einer Gesellschaft, in der Kreativität einen hohen Stellenwert besitzt und die ökonomisch an Arbeitsfeldern orientiert ist, die der *creative class* zuzurechnen sind. Eine derartige gesellschaftliche Vision ist schon in der Gegenwart verankert, denn die StadtplanerInnen beziehen sich nicht ohne Grund auf die *creative class*. Sie tun es da diese Ausrichtung ihnen auf der Grundlage aktueller Bestandsaufnahmen und Prognosen konsensuell sinnvoll erscheint. Die Vision einer Gesellschaft beruht dabei immer auf dem gegenwärtig zur Verfügung stehenden Wissen darüber, was erstrebenswert ist oder sein könnte. Auf der Basis eines spezifischen Kreativitätsverständnisses, welches auch der gesellschaftlichen Vision zugrunde liegt, wird nun die Gestaltung der zukünftigen Stadt geplant und ihre Realisierung initiiert.

Neben der Gerichtetheit auf die Zukunft ist, wie oben beschrieben, die Bezugnahme auf die lokal spezifische Vergangenheit ein wichtiges Element der Planung der *creative city*. Dublin und Göteborg teilen eine Vergangenheit als Han-

---

[222] Das Zitat, das die Überschrift dieses Unterkapitels darstellt, entstammt dem Interview mit dem Repräsentanten des *Dublin City Council* (DCC2, Abs. 570).

dels- und Hafenstädte,[223] und die Hafengebiete lassen sich als Beispiele für einen spezifischen, stadtübergreifend geteilten Umgang mit der Vergangenheit und ihre Integration in die auf die Zukunft gerichtete gegenwärtige Stadtplanung verstehen. Die Hafengebiete sind die Materialisierung dieser Integration des Vergangenen: Ihre Struktur wird bewahrt, und die Gebiete werden für neue Nutzungen verändert, so dass das Alte neue soziale Bedeutungen erhält. Indem eine Umnutzung des Vorhandenen als (ökologisch) nachhaltig konzipiert und die umgenutzten Orte verwendet werden, um Räume der Kreativität zu konstituieren, stellen sie zudem Elemente der *Green Creative City* dar.

Mit der Umnutzung der Hafengebiete wird weiterhin auf die lokale Geschichte der Städte als Hafen- und Industriestädte verwiesen, und diese gewachsene Identität wird in die Gegenwart weitergetragen und Teil der jeweiligen Eigenlogiken der Städte. Die Bewahrung der materiellen Strukturen ist eine Visualisierung des Vergangenen und dient als Erinnerungsstütze, welche die Raumkonstitution an diesen Orten prägt. Die Gleichzeitigkeit von Vergangenem und Gegenwärtig-Zukünftigem ermöglicht es dann, dass an diesem Ort verschiedene Räume konstituiert werden können. Zum einen der historische Raum der ökonomisch bedeutsamen Hafenstadt mit einer prosperierenden Werftenindustrie, um Göteborg als Beispiel zu nehmen. Zum anderen der Raum der wissensintensiven Ökonomien und der (Aus-)Bildung, für den die Technologieparks zentral sind. Mindestens ein weiterer Raum kann so zudem noch entstehen: der von den StadtplanerInnen antizipierte Raum, in dem auf der Grundlage der lokalspezifischen Geschichte ein Ort für die Gesellschaft der Zukunft entsteht. Die materiellen Reste der Vergangenheit – wie die entsprechend der Bedürfnisse der Hafenindustrien strukturierten Ufer – in Kombination mit den neu entstandenen Gebäuden und Nutzungsformen stellen damit eine materielle, aber auch symbolische Verbindung von der städtischen Vergangenheit zur antizipierten städtischen Zukunft dar. Untersuchbar sind die jeweiligen gegenwärtigen Spuren, die diese zeitliche Dimension in der aktuellen materiellen Gestalt der Städte hinterlassen.

Die spezifische Zeitlichkeit der Planung der untersuchten Städte äußert sich in zweifacher Hinsicht: Zum einen sind die *Creative Marker* der materielle Ausdruck einer Stadtplanung, die lokal Vorhandenes im Sinn einer historisch gewachsene Identität mit einer Vision für die Zukunft kombiniert. Dazu werden Referenzen zur städtischen Tradition hergestellt und mit neuen Formen und Materialien kombiniert. Indem Vorhandenes umgenutzt wird, wird an ausgewählte Elemente der Vergangenheit angeknüpft; zudem erhält die Stadtplanung darüber ihren nachhaltigen Charakter, welcher konstitutiv ist für das Entstehen

---

[223] Die aufgefundenen Gemeinsamkeiten legen nahe, dass sich diese spezifische historische Referenz und ihre Ausprägungen auch in anderen Städten finden lassen, die über eine vergleichbare ökonomische und gesellschaftliche Tradition verfügen wie Dublin und Göteborg (vgl. Kap. 12).

der *Green Creative City*. In welcher Weise die verschiedenen, von mir in den vergangenen Kapiteln vorgestellten Aspekte der Stadtplanung der *creative city* sich zu der Gestaltung eines neuen Stadttypus, der *Green Creative City*, versammeln, ist Thema des nachfolgenden Kapitels.

11 „Every city wants to be a creative city."

So lautet die Antwort eines Repräsentanten des *Dublin City Council* auf die Frage, ob Dublin sich als kreative Stadt verstehe (DCC2, Abs. 168). Er beschreibt damit zum einen die Wirkmächtigkeit von Planungsparadigmen und den Einfluss von Moden in der Stadtplanung, zum anderen einen pragmatischen Umgang mit dem Leitbild der *creative city*, wenn er später expliziert: „my idea is we define it for ourselves [...] and we live up to that reputation." (DCC2, Abs. 694ff.)

Ausgehend von dieser Beschreibung der kreativen Stadt als einer eigenlogischen, da selbst spezifizierten räumlichen Struktur, die maßgeblich auf lokal vorhandenem Wissen und bestehenden Traditionen aufbaut und sich gleichzeitig an global wirksamen Planungsparadigmen orientiert, zeichne ich in diesem Kapitel die zentralen Merkmale der von mir untersuchten Städte nach und zeige, in welcher Weise sie Beispiele der *creative cities* sind und darüber hinaus den Typus der *Green Creative City* konstituieren. Die in den vorangegangenen Kapiteln vorgestellten Aspekte greife ich dabei auf und bringe sie derart zusammen, dass die unterschiedlichen Facetten dieses Phänomens deutlich werden: globale und lokale, diskursive und materielle, soziale und ökonomische Dimensionen. All diese Aspekte kreisen letztendlich um die Frage, in welcher Weise *creative cities* soziologisch zu verstehen sind: als kreative Städte oder als Städte der Kreativen.

11.1 Die Kopplung verschiedener Leitbilder

Wie ich in Kapitel 8 gezeigt habe, stellt die Kopplung zweier auf den ersten Blick sehr unterschiedlicher Leitbilder – Kreativität und Nachhaltigkeit – ein charakteristisches Merkmal der untersuchten Städte dar. In diesem Unterkapitel greife ich die Merkmale der Leitbilder und ihre Funktionen für die Planung noch einmal auf und zeige, wie es gelingt, zum einen Kontinuität in der Planung und eine integrative Stadtentwicklung zu gewährleisten und zum anderen die Realisierung einer neuen gesellschaftlichen Vision voranzutreiben.

Wie die Interviewdaten zeigen, sind die Verwendungen der Leitbilder Kreativität und Nachhaltigkeit (auch) entsprechenden globalen Diskursen geschuldet. Der Paradigmenwechsel hin zur Nachhaltigkeit ist in den 1990er Jahren und damit zeitlich vor der auf Kreativität ausgerichteten Planung entstanden, die erst auf die Zeit des beginnenden 21. Jahrhunderts zu datieren ist. Mit der Verbindung dieser beiden stadtplanerischen Leitbilder gelingt es, eine Kontinuität in der Stadtentwicklung zu gewährleisten, die nicht möglich wäre, wenn die lokale Stadtplanung sich lediglich an den je aktuellen Moden orientieren würde. Diese Kontinuität ist thematischer Natur: In beiden Städten wird betont, dass das Konzept der *creative city* eine angemessene Terminologie für schon registrierte gesamtgesellschaftliche und damit auch städtische Transformationsprozesse zur Verfügung stelle – nicht das Phänomen ist neu, sondern die Begriffe, die zur Erklärung und programmatischen Entwicklung verwendet werden. Ähnlich ist es im Fall des Leitbilds der Nachhaltigkeit. Auch hier steht mit dem von der UN formulierten dreidimensionalen Nachhaltigkeitsbegriff ein konzeptionelles Repertoire zur Verfügung, mit dem es der Stadtplanung zumindest programmatisch möglich ist, zentrale Dimensionen städtischen Lebens miteinander zu verbinden: physische Umwelt, Soziales und Ökonomie.

Mit einer derartigen Programmatik der lokalen Stadtplanung geht eine spezifische Publikumsorientierung einher. Fokussiert das Leitbild der Kreativität die Angehörigen der *creative class* und schließt damit konzeptionell und häufig auch real das Nicht-Kreative als das konstitutive Andere aus, so wird dieses Andere über das Leitbild der (sozialen) Nachhaltigkeit wieder in die Stadtplanung und -entwicklung integriert. Außerdem wird über das Leitbild Nachhaltigkeit das Anknüpfen an vorangegangene Planungen erleichtert, da es, wie ich gezeigt habe (vgl. Kap. 8), mit seinen drei Dimensionen große Teile des gesellschaftlichen Zusammenlebens abdeckt. Gleichzeitig zeigen in der planerischen und städtischen Wirklichkeit auch die Verwendungen des Leitbilds der Kreativität, dass dieses mithilfe einer doppelten Konnotierung ein vergleichsweise breites Spektrum an Themen und Personen und damit ebenfalls größere Bereiche des urbanen gesellschaftlichen Lebens abdecken kann und daher integrativen Charakter besitzt.

11.1.1 Kreativität vor Ort

Kreativität als Leitbild ist, wie die Analysen gezeigt haben, unterschiedlich konnotiert. Es lässt sich bezüglich der inhaltlichen Bedeutung ein Kontinuum feststellen, das von der Herstellung technologischer Innovation bis zu künstlerischen Produkten reicht und auf dem sich die vorliegenden Kreativitätsverständnisse anordnen. Möglich wird dies, da das Leitbild der Kreativität und seine Verwendung als zunächst leerer Begriff fungieren,[224] der je nach lokalem Kontext mit

---

[224] Mit einem anderen theoretischen Zugriff kann man in diesem Fall auch von einem leeren Signifikanten sprechen, der erst im Moment des Benutzens inhaltlich besetzt wird und es so möglich macht, Differenzen im Begriffsverständnis zu überwinden (vgl. etwa Laclau und Mouffe 2001). Damit wird ein solcher Begriff politisch resp. sozial wirkmächtiger, da er in unterschiedlichen Verwendungszusammenhängen und von unterschiedlichen Akteuren eingesetzt werden kann.

einer entsprechenden Programmatik gefüllt wird. Eine solche Differenzierung der angewendeten Kreativitätsverständnisse kann als konstitutives Element einer auf Kreativität ausgerichteten Stadtplanung gelten, wie es auch die Ergebnisse veschiedener anderer empirischer Untersuchungen zeigen (vgl. etwa Florida 2002a; Hospers 2003b).

Das besondere Verständnis von Kreativität in sowohl ästhetisch-künstlerischer als auch technologisch-innovativer Hinsicht hat zwei zentrale Wirkungen auf die Städte: Es beeinflusst einerseits die Strategien, die die (politische) Stadtplanung für die Entwicklung der Stadt, aber auch für die in der Stadt lebenden Menschen formuliert. Dazu gehören die Vision der Wissensgesellschaft für die städtische Bevölkerung und die Fokussierung bestimmter sozialer Gruppen wie die Angehörigen des *super-creative core* und die ortsansässigen Kulturschaffenden. Andererseits wirkt sich das Kreativitätsverständnis auf die Materialität der Stadt aus, indem bestimmte Stadtteile besonders in den Blick der Stadtplanung geraten und sie auf diese Weise zu Orten der Realisierung der Strategien werden und sich durch typische und je spezifische Materialitäten auszeichnen.

Tabelle 5 zeigt eine Übersicht dieser Verortungen in den untersuchten Städten. Diese Unterscheidungen sind idealtypischer Natur; wenn sich vor allem im Fall der Technologieparks in *Lindholmen* und *The Liberties* eine eindeutige Verortung der Strategien feststellen lässt, so ist dies im Göteborger Stadtviertel *Haga* weniger eindeutig, da dieser Stadtteil nicht Ziel der derzeitigen Stadtplanungsstrategien ist. Zudem liegen gerade im Fall der Ausrichtung auf die technologisch-innovative Kreativität Versuche vor, die in der IT-Branche Arbeitenden und die Kulturschaffenden zusammenzubringen, wie ein Interview mit Repräsentanten des *Digital Hub* in Dublin zeigt: „[the Digital Hub, ALM] is a new space that's connecting people with a creative bent and [...] people with a technology bent" (DDH2, Abs. 82ff.).

Dimension	ästhetisch-künstlerisch	technologisch-innovativ
Im Fokus	Kulturschaffende	Arbeitende in den Informationstechnologien
Stadtteile	*Temple Bar*; *Haga*	*The Liberties*; *Lindholmen*

Tabelle 5: Dimensionen von Kreativität und ihre Verortung in den Städten

Wie schlägt sich dieses Leitbild der Kreativität mit seiner doppelten Konnotation nun an den Orten der Städte nieder? In Anlehnung an ein von Sybille Bauriedl (2007b) vorgenommenes Verfahren, eine Diskurslandschaft zu zeichnen und damit die „Verknüpfung von Diskursen mit den Lokalitäten" (Bauriedl 2007b, Abs. 73) zu zeigen, verfahre ich an dieser Stelle ähnlich und zeichne eine

Landschaft des Leitbilds der Kreativität mit einem Fokus auf den von mir untersuchten zentralen Transformationsorten. Dies ist gerade für dieses Leitbild ein interessantes Unterfangen, da es explizit für die programmatische Umgestaltung der Städte verwendet wird und sich in seinen unterschiedlichen Bedeutungen an unterschiedlichen Orten der Städte materialisiert. Es sind daher in meinem Fall nicht die Diskurse, sondern die programmatischen Verständnisse von Kreativität, die ich räumlich abbilde. Für Dublin entsteht ein sehr aussagekräftiges Bild, wie Abbildung 37 zeigt.

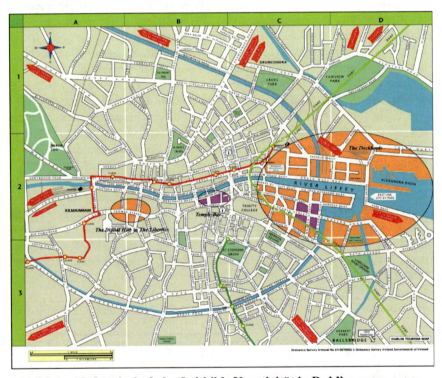

Abbildung 37: Landschaft des Leitbilds Kreativität in Dublin: orange markiert die technologische Konnotation, pink markiert das ästhetisch-künstlerische Verständnis © *Visit Dublin*, URL: http://www.visitdublin.com (letzter Zugriff am 12.5.2013), Bearbeitung ALM

Das Leitbild der Kreativität weist je nach Konnotation unterschiedliche räumliche Verortungen auf, welche sich an einigen Punkten, nämlich in den *Dublin Docklands*, überlagern. Dort ist es, da große Flächen des Areals neu gestaltet werden, möglich, beide Verständnisse als Programmatik zugrunde zu legen.

Anders als in den Stadtvierteln *The Liberties* und *Temple Bar* werden die ökonomischen, d.h. industriellen, Strukturen der *Docklands* als überholt und ersetzenswürdig angesehen. Die großen, einst brachliegenden Flächen der alten Hafengebiete werden zwar in den physischen Strukturen erhalten, nicht zuletzt als ökonomisch und ökologisch nachhaltige Maßnahme, aber einer vollständig neuen Nutzung zugeführt, die das gesamte Beschäftigungsfeld der *creative class* umfasst: das *International Financial Services Centre*, Kultureinrichtungen wie das *Grand Canal Theatre* oder das *The Abbey Theatre*, Unternehmen der IT-Branche wie *Google*.

Ein ähnliches Bild zeigt sich in Göteborg, auch wenn es hier vor allem das technologisch-innovative Verständnis ist, das sich aufgrund von stadtplanerischen Strategien räumlich niederschlägt (Abbildung 38). In *Haga* ist es die Tradition als gentrifiziertes Viertel der KünstlerInnen, die dazu führt, dass es auf dieser Karte eindeutig verortet ist; für die weiteren innerstädtischen Bereiche des *Centrum* lassen sich keine derart deutlichen Zuordnungen finden.

In Göteborg ist es ebenfalls das nördliche Hafengebiet, in dem eine Kombination der beiden Kreativitätsverständnisse zum Tragen kommen und das als zentraler Transformationsort einer Umnutzung und Neugestaltung unterzogen wird. Ebenso wie in Dublin sind es auch hier ein vielfältige Bereiche, welche dort verortet werden: der *Lindholmen Science Park*, Kulturinstitutionen wie das *Backa Teater* und Forschungseinrichtungen wie das zur Erforschung von Seefahrt und Marinetechnik der Technischen Hochschule *Chalmers*.

Durch die Kombination dieser Einrichtungen mit Wohnungsbau und Dienstleistungsbetrieben wie Restaurants, Hotels und Konferenzorten findet eine, wenn auch sehr spezifische, Verbindung der beiden Leitbilder Kreativität und Nachhaltigkeit statt. Spezifisch in dem Sinn, dass sowohl in Göteborg als auch in Dublin eine Mischnutzung angestrebt wird, diese aber weniger sozial als ökonomisch nachhaltig ist.

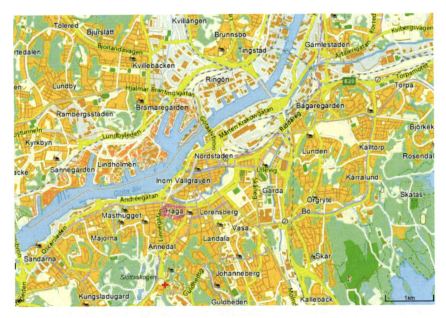

Abbildung 38: Landschaft des Leitbilds Kreativität in Göteborg: orange umrandet die technologische Konnotation, pink markiert das ästhetisch-künstlerische Verständnis © *Hitta.se Kartor*, URL: http://www.hitta.se (letzter Zugriff am 13.5.2013), Bearbeitung ALM

11.1.2 Nachhaltigkeit vor Ort

Nachhaltigkeit ist das zweite wichtige Leitbild, das in der städtischen Planung der untersuchten Städte Verwendung findet. Wie ich in Kapitel 8 gezeigt habe, wird ein Nachhaltigkeitskonzept verwendet, das sich auf eine Definition der UN bezieht und drei Dimensionen aufweist: ökologische, soziale und ökonomische Nachhaltigkeit. Insgesamt zielt dieses Leitbild auf die Gestaltung einer integrativen, d.h. alle Bevölkerungsgruppen inkludierenden, Stadt und lässt sich daher als Korrektiv zu dem Leitbild der Kreativität verstehen, welches mit seinem Fokus auf einer spezifischen sozialen Gruppe durchaus elitäre Merkmale aufweist.

Ein weiterer Aspekt, der über dieses Leitbild gewährleistet wird, ist das der Kontinuität der Stadtplanung. Gerade in Göteborg wird hervorgehoben, dass Nachhaltigkeit ein Paradigma der Planung ist, welches in den 1990er Jahren entstand und seitdem in die Programmatik der Stadtplanung integriert wurde. Die Stadtentwicklungspläne beider Städte, die für die Jahre nach 2011 formuliert werden, zeigen deutlich, dass dieses Leitbild für die lokale Stadtplanung weiterhin maßgeblich ist – der *Dublin City Development Plan 2011-2017* trägt den Titel *Greening the City* und enthält unter anderem die folgende Beschreibung der Programmatik:

> *This development plan sets out* a new approach *to meet the needs and aspirations of the citizens of Dublin and the country in the long term. This approach is* based on the principles of sustainability *(Dublin City Council 2011, 6, Herv. ALM).*

Damit wird ein neuer stadtplanerischer Ansatz formuliert, dessen Leitlinie die Prinzipien der Nachhaltigkeit darstellen – obwohl er, wie ich gezeigt habe, als Strategie auch in Dublin nicht neu so ist, wie heir suggeriert wird. Das Leitbild der *creative city* wird weiterhin verwendet, findet allerdings vor allem im Kontext von Kultur Erwähnung (Dublin City Council 2011, z.B. 103).

Auch wenn der zukünftige Stadtentwicklungsplan in Göteborg noch nicht vorliegt, lassen sich implizit Hinweise dafür finden, dass Nachhaltigkeit auch dort zum vorherrschenden Leitprinzip der Stadtplanung wird. War es in Göteborg schon im untersuchten Zeitraum ein stärker prägendes Leitbild als in Dublin, so zeigt sich in der Gestaltung des nördlichen Hafengebiets die Dominanz einer nachhaltigen Ausrichtung. Das Viertel *Kvillebäcken*, das in dieser Arbeit am Rande als Beispiel für konflikthafte Stadtentwicklungsprozesse herangezogen wurde, dient derzeit als Modellprojekt für eine nachhaltige Stadtplanung und – entwicklung. Finanziell unterstützt von der staatlichen Einrichtung zur Förderung nachhaltiger Städte, genannt *Hållbara Städer*,[225] wird das Ziel der Gestaltung von *Kvillebäcken* von der lokalen Planungseinrichtung *Älvstranden Utveckling AB* wie folgt formuliert:[226]

> *Das Ziel der Unterstützung ist es, attraktive Städte zu schaffen, die sowohl ökologisch, sozial als auch ökonomisch nachhaltig sind. Mit diesen Maßnahmen wird Kvillebäcken als Vorzeigegebiet für nachhaltige Stadtentwicklung und integrierte Umwelttechnik dienen.*[227]

Kvillebäcken als Vorzeige- oder auch *best practice*-Beispiel zu konzipieren verweist auf die überlokale Bedeutung, die einer nachhaltigen Stadtentwicklung zukommt, wie ich es schon in Kapitel 8 gezeigt habe. Die Ausrichtung von Stadtentwicklungsprozessen nicht nur auf ein lokales, sondern auch auf ein glo-

---

[225] Informationen zu diesem Programm finden sich auf der Website, URL: http://www.hallbarastader.gov.se (letzter Zugriff am 11.4.2013).

[226] Diese Informationen sind nur online auf der Website der *Älvstranden Utveckling AB* zu finden, URL: http://www.alvstranden.com/om-oss/hallbar-utveckling/utvecklingsarbete (letzter Zugriff am 1.4.2012).

[227] „Syftet med stödet är att skapa attraktiva städer som är både ekologiskt, socialt och ekonomiskt hållbara. Med åtgärderna ska Kvillebäcken fungera som ett demonstrationsområde för hållbar stadsutveckling och integrerad miljöteknik."

bales Publikum zeigt die Verschränkung derartiger Stadtentwicklungsprozesse auf lokaler, nationaler und globaler Ebene. Göteborg hat eigens die Einrichtung *Green Gothenburg* ins Leben gerufen, die von kommunalen Unternehmen getragen wird und das Ziel hat, interessierte Organisationen und Unternehmen zu einem Studienbesuch nach Göteborg einzuladen, um ihnen anhand ausgewählter Projekte „Gothenburg's environmental and sustainability initiatives"[228] vorzustellen.[229]

Interessant ist, dass bei der Umgestaltung des Viertels *Kvillebäcken*, das zu den sozial und ökonomisch benachteiligten der Stadt gehört, zunehmend versucht wird, ökologisch ausgerichtete Nachbarschaftsgruppen zu integrieren, etwa *Stadsjord*. Dies ist ein Zusammenschluss von Menschen, die die, wie sie es nennen, vergangene Kultur des nachhaltigen Zusammenlebens neu aufleben lassen wollen, indem sie den lokalen Anbau von Nahrungsmitteln sowie nachbarschaftliches Engagement unterstützen.[230] In *Kvillebäcken* gibt es seit 2011 aufgrund der Kooperation der Stadt mit *Stadsjord* einen Ort, an dem Beete von BewohnerInnen gemietet werden können, um Gemüse anzubauen. Dagegen finden andere nachbarschaftliche Gemeinschaften, deren Fokus auf sozialem Engagement liegt, weniger Berücksichtigung innerhalb der Stadtplanung.[231] Auch in Dublin gibt es ein vergleichbares Projekt und einen eigenen *Dublin City Guide to Community Gardening*, der von Seiten der Stadtverwaltung zur Einrichtung von Nachbarschaftsgärten ermutigt und diesbezügliche Vorgaben formuliert. Die Intention ist es u.a., der angestrebten Verdichtung der Stadt die negative Konnotation zu nehmen und einen positiven Ausgleich dazu herzustellen.[232]

Dies kann als neuer Aspekt eines Gentrifizierungsprozesses bezeichnet werden, bei dem die Dynamiken der Gentrifizierung als „public policy tool" (Lees, Slater und Wyly 2007, 221) seitens der politischen Planung eingesetzt werden, also eine gesteuerte Gentrifizierung vorliegt, deren fokussierte soziale Gruppen aber andere sind als in der herkömmlichen Gentrifizierungstheorie, wie sie etwa

---

[228] Diese Beschreibung findet sich online auf der Website von *Green Gothenburg*, URL: http://www.greengothenburg.se (letzter Zugriff am 11.4.2013).
[229] Unter den vorgestellten Projekten findet sich auch der *Lindholmen Science Park*, der in meiner Arbeit als Beispiel für die stadtplanerische Realisierung eines technologisch-innovativen Kreativitätsverständnisses dient.
[230] Informationen zu diesem Projekt finden sich online auf der Website von *Stadsjord*, URL: http://stadsjord.blogspot.de (letzter Zugriff am 11.4.2013).
[231] Auf diesen Aspekt verwies Catharina Thörn in ihrem Vortrag *Greening the City? Rethinking the Political in an Era of Mobile Urbanism* im Rahmen des 2012 an der Universität Bielefeld stattfindenden Workshops *The City: Analyzing Contemporary Transformations and Structures*.
[232] Informationen zu diesem Programm finden sich auf der Website, URL: http://www.dublin.ie/dcdb (letzter Zugriff am 11.4.2013).

Ruth Glass (1964) beschrieben hat: *LOHAS*[233] ersetzen Kreative als Zielgruppe. Bei genauerer Hinsicht ist dies keine vollständige Abwendung von den Angehörigen der *creative class*, denn auch Florida stellt heraus, dass für diese „[a] clean healthy environment and commitment to preserving natural resources for enjoyment and recreation" (Florida 2005, 84) für die Wahl ihres Lebensortes zentral seien, und auch für die von Ray und Anderson beschriebenen *cultural creatives* stellt eine ökologische Lebenseinstellung einen maßgeblichen Bestandteil ihres Wertekanons dar. Im Kontext der Frage, wie die Leitbilder der Nachhaltigkeit und der Kreativität zusammen passen, sind gerade diese *cultural creatives* besonders interessant, denn: „All Cultural Creatives have ‚green' values – concerns for the ecology and the well-being of the whole planet" (Ray und Anderson 2001, 14, Herv.i.O.). Gerade innerhalb der sogenannten „Core group" (Ray und Anderson 2001, 14) seien diese Werte besonders ausgeprägt, aber auch die zweite Untergruppe der *cultural creatives*, die „Green Cultural Creatives" (ebd.), trügen sie als Teil ihres Wertesystems in sich.

Mit der zunehmenden Betonung des Leitbilds der Nachhaltigkeit wird also nicht das Leitbild der Kreativität ersetzt, sondern es findet eine Verschiebung derjenigen Aspekte statt, die von der Stadtplanung fokussiert werden. So sind es nun, vor allem in Stadtteilen, die wie *Kvillebäcken* als Wohngebiete gedacht sind, weniger die Kreativwirtschaft oder die künstlerische Expressivität als vielmehr die ökologisch nachhaltige Lebensweise der *creative class*, die gefördert werden soll. Dies kulminiert schließlich in Aussagen der StadtplanerInnen wie dieser: „Our vision at the moment is to have a creative sustainable city." (DCC2, Abs. 69) Darauf aufbauend bezeichne ich den Stadttypus, der hier entsteht, als *Green Creative City*. Ist diese Vision nun die einer *kreative* Stadt oder einer Stadt *der Kreativen*?

11.2 Kreative Städte oder Städte der Kreativen?

Eine kreative Stadt, wie ich sie in der vorliegenden Arbeit verstehe, ist zunächst einmal eine Stadt, deren politische Planung sich am Leitbild der Kreativität ausrichtet und das Konzept der *creative city* in ihrer Planung verwendet – als Programmatik oder als Referenz. Doch sowohl die (wissenschaftliche) Diskussion um kreative Städte als auch die empirische Untersuchung werfen die Frage auf, in welcher Hinsicht diese Städte als kreativ verstanden werden können. Sind es Orte für die sogenannten Kreativen oder weisen die Städte selbst spezifische Merkmale auf, die sie als kreativ erscheinen lassen? Letzteres impliziert etwa,

---

[233] Die Abkürzung *LOHAS* steht für *Lifestyle of Health and Sustainability* und bezeichnet Menschen, für die Gesundheit und Nachhaltigkeit zentrale Werte des (Zusammen-)Lebens sind. Eine Beschreibung und Kontextualisierung liefert Monika M. Emerich (2011).

dass diese Städte aufgrund ihrer Infrastruktur oder der Zusammensetzung ihrer Bevölkerung zur Hervorbringung von neuem Wissen und neuen Handlungsformen beitragen. Es wäre dann die Spezifizität einer Stadt – oder ihre jeweilige Eigenlogik (Berking und Löw 2008) – die bewirkt, dass etwas hervorgebracht und/oder gefördert wird, das als kreativ gilt.

Eine Metaphernanalyse der Verwendung des Leitbilds Kreativität seitens der Interviewten zeigt diesbezüglich interessante Ergebnisse. Drei verschiedene Metaphernkomplexe lassen sich – in beiden Städten gleichermaßen, aber mit verschiedenen Schwerpunkten – unterscheiden, wobei sich eine auffällige Übereinstimmung mit den zu Beginn der Arbeit vorgestellten Kreativitätskonzepten der Soziologie ergibt (vgl. Kap. 3). Die drei Kreativitätsmetaphern beschreiben Kreativität als (1) Element menschlichen Lebens, (2) aus der Gesellschaft entstehend und (3) Ergebnis eines lokal verankerten, gesteuerten Wachstumsprozesses. Vor allem in Göteborg werden in erster Linie Metaphern aus der Biologie verwendet, um Kreativität zu beschreiben, während sich in Dublin ein eher funktionaler Blick in den verwendeten Beschreibungen äußert. Die in Dublin verwendeten Metaphern stimmen mit denen überein, die in den Göteborger Interviews zum Ausdruck kommen; letztere weisen aber eine größere Bildhaftigkeit auf, so dass ich sie hier zur Illustration verwende.

Kreativität kann demnach im ersten Fall in ihrer Prozesshaftigkeit auch mit dem Aufwachsen eines Menschen verglichen werden, welcher seine angeborenen Kompetenzen in einem spezifischen Umfeld entfaltet, häufig verwendete Metaphern sind die des Spiels. Der zweite Bereich ist in beiden Städten eher mit funktionalen Metaphern belegt und verweist auf die Abhängigkeit der Kreativität von gesellschaftlichen Prozessen, aber auch darauf, dass sie Merkmal von Institutionen und Städten und Bestandteil der Wirtschaft ist – und somit nur vermittelt eine anthropologische Konstante und vielmehr ein Produkt von Prozessen der Vergesellschaftung. Ein Verständnis von Kreativität als Ergebnis beschreibt schließlich der dritte Metaphernbereich, der Kreativität als das Blühen einer gezüchteten Pflanze versteht. Hier sind es vor allem Metaphern aus dem Ökosystem, die Anwendung finden, wie Humus, Klima oder Wachstumskern.

Diese Metaphern der Kreativität lassen sich nun zwei verschiedenen Dimensionen zuordnen, indem sie einerseits eine anthropologische Fähigkeit beschreiben (Metapher 1) und andererseits ein soziales Produkt (Metaphern 2 und 3). Die von mir zu Beginn der Arbeit vorgestellten soziologischen Konzepte von Kreativität weisen in bemerkenswerter Weise eine ähnliche Unterscheidung auf: Wenn etwa Popitz (2002) Kreativität als genuin menschliche Fähigkeit versteht und Joas (1996) sie als spezifische Form des menschlichen Handelns beschreibt, so finden sich damit Verbindungen zu Metapher 1. Die von poststrukturalistischen KultursoziologInnen vorgenommene Konzeption der Kreativität als gesellschaftlicher Anforderung (vgl. etwa Reckwitz 2008) verschiebt dagegen den Fokus auf die Ebene des Sozialen, wie es auch bei den Metaphern 2 und 3 der Fall ist. Dass die

Ebenen nicht vollständig voneinander getrennt werden können, lässt sich sowohl mithilfe der vorliegenden Metaphern zeigen als auch unter Rückgriff auf Florida (2004) illustrieren: Die Metaphern, die den Fokus auf den Kontext von Kreativität legen – etwa die das Wachstum befördernde Umwelt im Fall von Metapher 3 – verneinen nicht die Tatsache, dass menschliches Handeln der Kreativität zugrundeliegt, es ist nur eine andere Perspektive, die eingenommen wird. Ebenso ist es bei Florida: Auch wenn seine zentrale Botschaft ist, dass Kreativität jedem Menschen innewohnt, so betont er doch die Bedeutung der für ihre Anwendung nötigen Sozialisation und (Aus-)Bildung (Florida 2004, 78).

Für die Analyse von Prozessen der Stadtplanung ist der dritte Metaphernkomplex besonders interessant, da sich in ihm die StadtplanerInnen selbst als Akteure verorten und ihr Selbstverständnis metaphorisch illustrieren. Indem sie Kreativität als Ergebnis eines Wachstumsprozesses an einem spezifischen Ort konzipieren und den Prozess mit der Kultivierung einer Blume vergleichen, beschreiben sie sich als GärtnerInnen, die ein optimiertes Klima schaffen, Gewächshäuser konzipieren und herstellen, Humus bereitstellen – also die Bedingungen schaffen, damit Kreativität „blühen" (GSB2, Abs. 76) kann. In raumsoziologischen Begriffen gefasst und übertragen auf den Untersuchungsgegenstand heißt das, dass in einer Stadt von den PlanerInnen an bestimmten Orten Bedingungen für die Konstitution von Räumen geschaffen werden, in denen Kreativität entsteht, etwa mittels der durch die spezifische Umgebung hervorgebrachten Kooperationsmöglichkeiten und Inspirationen. Aus dieser Perspektive ist eine erste Antwort auf die Frage, was eine kreative Stadt ist, schon zu geben: Sie ist insofern eine *kreative* Stadt, als ihre Strukturen Kreativität hervorbringen sollen.

Nichtsdestotrotz gibt es innerhalb dieses übergeordneten Metaphernfeldes einen Bereich, der gerade diese in einer bestimmten Umwelt hervorgebrachte Kreativität als menschliche Fähigkeit beschreibt, welche erst mithilfe bestimmter Formen des Handelns entsteht. Hier kommt nun die anthropologische Komponente von Kreativität ins Spiel. Diese Formen des Handelns – etwas „das Unmögliche denken" (CCG1, Abs. 116) oder „seine Logik oder Phantasie anwenden" (CCG1, Abs. 118) – sind *per se* menschlich. Sie können in einem bestimmten Umfeld, einer *kreativen* Stadt, gefördert werden, nichtsdestotrotz sind es spezifische Personen, die kreativ sind und in einem zweiten Schritt dieses Umfeld zu einem kreativen machen – und die Stadt zu einer Stadt *der Kreativen* werden lassen. Mit der Bezeichnung *kreative* Stadt lassen sich demnach Prozesse fassen, die Objekte und physische Strukturen fokussieren, während die Stadt *der Kreativen* die Bedeutung des Handelns und des konstituierten Raums betont.

Damit lässt sich bilanzieren, dass es auf die Perspektive des Betrachtenden ankommt, in welcher Hinsicht eine Stadt als *creative city* bezeichnet werden kann. Für die Analyse der politischen Planungsprozesse in Städten, welche mit dem Leitbild der Kreativität arbeiten, ist es eine *kreative* Stadt, die entstehen soll. Das Ziel ist es, durch die Stadtplanung und die darauf aufbauende materielle

Gestaltung intrinsische Dynamiken in Gang zu setzen, die spezifische Prozesse der Kreativität und deren Ergebnisse fördern. Gelingt dies, wird die Stadt auch eine Stadt *der Kreativen*, wenn nämlich Personen Kreativität in der antizipierten Form hervorbringen. Letzteres erklärt, warum, trotz anderslautender Bekenntnisse, dass alle BewohnerInnen der Stadt gleichermaßen kreativ sind (z.B. DCC2, Abs. 708), eine ausgewählte Förderung bestimmter Bereiche stattfindet, etwa der *creative industries*: Der ökonomische Wert von Kreativität ist für die Städte ein wichtiger Faktor und wird in erster Linie unter dem technologisch-innovativen Kreativitätsverständnis vorangetrieben. Das ästhetisch-künstlerische Kreativitätsverständnis dient dagegen stärker dazu, ‚weiche' Standortfaktoren wie Kultureinrichtungen zu unterstützen und kann als Element eines *cultural planning* (Landry 2008, 173) bezeichnet werden. Die *kreative* Stadt weist zudem eine weitere spezifische Planungsform auf, die ich nun darstelle.

11.2.1 Die kreative Stadt als Stadt der Planung

Die untersuchten Städte Dublin und Göteborg sind insofern kreative Städte der Planung, als Kreativität in ihnen ein zentrales Leitbild für die lokale Stadtplanung ist. Diese Feststellung stellt ein Paradox dar, denn das grundlegende Verständnis von Kreativität ist eines, dass diese als etwas begreift, das Neues hervorbringt und somit Raum für Nicht-Vorhersehbares impliziert. Indem ein begrifflich offenes Konzept wie Kreativität angewandt und mit einem spezifischen Kreativitätsverständnis gefüllt wird, erhält die Stadtplanung die Deutungshoheit über das, was die *creative city* im lokalen Kontext ist. Wenn, wie im Fall des Dubliner *Digital Hub*, den angenommenen Ansprüchen der *creative class* mit spezifischen räumlichen Strukturen begegnet wird, wird der kreative Geistesblitz verortet: Das Unplanbare bekommt einen geplanten Rahmen. Ebenso wird das vormals ungeplant Gewachsene geplant verwendet, um einen visuellen Rahmen zu schaffen: So etwas zeigt das Beispiel *Temple Bar*, wenn dort *graffiti* als Auftragsarbeiten zur Kommunikation der Kreativität des Ortes benutzt werden.

In einer geplanten Stadt wird daher explizit in städtische Transformationsprozesse steuernd eingegriffen und es werden, sofern möglich, bestimmte, politisch erwünschte Entwicklungen im Sinn einer „Steuerung zweiter Ordnung" (Reckwitz 2009, 8) aufgenommen und vorangetrieben (vgl. Kap. 10). Um die Städte als *creative cities* zu gestalten, greifen die Planungseinrichtungen explizit auf Floridas Konzepte der *creative class* und der *creative cities* zurück und nutzen diese im Sinn einer Terminologie und Methodologie (vgl. DCh1, Abs. 362) oder, wie Ponzini und Rossi (2010) es nennen, als „intellectual technology" (Ponzini und Rossi 2010, 1041).

Zwei unterschiedliche Formen der Planung sind vorzufinden, die diese Art der *creative city* kennzeichnen: Zum einen Planungsprozesse, deren Ziel eine vollständige Neugestaltung bestimmter städtischer Bereiche ist, und zum anderen Formen der Planung, die auf den lokal gewachsenen kulturellen Traditionen der Stadt aufbauen und auf der Grundlage des Vorhandenen die Entwicklungen lediglich steuernd beeinflussen. Dort finden Weiterentwicklungen oder Umgestaltungen, aber keine Neugestaltungen statt. Für den ersten Fall sind die Hafengebiete beider Städte paradigmatische Beispiele, für den zweiten dient *Temple Bar* als Exempel.

Eines haben beide Formen der Planung gemeinsam: Häufig ist es eine Kombination aus Zufall und Absicht, die zu städtischen Entwicklungen führen – dass etwa die Gebiete des nördlichen Hafengebiets unter die planerische Obhut der Stadt Göteborg gelangten, war nicht antizipiert, sondern die Folge unsteuerbarer ökonomischer und politischer Entwicklungen (vgl. GSB2, Abs. 128ff.). Ebenso war *Temple Bar* ursprünglich nicht als konstitutiver Bestandteil der Dubliner Identität vorgesehen, sondern sollte abgerissen werden (vgl. DTB1, Abs. 30ff.) – und entwickelte sich infolge eines Gentrifizierungsprozesses zu einem wichtigen Ort der städtischen Kulturproduktion. Auch die Ortswahl für den Dubliner Technologiepark war von der lokalen Stadtplanung nicht gesteuert – vielmehr betrachteten nationale und lokale PolitikerInnen den Stadtteil *The Liberties* als entwicklungsbedürftig und wählten ihn daher als Ort für den *Digital Hub* (DDH2, Abs. 573ff.).

Die Gestaltung des Vorhandenen als spezifische Planungsform

Die Unterschiede zwischen den identifizierten Planungsformen liegen in der Weise, wie mit Vorhandenem umgegangen wird und welche Akteure in die Gestaltung der Stadtteile einbezogen werden. In *Temple Bar* lässt sich die Entwicklung mit dem beschreiben, was Lees et al. konzeptionell als „Second-Wave Gentrification" (Lees, Slater und Wyly 2007, 175) bezeichnen, welche auf einer ersten Gentrifizierungswelle aufbaut, diese weiter treibt und als beobachtbarer Prozess vor allem auf die Zeit seit den 1980er Jahren datiert werden kann. Die von ihnen beschriebenen Merkmale stellen einen hilfreichen Rahmen dar, um die Prozesse in *Temple Bar* zu beschreiben, denn sie heben die Tatsache hervor, dass die ursprünglich unintendiert verlaufenen Prozesse der künstlerischen Aufwertung eines Viertels von Seiten der politischen Stadtplanung mit Strategien der ökonomischen Aufwertung kombiniert werden, welche ebenfalls im Bereich der Kultur angesiedelt sind, wie etwa im Fall der Förderung von Kulturinstitutionen.

Eine solche Form der Planung kann mit dem „shift to entrepreneurialism in urban governance" (Harvey 1989, 4) parallelisiert werden, der nach Harvey ebenfalls etwa in den 1980er Jahren einsetzte und explizit die Stadterneuerung mithilfe von Kultureinrichtungen beinhaltet (Harvey 1989, 7f.). Zwar sind in *Temple Bar* Kooperationen mit privaten Unternehmen im Sinn eines *public-private partnership* nicht in dem Ausmaß zu beobachten wie an anderen Orten, aber auch dort waren es vor allem in der Anfangsphase häufig private Akteure, die die materielle Aufwertung des Viertels vorantrieben (DTB1, Abs. 91) – ähnlich wie im Stadtteil *Haga* in Göteborg, welches einen vergleichbaren, aber nicht so deutlichen Prozess durchlaufen hat. Bezüglich des Umgangs mit dem materiell Vorhandenen ist dieser Planungsansatz durch eine bewahrende Haltung gekennzeichnet, ein Merkmal, das ebenfalls dem Prozess der Gentrifizierung entspricht, denn in dessen Verlauf wird der architektonische Wert der vorhandenen Gebäude häufig erkannt, welche dann unter Denkmalschutz gestellt werden (vgl. Lees, Slater und Wyly 2007, z.B. 3ff.). Damit sind die Voraussetzungen einer „Steuerung zweiter Ordnung" (Reckwitz 2009, 8) gegeben, da nun lediglich auf das Vorhandene aufgebaut und es höchstens geringfügig transformiert werden kann. Abgesehen von ihrem architektonischen Wert sind es auch deswegen häufig die Innenstadtgebiete, die einer solchen mittelbaren Planung unterliegen, als sie im Gegensatz zu außerhalb liegenden Gebieten nur mit sehr großem, auch finanziellem Aufwand vollständig neu gestaltet werden können – sie stellen gewachsene städtische Strukturen mit einem engen Straßengeflecht und einer vielfältigen Nutzung dar, wie es *Temple Bar* und *Haga* illustrieren.

In den Hafengebieten der untersuchten Städte stellt sich die Situation sehr anders dar, und sie sind Beispiele für die zweite Planungsform, die ich identifiziere.

Das Triple Helix-Modell als Steuerungsform städtischer Neugestaltung

Wie ich gezeigt habe, sind die Hafengebiete in beiden Städten Bereiche, die einer vollständig neuen Nutzung zugeführt werden; es kommt damit zu maßgeblichen materiellen und räumlichen Transformationen. Brendan Murtagh und Ken Sterrett (2006) stellen heraus, dass derartige Veränderungen in spätkapitalistischen Städten zu neuen methodischen Herausforderungen für StadtplanerInnen führen: „[Planners] have reached out to new partners and solutions to cope with various forms of urban ‚crises'" (Murtagh und Sterrett 2006, 83, Herv.i.O.). Auch ihnen dienen alte innerstädtische Industrieanlagen, welche nicht mehr genutzt werden und aus Sicht der PlanerInnen einer neuen Nutzung überführt werden sollen, als Beispiele.

In meiner Untersuchung zeigte sich, dass das sogenannte *Triple Helix*-Modell in der Stadtplanung Anwendung findet und als planerisches, aber auch ökonomisches und politisches Modell zur Revitalisierung eingesetzt wird. In Göteborg wird dieses Modell explizit genutzt, um für das Hafengebiet eine neue, veränderte Nutzung zu realisieren, und in Dublin lässt es sich in einer impliziten Form, quasi als *Triple Helix incognito*, als Teil der Planung identifizieren.

Es handelt sich bei diesem Modell um eine neue Form, die Beziehung zwischen Industrie, Universität und Politik konzeptionell zu fassen und empirisch zu untersuchen sowie die Innovationskraft derartiger Zusammenschlüsse zu erklären. Die drei Bereiche stehen dabei in einem dynamischen und sich gegenseitig beeinflussenden Verhältnis zueinander – sie werden im Sinn einer Helix als sich kontinuierlich fortentwickelndes Ensemble gedacht. Dieses ist allerdings in seiner Dreidimensionalität „by nature unstable" (Leydesdorff und Etzkowitz 1998, 3). Ziel derartiger Kooperationsformen ist, wie Henry Etzkowitz und Loet Leydesdorff (2000) an anderer Stelle herausstellen,

> to realize an innovative environment consisting of university spin-off firms, tri-lateral initiatives for knowledge-based economic development, and strategic alliances among firms (large and small, operating in different areas, and with different levels of technology), government laboratories, and academic research groups. (Etzkowitz und Leydesdorff 2000, 112)

Leydesdorff und Etzkowitz (1998) weisen darauf hin, dass neue Formen der Zusammenarbeit oft in bestimmten Krisensituationen entstehen, „such as those induced by general economic depression or increased international competition" (Leydesdorff und Etzkowitz 1998, 1). Dies trifft sowohl auf Dublin als auch auf Göteborg und ihre jeweiligen Technologieparks zu; vor allem der *Lindholmen Science Park* entstand als Reaktion auf die Krise der Werftenindustrie und sollte den Weg der Stadt, aber auch der ArbeiterInnen und Unternehmen in eine neue ökonomische Zukunft sicherstellen. Im Fall des *Digital Hub* war es eine Kombination aus sozialen und ökonomischen Aspekten, die zu seiner Konzeption führten und seine Ansiedlung in einem sozial und ökonomisch benachteiligten Stadtteil begründeten.

Der bedeutende Unterschied des *Triple Helix*-Konzepts zu traditionellen Beziehungen von Industrie, Bildungseinrichtungen und Politik ist, dass es um *code sharing* geht: Wissen wird in der Zusammenarbeit hervorgebracht, indem unterschiedliche ForscherInnen und Forschungsgruppen miteinander kooperieren – an denselben, aber auch an unterschiedlichen Orten (Leydesdorff und Etzkowitz 1998, 2). Im Unterschied zum sogenannten *Mode 2*-Modell (vgl. z.B. Gibbons u. a. 1994) kommt der Politik eine explizite Rolle zu: Es geht nicht mehr ausschließlich um anwendungsorientierte Forschung, die aus der Kooperation von Unternehmen und Forschungseinrichtungen entsteht, sondern die Ebene der Politik wird einbezogen und erhält zusammen mit den beiden anderen Bereichen die Aufgabe der Kommunikation und Kooperation und kann beispielsweise explizit regionale Entwicklung als ihr Ziel formulieren (Etzkowitz 2002, 5).

Genau dies ist nun im Fall der Technologieparks zu beobachten: In beiden Fällen findet eine Kooperation von Politik (hier: lokale Stadtpolitik), Unternehmen (aus dem Bereich der digitalen Medien in Dublin, aus den Bereichen der Informations- und Fahrzeugtechnologien in Göteborg) und Bildungseinrichtungen (lokale Schulen und Hochschulen) mit dem expliziten Ziel der regionalen Entwicklung und des Innovationsgewinns statt. Der Unterschied zwischen den Städten besteht darin, dass diese Kooperationsform im Fall des *Lindholmen Sci-*

ence Parks explizit als solche konzipiert und vorangetrieben wird, zumindest von dessen Repräsentanten:

> *Gewöhnlich bezeichnen wir das, was wir repräsentieren, als sogenannte Triple-Helix-Zusammenarbeit, schon von Beginn an in der Eigentümerstruktur des Unternehmens. Und dieses kleine Unternehmen hat eigentlich zur Aufgabe, zu Teilen eine, kann man so sagen, Marktorganisation für dieses geographische Gebiet zu sein [...]. Das ist also unser einer Auftrag, und der andere konkrete Auftrag ist, dass wir das vorantreiben, was wir das Projekt der Zusammenarbeit nennen. Wir sollen ein Katalysator sein und es vereinfachen, dass alle Partner hier zusammenarbeiten. (GLSP1, Abs. 24ff.)*[234]

Die wichtige Rolle, die dem von kommunalen Akteuren betriebenen *Lindholmen Science Park* dabei zukommt, ist, so der Interviewpartner, „zwischen der Industrie, der Akademia und der Gesellschaft [zu] vermitteln" (GLSP1, Abs. 28, Übers. ALM). Um diese Rolle zu erfüllen, müsse man „die neutrale Partei [...] zwischen all diesen Organisationen" (GLSP1, Abs. 30ff., Übers. ALM) sein, deren Ziel es sei, dass die anderen Akteure „wachsen" (GLSP1, Abs. 32, Übers. ALM) könnten. Die Betonung des unpolitischen Charakters der Arbeit des Technologieparks ist auffällig und kennzeichnend für diese Perspektive; nichtsdestotrotz weisen auch der *Lindholmen Science Park* und die damit verbundenen Planungsstrategien eine politische Dimension auf, da die Schlüsselstellen von lokalpolitischen Akteuren besetzt sind und die Ziele von ihnen vorgegeben werden. Anders als die direkten planerischen Steuerungen der Stadtentwicklung, die etwa im *Översiktsplan* skizziert werden, sind die Zeiträume, in denen im Fall des Technologieparks geplant wird, allerdings länger und nicht direkt an Wahlperioden geknüpft – eine unabdingbare Voraussetzung für den Erfolg des Projekts, wie der Interviewpartner betont (GLSP1, Abs. 68).

Auch der *Digital Hub* in Dublin weist Strukturen auf, die mit dem *Triple Helix*-Modell beschrieben werden können, nur wird es in den Interviews mit den Verantwortlichen nicht explizit als Steuerungsform angeführt.[235] Der Einrichtung

---

[234] „Vi brukar prata om det är att det vi representerar är det här så kallade triple-helix-samverkan, även redan från början i ägarstrukturen av bolaget. Och det här lilla bolaget har egentligen till uppgift å dels va en, en, kan man så säga, marknadsorganisation för att utveckla det här geografiska området, [som] är ganska stort. [...] Så det är vårt ena uppdrag och det andra konkreta uppdraget är att vi driver det vi kallar samverkansprojekt. Vi ska katalysera och facilitera alla parter här att jobba ihop."

[235] Einschränkend könnte man argumentieren, dass die Interviewpartner mich als Soziologin betrachteten, die Fragen nach der Stadtentwicklung, aber keine expliziten Fragen nach der Organisationsstruktur des Technologieparks stellte und daher keinen Grund sahen, darauf zu sprechen zu kommen. Nichtsdestotrotz ist es auffällig, dass im Fall des Göteborger Technologieparks das *Triple Helix-Modell* trotz gleicher Ausgangsbedingungen zur Sprache kam und es auch auf der Website Erwähnung findet, URL: http://www.lindholmen.se/en/node/3064 (letzter Zugriff am 11.4.2013).

des *Digital Hub* liegt ebenso wie bei dem Göteborger Pendant die lokale Entwicklung in ökonomischer, physischer und sozialer Hinsicht zugrunde, wobei der soziale Aspekt stärker betont wird als im Fall des *Lindholmen Science Park*:

> the goal is to create [...] an enterprise cluster [...] that in fact will have a significant economic impact here, and that will actually help to drive the regeneration of this area [...], socially [...], economically and physically (DDH2, Abs. 60ff.).

Ebenfalls wie in Göteborg ist die Struktur des Dubliner Technologieparks eine aus drei Akteursgruppen bestehende, wobei der *Digital Hub Development Agency* als staatlicher Einrichtung die zentrale Rolle der Vermittlung zwischen diesen Gruppen zukommt (DDH2, Abs. 261). Anstatt der Betonung des unpolitischen Charakters einer solchen Einrichtung wird vielmehr die Problematik hervorgehoben, die der Rolle als staatlicher Behörde inhärent ist:

> we're a brand new government body that's populated by people, all have come from the private sector, and it isn't to say that the private sector is better or worse than the public sector, they're simply different, so you must compare and contrast and the time frames that the private sector works to are always faster [...] than the time frames the public sector works to [...], so we're always straddling the two, and we are more inclined to take our time frames from the private sector, but we're forced to slow down being in the public sector (DDH3, Abs. 82ff.).

Die Zusammenarbeit zwischen privatwirtschaftlichen und staatlichen Akteuren weist demnach potentiell Probleme auf, die u.a. in den verschiedenen Zeitrahmen zu finden sind, mit denen gearbeitet wird. Interessanterweise betonen die Verantwortlichen des *Digital Hub*, dass diese in der Privatwirtschaft kürzer seien als in Regierungsorganisationen, während der Repräsentant des *Lindholmen Science Park* auf die Notwendigkeit längerer zeitlicher Entwicklungsphasen verweist, als es Wahlperioden und damit die Arbeit im öffentlichen Sektor darstellten. Die Zusammenarbeit von Unternehmen, Ausbildungseinrichtungen und dem Staat lassen sich als spezifische Steuerungsform, so meine These, mit dem *Triple Helix*-Modell gut beschreiben und erklären. Der Einsatz dieser Form der Zusammenarbeit in den Städten macht es zudem zu einem Steuerungsinstrument, das in Göteborg explizit und in Dublin unter einer anderen Terminologie angewendet wird; im zweiten Fall spreche ich daher von *Triple Helix incognito*.

In dieser Form der Steuerung, deren Ziel es letztlich ist, einen Raum der Kreativität zu schaffen, wie in beiden Städten übereinstimmend betont wird (DDH1, Abs. 96; GLSP1, Abs. 159ff.), kommt auch der Planung – ganz im Landry'schen Sinn – ein kreatives Element zu. Die Gestaltung eines Ortes, an dem ein kreativer Raum entstehen kann, wird vom Repräsentanten des *Lindholmen Science Park* als kreativer Akt bezeichnet: „Man war doch wohl kreativ, wenn man ein solches Milieu geschaffen hat." (GLSP1, Abs. 151, Übers. ALM) Kreativität als Fähigkeit, anderen die Ausübung von Kreativität zu ermöglichen – dies ist ein Aspekt der Debatte um kreative Städte, der bislang noch kaum zur Sprache kam. Neben Landry (2008) verweist aber auch Klaus Kunzmann auf diesen Aspekt, wenn er die Implementierung von Kreativität als Ziel stadtplanerischer Tätigkeit als ein Element einer kreativen Planung bezeichnet (Kunzmann 2005, 11) – damit ist eine Stadtplanung kreativ, sofern sie versucht, Räume für Kreativität zu schaffen, wie sie die Technologieparks darstellen.

In einer solchen Weise wird Kreativitätsgewinn durch Planung erzielt: Eine gezielte Planung wird mit dem Ziel eingesetzt, Kreativität zu fördern und die Ergebnisse kreativer Prozesse, nämlich Innovation, zu verbessern.[236] In welcher Terminologie derartige Planungsprozesse gefasst werden, ist letztlich für die Entwicklungen selbst nicht bedeutsam; interessant ist aber die Erkenntnis, dass mit dem *Triple Helix*-Modell ein Konzept Einzug in die Stadtentwicklung erhält, das bislang in erster Linie in den Analysen der *Science and Technology Studies* berücksichtigt wurde, aber kaum von StadtforscherInnen zur Erklärung städtischer Transformationsprozesse herangezogen wurde.

Mithilfe dieses Modells bietet sich außerdem ein Erklärungsrahmen für die veränderten Anforderungen an die politische Steuerung in einer Gesellschaft, die – so zumindest die Ansicht der StadtplanerInnen der untersuchten Städte – eine Transformation zu einer Wissensgesellschaft durchläuft (z.B. DCC2, Abs. 426ff.). Helmut Willke (1995) betont, dass „mit der modernen Bedeutung der Ressource Wissen eine neue Qualität gesellschaftlicher Problemlagen und staatlicher Aufgaben ins Spiel kommt" (Willke 1995, 96), die nicht zuletzt den „Aufbau einer wissensbasierten Infrastruktur" (Willke 1995, 98) beinhaltet. Willke sieht eine derartige Veränderung der politischen Steuerung nicht nur positiv, gerade wenn sie impliziere, dass politischer Einfluss etwa auf das Wissenschaftssystem ausgeübt werde. Willkes Fazit allerdings, dass der Organisation von Wissen in postindustriellen Gesellschaften eine besondere Rolle zukommt, stimmt mit den Ergebnissen meiner Untersuchung überein – und seine These, dass „[der] Aufbau einer wissensbasierten Infrastruktur der 2. Generation (,intelligente Infrastruktur') [...] damit zum Joker im globalen technologisch-ökonomischen Wettbewerb [wird]" (Willke 1995, 102, Herv.i.O.), ist bei ihm zwar auf Nationen bezogen, trifft aber nach meiner Analyse ebenso auf Regionen zu, deren Zentren in der Regel Großstädte wie Dublin und Göteborg sind.

Nach Willke kann es gerade die „kontextuelle Einbindung" (Willke 1995, 105) der Ökonomie über spezifische „Akteursnetzwerk[e] von Politik, Wissen-

---

[236] Auf Ähnliches verweist auch Åke Andersson, wenn er hervorhebt, dass „die wichtigsten Voraussetzungen für Kreativität" (Andersson 1985, 110, Übers. ALM) durch die Gestaltung der Umwelt und ein spezifisches „soziales und kulturelles Milieu" (ebd., Übers. ALM) geschaffen würden.

schaft und Ökonomie" (ebd.) leisten, den Herausforderungen einer sich verändernden Gesellschaft zu begegnen – er ist in seinem Aufsatz skeptisch, was die Bereitschaft der Akteure zur Umsetzung eines solchen neuen Steuerungsmodells angeht, schätzt aber den dafür nötigen „Problemdruck, den eine Ökonomie für ihre Gesellschaft erzeugt" (Willke 1995, 106), als groß genug ein, um einen Willen zur Implementierung zu erzeugen. Im beginnenden 21. Jahrhundert und auf der Basis der untersuchten Städte, deren ökonomische Ausrichtung maßgeblich auf wissensintensiven Industrien basiert, kann die Struktur der Technologieparks als Zeichen dafür gewertet werden, dass sich eine neue Form der politischen Steuerung entwickelt hat, welche mit dem *Triple Helix*-Konzept angemessen beschrieben werden kann. Sie hat das Ziel, über die Förderung von Kreativität an bestimmten städtischen Orten Räume der Kreativität zu schaffen und die Transformation zur Wissensgesellschaft zu gestalten. In Abhängigkeit von den unterschiedlichen vorliegenden Bedeutungen von Kreativität geht es dann darum, die Stadt selbst und erst vermittelt darüber die BewohnerInnen kreativ werden zu lassen, um darauf aufbauend mehr technologische Innovationen hervorzubringen respektive mehr ästhetisch-künstlerische Produkte zu schaffen und schaffen zu lassen. Ein Element, die Stadt kreativ werden zu lassen, ist die Gestaltung von Räumen, wie ich im Folgenden zusammenfassend darstelle.

Gestaltung des Raums der kreativen Stadt

Wie ich im Verlauf der Arbeit aufgezeigt habe, ist es ein zentrales Element der Planung der kreativen Stadt, Räume der Kreativität zu schaffen oder schaffen zu lassen. Dies gelingt dadurch, dass an bestimmten Orten die Materialität gezielt gestaltet wird. Wie wichtig derartige Räume im Kontext der Wissensgesellschaft sind, die den übergeordneten Referenzrahmen der Planung darstellt, erläutert Streich (2005):

> *Stadtplanung in der Wissensgesellschaft wird sich [...] mit den Facetten kreativen Handelns befassen müssen, insbesondere was das Potential kreativer Milieus in Städten für Städte anbetrifft, [...] um deren Zukunftsfähigkeit zu sichern. (Streich 2005, 21f.)*

Die räumlichen Veränderungen zeigen sich in beiden unteruschten Städten insbesondere in den jeweiligen Hafengebieten, da diese die Orte sind, an denen im großen Stil neu gestaltet wird, allerdings ohne die vorhandenen physischen Strukturen der Flächen zu verändern. Die ehemaligen Hafenanlagen werden also in ihrer Gestalt bewahrt, aber es entstehen im Vergleich zu anderen Transformationsorten überproportional viele neue Gebäude und vollständige Neugestaltungen von Plätzen. Die Folgen einer solchen, auch als „new-build gentrification" (Lees, Slater und Wyly 2007, 139) zu beschreibenden Entwicklung sind visuell sicht- und wahrnehmbar und werden von InterviewpartnerInnen als paradigmatisch für Städte des 21. Jahrhunderts beschrieben:

> *you can physically see a massive transformation in the Docklands, from an entire derilect [...] space, to one that is now spanking new, twenty-first century glass and steel (DDH2, Abs. 782ff.).*

Auch nach Wahrnehmung der StadtplanerInnen reichen aber materielle Neugestaltungen alleine nicht aus, um die für die *creative city* konstitutiven Räume der Kreativität zu schaffen. Vielmehr ist eine Kombination aus Vorhandenem und Neuem nötig, um eine entsprechende Raumkonstitution durch die NutzerInnen zu gewährleisten. So beschreiben die Repräsentanten des *Digital Hub* die im Stadtteil *The Liberties* geplanten Veränderungen im Vergleich zu denen in den *Dublin Docklands* folgendermaßen:

> *the physical manifestation here will be very obvious as well, except it will be a different manifestation, it will be one that befits a creative city more, it will have, you know, refurbished heritage buildings of a high architectural quality and new modern architectural, [...] outputs sort of, side by side with that [...] and the whole thing being [...] an example of how, you know, a modern twenty first century city can actually take the value of its past and its heritage, and hold onto it, in fact, and make it a significant part of it's future identity as well, you know, that's very important to us, aesthetically and creatively (DDH2, Abs. 786ff.).*

Mithilfe der Kombination von Altem und Neuem als Elemente der Stadt des 21. Jahrhunderts sollen die für die Raumkonstitutionen seitens der NutzerInnen nötigen Syntheseleistungen erleichtert werden. Die Integration des Vergangenen in die Vision der zukünftigen Stadt und ihrer Gesellschaft wird im Rahmen der stadtplanerischen Möglichkeiten dadurch gewährleistet, dass die materiellen Spuren der Vergangenheit in die Materialität der gegenwärtigen und zu gestaltenden Stadt einbezogen werden. Dazu gehören maßgeblich die Umnutzungen, welche etwa im Fall des *Digital Hub* für die *creative class* attraktiv sein sollen, aber auch die Identifikation seitens der BewohnerInnen mit dem Projekt unterstützen sollen. Die Räume der Kreativität werden durch die Nutzung, nämlich mithilfe des *spacing* und der Syntheseleistungen (Löw 2001, z.B. 158f.), konstituiert, so dass die StadtplanerInnen bezüglich der Realisierung ihrer Vision der *creative city* von den NutzerInnen der Städte abhängig sind. Aus einer solchen Perspektive schließlich ist die kreative Stadt dann auch eine Stadt *der Kreativen*.

Eine kreative Stadt aus planerischer Perspektive ist also zum einen eine Stadt, die sich selbst als eine solche beschreibt; es findet eine Selbstzuschreibung von Kreativität statt. Dabei werden unterschiedliche Bereiche der Städte als kreativ beschrieben, beispielsweise die BewohnerInnen oder die kulturelle Infrastruktur. Zum anderen ist sie eine Stadt, deren ausgewiesenes Ziel es ist, sich ökonomisch an den Informations- und Kommunikationstechnologien zu orientieren und in derartiger Hinsicht zu einem wirtschaftlichen Standort zu werden. Dies zeigt sich in beiden untersuchten Städten nicht zuletzt daran, dass in ausgewählten Stadtteilen entsprechende Unternehmens- und Forschungscluster entstehen – in Dublin ist es der *Digital Hub*, in Göteborg der *Lindholmen Science Park*. Damit wird ein spezifisches Verständnis von Kreativität aufgerufen, das sich mit technologischer Innovation umschreiben lässt. Derartigen Attribuierungen ist die Offenheit des Begriffs kreativ zuträglich, welche es zulässt, eine Aufladung mit unterschiedlichen Bedeutungsinhalten vorzunehmen.

Die kreative Stadt als Stadt der Planung zu verstehen beinhaltet außerdem, dass die Ausrichtung an dem Leitbild der Kreativität die physische Gestalt(ung), also die Materialität, der Städte beeinflusst. Beide untersuchten Städte weisen Gemeinsamkeiten auf, welche nicht zuletzt im Kontext der Transformationen postindustrieller Städte zu Orten der Wissensgesellschaft zentrale Bedeutung besitzen. Dazu gehört, dass es die ehemals als Industriehäfen genutzten Gebiete sind, die einer grundlegend veränderten Nutzung unterzogen werden. Außerdem lassen sich Stadtteile identifizieren, die Prozesse der Gentrifizierung durchlaufen haben und in denen die Effekte dieser Prozesse nun als Teil der Stadtteilidentität und der weiteren Gestaltung der Stadtteile programmatisch verwendet werden. Die Einflussnahme seitens der lokalen Stadtplanungseinrichtungen auf die physische Gestaltung der Städte ist in den Untersuchungsbeispielen unterschiedlich ausgeprägt und verweist damit auf die Spezifität lokaler Stadtplanung und die „Eigenlogik" (Löw 2008, 65) der Städte. Indem die Stadtplanung auf der Grundlage des Leitbilds Kreativität arbeitet, nimmt sie in doppelter Weise Einfluss auf die Prozesse der Raumkonstitution durch die NutzerInnen: in unmittelbarer Weise, indem über die materielle Gestalt(ung) der Stadt die auf den vorhandenen Objekten beruhenden *spacing*-Prozesse beeinflusst werden, und mittelbar, indem die Re-Interpretation der städtischen Vergangenheit für die Konzeption einer Stadt-Zukunft genutzt und so die Syntheseleistungen der NutzerInnen beeinflusst werden.

11.2.2 Die kreative Stadt als Stadt der Kreativen

Die *creative city* ist zu einem bedeutenden Teil eine *kreative* Stadt der Planung, welche sich durch spezifische Gestaltungsvorhaben und Steuerungsformen auszeichnet. Neben dieser Sichtweise, die die Kreativität der Städte als Resultat der Arbeit der Stadtplanung begreift, lassen sich *creative cities* auch als Städte *der Kreativen* beschreiben, da sie zum einen den Lebensraum der *creative class* darstellen, zum anderen – und für eine stadtsoziologische Perspektive noch wichtiger – da es die von ihnen vorgenommenen Prozesse der Raumkonstitution sind, die die für die *creative city* konstitutiven Räume der Kreativität erst entstehen lassen.

Die Tatsache, dass in beiden untersuchten Städten eine Fokussierung auf die Wissensökonomien, etwa Informations- und Kommunikationstechnologien, stattfindet, zeigt zudem eine deutliche Beziehung der *creative cities* zur sogenannten Wissensgesellschaft. Diese wird von den StadtplanerInnen als Rahmen der städtischer Entwicklung konzipiert, und die untersuchten Städte können gleichsam als Orte für die Angehörigen dieser Wissensgesellschaft beschrieben werden, die mit ihrer materiellen Struktur deren Entwicklung beeinflussen können. Damit weisen die von mir untersuchten städtischen Transformationsprozesse und die mit ihr verbundene Stadtplanung Bezüge zu gesamtgesellschaftlichen Entwicklungen auf.

Auswirkungen der creative class auf die Gesellschaft

Die zunehmende Anzahl an Personen, die der *creative class* zugerechnet werden können, bleibt nicht ohne Folgen für die in den untersuchten Städten lebende Gesellschaft. Ein Angehöriger der *creative class* in Dublin beschreibt den von ihm wahrgenommenen Einfluss dieser Gruppe von Menschen auf die irische Gesellschaft als positiv:

> *I think we bring a new social dimension, because Dublin's very finance orientated, [...] you've got lots of accountants and bankers and stock brokers, we've got a lot of legal people as well, so it's very traditional Ireland, so I think the fact that you got people here who are in a whole different area, you know, IT, digital media, which is, let's say, a bit more creative, a bit more left field [...] it's a good kind of counterbalance to all these people wandering 'round in suits and ties and kind of accountants and crunching numbers, I think, it's healthy to have more different people, different types of people, doing different types of jobs, to make the whole place a little bit more interesting (CCD2, Abs. 106ff.).*

Er hebt die für ihn als erstrebenswert empfundene zunehmende Heterogenität – von Florida (2005) konzeptionell als *tolerance* gefasst – der Gesellschaft hervor, welche nicht zuletzt durch die neu entstandenen Möglichkeiten, in Irland im Bereich der Informationstechnologien zu arbeiten, unterstützt wird. An anderer Stelle betont er, wie stark die irische Gesellschaft auf traditionelle Werte und ökonomisch vielversprechende Berufen wie Ärzte und Anwälte fokussiert sei – für ihn eine abschreckendes Gesellschaftskonzept, das er nun durch die Existenz der kreativ arbeitenden Menschen in Frage gestellt sieht und diesen Personen ein ausgleichendes Gewicht zuspricht (vgl. CCD2, Abs. 116).

Diese Selbstbeschreibung als Gruppe, die bestehenden Vorstellungen und Werte der Mehrheitsgesellschaft in Frage stellt, ist für Florida (2004) ein zentrales Merkmal der *creative class*. Unter Rückgriff auf ein empirisches Beispiel aus seiner Forschung beschreibt er, welche gesellschaftlichen Konflikte aus dieser progressiven Haltung entstehen können und bezieht sich auf einen Angehörigen der *creative class*, der RepräsentantInnen einer Stadt adressiert:

> 'You say you want us here so long as we don't cause 'trouble'. It's our very nature to ask tough questions; so by our very nature, we're trouble-makers.' The point is that these people want to contribute; they want to be heard. (Florida 2004, 210, Herv.i.O.)

Die Förderung ausgewählter sozialer Gruppen impliziert, dass auch ihren Werten und Lebensvorstellungen eine veränderte Rolle in der Gesamtgesellschaft zukommt. In Abhängigkeit von der gesellschaftlichen Situation führt dies zu größeren und kleineren sozialen Konflikten, wie sie auch Elias und Scotson (1990 [1965]) für die *Etablierten und Außenseiter* beschrieben haben.

Soweit es aus dem Untersuchungsmaterial herauszuarbeiten ist, sind diese Konflikte in Dublin größer als in Göteborg; eine Beobachtung, die auf die unterschiedlich verlaufenden Transformationsprozesse in den Gesellschaften zurückzuführen ist. Während sich in Schweden insgesamt und in Göteborg im Speziellen ein schon längere Zeit andauernder, stetiger, aber weniger abrupt verlaufender Wandel hin zu einer auf Dienstleistungen und Informationstechnologien basierenden Gesellschaft vollzieht, ist diese Entwicklung in Irland und besonders in Dublin für einen kürzeren Zeitraum und dafür sehr viel massiver zu beobachten (vgl. Kap. 7). Da Werte, Einstellungen, Lebensvorstellungen, aber auch die damit verbundenen Praktiken Beharrungseffekte aufweisen, treffen hier nun die unterschiedlichen Lebensformen sehr viel deutlicher aufeinander. Für Florida (2004) ist zwar die Selbstwahrnehmung der *creative class* gerade dadurch gekennzeichnet, dass ihre Angehörigen nicht gezielt gesellschaftliche Werte verändern wollen, sie es aber aufgrund ihrer Lebensweise dennoch tun. Er konstatiert:

> The people [...] see themselves simply as 'creative people' with creative values, working in increasingly creative workplaces, living essentially creative lifestyles. And, in this sense, they represent a new mainstream setting the norms and pace for much of society. (Florida 2004, 211, Herv.i.O.)

Um trotz dieser Veränderungen das Ziel einer integrativen Stadt verfolgen und realisieren zu können, wird in den untersuchten Städten auf das Leitbild der Nachhaltigkeit zurückgegriffen: Publikum dieser Form der Stadtplanung sind programmatisch fast alle sozialen Gruppen, die in der Stadt leben. Außen vor bleiben Gruppen wie Arbeitslose, Drogenabhängige oder Obdachlose, die zumindest auf der von mir untersuchten Ebene der Stadtplanung nicht explizit adressiert werden. In Göteborg bietet sich unter dem Leitbild der Nachhaltigkeit zudem ein komplexeres Bild als in Dublin, da mit dieser programmatischen Ausrichtung in ausgewählten Projekten eine Fokussierung einer sehr spezifischen Gruppe der *creative class* einhergeht, den *Green Creatives*, wie ich sie unter Rückgriff auf Ray und Anderson (2001) sowie Florida (2004) nenne (vgl. Kap. 8). Die Entwicklung eines Stadtteils wie *Kvillebäcken* unter dem Leitbild der Nachhaltigkeit bedeutet nicht, dem elitären Charakter des *creative class*-Konzepts ein Korrektiv entgegen zu setzen, sondern vielmehr diese beiden Aspekte zusammenzubringen und als Zielgruppe die ökologisch orientierten und gut ausgebildeten BewohnerInnen zu adressieren.

Wissen als konstitutives Element der Gesellschaft

Was ist das nun für eine, derzeit zu beobachtende, Gesellschaft, in deren Kontext die kreative Stadt geplant wird? Es ist eine sozial differenzierte Gesellschaft, deren Mitglieder sich danach unterscheiden, in welchem Ausmaß sie über Kompetenzen verfügen, die ihnen die Teilhabe an der Wissensgesellschaft ermöglichen. Die *creative class* umfasst einen großen Teil dieser Personen, die über diese spezifischen, gesellschaftlich geforderten Fähigkeiten verfügen. Neben einer horizontalen Differenzierung, die mit dem Entstehen neuer Berufsgruppen in den Sektoren der Informationstechnologien und Dienstleistungen einhergeht, kommt es aber auch zu einer Modifizierung der vertikalen Differenzierung: Es entstehen im Zuge der gesellschaftlichen Transformation neue Machtverhältnisse. Florida (2004) weist auf die Tatsache hin, dass parallel zur wachsenden *creative class* auch die Anzahl derjenigen steigt, die im Dienstleistungsbereich arbeiten und im angelsächsischen Raum als *service class* bezeichnet werden (Florida 2004, 76). Damit steigt die Differenz zwischen einer ökonomisch starken *creative class* und einer wirtschaftlich schwachen *service class*, und entlang dieser Unterschiede bildet sich eine neue vertikale Differenzierung aus. Da statistische Daten für die untersuchten Städte, die den Anteil der Beschäftigten im Bereich der Informationstechnologien zeigen, nicht vorliegen, und Floridas Konzept der *creative class* vieles von dem umfasst, was etwa in den Analysen der OECD unter Dienstleistungen gefasst wird, ist eine quantitative Beschreibung der untersuchten Städten in dieser Hinsicht nicht möglich.

Allen J. Scott (2006) hebt hervor, dass die *creative cities* in transnationale, sogar globale Kontexte eingebettet sind (Scott 2006, 12ff.). Dies trifft auch auf die Gesellschaft dieser Städte zu. Wie ich anhand der Einbettung des Leitbilds der Kreativität und der Nachhaltigkeit in globale Kontexte gezeigt habe (vgl. Kap. 8), sind die Städte nicht unabhängig von globalen Entwicklungen zu betrachten, zu denen auch die seit der Mitte des 20. Jahrhunderts beobachtbaren ökonomischen und sozialen Veränderungen in den industrialisierten Gesellschaften gehören (vgl. Kap. 3). Die Verschiebung der Bedeutung des sekundären hin zum tertiären Sektor hat Wissenschaftler wie Daniel Bell (1973) dazu geführt, diese Gesellschaften als postindustriell zu bezeichnen und die Bedeutung von Dienstleistungen und Wissen für die Gesellschaft des ausgehenden 20. und beginnenden 21. Jahrhunderts zu betonen. Zusammen mit Konzepten von Peter F. Drucker (1993) und Manuel Castells (1996) lassen sich die Grundzüge von Gesellschaften nachzeichnen, in denen Kohle und Stahl als Ressourcen im Vergleich zu Information und Wissen zurücktreten. Damit wird Wissen zu einem Leitmotiv, und diese Gesellschaften werden immer häufiger als Informations- oder Wissensgesellschaften bezeichnet. In ihnen werden die Machtverhältnisse maßgeblich darüber strukturiert, in welchem Ausmaß die Gesellschaftsmitglieder über die Kompetenzen der Wissensgesellschaft und damit auch der *creative class* als einer ihrer Bestandteile verfügen.

Die Betonung von Wissen ist aber nicht die einzige Verschiebung, die sich verzeichnen lässt. In ungefähr demselben Zeitraum verändert sich das Verständnis von Kreativität von einem elitären Konzept, welches bis zu dem Zeitpunkt vor allem das künstlerische Talent eines Einzelnen umfasste, zu einer Konzeption, die Kreativität als Handlungsform und Anforderungskategorie beschreibt (vgl. Kap. 3). Im Zuge dieser Veränderungen entsteht schließlich die Theorie der *creative class*, für die Kreativität als menschliche Fähigkeit und gesellschaftliche Anforderung aufscheint und die seit Beginn des 21. Jahrhunderts Gesellschaften und ihre Orte verändert. Das Zusammenspiel von Kreativität und Wissensgesellschaft als Fluchtpunkte städtischer Planungsstrategien führt zur Entstehung spezifischer Städte: der *creative cities*.

11.2.3 Die *Green Creative Cities*

Festzuhalten ist auf der Grundlage des Materials, dass es auf der Basis der Fokussierung der Angehörigen der *creative class* durch die Stadtplanung zu sozialen Spannungen und Konflikten mit denjenigen kommt, die nicht Teil dieser sozialen Gruppe sind und fürchten, aufgrund der Planungsstrategien zunehmend räumlich segregiert zu werden. Diese sozialräumliche Segregation kann beispielsweise durch Verdrängungsprozesse stattfinden, wie sie als Folge der Gentrifizierung in *Temple Bar* und *Haga* eintraten und derzeit in *The Liberties* befürchtet werden, sie kann aber auch über die als *new-build gentrification* zu beschreibenden Entwicklungen vor sich gehen, bei denen schon die Neugestaltung von Industriebrachen und anderen städtischen Freiflächen auf eine bestimmte Zielgruppe ausgerichtet ist und aufgrund hochpreisiger Wohnungen andere soziale Gruppen von vornherein keine Möglichkeit haben, dort zu leben (Lees, Slater und Wyly 2007, 140f.). Dies ist in beiden Städten in einigen Bereichen der Hafengebiete der Fall. Dieses Problem wird von Seiten der jeweiligen lokalen Stadtplanung erkannt, und die Reduktion der sozialen Segregation ist, vor allem in Göteborg, ein Ziel, welches sich allerdings gegenüber anderen – etwa der architektonischen Realisierung von Vorzeigeprojekten wie dem *Creative Marker* – behaupten muss und eine inhärente Schwierigkeit aufweist: Im Gegensatz zur

Realisierung materieller Veränderungen, etwa der Neugestaltung der Hafengebiete, müssen bei dem Versuch, sozialräumliche Segregation zu vermindern, die NutzerInnen explizit in das Projekt eingebunden werden. Damit weisen derartige Vorhaben eine Eigendynamik sozialer Natur auf, welche sie für eine auf Infrastrukturen und Materialität ausgerichtete Stadtplanung nur bedingt handhabbar machen.

Neben *kreativen* Städten sind die *creative cities* also auch Städte *der Kreativen*; in beiden Fällen handelt es sich um städtische Räume, die maßgeblich durch planerische Strategien gestaltet werden. Dazu gehört eine Orientierung an den (vermeintlichen) Bedürfnissen der *creative class* als Zielgruppe und die entsprechende Gestaltung der Materialität. Da aber über das Leitbild der Nachhaltigkeit eine zusätzliche Dimension in die Planung der Stadt integriert wird, reicht die Bezeichnung *creative city* nicht aus. Es sind vielmehr *Green Creative Cities*, die entstehen: Die Umnutzung der lokal vorhandenen Materialität, die Ausrichtung auf wissensintensive Ökonomien und die explizite Adressierung der *Green Creatives*, d.h. derjenigen Gruppe von NutzerInnen, die einen ökologischen Lebensstil verfolgt, fügen der Planung der kreativen Stadt eine explizit nachhaltige Dimension hinzu. Mithilfe der Materialität der Stadt wird schließlich versucht, die Vision der in einer solchen Stadt lebenden Gesellschaft zu kommunizieren, wie ich abschließend zeige.

11.3 Kommunikation durch Materialität: die Sprache der kreativen Stadt

Die Entwicklung einer Stadt hin zu einer *creative city* bedient sich in besonderem Maß der Architektur. Mit ihr sollen eine spezifische Identität entwickelt und die Konstitution eines entsprechenden städtischen Raums unterstützt werden, wie ich ausführlich gezeigt habe (vgl. Kap. 9). Die Beispiele aus Dublin und Göteborg zeigen, dass die neu- oder umgestaltete Materialität der Städte als Markierungen für ein spezifisches Verständnis von Kreativität und die der Planung zugrunde liegende Vision einer *creative city* angesehen werden kann. Dabei wird der Gebäudetypus des *Creative Marker* eingesetzt, es wird aber auch mithilfe von Ornamenten, wie dem ursprünglich von Subkulturen entwickelten *graffiti*, gearbeitet.

Beide Formen weisen aufgrund ihrer Materialität eine kommunikative Dimension auf, welche von Löw als „symbolische Wirkung" (Löw 2001, 193) bezeichnet wird. Wie jede Kommunikation hat auch die sich mithilfe von Materialität realisierende zwei beteiligte Parteien: Auf der einen Seite befindet sich die Stadtplanung, die ihre Vision einer kreativen Stadt vermittels der gestalteten Materialität kommunizieren will. Auf der anderen Seite stehen die NutzerInnen der Stadt, die aufgrund ihrer Sozialisation, ihrer Klassen- und Geschlechtszugehörigkeit die materielle Botschaft, die von der Stadtplanung ausgesendet wird, auf eine je eigene Weise empfangen. Zudem sind sie selber als Nutzende der Materialität Sender und aktiv Beteiligte an der Kommunikation: Ihre Nutzung der Materialität der Städte schafft nicht nur Räume, sondern sendet auch eine Botschaft an die Stadtplanung. Die Nutzung kann entweder der intendierten entsprechen, sie kann sie modifizieren oder ihr widersprechen. Zudem können sich die NutzerInnen für ihre Form der Kommunikation der Architektur bedienen oder, wie es häufiger geschieht, selber Ornamente wie *graffiti* verwenden. Im letzten Fall verändern sie die Materialität der Stadt aktiv und senden eine eigene materielle Botschaft.

Die materielle Gestalt der Stadt spricht damit einerseits die Sprache der Stadtplanung, welche die Stadt als eine kreative konstituieren will. Es ist – im übertragenen Sinn – ein Dialekt, den die Materialität spricht, da sie durch die Geschichte und die Identität des Stadtteils geprägt ist und eine „Eigenlogik" (Löw 2008, 65) aufweist. Der Begriff des Dialekts trägt der Tatsache Rechnung, dass jede Stadt und jeder Stadtteil spezifische Merkmale besitzen, die die Umsetzung der Planungsstrategien beeinflussen und sie verändern. Damit ist die Sprache, die die Dinge der kreativen Stadt sprechen, dialektal gefärbt. Andererseits ist auch der Umgang der NutzerInnen mit der Materialität dialektal gefärbt, allerdings wiederum durch andere Dialekte.

Soziologisch gesprochen sind es die Sozialisation und die verschiedenen Machtpositionen in der Gesellschaft, die zu den unterschiedlichen Interpretationen der Materialität führen. Hinzu kommt, dass – nun wieder kommunikationswissenschaftlich gesprochen – Störungsquellen im Prozess von der Planung über die Realisierung zur Nutzung auftreten können, wie ich in Kapitel 5 gezeigt habe. Dies bedeutet, dass die Worte der Planung nicht immer ihre gewünschten Entsprechungen im Ausdruck der Objekte finden und damit die Realisierung misslingt oder die mit der Gestaltung verbundene Nutzung anders ausfällt als intendiert und damit der Nutzungsvorschlag der Planung fehlschlägt.[237] Bleibt man in dem Bild der Sprache, kommt es aufgrund dialektaler Unterschiede zu unterschiedlichen Interpretationen der gebauten Umwelt und potentiell zu Konflikten zwischen der Stadtplanung und den NutzerInnen.

Abschließend soll noch ein weiterer Aspekt genannt sein, der die empirische Untersuchung der kommunikativen Dimension von Materialität erschwert, insbesondere wenn es sich um deren alltägliche Wirkung auf die BewohnerInnen handelt. Zwar ist die Wahrnehmung von Architektur nicht immer unbewusst oder präreflexiv – so beschreibt eine interviewte Grafikdesignerin in Dublin etwa, wie stark sie sich durch die architektonische Gestaltung von Städten für ihre Arbeit inspirieren lässt, wenn sie auf Reisen ist. Durch das alltägliche Han-

---

[237] Zum Sender-Empfänger-Modell vgl. Dieter Krallmann und Andreas Ziemann (2001, bes. 21–34).

deln in Dublin verändere sich ihre Wahrnehmung der Materialität der Stadt aber stark: „I suppose I'm so used to the city I'd almost nearly walk around blank" (CCD1, Abs. 200). Dies zeigt, dass aller Fokussierung der Materialität zum Trotz viele Elemente der physischen Umwelt nicht wahrgenommen werden, und die Möglichkeiten der Stadtplanung, über die Gestaltung der Materialität Einfluss auf das soziale Gefüge der Stadt zu nehmen und die Vision einer kreativen Wissensgesellschaft zu kommunizieren, an Grenzen stoßen.

Das Modell der Kommunikation mithilfe der Materialität der *creative city* ist bislang theoretischer Natur, da die programmatische Gestaltung der gebauten Umwelt in den untersuchten Städten noch nicht abgeschlossen ist. Inwiefern und in welcher Form ein derartiger Kommunikationsprozess tatsächlich stattfindet, wird in späteren Untersuchungen zu zeigen sein. Dabei ist zu berücksichtigen, dass gerade aufgrund der „modische[n]" (Streich 2005, 85) Elemente, die eine von Leitbildern gesteuerte Planung aufweist, die Lebensdauer der entsprechenden Programme kurz sein kann und, wie ich gezeigt habe, das Leitbild der Kreativität nicht alleine auftritt. In der Materialität der *creative city* überlagern sich zwei Leitbilder, welche als „Kommunikationsofferte" (Fischer und Delitz 2009, 405) um die Aufmerksamkeit des Empfängers oder der Empfängerin buhlen. Daher muss bei der Untersuchung berücksichtigt werden, dass sich hier keine *creative city* in Reinform materialisiert, sondern, in Anlehnung an den von mir eingeführten Begriff der *Green Creatives*, eine *Green Creative City*.

Die untersuchten Städte sind demnach Beispiele für einen Stadttypus, den ich *Green Creative Cities* nenne und als paradigmatisch für Städte ansehe, die im Spannungsfeld von lokalen Gegebenheiten und globalen Einflüssen, politischen Visionen und ihren Materialisierungen, Planungsstrategien und eigenlogischen Nutzungen angesiedelt sind. Wie diese genau in Beziehung zueinander stehen, werde ich im Folgenden abschließend erläutern.

12 Die *Green Creative City*: Stadttypus des 21. Jahrhunderts

Die von mir untersuchten Städte können, wie ich gezeigt habe, in einer doppelten Weise als *creative cities* verstanden werden: Sie sind *kreative* Städte, indem sie über ihre Materialität spezifische Raumkonstitutionen ermöglichen und Räume der Kreativität hervorbringen. Sie sind außerdem Städte *der Kreativen*, da die lokale Stadtplanung die *creative class* zur Zielgruppe ihrer Stadtgestaltung ernennt und diesen Akteuren spezifische infrastrukturelle Möglichkeiten bietet, um ihre Kreativität zu fördern und Innovationen zu produzieren. Zudem hinterlässt die *creative class* ihrerseits Spuren in der Stadt, indem sie unter anderem eigene Räume der Kreativität konstituiert.

In beiden Fällen sind sie Städte der politischen Planung, und diese Planung steht mit ihrer Arbeit in einem Spannungsfeld von lokalen und globalen Einflüssen. Dazu gehören die Paradigmen der Kreativität und der Nachhaltigkeit, welche im Sinn von *traveling concepts* (Czarniawska 2005) als Leitbilder der Stadtplanung fungieren. Die daraus entwickelten Strategien bringen die *Green Creative City* als Stadttypus des beginnenden 21. Jahrhunderts hervor, welcher sich durch Räume der Kreativität und der Nachhaltigkeit auszeichnet, die von den NutzerInnen durch die Anordnung von Objekten wie dem *Creative Marker* und Syntheseleistungen (Löw 2001, 159) hervorgebracht werden.

Die Syntheseleistungen werden von zeitlichen Bezügen strukturiert: Sowohl Vergangenes als auch Zukünftiges sind Bestandteile der je individuellen Vorstellungen, Erinnerungen und Wahrnehmungen, die die Syntheseleistungen der NutzerInnen beeinflussen. Dazu gehören die vergangene Identität der Städte und ihre Traditionen als Orte der Hafenindustrie genauso wie die in Gestaltung begriffene, antizipierte Identität als Orte der Wissensgesellschaft und der postindustriellen Arbeitsfelder. Indem die Städte in dem Versuch gestaltet werden, Altes und Neues, materiell Vorhandenes und erst zu Schaffendes zu kombinieren und eine gewachsene Identität mit der Vision für die zukünftige zu verbinden, ist es das erklärte Ziel der Stadtplanung, Einfluss auf die Syntheseleistungen der NutzerInnen zu nehmen.

12.1 Globale Entwicklungen und lokale Strukturen

Die Verwendung der Leitbilder Kreativität und Nachhaltigkeit weist einen deutlichen Bezug zu globalen gesellschaftlichen Veränderungen auf, wie ich in Kapitel 8 dargestellt habe. Die von den lokalen Stadtplanungen verwendeten Leitbilder können im Sinn von *traveling concepts* (vgl. z.B. Czarniawska 2005) verstanden werden: Als Konzepte entstehen sie in einem spezifischen lokalen Kontext, etwa der US-amerikanischen Gesellschaft des ausgehenden 20. Jahrhunderts, wie sie von Richard Florida (2004) beschrieben wird. Indem sie durch Veröffentlichungen, Konferenzen oder interpersonalen Austausch verbreitet werden, findet eine Entkopplung vom ursprünglichen lokalen Kontext und eine ‚Reise' in ein neues lokales Umfeld statt, in dem sie rezipiert und in einen, im Vergleich zur Entstehung anderen, Bezugsrahmen eingebettet werden.

Ein solcher Prozess wird von Roland Robertson (1995) als wichtiges Merkmal der *Glokalisierung* beschrieben: Global verhandelte Diskurse werden in lokale Kontexte übertragen und verändern sich im Zuge dieses Verlaufs. Sowohl Nachhaltigkeit als auch Kreativität als Leitbilder des 21. Jahrhunderts sind Resultate solcher globalen Diskurse. Im Fall der Nachhaltigkeit ist eine Institutionalisierung auf inter- und supranationaler Ebene zu verzeichnen, die ihren Ausdruck in UN- und EU-Programmen zur Förderung der nachhaltigen Entwicklung von Gesellschaften findet. Auch wenn es für *creative cities* ähnliche Programme gibt, so ist die institutionelle Verankerung im Vergleich zum Leitbild Nachhaltigkeit weniger stark ausgeprägt.

Für die Untersuchung von Stadtplanungsprozessen in Städten des 21. Jahrhunderts ist die *Glokalisierungs*-Debatte insofern instruktiv, als sie zur Erklärung und zum Verständnis eines wichtigen Aspekts urbaner Transformationen beitragen kann: der Gleichzeitigkeit von Heterogenität und Homogenität derjenigen Städte, für deren Gestaltung auf das Konzept der *creative cities* zurückgegriffen wird. Ich verstehe die Konzepte Kreativität, *creative city* und Nachhaltigkeit als Teile eines globalen Diskurses, der gesellschaftliche und städtische Veränderungen behandelt. Indem die PlanerInnen und politisch Verantwortlichen der verschiedenen Städte Aspekte dieses globalen Diskurses aufnehmen und die genannten Konzepte in ihre Planungsstrategien integrieren, findet eine Wieder-Einbettung in einen lokalen Kontext statt, welcher sich vom Ursprungskontext allerdings unterscheidet.

Die zu beobachtenden Merkmale der Heterogenität bei gleichzeitiger Homogenität sind auf diesen Prozess der Entkopplung und Wiedereinbettung zurückzuführen: Das Konzept der *creative city* ist in einem spezifischen gesellschaftlichen Rahmen entstanden, nämlich dem der Veränderung postindustrieller Gesellschaften. Derartige Transformationen sind in vielen, ganz unterschiedlichen Ländern zu beobachten, so dass sich ein globaler Diskurs dazu entwickelt hat. Die dortige Rezeption des Konzepts der *creative city* führt dazu, dass es entkoppelt und in einen neuen Rahmen eingebettet wird. Da dies nicht nur einzelne, sondern viele StadtplanerInnen und PolitikerInnen tun – auch aufgrund der *best practice*-Beispiele, die den sicheren Erfolg des Konzepts suggerieren – kommt es zu einer Homogenisierung von Planungsstrategien. Die darauf fußenden Gestaltungen der Städte führen dazu, dass auch in materieller Hinsicht ein Eindruck der Homogenität entsteht.

Die Integration derartiger *traveling concepts* in ein neues Umfeld bedeutet aber auch, dass diese Konzepte in je spezifischen Kontexten und auf der Grundlage von lokal vorhandenen und gewachsenen Strukturen angewendet werden. Sie treffen also auf die Städte „als eigensinnige Gegenstände" (Berking und Löw 2008, 7), und diese Eigenlogik des Lokalen, in dem sie verwendet werden, führt zu einer heterogenen Gestalt der Städte.

Städte sind aus einer solchen Perspektive daher die Orte, an denen globale und lokale Entwicklungen verschmelzen und einen Ausdruck in der städtischen Materialität finden. Die *Green Creative Cities* sind Beispiele für materialisierte glokale Prozesse zu Beginn des 21. Jahrhunderts: Sie sind das Resultat einer Stadtplanung, die zwei gesellschaftliche Leitbilder eines globalen Diskurses kombiniert und davon geleitet das Lokale gestaltet. Indem die lokalen Kontexte in die Gestaltung eingebunden und *Creative Marker* geschaffen werden, weisen *Green Creative Cities* in ihrer Materialität sowohl homogene als auch heterogene Merkmale auf.

12.2 Die Integration einer zeitlichen Dimension

Die Integration des lokal Vorhandenen in die Gestaltung der *Green Creative Cities* offenbart die Bedeutung der Zeitlichkeit einer derartigen Stadtplanung. Die Eigenlogik der Städte (Berking und Löw 2008) erwächst maßgeblich aus zeitlich gewachsenen Strukturen und Identitäten. Diese haben ihren Ursprung in der Vergangenheit der Städte und der über einen Zeitraum entstandenen Beziehung der NutzerInnen zu ihnen.

Erstere beinhaltet ökonomische, kulturelle und soziale Aspekte genauso wie politische Verhältnisse. Ähnlich wie diejenigen, die die Räume der Stadt konstituieren, sind auch die Städte selbst spezifisch und unterscheiden sich in Abhängigkeit von der sie belebenden Gesellschaft; sie unterscheiden sich gleichzeitig aber auch innerhalb der Gesellschaft. Die Bezugnahme auf solche gewachsenen Merkmale bietet den StadtplanerInnen eine Grundlage für ihre Planungsstrategien – indem das Vorhandene genutzt wird, kann im Sinn einer „Steuerung zweiter Ordnung" (Reckwitz 2009, 8) die Materialität umgestaltet werden, um den neuen Visionen zu entsprechen.

Diese Visionen sind die zweite zeitliche Ebene der *Green Creative Cities*: Das Ziel, die Transformation der Gesellschaft hin zu einer Wissensgesellschaft voranzutreiben, führt zu der Formulierung bestimmter Planungsstrategien. Ihre Realisierung geschieht in der Gegenwart, auf der (materiellen und sozialen) Grundlage des Vergangenen und mit einem Bild der Zukunft, das mithilfe des gegenwärtig vorhandenen Wissens konstruiert wird. In der Formulierung von Planungskonzepten fallen demnach die drei zeitlichen Perspektiven Vergangenheit – Gegenwart – Zukunft zusammen. Die politische Stadtplanung vollzieht nun, in der Gegenwart stehend, zwei Handlungen: Sie konzipiert eine erinnerungswürdige Vergangenheit und eine erstrebenswerte Zukunft.

In Anlehnung an Florian Urban (2011) lässt sich sagen, dass über die Formulierung von Richtlinien zur Gestaltung der Neubauten sowie die Identifizierung ausgewählter, zu schützender Gebäude eine Selektion dessen stattfindet, was von der lokalen Vergangenheit erinnert werden soll. Für meine untersuchten Städte hilft dieser Gedanke zu erklären, warum es in den zentralen Transformationsorten so wichtig ist, Vorhandenes in die Gestaltung des Zukünftigen zu integrieren. In *Temple Bar* sind es die künstlerischen Resultate des Gentrifizierungsprozesses, welche bewahrt und weitergetragen werden; dies impliziert, dass der vergangene Zustand des Viertels als „very derelict and rundown" (DTB1, Abs. 20) aus der Erinnerung ausgeschlossen wird. Ähnlich ist es in *The Liberties*, wo der Dubliner Technologiepark entsteht – die Umnutzung ausgewählter Gebäude wie denen der *Guinness*-Brauerei hält die Erinnerung an eine ökonomisch erfolgreiche Tradition aufrecht und knüpft daran an. In diese Narration wird ein weiterer Aspekt integriert: die als sozial verantwortlich und in einem positiven Sinn fortschrittlich bezeichnete Haltung der Brauerei gegenüber ihren Angestellten. Beide Aspekte sollen, so die Intention der PlanerInnen, mit dem Technologiepark fortgeführt werden; diese Haltung findet ihre gebaute Entsprechung in der Umnutzung der Brauerei-Gebäude durch den *Digital Hub*. Als vergessenswert gilt dagegen die lange Zeit der sozialen und ökonomischen Benachteiligung der BewohnerInnen des Stadtviertels.

Die Hafengebiete sind sehr viel stärker durch Neugestaltung geprägt als die innerstädtischen Gebiete. Dennoch finden sich auch hier bauliche Verweise auf eine reinterpretierte Vergangenheit – ohne Ruß, Schweiß und sozialräumliche Segregation aufgrund von Klassenzugehörigkeiten – und die Integration des Alten in das Neue. Die Kombination der verschiedenen ausgewählten Elemente der Vergangenheit mit der Vision der zukünftigen Gesellschaft als Wissensgesellschaft stellt eine besondere Form von Zeitlichkeit dar, die die Planung der *Green Creative Cities* charakterisiert. Im architektonischen Typus des *Creative Marker* findet sie ihren gebauten Ausdruck: Dieser weist, wie ich gezeigt habe (vgl. Kap. 9), genau diese Kombination von Vergangenem und Zukünftigem auf und verfügt damit neben der glokalen auch über eine zeitliche Dimension.

12.3 Die Schaffung von Räumen in der *Green Creative City*

Für die *Green Creative City* sind spezifische Räume konstitutiv: Räume der Kreativität und der Nachhaltigkeit. Aus einer raumsoziologischen Perspektive, wie sie Martina Löw (2001) entwickelt hat, sind es zwei Prozesse, die für die Konstitution von Räumen verantwortlich sind: das *spacing* und die Syntheseleistung (Löw 2001, 158f.). Beides sind Prozesse, die von Individuen vorgenommen werden; sie sind dabei durch den sie umgebenden gesellschaftlichen Kontext sowie ihre jeweilige Klassen- oder Geschlechterzugehörigkeit beeinflusst (Löw 2001, 174). Raumkonstitutionen sind daher abhängig von der Sozialisation jeder einzelnen Person und vom spezifischen gesellschaftlichen Kontext, in dem diese sich befindet. Während mit der Syntheseleistung die Erinnerungen und Vorstellungen gemeint sind, die Personen mit bestimmten Orten, Objekten, Lebewesen und deren Konstellationen verbinden, bezeichnet das *spacing* das In-Bezugsetzen der Objekte und Lebewesen zueinander, und zwar an einem Ort, verstanden als eindeutiger geographischer Markierung (vgl. Löw 2001, 199). Eine solche „(An)Ordnung" (Löw 2001, 153) ist damit Resultat eines Prozesses, der sowohl materielle und geographische als auch soziale und psychosoziale Dimensionen aufweist.

Wenn, wie im vorliegenden Fall, die (Um-)Gestaltung von Städten durch die lokale Stadtplanung im Fokus der Betrachtung ist, sind derartige Raumkonstitutionen in zweierlei Hinsicht zu betrachten: Von Seiten der Stadtplanung werden die Objekte an einem Ort auf eine bestimmte Weise angeordnet, die städtische Materialität wird gestaltet. Durch diese Gestaltung wird das *spacing* vorstrukturiert, da die Objekte aufgrund ihrer physischen Platzierung schon auf eine spezifische Weise zueinander in Beziehung gesetzt werden. Indem ausgewählte Objekte, z.B. alte Fabrikgebäude, bewahrt werden und andere nicht, werden ausgewählte Erinnerungen und mit den Objekten verbundene Vorstellungen unterstützt. Von Seiten der NutzerInnen müssen derartige Vorstrukturierungen schließlich in die Raumkonstitutionen integriert werden: Die Räume werden entweder entlang der von der Planung vorgegebenen Strukturierungsangebote hergestellt oder in Abgrenzung dazu. Die Raumkonstitutionen und Nutzungen entsprechen im ersten Fall den von der Planung intendierten, im zweiten Fall laufen sie ihnen zuwider.

12.3.1 Die Rolle der Planung für die Raumkonstitution

Wie ich in Kapitel 9 gezeigt habe, ist es eine der wesentlichen Aufgaben der Stadtplanung, Objekte an einem ausgewählten Ort auf eine bestimmte Weise anzuordnen: Es wird eine Gestaltung der städtischen Materialität vorgenommen. Seitens der Stadtplanung werden damit eigene Prozesse der Raumkonstitution vollzogen. Zunächst findet auf der Grundlage von Planungsvisionen und -strategien die Schaffung eines abstrakten Raums oder einer Raumrepräsentation, wie Lefèbvre (1991, z.B. 38f.) sie nennt, statt. Für diesen Prozess sind lediglich Syntheseleistungen vonnöten, die mithilfe von Modellen und Plänen vorgenommen werden; da die Objekte (noch) nicht realisiert sind, findet keine Platzierung statt. In einem zweiten Schritt werden über die Realisierung, d.h. den Bau der Objekte, konkrete Räume konstituiert. Indem die gebauten, neu- und umgestalteten Objekte von den PlanerInnen zueinander in Beziehung gesetzt und mit Syntheseleistungen verbunden werden, werden Räume der Planung hergestellt. Diese Räume unterscheiden sich je nach Person voneinander und weisen im Idealfall dennoch große Übereinstimmungen auf.

Die Realisierung der Planungsstrategien und die materielle Gestaltung der Städte strukturieren das *spacing* der NutzerInnen insofern vor, als damit eine bestimmte Platzierung der Objekte an den gewählten Orten vorgenommen wird. Die NutzerInnen nehmen diese vorstrukturierte Anordnung der Objekte wahr und entwickeln darauf aufbauend eigene Raumkonstitutionen. Die Vorstrukturierung betrifft daher sowohl das *spacing* als auch die Syntheseleistungen: Neue Gebäude sind durch die PlanerInnen in ausgewählter Weise angeordnet; dies impliziert auch ihre Positionierung gegenüber schon vorhandenen Objekten und der bestehenden physischen Umwelt. Durch die Weiter- oder Umnutzung bestehender Plätze und Gebäude wird zudem eine Auswahl bezüglich dessen getroffen, was von den NutzerInnen erinnert und vorgestellt, in welcher Weise die städtische Vergangenheit interpretiert werden soll. Damit findet der Versuch statt, die Syntheseleistungen der NutzerInnen zu beeinflussen.

Diese mittelbare Beeinflussung der Raumkonstitutionen der NutzerInnen geschieht mithilfe verschiedener Steuerungsinstrumente. Ihnen liegen zwei verschiedene Herangehensweisen an die Gestaltung der Stadt zugrunde: Stadterneuerung und Flächensanierung (Häußermann, Läpple und Siebel 2008, 226f.). Ich habe in Kapitel 5 unter Rückgriff auf Häußermann et al. (2008) gezeigt, dass dies zwei verschiedene und zu unterschiedlichen Zeiten dominante Formen der Stadtentwicklung sind. Anhand der untersuchten Städte wird allerdings deutlich, dass sie zu Beginn des 21. Jahrhunderts als Instrumente zur Gestaltung der Städte zeitlich und räumlich parallel eingesetzt werden. In Gebieten, die einer vollständigen Neugestaltung und einer neuen Nutzung zugeführt werden, ist die Flächensanierung das Mittel der Wahl. Hier bleiben, wie etwa die Hafengebiete in Dublin und Göteborg zeigen, die physischen Strukturen der Areale bestehen, während der Großteil der Gebäude neu gebaut und Plätze neu geschaffen werden. Die Gestaltung dieser Flächen wird von dem Leitbild der technologisch-innovativen Kreativität geleitet und steht den Planungsprozessen gegenüber, die die dynamischen Entwicklungsprozesse eines Viertels auf der Basis des Bestehenden im Sinn einer „Steuerung zweiter Ordnung" (Reckwitz 2009, 8) leiten wollen. Hier findet das zweite Verständnis von Kreativität Anwendung: die ästhetisch-künstlerische Bedeutung. Im Sinn eines *cultural planning* wird in dafür ausersehenen Stadtvierteln versucht, das lokal Vorhandene als kulturell spezifisch und wertvoll zu konzipieren und mithilfe der Förderung ausgewählter kultureller Aspekte einer Stadt ihre Eigenlogik (Berking und Löw 2008), ihr Image (Landry 2008, z.B. 31) oder auch ihre Atmosphäre (Löw 2001, z.B. 204) zu schärfen. In den untersuchten Städten sind es die Innenstadtquartiere Temple Bar und *Haga*, in denen eine solche Form der Steuerung Anwendung findet.

Quer zu diesen Unterscheidungen zwischen der behutsamen Erneuerung des Bestehenden und einer Abriss und Neubau implizierenden Sanierung liegt ein Steuerungsinstrument, mit dem die Kooperation der Akteure verbessert und an die Transformationsprozesse der Gesellschaften angepasst werden soll: die Stadtplanung nach dem *Triple Helix*-Modell. Hierunter fallen Planungsstrategien, deren Ziel die Konzeption und Realisierung von Technologieparks ist. Ihr Charakteristikum ist der Einbezug dreier Akteure in die Gestaltung der Stadt: der Politik, der Unternehmen und der Bildungsinstitutionen. Das *Triple Helix*-Modell ist dabei sowohl ein Konzept, mit dem die besondere Form der Kooperation dieser Akteure beschrieben werden kann, als auch eine von den Akteuren selbst verwendete Form, nach denen die Interaktionen der drei Akteursgruppen modelliert werden. Diese Art der Steuerung der lokalen Entwicklung ist mit dem technologisch-innovativen Kreativitätsverständnis verbunden und kombiniert dieses mit dem Ziel der vor allem ökonomisch und sozial nachhaltigen Entwicklung.

Der Fokus auf Nachhaltigkeit ist das zweite wichtige Element der *Green Creative City*. Durch die spezifische Planung und Gestaltung der Städte werden Möglichkeiten geschaffen, Räume der Nachhaltigkeit zu konstituieren – nicht zuletzt der ökologischen Nachhaltigkeit. Der Fokus der StadtplanerInnen liegt dabei auf denjenigen, die ich in Anlehnung an Ray und Anderson (2001) sowie Florida (2004) die *Green Creatives* nenne: Angehörige der *creative class*, für die ökologische Werte besondere Bedeutung haben. Die ökologische Dimension der Nachhaltigkeit tritt in dieser Zielgruppenorientierung der Stadtplanung gegenüber den beiden anderen Dimensionen in den Vordergrund. Konkret schlägt sich dies in den Projekten nieder, die urbane Gemeinschaftsgärten oder ökologisch verträgliche Bauweisen und -materialien unterstützen.

12.3.2 Die Rolle der NutzerInnen für die Raumkonstitution

Die Versuche der Stadtplanungseinrichtungen, die Entwicklung der Städte zu steuern, impliziert den Versuch, die Prozesse der Raumkonstitution zu beeinflussen. Mithilfe gezielter Interventionen in die Materialität der Stadt, d.h. mit der intendierten Gestaltung der Stadt, sollen die NutzerInnen dazu gebracht werden, bestimmte Platzierungen der Objekte vorzunehmen und spezifische Syntheseleistungen zu erbringen (Löw 2001, 158f.).

Solche Vorstrukturierungen seitens der PlanerInnen werden von den NutzerInnen auf unterschiedliche Weise aufgenommen; von Akzeptanz über Modifikation bis Ablehnung können alle Formen auftreten. Da die NutzerInnen die städtischen Räume auf der Grundlage der vorhandenen und wahrnehmbaren Materialität konstituieren, werden die Gestaltungen der PlanerInnen und damit ihre Vorstrukturierungen in jedem Fall integriert.

Zwei Beispiele illustrieren diese Prozesse: In Göteborg wurde auf der südlichen Uferseite des *Göta Älv* mit dem *Älvrummet* ein einstöckiges Gebäude geschaffen, in dem die NutzerInnen der Stadt über die fortschreitenden Veränderungen im Hafengebiet informiert werden. Vor dem Gebäude befindet sich eine etwa 10 x 10 Meter große Fläche, die mit Kunstrasen ausgelegt ist. Diese stellt seit der Öffnung des Gebäudes einen zentralen Anlaufpunkt für die NutzerInnen der Stadt dar, die dort ihre Mittagspause verbringen, mitgebrachte Speisen und Getränke verzehren oder, vor allem Kinder und Eltern mit Kindern, spielen (Abbildung 39).

Abbildung 39: Nutzung des *Älvrummet*, Göteborg 2009

Der dort geschaffene Raum ist einer der wenigen nicht-kommerziellen in der Stadt, in dem sich unterschiedliche soziale Gruppen zusammenfinden, wie meine Beobachtungen zeigen. Eine derartige Nutzung war allerdings seitens der StadtplanerInnen nicht intendiert, wie eine Stadtplanerin im Kontext der Frage beschreibt, ob Räume in einer Stadt geplant werden könnten:

Teilweise denke ich, dass man das in jedem Fall kann. Aber das ist mehr als die reine Gestaltung, das ist also mehr als Pflastersteine und Wege, es ist auch [...] wie der Raum im Verhältnis zu allem anderen liegt. [...] Wie er benutzt wird. Denn Du kannst fantastische Räume gestalten, die aber nicht verwendet werden, da sie ganz einfach falsch liegen. [...] Älvrummet ist ein bisschen so, der wurde unerwartet gut (GSB3, Abs. 74).[238]

---

[238] „Delvis, tror jag man kan göra det i alla fall. Eh. Men det är mer än bara själva utformningen, alltså det är mer än gatsten och väggar, det är också [...] hur liksom rummet ligger i förhållande till allting annat. [...] Hur det kommer användas. För du kan göra fantastiska rum men som inte används för att dom ligger fel helt enkelt. [...] Älvrummet är lite en sådär, det blev otippat bra där".

In Dublin ist der *Grand Canal Square* in den *Docklands* ein Beispiel für einen neu geschaffenen Platz, dessen Nutzung über die von der Stadtplanung intendierte hinaus Variationen aufweist, wie Abbildung 40 illustriert.

Abbildung 40: Nutzung des im Bau befindlichen *Grand Canal Square*, Dublin 2008

Die US-amerikanische Landschaftsarchitektin Martha Schwartz entwarf den *Grand Canal Square*; vor dem von Daniel Libeskind entworfenen *Grand Canal Theatre* befinden sich roten und grüne Elemente, die von der *Dublin Docklands Development Authority* folgendermaßen beschrieben werden:

> *The Square features a striking composition of a red 'carpet' extending from the theatre into and over the dock. This is crossed by a green 'carpet' of paving with lawns and vegetation. The red 'carpet' is made of bright red resinglass paving covered with red glowing angled light sticks. [...] Grand Canal Square is also criss-crossed by granite-paved paths that allow movement across it in any possible direction, while still allowing for the Square to host major public events such as festivals and performances. The layout can accommodate a diverse range of activities throughout the day and night.*[239]

In diesem Fall zeigt sich mit den Fußball spielenden Männern eine nicht explizit intendierte Nutzung des Platzes und damit eine Raumkonstitution, die der von der Planung antizipierten zwar nicht widerspricht, sie aber modifiziert. Die vorhandenen Objekte werden von den Männern auf eine Weise angeordnet, dass sich ein Raum der Freizeit und des Spielens – ein Fußballfeld – ergibt. Die Fußball spielenden Männer erfüllen das, was auf der Website als „diverse range of activities throughout the day" beschrieben wird. Mit den vorhandenen Objekten konstituieren die Männer einen Raum des Fußballspielens und nutzen den *Grand Canal Square* auf eine modifizierte Weise. In welcher Form die Syntheseleistungen, die für die Raumkonstitution nötig sind, durch die Gestaltung der PlanerInnen beeinflusst werden, lässt sich durch Beobachtung und fotografische Dokumentation nicht feststellen; dieser Aspekt ist daher an dieser Stelle nur konzeptionell fassbar, aber nicht empirisch belegbar.

Die Beispiele zeigen, wie der seitens der Stadtplanung antizipierten Nutzungsmöglichkeiten durch die NutzerInnen der Städte noch weitere hinzugefügt werden. In den beschriebenen Fällen kommt es nicht zu einer Ablehnung, sondern zu einer Erweiterung der Nutzungsformen. Andere Beispiele zeigen, dass es auch zu Konflikten kommen kann, wenn die Vorstrukturierungen der Stadtplanung von den NutzerInnen nicht angenommen werden und/oder die entsprechenden Gestaltungspläne nicht akzeptiert werden. Letzteres ereignete sich 2011 im Fall von *Stuttgart 21*, dem Umbauprojekt des Stuttgarter Bahnhofs. Auch Widerstände gegen Gentrifizierungsprozesse wie das Hamburger Projekt *Not in Our Name, Marke Hamburg!* stellen Aspekte einer ablehnenden Haltung gegenüber Vorstrukturierungen seitens der Stadtplanung dar.

Wie ich beschrieben habe, sind auch diese Vorgänge Teil der Stadt*entwicklung* und von den eigentlichen, von mir untersuchten Prozessen der Stadt*planung*

---

[239] Diese Beschreibung findet sich auf der Website der *Dublin Docklands Development Authority*, URL: http://www.ddda.ie (letzter Zugriff am 11.4.2013), Herv.i.O.

zu unterscheiden (vgl. Kap. 5). Dennoch zeigt sich, wie stark die Planung in die Prozesse der Entwicklung hineinwirkt: Indem die Materialität der Städte durch die StadtplanerInnen gestaltet wird, verändern sich auch die Nutzungsformen und Raumkonstitutionen der NutzerInnen und damit die Stadt als Ganze. Dies gilt sowohl für Räume der Kreativität als auch für Räume der Nachhaltigkeit, die maßgeblich durch die NutzerInnen konstituiert werden. Exemplarisch dafür ist der Göteborger Stadtteil *Kvillebäcken*, in dem zunehmend ökologisch orientierte Menschen als BewohnerInnen von den Verantwortlichen adressiert werden, die *Green Creatives*. Daraus entsteht die *Green Creative City*, in der Kreativität und Nachhaltigkeit miteinander verbunden werden.

Die von mir untersuchten Städte Dublin und Göteborg sind Beispiele für Städte, deren Stadtplanung sich am Konzept der *creative city* orientiert. Ich habe gezeigt, wie sich eine derart ausgerichtete Planung auf die Materialität der Städte und die in ihnen konstituierten Räume auswirkt. Dabei führten mich die empirischen Ergebnisse zu dem Entwurf der *Green Creative City* als neuem Stadttypus. Sind die von mir beschriebenen Aspekte nun exemplarisch für Transformationsprozesse in Hafenstädten des 21. Jahrhunderts, und welche Perspektiven eröffnen meine empirischen Ergebnisse für weitere stadtsoziologische Forschungen? Diesen Fragen gehe ich im Folgenden abschließend nach.

12.4 Stadtentwicklung im 21. Jahrhundert – ein Ausblick

Die Ergebnisse meiner Untersuchung öffnen ein Feld an Themen, in denen die soziologische Forschung von Analysen inspiriert werden kann, die Städte als Forschungsgegenstand haben. Die Prozesse der Glokalisierung und der Postindustrialisierung sowie die Bedeutung der Materialität für gesellschaftliche und urbane Transformationen sind drei soziologisch interessante Bereiche, in denen weitergehende Forschung unterstützenswert ist.

Unmittelbar weiterführende Fragen, die sich auf der Grundlage meiner Untersuchung stellen, kreisen um die mögliche Verallgemeinerbarkeit der Ergebnisse und die Bedeutung der NutzerInnen für die Städte. Ich werde im Folgenden skizzieren, in welcher Hinsicht diese Aspekte genauerer Betrachtung bedürfen.

12.4.1 Hafenstädte als paradigmatische Fälle der *Green Creative City*?

Dublin und Göteborg sind Hafenstädte, die trotz ihrer Unterschiede Gemeinsamkeiten in ihren Transformationsprozessen aufweisen, welche dazu führten, dass ich auf dieser Basis den Typus der *Green Creative City* beschrieben habe. Lässt sich die Argumentation dahingehend ausweiten, dass es gerade Hafenstädte sind, die als paradigmatisch für diesen Stadttypus gelten können? Dies würde implizieren, dass die von mir herausgestellten städtischen Merkmale mit den Ergebnissen anderer Studien übereinstimmen. Derartige Studien müssten also zeigen, dass

- Kreativität und Nachhaltigkeit als Leitbilder der Stadtplanung gekoppelt werden,
- die Gestaltung der städtischen Materialität die Konstitution von Räumen der Kreativität und der Nachhaltigkeit möglich macht,
- die Planungsstrategien eine spezifische Zeitlichkeit aufweisen und
- die Materialität der Städte durch *Creative Marker* gekennzeichnet ist.

Wichtig ist, dass es bei der Kombination von Kreativität und Nachhaltigkeit nicht um die nachhaltige Entwicklung in dem Sinn geht, dass Kreativität und kreative Menschen langfristig an eine Stadt gebunden werden sollen, wie es etwa bei Allen J. Scott (2006) oder bei Luigi Fusco Girard et al. (2012) zu finden ist. Es geht vielmehr um die Anwendung eines Nachhaltigkeits-Konzepts, das zumindest die ökologische Dimension oder aber, wie in den von mir untersuchten Städten, eine dreifache Ausrichtung (Ökologie, Ökonomie, Soziales) aufweist, mit dem von Seiten der Stadtplanung der potentiell elitäre Charakter des *creative class*-Konzeptes abgefedert bzw. der Fokus auf die *Green Creatives*, einen ökologisch orientierten Teil der *creative class*, gelegt wird.

Bislang vorliegende Untersuchungen zeigen für Entwicklungen in Hafenstädten zumindest einige der von mir herausgearbeiteten Merkmale; gerade die Aspekte der Zeitlichkeit und der zwischen Heterogenität und Homogenität changierenden Materialität lassen sich finden (vgl. dazu exempl. Meyer 1999; Schubert 2003; Warsewa 2010; Smith und von Krogh Strand 2011). Kaum untersucht sind dagegen die spezifischen Ausprägungen der Materialität – von mir mit dem Gebäudetypus des *Creative Marker* beschrieben – und die Art, in der das Leitbild der Kreativität mit anderen stadtplanerischen Leitbildern kombiniert wird.

Einleuchtend scheint zu sein, dass Hafenstädte in postindustriellen Gesellschaften Entwicklungen durchlaufen, die untereinander große Ähnlichkeiten aufweisen. Zu diesen Gemeinsamkeiten gehören die Umnutzung der Hafengebiete sowie die Tatsache, dass sich globale Prozesse gerade in diesen Städten verorten lassen. Ersteres beschreibt Günter Warsewa mit der hilfreichen Unterscheidung zwischen dem „,Working Port' und ‚Living Port'" (Warsewa 2010, 380, Herv.i.O.). Die Abkehr von einem Hafengebiet, das ausschließlich ökonomische Funktionen aufweist und „nur den im Hafen Beschäftigten und wenigen Externen [...] zugänglich und daher im öffentlichen und politischen Bewusstsein kaum präsent [war]" (Zehner 2008, 272), hin zu einem *living port* ist ein wiederkehrendes Ergebnis empirischer Analysen, etwa zu Baltimore und London (vgl. dazu Meyer 1999; Ponzini und Rossi 2010). Die Entwicklung zum *living port* als Ort der Mischnutzung – Wohnen, Arbeiten in den Sektoren Dienstleistung und Informationstechnologie, Freizeit – ist auch in Dublin und Göteborg beobachtbar. Ob postindustrielle Hafenstädte allerdings paradigmatische Beispiele für

Green Creative Cities sind oder ob letztere Stadtentwicklungsprozesse voraussetzen, die auch für Binnenstädte charakteristisch sind, bleibt bis auf Weiteres unbeantwortet.

12.4.2 Die Bedeutung der NutzerInnen für Städte

Neben der Frage, welcher Stadttypus von den von mir untersuchten Städten gebildet wird, ist die Bedeutung der NutzerInnen für Städte im 21. Jahrhundert ein weiterer Punkt, der in Folgeuntersuchungen in den Blick zu nehmen ist. Wie einige meiner Ausführungen gezeigt haben, kommt den NutzerInnen in mindestens zweifacher Hinsicht eine wichtige Rolle bei der Stadt*entwicklung* zu: Zum einen geschieht erst durch sie die Raumkonstitution, die die Räume der Kreativität und der Nachhaltigkeit entstehen lässt. Zum anderen sind sie diejenigen, durch deren Praktiken der Nutzung über Erfolg oder Misserfolg von Planungsprozessen entschieden wird. Im Kontext des zweiten Aspekts sind es insbesondere soziale Konflikte und die Prozesse der sozialräumlichen Segregation, die für StadtsoziologInnen von Interesse sind.

Im Rahmen der von mir untersuchten Städte treten vor allem Entwicklungen auf, die mit verschiedenen Gentrifizierungsmodellen erklärt werden können, wie sie Lees et al. (2007) vorschlagen. Dazu gehören die als klassisch zu bezeichnenden Prozesse der sukzessiven Aufwertung eines zentrumsnahen Stadtviertels, welche zu einer Verdrängung der alteingesessenen BewohnerInnen und der Pioniere führen. Ebenfalls beobachtbar sind Verläufe, die als *new-build gentrification* bezeichnet werden können und die Aufwertung von ehemals brach liegenden Arealen beschreiben – mit ähnlichen, aber nicht identischen Folgen wie im Fall der etwa von Ruth Glass (1964) beschriebenen „classical gentrification" (Lees, Slater und Wyly 2007, 10).

Gerade vor dem Hintergrund der Tatsache, dass die Angehörigen der *creative class* als Publikum der Planung der *Green Creative Cities* auserwählt werden, wird es interessant sein zu untersuchen, ob und wie sich diese Gentrifizierungsprozesse verändern – schließlich bestehen Teile des *super-creative core* aus denjenigen, die im klassischen Gentrifizierungsmodell als Pioniere die Aufwertung in Gang setzen. Auch andere BürgerInnen- und Protestbewegungen, wie sie etwa in Stuttgart und Hamburg zu beobachten sind, stellen noch zu untersuchende Phänomene dar, die, so lässt sich vermuten, unterschiedliche Reaktionen auf gesellschaftliche und städtische Transformationsprozesse sind.

Darüberhinaus ist eine Forschungslücke zu schließen, die die Beziehung zwischen städtischer Materialität und NutzerInnen betrifft. Gerade vor dem Hintergrund der von mir identifizierten *Creative Marker* ist es lohnend, sowohl die Prozesse der Raumkonstitutionen als auch die Wirkungen der Materialität zum Forschungsgegenstand zu machen. In beiden Fällen kann die Stadtsoziologie von der Akteur-Netzwerk-Theorie profitieren und diese befruchten sowie die raumsoziologischen Überlegungen von Martina Löw (2001) noch stärker auf die Materialität sowie die Herstellung und die Effekte von Atmosphären beziehen. Letztere kann einen Zugang zu einem Teil der Erfahrung von Städten ermöglichen, welcher alltäglich, aber nicht sichtbar und zudem sprachlich von den NutzerInnen schwer fassbar ist. Empirisch stellt eine Untersuchung städtischer Atmosphären daher eine Herausforderung für die Soziologie dar.

Anhang

Im vorliegenden Anhang werden weitere Informationen zu den Interviews, auf denen die ergebnisse dieser Arbeit maßgeblich basieren, dargestellt. Dazu gehören die Erläuterung der Interviewkürzel (Tabelle 6) sowie eine ausführliche Beschreibung der InterviewpartnerInnen und des Settings des jeweiligen Interviews (Tabelle 7 und Tabelle 8). Aus Gründen der Übersichtlichkeit sind diese Aspekte tabellarisch zusammengefasst.

Die Interviewkürzel und ihre Bedeutung

Interviewkürzel	Bedeutung
DCC	Dublin City Council
DDDA	Dublin Docklands Development Authority
DDH	Dublin Digital Hub
DCh	Dublin Chamber of Commerce
DTB	Dublin Temple Bar
CCD	Creative Class Dublin
GSB	Göteborg Stadsbyggnadskontoret
GLSP	Göteborg Lindholmen Science Park
CCG	Creative Class Göteborg
GOE	BewohnerIn Goeteborg

Tabelle 6: Die Bedeutung der Interviewkürzel

Interviews in Dublin: Settings und Merkmale

Kürzel	Datum und Ort	Beruf der/des Interviewten	Beschreibung der Aufgaben der/des Interviewten
DCC1	9.9.2008 Dublin City Council	Planerin im *Dublin City Council*	formuliert die gesamtstädtischen Planungsdokumente und -strategien und setzt die Leitbilder um
DCC2	16.9.2008 Dublin City Council	Repräsentant des *Dublin City Council*	politisch-administrative und finanzielle Aufgaben der Stadtverwaltung; politisch verantwortlich für die Leitbilder der Stadtplanung und die Planungsdokumente
DCh1	25.9.2008 Café in der *Southern Inner City*, Dublin	Repräsentant des *Dublin Chamber of Commerce*	verantwortlich für die Informationspolitik; der Kontakt wurde von DDH1 vermittelt
DDH1	16.9.2008 *The Digital Depot*, Dublin	Repräsentantin der Digital Hub Development Agency	verantwortlich für Strategien und Inhalte des *Digital Hub*
DDH2	22.9.2008 *The Digital Exchange*, Dublin	2 Repräsentanten des *Digital Hub*	B: verantwortlich für die Umsetzung der Strategien C: verantwortlich für Marketing und Strategieentwicklungen, nahm auf Initiative von B am Gespräch teil
DDH3	24.11.2009 *The Digital Exchange*, Dublin	Repräsentant des *Digital Hub*	dieselbe Person wie B in DDH2
DDA1	8.4.2008 *Dublin Docklands Development Authority*	Planerin bei der *Dublin Docklands Development Authority*	formuliert die Planungsstrategien für die *Docklands*
DTB1	8.4.2008 Hotel *The*	Repräsentantin des *Temple Bar*	entwickelt die Programmatik in *Temple Bar*,

	Clarence, Temple Bar, Dublin	*Cultural Trust*	insbes. Entwicklung und Förderung von Kulturprojekten
DTB2	30.9.2008 Kultureinrichtung in *Temple Bar*, Dublin	*General Manager* der Kultureinrichtung in *Temple Bar*	verantwortlich für die finanzielle und inhaltliche Arbeit der Kultureinrichtung
CCD1	31.3.2008 Büro in der *Southern Inner City*, Dublin	Grafikdesignerin	aufgewachsen und ausgebildet in Dublin, selbstständig tätig in der *Southern Inner City*, Dublin
CCD2	20.9.2008 *The Digital Depot*, Dublin	Selbstständiger im Bereich digitale Medien	aufgewachsen in Dublin, nach mehrjährigem Auslandsaufenthalt selbstständig im *Digital Hub* tätig
CCD3	24.9.2008 *Google Europe Headquarter*, Dublin	Mitarbeiter bei *Google*	Auslandsdeutscher, Verbindung hergestellt über persönliche Kontakte

Tabelle 7: Übersicht über die in Dublin geführten Interviews

Interviews in Göteborg: Settings und Merkmale

Kürzel	Datum und Ort	Beruf der/des Interviewten	Beschreibung der Aufgaben der/des Interviewten
GSB1	15.9.2009 *Stadsbyggnadskontoret*, Göteborg	Repräsentant des *Stadsbyggnadskontoret*	verantwortlich für die Entwicklung der Leitbilder der Stadtplanung und die Planungsdokumente
GSB2	15.9.2009 *Stadsbyggnadskontoret*, Göteborg	3 RepräsentantInnen des *Stadsbyggnadskontoret*	G & W: verantwortlich für die Entwicklung der Planungsdokumente im *Stadsbyggnadskontoret*; T: Trainee im *Stadsbyggnadskontoret*
GSB3	15.9.2009 *Stadsbyggnadskontoret*, Göteborg	Repräsentantin der *Stadsbyggnadskontoret*	verantwortlich für die Entwicklung gesamtstädtischer Stadtplanungsstrategien
GLSP1	8.4.2009 *Lindholmen Science Park*, Göteborg	Repräsentant des *Lindholmen Science Park*	verantwortlich für die strategische und inhaltliche Entwicklung des *Lindholmen Science Park*
CCG1	18.9.2009 Café in der südlichen Innenstadt, Göteborg	Künstler	arbeitet und lebt in Göteborg, u.a. mit künstlerischen Interventionen im öffentlichen Raum
CCG2	18.9.2009 Café in der südlichen Innenstadt, Göteborg	Vertreterin einer Organisation zur Förderung der Kreativwirtschaft in Westschweden	arbeitet und lebt in Göteborg
GOE1	15.9.2009 Café in der südwestlichen Innenstadt, Göteborg	Soziologin und Kulturschaffende	arbeitet und lebt in Göteborg, schreibt in der Lokalpresse zur Kultur- und Stadtentwicklungsfragen

Tabelle 8: Übersicht über die in Göteborg geführten Interviews

Danksagung

Wissenschaftliche Erkenntnisse können nur durch Interaktionen entstehen – zwischen ForscherInnen, zwischen Forscherin und Feld, zwischen Forscherin und Büchern sowie zwischen Forscherin und sozialem Umfeld. Es ist an der Zeit, diesen Menschen und Dingen zu danken, die das Entstehen dieses Buches möglich gemacht haben.

Zu nennen sind zunächst einmal Birgit Geissler und Andreas Reckwitz, die die Arbeit betreut und in anregenden Gesprächen Impulse für ihre Weiterentwicklung gegeben haben. Andreas Reckwitz ist zudem für die Idee zu danken, die diesem Buch zugrunde liegt. Roland Lippuner und Julia Lossau schließlich waren in Fragen der Publikation sehr hilfreiche GesprächspartnerInnen. Zwei Forschungseinrichtungen sind maßgeblich zu nennen, die das Zustandekommen der empirischen Arbeit, auf der meine Erkenntnisse basieren, ermöglicht haben: Der Exzellenzcluster 16 „Kulturelle Grundlagen von Integration" und die *Bielefeld Graduate School in History and Sociology* der Universität Bielefeld. Ganz besonders bedanken möchte ich mich bei allen denjenigen, die während meiner Aufenthalte in Dublin und Göteborg meine Fragen beantwortet und mich in die Geheimnisse der Städte eingeführt haben.

Die Ideen dieses Buches habe ich im Zeitraum von 2007 bis 2012 auf verschiedenen nationalen und internationalen Konferenzen und Workshops vorgestellt – den bekannten und vor allem den unbekannten WissenschaftlerInnen, die mir bei diesen Veranstaltungen kritische Rückmeldungen gegeben haben, sei besonders gedankt.

Des Weiteren möchte ich mich bei den TeilnehmerInnen des Kolloquiums *Qualitative Methoden* von Jörg Bergmann und des Forschungskolloquiums von Andreas Reckwitz für hilfreiche methodische, konzeptionelle und inhaltliche Anregungen bedanken. Auch die ForscherInnen auf K4 an der Universität Bielefeld waren immer angenehme GesprächspartnerInnen. Alan Lessoff gilt mein besonderer Dank für die Einführung in angelsächsisches wissenschaftliches Denken und Arbeiten und für den regen Austausch über stadtwissenschaftliche Forschungsthemen. Ebenso bedanke ich mich bei Andrew Abbott, der mich von der Sinnhaftigkeit quantitativer Daten in qualitativen Studien überzeugen konnte.

Mit Julia Sacher habe ich die euphorischen und frustrierenden Momente der finalen Schreibphase geteilt, ihr danke ich für Frühstück, Tee und intellektuelle Inspiration. Auch Nina Dickel, Anja Rischmüller und Friederike von Lehmden gehören zu der unverzichtbaren Gruppe unterstützender, kritischer und motivierender Menschen um mich herum.

Bei Sophie Carrol, Anders Hallin und Alice O'Donovan bedanke ich mich für die gute und gründliche Transkription der Interviews – ohne ihre muttersprachlichen Kompetenzen hätten die Daten viel an Wert verloren.

Hannes Krämer war ein hervorragender Bürokollege und ist ein Freund, der meine Ideen kritisch unterstützend begleitet hat; und Stefan Laube ist derjenige, an den ich mich vertrauensvoll in methodischen und methodologischen Fragen gewandt habe. Carmen Elgaß und Kerstin Zeiss begleiteten mich mit emotionaler Nähe aus geographischer Ferne.

Mein Bruder Daniel und meine Eltern sowie mein Großvater tragen großen Anteil daran, dass diese Arbeit von mir so geschrieben werden konnte, wie sie nun vorliegt. Fragen von ihnen und Erholung bei ihnen waren immer möglich und unterstützend.

Vielen Dank allen genannten und ungenannten Personen sowie den JournalistInnen für stimulierende Radiobeiträge, die die manchmal langwierigen Momente der Formatierung und Lösung technischer Probleme so angenehm machten. Bei Sonja Rothländer vom Verlag UVK bedanke ich mich schließlich für die Betreuung und Beratung bei der Erstellung des Manuskripts.

Und ohne Werner Reichmann wäre diese Zeit nicht so erkenntnisreich gewesen, hätte ich mich den Faszinationen der Empirie und der soziologischen Theoriebildung nicht derart hingeben können. Ihm ist diese Arbeit gewidmet.

Literaturverzeichnis

Althusser, Louis. 1977. *Ideologie und ideologische Staatsapparate: Aufsätze zur marxistischen Theorie, Positionen*. Positionen ; 3. Hamburg [u.a.]: VSA.
Andersson, Åke. 1985. *Kreativitet - storstadens framtid. En bok om Stockholm*. Stockholm: Stockholm Prisma.
Atkinson, Rowland und Hazel Easthope. 2009. „The Consequences of the Creative Class: The Pursuit of Creativity Strategies in Australia's Cities". *International Journal of Urban and Regional Research* 33 (1): 64–79.
Atteslander, Peter. 2006. *Methoden der empirischen Sozialforschung*. 11., neu bearb. und erw. Aufl. Berlin: Erich Schmidt Verlag.
Baris, Mackenzie. 2003. „Review: Richard Florida: The Rise of the Creative Class (And How It's Transforming Work, Leisure, and Everyday Life)". *The Next American City* (1): 42–45.
Barthes, Roland. 1988. *Das semiologische Abenteuer*. Frankfurt am Main: Suhrkamp.
Barton, Allen H. und Paul Felix Lazarsfeld. 1955. „Some functions of qualitative analysis in social research". *Frankfurter Beiträge zur Soziologie* 1: 321–361.
Bauman, Zygmunt. 1996. „Glokalisierung oder Was für die einen Globalisierung, ist für die anderen Lokalisierung". *Das Argument. Zeitschrift für Philosophie und Sozialwissenschaften* 217: 653–664.
Bauriedl, Sybille. 2007a. *Spielräume nachhaltiger Entwicklung: Die Macht stadtentwicklungspolitischer Diskurse*. München: oekom verlag.
———. 2007b. „Räume lesen lernen: Methoden zur Raumanalyse in der Diskursforschung". *Forum Qualitative Sozialforschung / Forum: Qualitative Social Research* 8 (2) (Mai 31): Artikel 13.
Beck, Ulrich, Hrsg. 1998. *Perspektiven der Weltgesellschaft*. Frankfurt/Main: Suhrkamp.
Belina, Bernd, und Boris Michel, Hrsg. 2007. *Raumproduktionen: Beiträge der „Radical Geography". Eine Zwischenbilanz*. 2. Auflage. Münster: Westfälisches Dampfboot.
Bell, Daniel. 1973. *The Coming of Post-Industrial Society. A Venture in Social Forecast*. New York: Basic Books.
———. 1991. *Die kulturellen Widersprüche des Kapitalismus*. Neuausg. Reihe Campus ; 1037. Frankfurt am Main [u.a.]: Campus.
Bennett, Douglas. 2005. *The Encyclopaedia of Dublin*. Dublin: Gill and Macmillan.
Berking, Helmut und Martina Löw, Hrsg. 2008. *Die Eigenlogik der Städte: Neue Wege für die Stadtforschung*. Frankfurt/Main, New York: Campus.
Bertuzzo, Elisa T. 2009. *Fragmented Dhaka*. Stuttgart: Steiner (Franz).
Bianchini, Franco und Charles Landry. 1994. „The Creative City. Working Paper 3: Indicators of a Creative City. A Methodology of Assessing Urban Viability and Vitality". Comedia.

Bontje, Marco und Sako Musterd. 2009. „Creative industries, creative class and competitiveness: Expert opinions critically appraised". *Geoforum* 40 (5) (September): 843–852.

Borden, Iain, Hrsg. 2001. *The Unknown City. Contesting Architecture and Social Space*. Cambridge/MA: MIT Press.

Bourdieu, Pierre. 1982. *Die feinen Unterschiede. Kritik der gesellschaftlichen Urteilskraft*. Frankfurt/Main: Suhrkamp.

———. 1993. *Sozialer Sinn: Kritik der theoretischen Vernunft*. Frankfurt/Main: Suhrkamp.

Braudel, Fernand. 1997. *Die Dynamik des Kapitalismus*. Stuttgart: Klett-Cotta.

Breathnach, Proinnsias. 1998. „Exploring the ‚Celtic Tiger' Phenomenon: Causes and Consequences of Ireland's Economic Miracle". *European Urban and Regional Studies* 5 (4) (Oktober 1): 305–316.

Breckner, Roswitha. 2010. *Sozialtheorie des Bildes*. Bielefeld: transcript.

Brian, Colm Ó. 1996. „Coming of Age in the Arts". In *Temple Bar. The Power of an Idea*, herausgegeben von Temple Bar Properties Ltd., 55–59. Dublin: Temple Bar Properties Ltd.

Bröckling, Ulrich. 2004. „Kreativität". In *Glossar der Gegenwart*, 139–144. Frankfurt/Main: Suhrkamp.

Brooks, David. 2001. *Bobos in Paradise: The New Upper Class and How They Got There*. New York u.a.: B&T.

Burckhardt, Lucius. 1980. *Wer plant die Planung? Architektur, Politik und Mensch*. Herausgegeben von Jesko Fezer und Martin Schmitz. Kassel: Martin Schmitz Verlag.

Business Region Göteborg, Hrsg. o.J. *Tillväxt i Göteborgsregionen*. Göteborg: Business Region Göteborg.

Butler, Judith. 1990. *Gender Trouble: Feminism and the Subversion of Identity*. New York, London: Routledge.

———. 2001. *Psyche der Macht: Das Subjekt der Unterwerfung*. Frankfurt/Main: Suhrkamp.

Carta, Maurizio. 2007. *Creative City. Dynamics, Innovations, Actions*. Barcelona: List-Laboratorio Editoriale.

Castells, Manuel. 1996. *The Rise of the Network Society: Economy, Society and Culture: Rise of the Network Society Vol 1*. Massachusetts, Oxford: Blackwell Publishers.

———. 2000. „Toward a Sociology of the Network Society". *Contemporary Sociology* 29 (5): 693–699.

———. 2001. *Das Informationszeitalter. Wirtschaft. Gesellschaft. Kultur. Bd. 1: Die Netzwerkgesellschaft*. Bd. 1. 3 Bd. Opladen: Leske + Budrich.

Castles, Francis G. 1999. „Decentralization and the Post–war Political Economy". *European Journal of Political Research* 36 (1) (August 1): 27–53.

Certeau, Michel de. 1988. *Kunst des Handelns*. Berlin: Merve.

Childs, Mark C. 2008. „Storytelling and urban design". *Journal of Urbanism: International Research on Placemaking and Urban Sustainability* 1 (2): 173–186.

Clay, Phillip L. 1979. *Neighborhood Renewal: Middle-Class Resettlement and Incumbent Upgrading in American Neighborhood*. Lanham, Maryland: Lexington Books.

Comunian, Roberta. 2011. „Rethinking the Creative City". *Urban Studies* 48 (6) (Mai 1): 1157–1179.

Crang, Mike und Nigel Thrift, Hrsg. 2000. *Thinking Space*. New York, London: Routledge Chapman & Hall.
Currid, Elizabeth. 2007. *The Warhol Economy: How Fashion, Art, & Music Drive New York City*. New ed. Princeton, N.J.: Princeton University Press.
Czarniawska, Hrsg. 2005. *Global Ideas: How Ideas, Objects and Practices Travel in the Global Economy*. Malmö: Copenhagen Business School.
Dangschat, Jens. 1988. „Gentrification: der Wandel innenstadtnaher Wohnviertel". In *Soziologische Stadtforschung*, 272–292. Opladen: Westdeutscher Verlag.
Davis, Mike. 1994. *City of Quartz. Ausgrabungen der Zukunft in Los Angeles*. Berlin [u.a.]: Verlag der Buchläden Schwarze Risse/Rote Straße.
DDDA. 2008. „Dublin Docklands - Urban Design Guidelines". Dublin: Dublin Docklands Development Authority.
Delitz, Heike. 2005. „Architektur als Medium des Sozialen. Ein Vorschlag zur Neubegründung der Architektursoziologie". *Sociologia Internationalis* 1-2: 1–25.
———. 2010. *Gebaute Gesellschaft: Architektur als Medium des Sozialen*. Frankfurt/Main, New York: Campus.
Derrida, Jacques. 1988. „Signatur Ereignis Kontext". In *Randgänge der Philosophie*, 291–314. Wien: Passagen.
Digital Hub Development Agency. 2003. *Development Plan*. Dublin: Digital Hub Development Agency.
Drori, Gili S. 2005. *Global E-Litism: Digital Technology, Social Inequality, and Transnationality*. New York: Worth Publishers.
Drucker, Peter Ferdinand. 1993. *Post-Capitalist Society*. New York: Harper Business.
Dublin City Council. 2005. *Dublin City Development Plan 2005-2011. Volume 1 - Written Statement*. Dublin: Dublin City Council.
———. 2011. *Dublin City Development Plan 2011-2017. Volume 1 - Written Statement*. Dublin: Dublin City Council.
Dublin City Development Board, Hrsg. 2005. *Dublin - A City of Possibilities*. Dublin.
———. 2007. „Development Strategy". September 10. http://www.dublin.ie/dcdb/our-strategy/home.htm.
Dublin Docklands Development Authority, Hrsg. 2003. *Dublin Docklands Area. Masterplan 2003*. Dublin.
———. 2010. „Shopfront and Signage Guidelines Part 1". Dublin: Dublin Docklands Development Authority.
Dünne, Jörg und Stephan Günzel, Hrsg. 2006. *Raumtheorie: Grundlagentexte aus Philosophie und Kulturwissenschaften*. 3., Aufl. Frankfurt/Main: Suhrkamp.
Eakin, Emily. 2002. „Creative Cities and Their New Elite". *The New York Times*, Juni 1, Abschn. Arts & Ideas/Cultural Desk.
Eckardt, Frank. 2004. *Soziologie der Stadt*. Bielefeld: transcript.
Ekardt, Felix. 2005. *Das Prinzip Nachhaltigkeit: Generationengerechtigkeit und globale Gerechtigkeit*. Beck'sche Reihe 1628. München: C. H. Beck.
Elias, Norbert. 2010a [1939a]. *Über den Prozess der Zivilisation. Soziogenetische und psychogenetische Untersuchungen, Bd. 1: Wandlungen des Verhaltens in den weltlichen Oberschichten des Abendlandes*. 30. Aufl. Frankfurt/Main: Suhrkamp.

———. 2010b [1939b]. *Über den Prozess der Zivilisation: Soziogenetische und psychogenetische Untersuchungen, Bd. 2: Wandlungen der Gesellschaft: Entwurf zu einer Theorie der Zivilisation.* 31. Aufl. Frankfurt/Main: Suhrkamp.

Elias, Norbert und John L Scotson. 1990 [1965]. *Etablierte und Außenseiter.* Frankfurt/Main: Suhrkamp.

Emerich, Monica M. 2011. *The Gospel of Sustainability: Media, Market and LOHAS.* Champaign: University of Illinois Press.

Erlingsdóttir, Gudbjörg und Kajsa Lindberg. 2005. „Isomorphism, Isopraxism, and Isonymism: Complementary or Competing Processes?" In *Global Ideas. How Ideas, Objects and Practices Travel in the Global Economy,* 47–70. Malmö: Liber & Copenhagen Business School Press.

Etzkowitz, Henry. 2002. „The Triple Helix of University-Industry-Government. Implications for Policy and Evaluation". Working Paper 11. Stockholm: Institutet för Studier av Utbildning och Forskning.

Etzkowitz, Henry und Loet Leydesdorff. 2000. „The dynamics of innovation: from National Systems and ‚Mode 2' to a Triple Helix of university-industry-government relations". *Research Policy* 29 (2) (Februar): 109–123.

Faris, Robert E. L. 1968. „Creativity". *International Encyclopedia of the Social Sciences.* New York: The Macmillan Company & Free Press.

Fischer, Joachim und Heike Delitz, Hrsg. 2009. *Die Architektur der Gesellschaft: Theorien für die Architektursoziologie.* Bielefeld: transcript.

Fischer-Kowalski, Marina, Reinhard Madlener, Harald Payer, Thomas Pfeffer und Heinz Schandl. 1995. „Soziale Anforderungen an eine nachhaltige Entwicklung. Gutachten zum Nationalen Umweltplan (NUP) im Auftrag des BMUJF". Working Paper 42. Schriftenreihe Soziale Ökologie. Klagenfurt et al.: Institut für Interdisziplinäre Forschung und Fortbildung der Universitäten Innsbruck, Klagenfurt und Wien.

Fisher, Bonnie, David L.A. Gordon, Leslie Holst, Alex Krieger, Gavin McMillan, Laurel Rafferty und Emma Stark Schiffman. 2004. *Remaking the Urban Waterfront.* Washington, D.C.: Urban Land Institute.

Flick, Uwe. 2002. *Qualitative Forschung Sozialforschung: Eine Einführung.* 6. Aufl. Rowohlts Enzyklopädie. Reinbek bei Hamburg: Rowohlt.

Flick, Uwe, Ernst v. Kardoff und Ines Steinke, Hrsg. 2005. *Qualitative Forschung. Ein Handbuch.* 4. Aufl. Reinbek bei Hamburg: Rowohlt.

Florida, Richard. 2002a. „Bohemia and economic geography". *Journal of Economic Geography* 2 (1) (Januar 1): 55–71.

———. 2002b. „The Economic Geography of Talent". *Annals of the Association of American Geographers* 92 (4) (Dezember): 743–755.

———. 2004. *The Rise of the Creative Class: And How It's Transforming Work, Leisure, Community and Everyday Life.* New York: Basic Books.

———. 2005. *Cities and the Creative Class.* New York, London: Routledge.

———. 2007. *The Flight of the Creative Class: The New Global Competition for Talent.* New York: HarperBusiness.

———. 2008. *Who's your city? How the creative economy is making where to live the most important decision of your life.* New York: Basic Books.

———. 2011. „The Incredible Shrinking City. How Not to ‚Save' a city". *New York Times,* März 28, Abschn. The Opinion Pages.

Florida, Richard, und Irene Tinagli. 2004. „Europe in the Creative Age". URL: http://www.demos.co.uk/publications/creativeeurope (letzter Zugriff am 5.7.2013).

Forsemalm, Joakim. 2007. *Bodies, Bricks and Black Boxes: Power Practices in City Conversion*. Göteborg: Goteborg University.

Foucault, Michel. 2003. *Die Ordnung des Diskurses. Mit einem Essay von Ralf Konersmann*. Herausgegeben von Ralf Konersmann. 9. Auflage. Fischer-Taschenbücher; 10083 : Fischer Wissenschaft. Frankfurt am Main: Fischer.

———. 2005. „Von anderen Räumen". In *Schriften*, 4:931–942. Frankfurt/Main: Suhrkamp.

———. 2006. *Die Geburt der Biopolitik. Geschichte der Gouvernemantalität II*. Bd. 2. Vorlesung am Collège de France 1978/1979: II. Geschichte der Gouvernementalität. Frankfurt/Main: Suhrkamp.

———. 2009. *Sicherheit, Territorium, Bevölkerung. Geschichte der Gouvernementalität I*. Bd. 1. Vorlesung am Collège de France 1977/1978: I. Geschichte der Gouvernementalität. Frankfurt/Main: Suhrkamp.

Frank, Susanne. 2008. „Stadtentwicklung durch die EU: Europäische Stadtpolitik und URBAN-Ansatz im Spannungsfeld von Lissabon-Strategie und Leipzig-Charta". *Raumforschung und Raumordnung* (2): 107–117.

Frey, Oliver. 2009. *Die amalgame Stadt. Orte. Netze. Milieus*. Wiesbaden: VS Verlag.

Friedmann, John. 1986. „The World City Hypothesis". *Development and Change* 17 (1): 69–83.

Friedrichs, Jürgen. 1995. *Stadtsoziologie*. Opladen: Leske + Budrich.

Früh, Werner. 2011. *Inhaltsanalyse: Theorie und Praxis*. 7., überarb. A. Konstanz, München: UVK.

Gale, Dennis E. 1979. „Middle Class Resettlement in Older Urban Neighborhoods: The Evidence and the Implications". *Journal of the American Planning Association* 45 (Juli): 293–304.

Garnham, Nicholas. 2005. „From cultural to creative industries". *International Journal of Cultural Policy* 11 (1): 15–29.

Gibbons, Michael, Camille Limoges, Helga Nowotny, Simon Schwartzmann und Martin Trow. 1994. *The new production of knowledge: the dynamics of science and research in contemporary societies*. London, Thousand Oaks, New Delhi: Sage.

Girard, Luigi Fusco, Tuzin Baycan und Peter Nijkamp, Hrsg. 2012. *Sustainable City and Creativity: Promoting Creative Urban Initiatives*. Aldershot [u.a.]: Ashgate.

Girtler, Roland. 2001. *Methoden der Feldforschung*. 4., völlig neubearb. A. Stuttgart: UTB.

Gläser, Jochen und Grit Laudel. 2009. *Experteninterviews und qualitative Inhaltsanalyse*. 3., überarb. A. Wiesbaden: VS Verlag.

Glass, Ruth. 1964. „Aspects of Change". In *London. Aspects of Change*, xiii–xlii. London: MacGibbon & Kee.

Goffman, Erving. 1959. *The Presentation of Self in Everyday Life*. London: Penguin.

Göhler, Gerhard. 2007. „,Weiche Steuerung': Regieren ohne Staat aus machttheoretischer Perspektive". In *Regieren ohne Staat? Governance in Räumen begrenzter Staatlichkeit*, 87–108. Baden-Baden: Nomos.

Göhler, Gerhard, Ulrike Höppner und Sybille De La Rosa, Hrsg. 2009. *Weiche Steuerung: Studien zur Steuerung durch diskursive Praktiken, Argumente und Symbole*. Baden-Baden: Nomos.

Goodman, Conor. 2002. „Creative Capitals". *The Irish Times Magazine*, September 14, Abschn. City Edition; Travel.

Göteborgs Stad u.a., Hrsg. 2005. *Storstad - om storstadssatsningen i Göteborg*. Göteborg: Göteborgs Stad u.a.

Gowen, Margaret. 1996. „The Historical Origins of Temple Bar". In *Temple Bar. The Power of an Idea*, herausgegeben von Temple Bar Properties Ltd., 20–25. Dublin: Temple Bar Properties Ltd.

Grunwald, Armin und Jürgen Kopfmüller. 2006. *Nachhaltigkeit*. Frankfurt/Main, New York: Campus.

Hackworth, Jason. 2006. *The Neoliberal City. Governance, Ideology, and Development in American Urbanism*. Ithaca, London: Cornell University Press.

Hammersley, Martyn und Paul Atkinson. 2007. *Ethnography: Principles in Practice*. 3rd edition. Oxon, New York: Taylor & Francis.

Harper, Douglas. 1988. „Visual Sociology: Expanding Sociological Vision". *The American Sociologist*: 54–70.

Hartley, John H., Hrsg. 2004. *Creative Industries*. Malden/MA, Oxford: Blackwell.

Harvey, David. 1989. „From Managerialism to Entrepreneurialism: The Transformation in Urban Governance in Late Capitalism". *Geografiska Annaler. Series B, Human Geography* 71 (1) (Januar 1): 3–17.

———. 2006. „Space as a key word". In *Spaces of Global Capitalism*, 119–148. London, New York: Verso Books.

Häußermann, Hartmut, Dieter Läpple und Walter Siebel. 2008. *Stadtpolitik*. edition suhrkamp ; 2512. Frankfurt/Main: Suhrkamp.

Häußermann, Hartmut und Walter Siebel. 1987. *Neue Urbanität*. 6. Aufl. Frankfurt/Main: Suhrkamp.

———. 2000. „Wohnverhältnisse und Ungleichheit". In *Stadt und soziale Ungleichheit*, 120–140. Opladen: Leske + Budrich.

Hesmondhalgh, David. 2002. *The Cultural Industries. An Introduction*. London, Thousand Oaks, New Delhi: Sage.

Heßler, Martina. 2007. *Die kreative Stadt: Zur Neuerfindung eines Topos*. Bielefeld: transcript.

Heur, Bas van. 2010. *Creative Networks and the City: Towards a Cultural Political Economy of Aesthetic Production*. Bielefeld: transcript.

Hill, Michael und Peter Hupe. 2005. *Implementing public policy : governance in theory and in practice*. Repr. London et al.: Sage.

Hirschauer, Stefan und Klaus Amann, Hrsg. 1997. *Die Befremdung der eigenen Kultur : zur ethnographischen Herausforderung soziologischer Empirie*. Frankfurt/Main: Suhrkamp.

Hirst, Paul. 2005. *Space and Power: Politics, War and Architecture*. Malden/MA: Blackwell Publ.

Hollingsworth, J. Rogers und Ellen Jane Hollingsworth. 2000. „Radikale Innovationen und Forschungsorganisation. Eine Annäherung". *Österreichische Zeitschrift für Geschichtswissenschaften* 11 (1): 31–66.

Holtgrewe, Ursula. 2006. *Flexible Menschen in flexiblen Organisationen*. Berlin: Edition Sigma.
Horkheimer, Max und Theodor W. Adorno. 2003 [1947]. *„Dialektik der Aufklärung" und Schriften 1940-1950*. Herausgegeben von Gunzelin Schmid Noerr. 3., Aufl. Bd. 5. 19 Bd. Gesammelte Schriften. Frankfurt/Main: Fischer.
Hospers, Gert-Jan. 2003a. „Creative Cities in Europe – Urban Competitiveness in the Knowledge Economy". *Intereconomics* 38: 260–269.
———. 2003b. „Creative cities: Breeding places in the knowledge economy". *Knowledge, Technology, and Policy* 16 (3): 143–162.
———. 2008. „What is the City but the People? Creative Cities beyond the Hype". In *Creative Urban Milieus*, 353–375. Frankfurt/Main, New York: Campus.
Houston, Donald, Allan Findlay, Richard Harrison, und Colin Mason. 2008. „Will Attracting the ‚Creative Class' Boost Economic Growth in Old Industrial Regions? A Case Study of Scotland". *Geografiska Annaler Series B: Human Geography* 90 (2) (Juni): 133–149.
Howkins, John. 2004. *The Creative Economy: How People Make Money from Ideas*. London, New York: Penguin Global.
Hoyman, Michele und Christopher Faricy. 2009. „It Takes a Village". *Urban Affairs Review* 44 (3) (Januar 1): 311–333.
Ibelings, Hans. 2003. *Supermodernism: Architecture in the Age of Globalization: Supermodernism*. Enlarged E. Rotterdam: NAI Publishers.
Inglehart, Ronald. 1989. *Kultureller Umbruch: Wertwandel in der westlichen Welt*. Frankfurt/Main, New York: Campus.
Jacobs, Jane. 1992. *The Death and Life of Great American Cities*. Vintage Books. New York: Vintage.
Jayne, Mark. 2004. „Culture that works? Creative industries development in a working-class city". *Capital & Class* 84: 199–210.
Jencks, Charles. 1988. *Die Sprache der postmodernen Architektur: Entstehung und Entwicklung einer alternativen Tradition*. 3., erw. Auflage. Stuttgart: DVA.
———. 2006. „The iconic building is here to stay". *City analysis of urban trends, culture, theory, policy, action* 10 (1): 3–20.
Joas, Hans. 1996. *Die Kreativität des Handelns*. Frankfurt/Main: Suhrkamp.
Kelle, Udo und Christian Erzberger. 1999. „Integration qualitativer und quantitativer Methoden. Methodologische Modelle und ihre Bedeutung für die Forschungspraxis". *Kölner Zeitschrift für Soziologie und Sozialpsychologie* 51 (3): 509–531.
Knoblauch, Hubert. 2001. „Fokussierte Ethnographie". *Sozialer Sinn. Zeitschrift für hermeneutische Sozialforschung* 1: 123–141.
Knorr Cetina, Karin und Urs Bruegger. 2002. „Global Microstructures: The Virtual Societies of Financial Markets". *American Journal of Sociology* 107 (4): 905–950.
Kong, Lily, und Justin O'Connor, Hrsg. 2009. *Creative Economies, Creative Cities: Asian-European Perspectives*. Dordrecht u.a.: Springer Netherlands.
Koppetsch, Cornelia. 2006a. *Das Ethos der Kreativen: eine Studie zum Wandel von Arbeit und Identität am Beispiel der Werbeberufe*. Konstanz: UVK.
———. 2006b. „Kreativsein als Subjektideal und Lebensentwurf: Zum Wandel beruflicher Integration im neuen Kapitalismus - das Beispiel der Werbeberufe". In *Soziale Ungleichheit, Kulturelle Unterschiede. Verhandlungen des 32. Kongresses der Deut-*

schen Gesellschaft für Soziologie in München 2004, 1:677–692. Frankfurt/Main, New York: Campus.

———. 2011. „Symbolanalytiker - ein neuer Expertentypus?" *Leviathan* 39 (3): 407–433.

Korff, Rüdiger. 1993. „Die Megastadt: Zivilisation oder Barbarei?" In *Megastädte. Zur Rolle von Metropolen in der Weltgesellschaft*, 19–39. Wien u.a.: Böhlau.

Krallmann, Dieter und Andreas Ziemann. 2001. *Grundkurs Kommunikationswissenschaft*. Stuttgart: UTB.

Kreativen:Wirkung. Urbane Kultur, Wissensökonomie und Stadtpolitik. 2008. Bildung und Kultur. Berlin: Heinrich-Böll-Stiftung.

Krumm, Thomas, Udo Kuckartz, Thomas Noetzel, Stefan Rädiker und Bettina Westle. 2009. „Ausgewählte spezielle Verfahren und Studienformen". In *Methoden der Politikwissenschaft*, 325–362. Baden-Baden: Nomos.

Kruse, Jan, Kay Biesel und Christian Schmieder. 2011. *Metaphernanalyse: Ein rekonstruktiver Ansatz*. Wiesbaden: VS Verlag.

Kuckartz, Udo. 1999. „Leitbildanalyse". In *Hand-Wörterbuch Umweltbildung*, 125–127. Schneider Verlag Hohengehren.

Kuhlen, Rainer. 2004. *Informationsethik. Umgang mit Wissen und Informationen in elektrischen Räumen*. Konstanz: UVK.

Kunzmann, Klaus R. 2005. „Creativity in Planning: A Fuzzy Concept?" *disP* 162 (3): 5–13.

Laclau, Ernesto. 1996. „Why do empty signifiers matter to politics?" In *Emancipation(s)*, 36–46. London: Verso.

Laclau, Ernesto und Chantal Mouffe. 2001. *Hegemony and Socialist Strategy: Towards a Radical Democratic Politics*. 2nd Aufl. London, New York: Verso.

Lakoff, George und Mark Johnson. 1998. *Leben in Metaphern: Konstruktion und Gebrauch von Sprachbildern*. 1. Aufl. Heidelberg: Carl-Auer-Systeme.

Lamnek, Siegfried. 1995. *Qualitative Sozialforschung, 2 Bde., Bd.2, Methoden und Techniken*. 3. korrigierte Auflage. Weinheim: BeltzPVU.

Lampugnani, Vittorio Magnago. 1980. *Architektur und Städtebau des 20. Jahrhunderts*. Stuttgart: Hatje Cantz Verlag.

Landry, Charles. 2008. *The Creative City: A Toolkit for Urban Innovators*. 2. Aufl. London: Earthscan.

Landry, Charles und Franco Bianchini. 1995. *The Creative City*. Demos.

Lane, Robert E. 1966. „The Decline of Politics and Ideology in a Knowledgeable Society". *American Sociological Review* 31 (5): 649–662.

Lange, Bastian. 2007. *Die Räume der Kreativszenen: Culturepreneurs und ihre Orte in Berlin*. Bielefeld: transcript.

Langenscheidt-Redaktion, Hrsg. 1983. „subicio". In *Langenscheidts Handwörterbuch Lateinisch-Deutsch*, erw. Neuausgabe, Berlin, München, Wien, Zürich: Langenscheidt.

Läpple, Dieter. 1991. „Essay über den Raum". In *Stadt und Raum. Soziologische Analysen*. Bd. 1. Stadt, Raum und Gesellschaft. Pfaffenweiler: Centaurus-Verlagsgesellschaft.

Latour, Bruno. 2007. *Eine neue Soziologie für eine neue Gesellschaft*. Frankfurt/Main: Suhrkamp.

Lees, Loretta. 2008. „Gentrification and Social Mixing: Towards an Inclusive Urban Renaissance?" *Urban Studies* 45 (12) (November 1): 2449–2470.

Lees, Loretta, Tom Slater und Elvin Wyly. 2007. *Gentrification*. New York [u.a.]: Routledge Chapman & Hall.
Lefebvre, Henri. 1991. *The Production of Space*. Malden/MA, Oxford: Blackwell Publishers.
Lehmann, Kai und Michael Schetsche. 2005. *Die Google-Gesellschaft. Vom digitalen Wandel des Wissens*. Bielefeld: transcript.
Ley, David. 2003. „Artists, aestheticisation and the field of gentrification". *Urban Studies (Routledge)* 40 (12) (November): 2527–2544.
Leydesdorff, Loet, und Henry Etzkowitz. 1998. „The Future Location of Research: A Triple Helix of University-Industry-Government Relations II". Theme Paper for a Conference New York City.
Liebmann, Heike. 2008. „Stadtentwicklung unter Schrumpfungsbedingungen - ein Impuls für städtische Kreativität". In *Kreativen:Wirkung. Urbane Kultur, Wissensökonomie und Stadtpolitik*, herausgegeben von Heinrich-Böll-Stiftung, 2:21–24. Bildung und Kultur. Berlin: Heinrich-Böll-Stiftung.
Liep, John. 2001. *Locating Cultural Creativity*. Pluto Pr.
Lindner, Rolf. 2004. *Walks on the Wild Side. Eine Geschichte der Stadtforschung*. Frankfurt/Main, New York: Campus.
Löfgren, Orvar. 2001. „Celebrating Creativity: on the Slanting of a Concept". In *Locating Cultural Creativity*, 71–80. London, Sterling/VA: Pluto Press.
———. 2005. „Cultural Alchemy: Translating the Experience Economy into Scandinavian". In *Global Ideas. How Ideas, Objects and Practices Travel in the Global Economy*, 15–29. Malmö: Liber & Copenhagen Business School Press.
Löw, Martina. 2001. *Raumsoziologie*. Frankfurt/Main: Suhrkamp.
———. 2008. *Soziologie der Städte*. Frankfurt/Main: Suhrkamp.
Löw, Martina, Silke Steets und Sergej Stoetzer. 2008. *Einführung in die Stadt- und Raumsoziologie*. 2. aktualisierte Auflage. Stuttgart: UTB.
Löw, Martina und Georgios Terizakis, Hrsg. 2011. *Städte und ihre Eigenlogik: Ein Handbuch für Stadtplanung und Stadtentwicklung*. Frankfurt/Main, New York: Campus.
Luhmann, Niklas. 1988. „Über ‚Kreativität'". In *Kreativität - ein verbrauchter Begriff?*, 13–19. München: Wilhelm Fink Verlag.
Lynch, Kevin. 2007 [1960]. *Das Bild der Stadt*. Basel: Birkhäuser.
Martí-Costa, Marc und Marc Pradel i Miquel. 2012. „The knowledge city against urban creativity? Artists' workshops and urban regeneration in Barcelona". *European Urban and Regional Studies* 19 (1) (Januar 1): 92 –108.
Martins Holmberg, Ingrid. 2006. *På Stadens Yta. Om Historiseringen av Haga*. Göteborg, Stockholm: Makadam Förlag.
Marx, Karl. 1959. *Das Elend der Philosophie*. Bd. 4. Marx Engels Werke. Berlin: Dietz.
Massey, Doreen. 1994. *Space, Place, and Gender*. Cambridge, Oxford: Blackwell.
Matthiesen, Ulf, Hrsg. 2004. *Stadtregion und Wissen. Analysen und Plädoyers für eine wissensbasierte Stadtpolitik*. Wiesbaden: VS Verlag.
Mayntz, Renate. 1987. „Politische Steuerung und gesellschaftliche Steuerungsprobleme. Anmerkungen zu einem theoretischen Paradigma". *Jahrbuch zur Staats- und Verwaltungswissenschaft* 1: 89–110.

Mayntz, Renate und Volker Schneider. 1995. „Die Entwicklung technischer Infrastruktursysteme zwischen Steuerung und Selbstorganisation". In *Gesellschaftliche Selbstregelung und politische Steuerung*, 73–100. Frankfurt/Main, New York: Campus.

Mayring, Philipp. 2007. *Qualitative Inhaltsanalyse. Grundlagen und Techniken*. Weinheim, Basel: Beltz.

Merkel, Janet. 2009. *Kreativquartiere: Urbane Milieus zwischen Inspiration und Prekarität*. Berlin: Edition Sigma.

Merton, Robert K. 1948. „The Self-Fulfilling Prophecy". *The Antioch Review* 8 (2): 193–210.

———. 1983. *Auf den Schultern von Riesen: Ein Leitfaden durch das Labyrinth der Gelehrsamkeit*. 3. Aufl. Frankfurt/Main: Suhrkamp.

Meyer, Han. 1999. *City and Port. Urban Plannings as a Cultural Venture in London, Barcelona, New York, and Rotterdam: changing relations between public urban space and large-scale infrastrukture*. Rotterdam: International Books.

Moore, Niamh. 2008. *Dublin Docklands Reinvented. The Post-industrial Regeneration of a European City Quarter*. Herausgegeben von Joseph Brady und Anngret Simms. Dublin: Four Courts Press.

Moser, Karin S. 2000. „Metaphor Analysis in Psychology—Method, Theory, and Fields of Application". *Forum Qualitative Sozialforschung / Forum: Qualitative Social Research* 1 (2) (Juni 30).

Müller, Anna-Lisa. 2009. *Sprache, Subjekt und Macht bei Judith Butler*. 1., Aufl. Marburg: Tectum.

———. 2012a. „Stadtgestalt und Stadtgestaltung. Design und die creative city". In *Das Design der Gesellschaft. Zur Kultursoziologie des Designs*, 313–336. Sozialtheorie. Bielefeld: transcript.

———. 2012b. „Sozialität und Materialität der Creative Cities: Die Effekte der Planung kreativer Städte am Beispiel Dublin und Göteborg". In *Transnationale Vergesellschaftungen. Verhandlungen des 35. Kongresses der Deutschen Gesellschaft für Soziologie in Frankfurt am Main 2010*, herausgegeben von Hans-Georg Soeffner. Wiesbaden: VS Verlag.

Müller, Karl H. 2000. „Wie Neues entsteht". *Österreichische Zeitschrift für Geschichtswissenschaften* 11 (1): 87–128.

Mumford, Lewis. 1948. „Cities Fit to Live In". *The Nation* (Mai 15): 530–533.

———. 1954. „The Neighborhood and the Neighborhood Unit". *Town Planning Review* 24 (4): 256–270.

Murtagh, Brendan und Ken Sterrett. 2006. „Instrumental and Interpretative Methods in Evaluating Urban Programmes". *Urban Policy and REsearch* 24 (1): 83–96.

Musterd, Sako. 2005. „Amsterdam as a Creative Cultural Knowledge City: Some Conditions". *Built Environment* 30 (3): 225–234.

Musterd, Sako und Wim Ostendorf. 2004. „Creative Cultural Knowledge Cities: Perspectives and Planning Strategies". *Built Environment* 30 (3): 189–193.

Nilson, Allan T. und Björn Fredlund. 2005. *Göteborgs Hamn. Liv, arbete, konst*. Sävedalen: Warne Förlag.

O'Reilly, Karen. 2009. „Visual Ethnography". In *Key Concepts in Visual Ethnography*, 220–226. London, Thousand Oaks, New Delhi: Sage.

Panofsky, Erwin. 1980. *Studien zur Ikonologie. Humanistische Themen in der Kunst der Renaissance*. Köln: DuMont Reiseverlag, Ostfildern.

———. 2006. *Ikonographie und Ikonologie*. 1. Aufl. Köln: Dumont Buchverlag.

Park, Robert E. 1915. „The City: Suggestions for the Investigation of Human Behavior in the City Environment". *American Journal of Sociology* 20 (5) (März 1): 577–612.

Park, Robert E., Ernest W. Burgess und Roderick D. Mckenzie. 1925. *The City*. Chicago: University of Chicago Press.

Pearsall, Judy, Hrsg. 2002. „the arts". *The Concise Oxford English Dictionary*. Oxford, New York: Oxford University Press.

Peck, Jamie. 2005. „Struggling with the Creative Class". *International Journal of Urban & Regional Research* 29 (4) (Dezember): 740–770.

Perlman, Janice. 2010. *Favela: Four Decades of Living on the Edge in Rio de Janeiro*. Oxford: Oxford University Press.

Pfeiffer, Ulrich. 2001. „Der Leerstandsschock". *StadtBauwelt. Die perforierte Stadt* 92 (24): 28–33.

Pink, Sarah. 2007. *Doing Visual Ethnography: Images, Media and Representation in Research*. 2nd ed. London et al.: Sage.

Platon. 2003. *Platon Werke: Platon, Bd. 9/2 : Nomoi (Gesetze), Buch IV-VII: Bd IX,2*. Übersetzt von Klaus Schöpsdau. Göttingen: Vandenhoeck & Ruprecht.

Ponzini, Davide und Ugo Rossi. 2010. „Becoming a Creative City: The Entrepreneurial Mayor, Network Politics and the Promise of an Urban Renaissance". *Urban Studies* 47 (5): 1037–1057.

Popitz, Heinrich. 2002. *Wege der Kreativität*. 2., erw. A. Tübingen: Mohr Siebeck.

Porter, Michael E. 2000. „Location, Competition, and Economic Development: Local Clusters in a Global Economy". *Economic Development Quarterly* 14 (1) (Februar 1): 15–34.

Pratt, Andy C. 2008. „Creative Cities: The Cultural Industries and the Creative Class". *Geografiska Annaler Series B: Human Geography* 90 (2) (Juni): 107–117.

Ray, Paul H. und Sherry Ruth Anderson. 2001. *The Cultural Creatives: How 50 Million People Are Changing the World*. Three Rivers Press.

Reckwitz, Andreas. 2002. „The status of the ‚material' in theories of cuture. From ‚social structure' to ‚artefacts'". *Journal for the Theory of Social behaviour* 32 (2): 195–217.

———. 2006. *Das hybride Subjekt. Eine Theorie der Subjektkulturen von der bürgerlichen Moderne zur Postmoderne*. Weilerswist: Velbrück.

———. 2008. „Die Erfindung des Kreativsubjekts. Zur kulturellen Konstruktion von Kreativität". In *Unscharfe Grenzen. Perspektiven der Kultursoziologie*, 235–257. Bielefeld: transcript.

———. 2009. „Die Selbstkulturalisierung der Stadt. Zur Transformation moderner Urbanität in der »creative city«". *Mittelweg 36* (2) (Mai): 1–34.

———. 2010. „Gouvernementalität". *Soziologische Revue* 33 (3): 287–298.

———. 2012. *Die Erfindung der Kreativität: Zum Prozess gesellschaftlicher Ästhetisierung*. Berlin: Suhrkamp.

Reich, Robert B. 1991. *The Work of Nations: Preparing Ourselves for 21st-Century Capitalism*. New York: Knopf.

Renn, Ortwin, Jürgen Deuschle, Alexander Jäger und Wolfgang Weimer-Jehle. 2007. *Leitbild Nachhaltigkeit: Eine normativ-funktionale Konzeption und ihre Umsetzung.* Wiesbaden: VS Verlag.

Ritzer, George. 2004. *The McDonaldization of Society.* 4. Aufl. Thousand Oaks, Calif. [u.a.]: Pine Forge Press.

Robertson, Roland. 1995. „Glocalization: Time-Space and Homogeneity-Heterogeneity". In *Global Modernities*, 25–44. London: Sage.

Sassen, Saskia. 2001. *The Global City: New York, London, Tokyo.* 2nd ed. New York: B&T.

Saunders, Peter. 1987. *Soziologie der Stadt.* Frankfurt/Main, New York: Campus.

Schäfers, Bernhard. 2006. *Stadtsoziologie. Stadtentwicklung und Theorien - Grundlagen und Praxisfelder.* Wiesbaden: VS Verlag.

Schändlinger, Robert. 2006. „Visuelle Ethnographie". In *Qualitative Methoden der Medienforschung*, 350–388. Reinbek bei Hamburg: Rowohlt Taschenbuch Verlag.

Schiffauer, Werner. 1997. *Fremde in der Stadt : zehn Essays über Kultur und Differenz.* Suhrkamp-Taschenbuch ; 2699. Frankfurt/Main: Suhrkamp.

Schmid, Christian. 2005. *Stadt, Raum, Gesellschaft: Henri Lefebvre und die Theorie der Produktion des Raumes.* Sozialgeographische Bibliothek. München: Franz-Steiner-Verlag.

Schmitt, Rudolf. 2003. „Methode und Subjektivität in der Systematischen Metaphernanalyse". *Forum Qualitative Sozialforschung / Forum: Qualitative Social Research* 4 (2) (Mai 31).

Schroer, Markus. 2005. *Räume, Orte, Grenzen: Auf dem Weg zu einer Soziologie des Raums.* Frankfurt/Main: Suhrkamp.

Schubert, Dirk. 2003. „Aus der Geschichte lernen? Hafen- und Uferzonen im Wandel". *Informationen zur modernen Stadtgeschichte* (2): 34–41.

———. 2006. „,Changing fast' - Transformationsprozesse in den Docklands in Dublin. Zum Stellenwert von ,incentives' als Initialzündung zum Stadtumbau". *Raumforschung und Raumordnung* 4: 310–321.

Scott, Allen J. 2006. „Creative Cities: Conceptual Issues and Policy Questions". *Journal of Urban Affairs* 28: 1–17.

Selle, Klaus. 2008. „Stadtentwicklung aus der ,Governance-Perspektive'. Eine veränderte Sicht auf den Beitrag öffentlicher Akteure zur räumlichen Entwicklung - früher und heute. Teil I". *Planung Neu Denken* (II): 1–15.

Sennett, Richard. 1997. *Fleisch und Stein: Der Körper und die Stadt in der westlichen Zivilisation.* 6. Aufl. Frankfurt/Main: Suhrkamp.

Siebel, Walter. 2004. *Die europäische Stadt.* 2., Aufl. Frankfurt/Main: Suhrkamp.

———. 2009. „Die Welt lebenswerter machen. Stadtplanung als Gesellschaftspolitik". *Mittelweg 36* 18 (6): 26–48.

Simmel, Georg. 1995 [1903]. „Die Großstädte und das Geistesleben". In *Aufsätze und Abhandlungen 1901 - 1908. Band I*, 7:116–131. Georg Simmel. Gesamtausgabe. Frankfurt/Main: Suhrkamp.

Skov, Lise. 2010. „From Dressmaking to Placemaking: Institutional Drivers in the Transformation of the Field of Fashion". Bielefeld.

Smith, Andrew und Ingvild von Krogh Strand. 2011. „Oslo's new Opera House: Cultural flagship, regeneration tool or destination icon?" *European Urban and Regional Studies* 18 (1) (Januar 1): 93 –110.
Soja, Edward. 1996. *Thirdspace*. Malden/MA: Blackwell.
Soja, Edward W. 1989. *Postmodern Geographies: The Reassertion of Space in Critical Social Theory*. London, New York: Verso.
Sombart, Werner. 1996 [1922]. *Liebe, Luxus und Kapitalismus. Über die Entstehung der modernen Welt aus dem Geist der Verschwendung*. 5. Aufl. Berlin: Wagenbach.
Spradley, James P. 1980. *Participant Observation*. London [u.a.]: Thomson Learning.
Stadsbyggnadskontoret. 2008. „Stadsbyggnadskvaliteter Göteborg".
———, Hrsg. 2009. *Översiktsplan för Göteborg*. Göteborg: Stadsbyggnadskontoret.
Stehr, Nico. 1994. *Arbeit, Eigentum und Wissen. Zur Theorie von Wissensgesellschaften*. Frankfurt/Main: Suhrkamp.
Steinbicker, Jochen. 2001. *Zur Theorie der Informationsgesellschaft: Ein Vergleich der Ansätze von Peter Drucker, Daniel Bell und Manuel Castells*. 2001. Aufl. Opladen: Leske + Budrich.
Strange, Tracey und Anne Bayley. 2008. *Sustainable Development. Linking economy, society, environment*. OECD Insights. OECD Publishing.
Streich, Bernd. 2005. *Stadtplanung in der Wissensgesellschaft: Ein Handbuch*. Wiesbaden: VS Verlag.
Swyngedouw, Erik A. 1992. „The Mammon quest. ‚Glocalisation', interspatial competition and the monetary order: the construction of new scales". In *Cities and Regions in the New Europe*, 39–67. London: Belhaven Press.
Thrift, Nigel. 1996. *Spatial Formations*. London, Thousand Oaks, New Delhi: Sage.
———. 2006. „Space". *Theory, Cultur & Society* 23 (2-3): 139–155.
Thrift, Nigel und Peter Williams, Hrsg. 1987. *Class and Space: The Making of Urban Society*. London, New York: Routledge.
Tils, Ralf. 2005. *Politische Strategieanalyse: konzeptionelle Grundlagen und Anwendung in der Umwelt- und Nachhaltigkeitspolitik*. Wiesbaden: VS Verlag.
Tinagli, Irene, Richard Florida, Patrik Ström und Evelina Wahlqvist. 2007. „Sweden in the Creative Age". Göteborg: Creativity Group Europe and School of Business, Economics and Law, Göteborg University.
Tönnies, Ferdinand. 1991 [1887]. *Gemeinschaft und Gesellschaft: Grundbegriffe der reinen Soziologie*. Neudr. d. 8. Aufl. von 1935, 3., unveränd. Darmstadt: Wissenschaftliche Buchgesellschaft.
Tsilimpounidi, Myrto und Aylwyn Walsh. 2011. „Painting human rights: Mapping street art in Athens". *Journal of Arts and Communities* 2 (2) (Juli 12): 111–122.
Tunnard, Christopher. 1951. „Creative Urbanism". *The Town Planning Review* 22 (3) (Oktober): 216–236.
Twickel, Christoph. 2010. *GENTRIFIDINGSBUMS oder Eine Stadt für alle*. Hamburg: Edition Nautilus.
Uitermark, Justus, Jan Willem Duyvendak und Reinout Kleinhans. 2007. „Gentrification as a governmental strategy: social control and social cohesion in Hoogvliet, Rotterdam". *Environment and Planning A* 39 (1): 125 – 141.
Urban, Florian. 2011. „Built Historiography in Glasgow's New Gorbals – the Crown Street Regeneration Project". *Journal of Historiography* (5): 1–17.

Uricchio, William. 2004. „Beyond the great divide: Collaborative networks and the challenge to dominant conceptions of creative industries". *International Journal of Cultural Studies* 7: 79–90.
Von Osten, Marion. 2007. „Unberechenbare Ausgänge". In *Kritik der Kreativität*, 103–117. Wien: Turia + Kant.
Wagner, Jon. 2006. „Visible materials, visualised theory and images of social research". *Visual Studies* 21 (1) (April): 55–69.
Warsewa, Günter. 2010. „Lokale Kultur und die Neuerfindung der Hafenstadt". *Raumforschung und Raumordnung* 68 (5) (Oktober 1): 373–387.
Weber, Max. 1920. *Weber, Max: Gesammelte Aufsätze zur Religionssoziologie, Bd. 1: Die protestantische Ethik und der Geist des Kapitalismus*. Tübingen: Mohr.
———. 1990 [1920]. *Wirtschaft und Gesellschaft : Grundriß der verstehenden Soziologie*. Herausgegeben von Johannes Winckelmann. 5., rev. Aufl., Studienausg., Nachdr. Tübingen: Mohr.
———. 1992. *Soziologie - Universalgeschichtliche Analysen - Politik*. Bd. 229. Kröners Taschenausgabe. Kröner: Stuttgart.
———. 1999 [1920/21]. *Die Stadt*. Herausgegeben von Wilfried Nippel. Schriften und Reden. Wirtschaft und Gesellschaft: die Wirtschaft und die gesellschaftlichen Ordnungen und Mächte. Tübingen: J.C.B. Mohr.
Wehrheim, Jan. 1999. „Gated Communities. Sicherheit und Separation in den USA". *RaumPlanung* 87: 248–253.
Wentges, Richard und John Quillinan. 1996. „The Community Origins of the Temple Bar Project". In *Temple Bar. The Power of an Idea*, herausgegeben von Temple Bar Properties Ltd., 14–19. Dublin: Temple Bar Properties Ltd.
Whyte, William H. 1957. *The Organization Man*. reprint. Garden City, N.Y.: Doubleday.
Willke, Helmut. 1995. „Politische Steuerung der Wissensgesellschaft?" *Zeitschrift für Rechtssoziologie* 16 (1): 94–106.
Wirth, Louis. 1938. „Urbanism as a Way of Life". *The American Journal of Sociology* 44 (1) (Juli): 1–24.
Wollny, Volrad. 1999. *Nachhaltige Entwicklung - Sustainable Development. Eine kleine Einführung in ein komplexes Thema*. Darmstadt: Öko-Institut e.V.
Yaneva, Albena. 2012. *Mapping Controversies in Architecture*. Farnham, Burlington: Ashgate.
Zehner, Klaus. 2008. „Vom maroden Hafen zur glitzernden Nebencity: die London Docklands". *Raumforschung und Raumordnung* 66 (3) (Mai): 271–281.
Zevi, Bruno. 1959. „Architecture". *Encyclopedia of World Art*. New York: McGraw-Hill.
Zieleniec, Andrzej. 2007. *Space and Social Theory*. London: Sage Pubn Inc.
Zukin, Sharon. 1987. „Gentrification: Culture and Capital in the Urban Core". *Annual Review of Sociology* 13: 129–147.
———. 1989. *Loft Living: Culture and Capital in Urban Change*. New Brunswick: Rutgers Univ Pr.
———. 1991. *Landscapes of Power: From Detroit to Disney World*. Berkeley and Los Angeles/London: University of California Press.
———. 1995. *The Cultures of Cities*. Cambridge/MA: Blackwell Publ.
Zwahr, Annette, Hrsg. 2006. „Stadt". In *Brockhaus Enzyklopädie*, 21., völlig neu bearbeitete Aufl., Bd. 26:107–115. Leipzig u.a.: F.A. Brockhaus.

Personen- und Sachregister

Adorno, Theodor W. 63
Althusser, Louis 78; 203
Amann, Klaus 151
Anderson, Sherry Ruth 21; **67-69**; 79; 325; 340; 351
Andersson, Åke **83-85**; 334
Architektur 102; 108; **120-127**; 190; 209; 243; 245; 249f.; 255; 259; 263; 265; 268; 273; 279f.; 286f.; 299; 306; 308
— in der *creative city* 342-343
-soziologie 122
-soziologisch 123
Atmosphäre 71; **85-88**; 8; 102; 107; 116; 221; 234f.; 351; 359

Barthes, Roland 123
Barton, Allen H. 139
Bauman, Zygmunt **227-231**; 297
Bauriedl, Sybille 220; 319
Bell, Daniel **52-70**; 212; 310
Benjamin, Walter 23
Berking, Helmuth 48f.; 91; 153
Bertuzzo, Elisa T. 103
Borden, Iain 124
Bourdieu, Pierre 37; 48f.; 77; 106; 109; 112; 152
Breckner, Roswitha 156; 159
Bröckling, Ulrich 78; 80
Brooks, David 67ff.
Bruegger, Urs 288
Burckhardt, Lucius 122; 127; 133; 136; 138
Butler, Judith 80; 203; 232

Carta, Maurizio 98
Castells, Manuel 28; 57; 60f.; 67; 113f.; 229; 341

Certeau, Michel de **103-107**; 112; 115; 136
Chicago School 16; 24f.; 28; **31-34**; 48; 101
Clay, Phillip L. 37; 40
Crang, Mike 112
creative city 15; **17-21**; 47f.; 72; 83; **89-93**; 98-100; 135; 137f.; 140; 149; 151; 175; 201f.; 212f.; **225-227**; 232f.; 235; 248; 250; 301; 309; 311; 313; 315; 317f.; 323; 325; 327f.; **336-338**; 342; 344; 346; 356
— *class* 17f.; 21; 56; **64-72**; 80; 85f.; **88-91**; 96-98; 143f.; 151; 171; 181; 184; 202-204; 209; 212; 215; 219; 229; 231; 233f.; 238; 261; 265; 272; 288; 290f.; 296f.; 302; 309-311; 313; 318; 321; 325; 328; **336-342**; 345; 351; 357f.; 361
— *industries* 52; **61-66**; 74; 95-97; 144; 181; 198; 208f.; 214f.; 218; 232; 328
— *Marker* 16; 18; 243; **272f.**; 280; 286f.; 291; 308; 311f.; 314; 341f.; 345; **347f.**; 357f.
Critical Geography 113
cultural industries **61-63**; 96; 214
— *planning* 92; 135; 272; 328; 351
Currid, Elizabeth **96-98**; 135
Czarniawska, Barbara 21; 231f.; 345

Dangschat, Jens 215
Davis, Mike 114
Delitz, Heike 122-124
Derrida, Jacques 76; 232
Diskurs 16; 25; 37; 43; 62; 64; 73; **77-80**; 83; 95; 99; 105; 111; 115; 117; 124f.; 128; 149f.; 159; 203; 205;

381

208; 221; 231; **239-243**; 250; 259; 272; 296; 307; 319f.; 346; 347
-analyse 73
Drori, Gili S. 70
Drucker, Peter F. **55-59**; 65; 67; 70; 309
Dünne, Jörg 103

Eckardt, Frank 114; 117
Eigenlogik 21; 48f.; 91; 120; 135; 153; 208; 225; 234f.; 248; 300; 326; 337; 343; 347; 351
Elias, Norbert 128; 243; **295-298**; 339
Engels, Friedrich 23
Erlingsdóttir, Gudbjörg 233
Erzberger, Christian 139f.
Etzkowitz, Henry 331
experience economy 232f.; 253
ExpertInneninterviews, qualitative 143; 145; 148

Fischer, Joachim 122
Flick, Uwe 140; 142
Florida, Richard 17f.; 21; 35; 56; **64-74**; 79f.; 83; **85-94**; 96f.; 135; 144; 171; 181; 184; 197; **202-205**; 208f.; 212; 215; 231; 234; 238; 272; 288f.; 292; 294; 297; 309; 311; 325; 327f.; **338-340**; 346; 351
Fluss 172f.; 175; 180; 182; **185-190**; 195
Forsemalm, Joakim 190
Foster, Norman 286
fotografische Dokumentation 355
Foucault, Michel 78; 111; 113; 128; 138
Friedrichs, Jürgen 44

Garnham, Nicholas 214
Gehry, Frank 286
Gentrifizierung 36f.; 40f.; 176; 178f.; 215; 255; 267; 271; 324; 330; 337
-sprozess 37; 40f.; 44; 176; 253; 271; 297; 324; 329; 355
Giddens, Anthony 76; 106; 109f.
Girard, Luigi Fusco 357
Girtler, Roland 153

Gläser, Jochen 141-143; 148
Glass, Ruth 36; 325; 358
Globalisierung 25; 28; 57; 60; 86; **228-231**; 279
glocalization 229
Glokalisierung 16; 29; **227-231**; 346; 356
Göhler, Gerhard 111
Goffman, Erving 236-241
graffiti 40; 97; 120; 124-126; 196; 255; 261; **266-268**; 271; 301; 328; 342f.
Green Creative City 15; 18; 21; 235; 245; 307; 314f.; 317; 325; **344f.**; 349; 356
— *Creatives* 16; 21; **238f.**; 241; 300; 340; 344; 351; 356f.
Grunwald, Armin 223
Günzel, Stephan 103

Häußermann, Hartmut 24f.; 42; 134f.; 297; 350
Hafen 20; **172-174**; 179; 183f.; 186
-arbeiterInnen 174; 306
-industrie 302; 308; 311f.; 345
-stadt 20; 53; 169; 174; 182f.; 306; 314; 356f.
Hammersley, Martyn 146
Harper, Douglas 158; 160
Hartley, John 63
Haussmann, Georges-Eugène Baron 23; 134
Harvey, David 112; 117; 296; 329
Hesmondhalgh, David 63
Heßler, Martina **93-95**; 100; 261
Hirschauer, Stefan 151
Hirst, Paul 110
Hollingsworth, J. Rogers und Ellen Jane 77
Holtgrewe, Ursula 75-77
Horkheimer, Max 63
Hospers, Gert-Jan 90; 212
Howkins, John **64-66**; 214

Ibelings, Hans 279f.
Industrie 52; 59; 85f.; 97; 174; 221; 233; 264; 308; 313; 330f.; 335

Information (als wiss. Begr.) **54-57**; 228; 309; 341
-sgesellschaft 54; 57; 70f.; 113
Inglehart, Ronald **67-69**; 96
Innovation 18; **74-77**; 80; 84; 91; 93; 95; 99; 202; 204f.; 213; 245; 261; 264-266; 271; 288; 300; 310; 318; 334; 337; 345

Jacobs, Jane **33-36**; 67; 87f.
Jencks, Charles 123; 279; 286
Joas, Hans 68; 75f.; 326
Johnson, Mark 149

Kelle, Udo 139f.
Knoblauch, Hubert 151; 155
knowledge economy 181; 212
— *worker* 55f.; 67; 212
Knorr Cetina, Karin 288
Kopfmüller, Jürgen 223
Koppetsch, Cornelia 62; 77f.
Korff, Rüdiger 46; 229
Krämer, Hannes 17
Kreativität **15-22**; 47; 56; 62-64; 67f.; 70-81; 83-85; **89-91**; 93; 95; 97; 99; 101; 128; 137f.; 141f.; 144; 149-151; 162; 167; 176; 178f.; **201-205**; 208f.; **212-216**; 223; 225; 227; 235f.; 238; 240f.; 243; 245f.; **259-261**; **265-268**; 271f.; **286-292**; 296; 299f.; 309f.; 313f.; 317-322; 325-328; 334-338; 340-342; 345f.; 349f.; 356f.
Kreativwirtschaft 61; 63f.; 96f.; 135; 209; 212; 214f.; 224; 233f.; 325
Krogh Strand, Ingvild von 286
Krumm, Thomas 163
Kruse, Jan 149-151
Kultur 24f.; 30f.; 33; 35; **38-42**; 49; 51f.; 61; 63; 74; 91-93; 95-98; 107; 135; 141f.; 144f.; 151; 158; 177; 180; 202; 204; 208; **212-217**; 223; 228; 248; 271; 286; 323f.; 329
-alisierung 90; 96
-wirtschaft 63; 96; 135

Kunst 93; 96f.; 180; 202; 205f.; **213-215**; 259; 266; 271
Kunzmann, Klaus R. 334

Läpple, Dieter 106
Lakoff, George 149
Lamnek, Siegfried 142; 151; 162
Landry, Charles 17; 63; **91f.**; 97; 135; 233; 272; 333f.
Lane, Robert E. 55f; 58
Lange, Bastian 291
La Perrière 111
Latour, Bruno 120
Laudel, Grit 141-143; 148
Lazarsfeld, Paul 139
Le Corbusier 23; 35; 121f.
Lees, Loretta 37; 178; 253; 255; 329; 358
Lefèbvre, Henri **103-106**; 109; 113; 124; 128; 291; 296; 350
Leydesdorff, Loet 331
Lindberg, Kajsa 233
Löfgren, Orvar 62; 232; 235; 253
Löw, Martina 23; 48; 86; 88; 91; 98; 102; **104-116**; 118-120; 126; 135; 137; 153; 208; 234; 240; 243; 287; 291; 308; 312; 342; 349; 359
Luhmann, Niklas 70; 107
Lynch, Kevin 123

Machlup, Fritz 67
Macht 24; 39; 110f.; 113f.; 137; 183; 228
Martí-Costa, Marc 212
Marx, Karl 55f.; 66; 71
Massey, Doreen 113f.
Materialität 15; 18; 20f.; 40; 88; 102; 108; 117-121; **124-128**; 132f.; 144; 152f.; 160; 208; 234; **243-246**; 248; 250f.; 255; 259; 272; 280; 291f.; 298; 306f.; 312; 319; 335-337; **342-345**; 347; 349; 351; 356-358
Mayring, Philipp 148
Mayntz, Renate **129-132**; 236f.; 245f.;
mega city 27; 44-47; 51
Merton, Robert K. 67

Meyer, Han 311
Moderne 23; 30; 279
Moser, Karin 149
Müller, A.-L. 232
Müller, Karl H. 77
Mumford, Lewis 34
Murtagh, Brendan 330
Musterd, Sako 212; 307

Nachhaltigkeit 16; 18; 21f.; 201; **216-224**; 227; 235f.; 238-241; 243; 245f.; 259f.; **291-294**; 299; 317f.; 322f.; 325; 339f.; 342; 345f.; 349; 351; 356-358

Osten, Marion von 64; 73
Ornament 121; **124-126**; 196; 255; 259; 261; 266; 273; 280; 342f.
Ort 16; 19-21; 24-31; 33-36; 38f.; 41; 43; 51f.; 61-63; 71; 83-90; 93f.; 97; 101f.; 104-108; **113-116**; 118-120; 126; 132; 134; 136; 152f.; 160; 167; 174; 176f.; 181; 203; 227-229; 231; 233-235; 238; 247; 250; 252-254; 261-264; 271f.; 286; **288-292**; 294f.; 300; 322; 324f.; 327-329; 331; 333; 335; 337f.; 341; 345; 347; 349f.; 357
Ostendorf, Wim 212

Panofsky, Erwin 159
Park, Robert E. **31-33**; 46
Peck, Jamie 89
Pfeiffer, Ulrich 47
Pink, Sarah 156
Platon 23
Platzierung 107; 109; 244; 247; 288; 299; 307; 312; 349f.; 352
Ponzini, Davide 89f.; 311; 328
Popitz, Heinrich **73-75**; 209; 326
postmaterialistisch 68f.; 96
Postmoderne 62; 68; 115; 203
Pradel i Miguel, Marc 212
Pratt, Andy C. 214

Radical Geography 113

Raum 15-18; 22; 28-30; 34; 38-40; 54; 61; 85f.; 89; 94; 97f.; **101-120**; 122-124; 126-128; 131f.; 136-138; 142; 152; 156; 158; 160; 178f.; 181; 196; 206; 220; 228; 234f.; **243-245**; 247; 251-255; 259-261; 264-268; 271; 279f.; **287-292**; 294f.; 299f.; 307f.; 312; 314; 327f.; 333-336; 338; 340; 342f.; 345; 347; **349-353**; **355-358**
-konstitution 19; 28; 105; 107-111; 114f.; 118f.; 125; 127; 136f.; 243-245; 247f.; 252; 264; 295; 300; 307; 312; 336f.; 345; 349-351; 355f.;358
-soziologie 23; 88; 102; 105; 113; 117; 244
Ray, Paul H. **67-69**; 79; 238; 325; 340; 351
Reckwitz, Andreas 61; 73; 78f.; 95f.; 98; 120; 128; 134f.; 202f.; 208; 235; 271; 279
Regen 172; 221
Reich, Robert B. 62; 65; 67
Reichmann, Werner 160
rephotographing 160; 268
Robertson, Roland **227-231**; 346
Rossi, Ugo 89f.; 311; 328

Sassen, Saskia 17; 24f.; 28f.; 31; 45; 96; 113
Schäfers, Bernhard 114
Schändlinger, Robert 158
Schmid, Christian 103
Schmitt, Rudolf 150
Schroer, Markus 106; 115
Schubert, Dirk 179
Scotson, John L. 243; **295-298**; 339
Scott, Allen J. 90; 340; 357
Sennett, Richard 106
Siebel, Walter 24f.; 42; 127; 297
Skov, Lise 234
Smith, Andrew 286
Soja, Edward 112f.
Sombart, Werner 24; 27
Simmel, Georg 17; 24f.; **30f.**; 33f.; 41; 51; 101; 116; 265
Spradley, James P. 152; 158

Segregation 25; **41-44**; 48; 182; 218f.; 222; 263; 292; 341f.; 348; 358
shrinking cities 44f.
spacing 19; 22; 105; 107f.; 110; 118; 234; 243f.; 312; 336f.; 349f.
Stadt **15-21**; **23-36**; 38f.; 41-49; 51-54; 57; 59; 61f.; 72; **83-95**; 97-100; 101-104; 110f.; 113f.; **116-128**; 130-138; 139f.; 142-145; 151-154; 157f.; 160f.; 163-165; 167-169; **171-190**; 195-198; 200; 201-206; 208f.; 213-215; 216-221; 223-236; 238-241; 243; **245-255**; 259-262; 264-268; 271f.; 279f.; 287; 290-294; 296-298; **299-302**; 306-308; **310-314**; 317-320; **322-331**; **333-344**; 345-353; 355-359
—, Def. 26-28 (nach Max Weber); 32f. (nach Louis Wirth); 117f. (soziolog.); 118f. (nach Anna-Lisa Müller)
-entwicklung 36; 40; 44; 51; 67; 83; 90; 98; 132; 136; 138; 144; 161; 174; 201; 218; 223f.; 231; **236f.**; 286; 292f.; 307; 317f.; 323; 332; 334; 356; 358
-planung 15; **17-21**; 34; 49; 83; 87; 90f.; 93; 102; 104; 117-119; **125-138**; 139f.; 143f.; 161; 163; 172; 174f.; 187f.; 196; 201-204; 206; 208f.; 214-216; 218; 223f.; 226f.; 230; 232; **236-239**; 241f.; **243-248**; 253f.; 260; 265; 267; 271f.; 280; 286-288; 290-292; 294; 298; 300f.; 307f.; 313-315; 317-319; **322-325**; **327-330**; 334f.; 337-339; 341-344; **345-349**; 351; 354-357
-planung, Def. 136f.
-soziologie 24f.; 32; 41; 48f.; 91; 100; **114-118**; 123; 358
Steinbicker, Jochen 53f.
Sterrett, Ken 330
Steuerung 35; 56; 95; 101; 111; **128-132**; 134f.; 178; 328; 330; **332-335**; 347; 352f.
street art 97; 120; 259; 268

Streich, Bernd 131f.; 216f.; 236; 309; 335
Subkultur 32; 38; 68; 230; 342
Swyngedouw, Erik A. 227f.; 231
symbolic analysts 62; 65
Syntheseleistung 18; 22; 105; **107f.**; 110f.; 115; 118f.; 127; 243; 247; 265f.; 271; 280; 288; 294; 299; 307f.; 312; 336f.; 345; 349f.

Technologiepark 93; 145; 175; 181; 188; 254; 261-266; 288-290; 295; 297; 300; 309f.; 314; 319; 331-334; 348; 351
teilnehmende Beobachtung 139; 142; 146; 151; 154; 155f.; 158; 249
temporary citizen 20; 152; 189; 197
Thrift, Nigel 112
Tils, Ralf 133
Tinagli, Irene 197
Tönnies, Ferdinand 43
Tradition 25; 29f.; 48; 79; 84; 92; 103; 125; 219; 222; 225; 226; 253; 267f.; 271; 280; 293; **299**; **301**; 306; 313f.; 317; 329; 345; 348
traveling concepts 16; 21; 231; 235; **345-347**
Triangulation 139f.
Triple Helix 91; **330-335**; 351
Tsilimpounidi, Myrto 120
Tunnard, Christopher 92f.; 307

Uitermark, Justus 178
Urban, Florian 306; 348
Urban Studies 16; 100; **112f.**
Uricchio, William 72

visuelle Dokumentation 155f.

Wagner, Jon 156-158
Walsh, Aylwyn 120
Wasser 20; 53; 167; 185; 189; 221; 302
Weber, Max 17; **24-33**; 41; 51; 69; 84; 101; 116
Weiss, Peter 23

385

Werften 20; 174; 185; 190f.; 280; 302; 308
-industrie 20; 190; 264; 306; 314; 331
Wetter 185; 221
Whyte, William H. 70; 89; 94
Willke, Helmut 134; 334
Wirth, Louis 28; 32f.; 116
Wissen **54-58**; 67; 70; 74; 80; 84; 94f.; 106; 108; 125; 139; 143f.; 147; 150; 152; 157; 159f.; 164; 202; 212f.; 226; 262f.; 307; 309f.; 313; 317; 326; 331; 334; 340f.; 348
-sgesellschaft 18; 20f.; **55-59**; 62; 65; 70; 72; 84; 167; 182; 212f.; 224; 235; 299f.; 308-310; 319; 334f.; 337f.; 340f.; 345; 347
Wright, Erik Olin 67

Zevi, Bruno 121
Zieleniec, Andrzej 112
Zukin, Sharon 24f.; **35-39**; 43; 61f.; 64; 74; 96; 306